Sven Alexander Petersen

**Einfluss der Besteuerung auf die Wahl
der Organisationsform**

GABLER EDITION WISSENSCHAFT

Sven Alexander Petersen

Einfluss der Besteuerung auf die Wahl der Organisationsform

Eine institutionenökonomische Analyse der Auswirkungen auf Integration und Konzernierung

Mit einem Geleitwort von Prof. Dr. Dr. Manuel René Theisen

Deutscher Universitäts-Verlag

Bibliografische Information Der Deutschen Bibliothek
Die Deutsche Bibliothek verzeichnet diese Publikation in der Deutschen Nationalbibliografie;
detaillierte bibliografische Daten sind im Internet über <http://dnb.ddb.de> abrufbar.

Dissertation Ludwig-Maximilians-Universität München, 2006

D 19

1. Auflage Mai 2006

Alle Rechte vorbehalten
© Deutscher Universitäts-Verlag | GWV Fachverlage GmbH, Wiesbaden 2006

Lektorat: Ute Wrasmann / Sabine Schöller

Der Deutsche Universitäts-Verlag ist ein Unternehmen von Springer Science+Business Media.
www.duv.de

Das Werk einschließlich aller seiner Teile ist urheberrechtlich geschützt. Jede Verwertung außerhalb der engen Grenzen des Urheberrechtsgesetzes ist ohne Zustimmung des Verlags unzulässig und strafbar. Das gilt insbesondere für Vervielfältigungen, Übersetzungen, Mikroverfilmungen und die Einspeicherung und Verarbeitung in elektronischen Systemen.

Die Wiedergabe von Gebrauchsnamen, Handelsnamen, Warenbezeichnungen usw. in diesem Werk berechtigt auch ohne besondere Kennzeichnung nicht zu der Annahme, dass solche Namen im Sinne der Warenzeichen- und Markenschutz-Gesetzgebung als frei zu betrachten wären und daher von jedermann benutzt werden dürften.

Umschlaggestaltung: Regine Zimmer, Dipl.-Designerin, Frankfurt/Main

Gedruckt auf säurefreiem und chlorfrei gebleichtem Papier

ISBN-10 3-8350-0411-5
ISBN-13 978-3-8350-0411-5

Geleitwort

Die Forschungsgebiete Betriebswirtschaftliche Steuerlehre und Organisationslehre haben für nationale wie internationale Unternehmen und Konzerne eine unverändert große Bedeutung. Es ist daher überraschend, dass dennoch erst wenige wirklich grundlegende theoretische Untersuchungen zu diesem spannenden Untersuchungsbereich vorliegen. Mein Schüler *Sven Petersen* hat sich verdienstvoller Weise der Herausforderung gestellt, den Einfluss der Besteuerung auf zwei unterschiedliche organisatorische Grundphänomene zu untersuchen: Zum einen die Integration unternehmerischen Handelns in die verschiedenen Unternehmensformen, wie sie in der Betriebswirtschaftslehre, speziell in der Organisationslehre, seit langem ausführlich diskutiert werden. Zum anderen die Konzernierung, die – gekennzeichnet durch die rechtliche Selbstständigkeit der verschiedenen Einheiten – in der Betriebswirtschaftslehre als organisatorisches Phänomen erst seit rund 15 Jahren umfassender analysiert und untersucht wird.

S. Petersen geht in seiner sehr gut nachvollziehbar gegliederten Untersuchung zunächst von einer zentralen betriebswirtschaftlichen Fragestellung, der Organisationsformwahl aus. In knapper Form wird dazu die jeweilige Steuerbelastung in Abhängigkeit der ausgewählten Organisationsformen und -varianten analysiert und dargestellt. Anschließend werden als potenzielle Analyserahmen einige wichtige theoretischen Modelle und deren Prämissen sowie die zum Teil erheblichen Einschränkungen und Beschränkungen untersucht; der Verfasser entscheidet sich für die Theorie der neuen Institutionenökonomik unter den Annahmen des Transaktionskostenansatzes. Die wiederum außerordentlich gründlich fundierte, trotzdem auf die wichtigsten Differenzen und ansatzspezifischen Charakteristika beschränkte Darstellung und Ableitung überzeugt sowohl sprachlich als auch inhaltlich; trotz der Fülle der hier einzubringenden Überlegungen gelingt eine dichte, aber dennoch gut lesbare und nachvollziehbare Darstellung des theoretischen Konzepts. Diesen Ansatz überträgt der Verfasser dann konsequent und umfassend auf die ausgewählte Besteuerungsproblematik. Nachfolgend werden die erarbeiteten Steuerwirkungen in das eigene Modell eingebracht. Das damit gewählte Vorgehen ist originell und überzeugend sowie geeignet, die beiden stilisierten Formen „Markt versus Einheitsunternehmen" zu analysieren. Die Untersuchung sowohl der Besteuerungssituation de lege lata als auch de lege ferenda ist sehr gut nachvollziehbar. Abschließend werden die Wirkungen der Besteuerung auf die Konzernierung in Form einer komparativen Analyse aufgezeigt.

Mit der vorliegenden Untersuchung wird eine höchst originelle Fragestellung sowohl theoretisch fundiert als auch in der praktischen Umsetzung überzeugend aufbereitet. Besonders hervorzuheben ist die konsequente Argumentation sowie die Stringenz der auf hohem wissenschaftlichem Niveau erarbeiteten Ergebnisse. Die Literaturarbeit kann sowohl hinsichtlich der Auswahl, Quantität wie Qualität und thematischen Breite als außerordentlich bezeichnet werden.

Mein Schüler *S. Petersen* legt mit seiner Untersuchung ein sehr gelungenes, in sich geschlossenes Werk vor, welches der anspruchsvollen Themenstellung unter Berücksichtigung des Stands der Forschung uneingeschränkt gerecht wird. Seine Ideen und Ansätze werden die weitere Diskussion nachhaltig befruchten.

München, den 01. März 2006　　　　*Univ.-Prof. Dr. Dr. Manuel R. Theisen*

Vorwort

Betriebswirtschaftslehre ist die Lehre von Unternehmungen. Was ist eine Unternehmung, wie groß wird eine Unternehmung, wann lässt sich eine Unternehmung oder ihre institutionelle Alternative – der Markt – in der Realität beobachten? Wie wird eine Unternehmung organisiert, als Einheits- oder als Konzernunternehmung? Derartige betriebswirtschaftliche Grundfragen unter Berücksichtigung der Besteuerung zu untersuchen war Ziel meiner externen Promotion am Lehrstuhl für Allgemeine Betriebswirtschaftslehre, Betriebswirtschaftliche Steuerlehre und Steuerrecht der Fakultät für Betriebswirtschaftslehre der Ludwig-Maximilians-Universität München. Die dabei entstandene vorliegende Arbeit wurde von der Fakultät unter dem Titel „Einfluss der Besteuerung auf Integration und Konzernierung – eine transaktionskostenökonomische Analyse" im Februar 2006 als Dissertation angenommen.

Mein besonders herzlicher Dank gilt meinem akademischen Lehrer und Doktorvater, Herrn Professor Dr. Dr. *Manuel René Theisen* für das in mich gesetzte Vertrauen und die Möglichkeit der Promotion an seinem Lehrstuhl. Sein wissenschaftlicher Rat und insbesondere seine scharfsinnige und stets konstruktive Kritik haben wesentlich zum Gelingen der Arbeit beigetragen. Ebenso darf ich Herrn Professor Dr. Dr. h. c. *Wolfgang Ballwieser* für die bereitwillige Übernahme des Korreferats sowie hilfreiche wissenschaftliche Anregungen herzlich danken.

Für die großzügige Unterstützung durch sehr flexible Arbeitszeiten und allzeit gegenwärtiges Verständnis für Wissenschaft und Forschung darf ich meinem Arbeitgeber, Deloitte & Touche in München, insbesondere Herrn *Andreas Schulz* und Herrn Dr. *Otmar Thömmes* herzlich danken, die mir den wirtschaftlichen Rahmen für meine Promotion ermöglicht haben.

Für die kritische Durchsicht des Manuskripts danke ich ganz herzlich meinen Kolleginnen *Vera Kohlweyer* und Dr. *Ursula Schäffler* sowie *Marc Hoffmann*. Mein besonderer Dank gilt Professor Dr. *Martin Wenz*, der mir bei Höhen und Tiefen meiner gesamten Promotion stets kritik- und diskussionsbereit zur Seite stand. Für die allgegenwärtige Diskussionsbereitschaft danke ich auch *Alexander Linn* sowie allen anderen Lehrstuhlmitarbeitern.

Besonders herzlich danke ich meinen Eltern *Marlen* und *Olaf Petersen* sowie *Maximiliane Schuster* für großartige uneingeschränkte persönliche Unterstützung während der Promotion.

Kochel am See, 28. Februar 2006   *Sven Petersen*

Inhaltsübersicht

Kapitel 1 Organisationsformwahl als Fragestellung in der Betriebswirtschaftslehre 1
1.1 Problemstellung 1
1.2 Zielsetzung 9
1.3 Abgrenzung von bestehenden Untersuchungen 10
1.4 Gang der Untersuchung 13

Kapitel 2 Steuereffekte 17
2.1 Vorgehensweise und Methodik 17
2.2 Zusammenhang zwischen Besteuerung und Organisationsform 19
2.3 Analyse der Besteuerung de lege lata 21
2.4 Ergebnis 36

Kapitel 3 Theoriebezug 37
3.1 Vorgehensweise und Begriffsbestimmungen 37
3.2 Ökonomische Theorien 42
3.3 Auswahl einer Theorie für die Untersuchung 67

Kapitel 4 Steuerwirkungen in der Theorie des Transaktionskostenansatzes 73
4.1 Vorgehensweise und Methodik 73
4.2 Exkurs: Annahme vollständiger Rationalität 74
4.3 Annahme beschränkter Rationalität 84

Kapitel 5 Analyse der Steuerwirkungen auf die Integration 113
5.1 Vorgehensweise der komparativen Analyse 113
5.2 Integration bei Ausblendung des Steuerrechts 115
5.3 Integration unter Berücksichtigung des Steuerrechts 156
5.4 Effizienzwirkungen der steuerinduzierten Organisationsformwahl 161

Kapitel 6 Analyse der Steuerwirkungen auf die Konzernierung 177
6.1 Vorgehensweise der komparativen Analyse 177
6.2 Konzernierung bei Ausblendung des Steuerrechts 195
6.3 Konzernierung unter Berücksichtigung des Steuerrechts 216
6.4 Effizienzwirkungen der steuerinduzierten Organisationsformwahl 220

Kapitel 7 Zusammenfassung in Thesen 231

Inhaltsverzeichnis

Geleitwort V

Vorwort VII

Inhaltsübersicht IX

Inhaltsverzeichnis XI

Darstellungsverzeichnis XVII

Abkürzungsverzeichnis XIX

Kapitel 1 Organisationsformwahl als Fragestellung in der Betriebswirtschaftslehre 1
1.1 Problemstellung 1
1.2 Zielsetzung 9
1.3 Abgrenzung von bestehenden Untersuchungen 10
1.4 Gang der Untersuchung 13

Kapitel 2 Steuereffekte 17
2.1 Vorgehensweise und Methodik 17
2.2 Zusammenhang zwischen Besteuerung und Organisationsform 19
    2.2.1 Zivilrechtliche versus ökonomische Anknüpfung 19
    2.2.2 Anzahl der Anknüpfungsobjekte 20
2.3 Analyse der Besteuerung de lege lata 21
    2.3.1 Vergleich der Einheitsunternehmung mit Markt und Hybriden 21
        2.3.1.1 Gewinnermittlung 21
        2.3.1.2 Verlustnutzung 24
    2.3.2 Vergleich der Einheitsunternehmung mit Konzernen ... 27
        2.3.2.1 Gewinnermittlung 27
        2.3.2.2 Verlustnutzung 28
        2.3.2.3 Gewinnausschüttungen 29
        2.3.2.4 Organschaft 32
        2.3.2.5 Grundstückstransaktionen 35
2.4 Ergebnis 36

Kapitel 3 Theoriebezug 37
3.1 Vorgehensweise und Begriffsbestimmungen 37
    3.1.1 Modell 37
    3.1.2 Theorie 39
    3.1.3 Eignung 41
3.2 Ökonomische Theorien 42
    3.2.1 Theorie der Neoklassik 42
        3.2.1.1 Umweltannahmen 43
        3.2.1.2 Verhaltensannahmen 45
        3.2.1.3 Verhältnis zu Institutionen 47
    3.2.2 Theorie der Neuen Institutionenökonomik 50
        3.2.2.1 Theorie der Hybridmodelle 51
            3.2.2.1.1 Verhaltensannahmen 51
            3.2.2.1.2 Umweltannahmen 54
            3.2.2.1.3 Verhältnis zu Institutionen 55
        3.2.2.2 Transaktionskostenansatz 57
            3.2.2.2.1 Verhaltensannahmen 57
            3.2.2.2.2 Umweltannahmen 60
            3.2.2.2.3 Verhältnis zu Institutionen 65
3.3 Auswahl einer Theorie für die Untersuchung 67

Kapitel 4 Steuerwirkungen in der Theorie des Transaktionskostenansatzes 73
4.1 Vorgehensweise und Methodik 73
4.2 Exkurs: Annahme vollständiger Rationalität 74
    4.2.1 Organisationsformwahl 74
    4.2.2 Steuerrechtsbeurteilung 79
4.3 Annahme beschränkter Rationalität 84
    4.3.1 Organisationsformwahl 84
        4.3.1.1 Operationalisierung der Schlüsseldimensionen 85
        4.3.1.2 Klassifizierung der Organisationsformen 86
        4.3.1.3 Qualitative Analyse 88
        4.3.1.4 Effizienzbegriff für private Organisationsformen 89
        4.3.1.5 Partialanalyse durch Transaktionskostenvergleich 92
        4.3.1.6 Effizienz versus reale Organisationsformwahl 93
        4.3.1.7 Hypothese der langfristigen Evolution 95

Inhaltsverzeichnis

4.3.2 Steuerrechtsbeurteilung 99
    4.3.2.1 Analyse in der Tradition *Pigous* 99
    4.3.2.2 Berücksichtigung der Institutionenhierarchie 101
    4.3.2.3 Effizienzbegriff für staatliche Institutionen 106
    4.3.2.4 Normative Aussagen zur Steuerpolitik 110
    4.3.2.5 Vergleichspaare in dieser Untersuchung 111

Kapitel 5 Analyse der Steuerwirkungen auf die Integration 113
  5.1 Vorgehensweise der komparativen Analyse 113
  5.2 Integration bei Ausblendung des Steuerrechts 115
    5.2.1 Vertikale Integration 115
      5.2.1.1 Klassifizierung der Organisationsformen 115
        5.2.1.1.1 Vorüberlegungen von *Macneil* 115
        5.2.1.1.2 Klassifizierung von *Williamson* 118
        5.2.1.1.3 Klassifizierung in dieser Untersuchung 123
      5.2.1.2 Schlüsseldimension: Spezifität 125
      5.2.1.3 Niedrige Spezifität 127
        5.2.1.3.1 Transaktionskosten der Marktlösung 128
        5.2.1.3.2 Transaktionskosten der Unternehmung 131
        5.2.1.3.3 Vergleich bei niedriger Spezifität 135
      5.2.1.4 Hohe Spezifität 136
        5.2.1.4.1 Prozess der fundamentalen Transformation 136
        5.2.1.4.2 Transaktionskosten der Marktlösung 138
        5.2.1.4.3 Transaktionskosten der Unternehmung 141
        5.2.1.4.4 Vergleich bei hoher Spezifität 142
      5.2.1.5 Gesamtvergleich 144
        5.2.1.5.1 Effizienz der Organisationsform 144
        5.2.1.5.2 Effizienz bei Berücksichtigung der Produktionskosten 144
        5.2.1.5.3 Grenzen der Unternehmung 146
        5.2.1.5.4 Hypothese der Unmöglichkeit der selektiven Intervention 147
    5.2.2 Horizontale Integration 149
      5.2.2.1 Schlüsseldimensionen 149
        5.2.2.1.1 Proprietäre Informationen 149
        5.2.2.1.2 Know-how 151
        5.2.2.1.3 Unteilbare Investitionsgüter 151
      5.2.2.2 Transaktionskosten der Marktlösung 152
      5.2.2.3 Transaktionskosten der Unternehmung 153
      5.2.2.4 Gesamtvergleich 154

5.3 Integration unter Berücksichtigung des Steuerrechts 156
    5.3.1 Vorgehensweise 156
    5.3.2 Einfluss des Steuerrechts auf die Organisationsformwahl 156
    5.3.3 Hypothese über die Organisationsformwahl in der Realität........ 160
5.4 Effizienzwirkungen der steuerinduzierten Organisationsformwahl 161
    5.4.1 Vorgehensweise 161
    5.4.2 Vergleich mit einer von der Integration
         unabhängigen Besteuerung 163
         5.4.2.1 Komparative Bestimmung der Effizienz 163
         5.4.2.2 Umsetzbarkeit de lege ferenda 167
    5.4.3 Vergleich mit einer weniger integrations-
         abhängigen Besteuerung 172
         5.4.3.1 Komparative Bestimmung der Effizienz 172
         5.4.3.2 Umsetzbarkeit de lege ferenda 174
    5.4.4 Hypothese zur Effizienz des Steuerrechts 175

Kapitel 6 Analyse der Steuerwirkungen auf die Konzernierung.............. 177
6.1 Vorgehensweise der komparativen Analyse... 177
    6.1.1 Vorüberlegungen von *Williamson*: M-Form-Hypothese............. 177
         6.1.1.1 Klassifizierung der Organisationsformen...................... 177
         6.1.1.2 Schlüsseldimension: Komplexität 183
         6.1.1.3 Transaktionskosten der U-Form 184
         6.1.1.4 Transaktionskosten der M-Form 186
         6.1.1.5 Vergleich unter Berücksichtigung der
              Produktionskosten 190
    6.1.2 Die M-Form als Basis für die Analyse der Konzernierung......... 193
6.2 Konzernierung bei Ausblendung des Steuerrechts 195
    6.2.1 Klassifizierung der Organisationsformen................................... 195
    6.2.2 Schlüsseldimension: Komplexität.. 200
    6.2.3 Niedrige Komplexität... 200
    6.2.4 Hohe Komplexität 202
         6.2.4.1 Transaktionskosten der Einheitsunternehmung.............. 202
         6.2.4.2 Transaktionskosten der Konzernunternehmung............. 206
         6.2.4.3 Vergleich bei hoher Komplexität 212
    6.2.5 Gesamtvergleich... 214
6.3 Konzernierung unter Berücksichtigung des Steuerrechts....................... 216
    6.3.1 Vorgehensweise 216
    6.3.2 Einfluss des Steuerrechts de lege lata auf die
         Organisationsformwahl 217
    6.3.3 Hypothese über die Organisationsformwahl in der Realität........ 219

6.4 Effizienzwirkungen der steuerinduzierten Organisationsformwahl 220
    6.4.1 Vorgehensweise 220
    6.4.2 Vergleich mit einer von der Konzernierung
        unabhängigen Besteuerung 221
        6.4.2.1 Komparative Bestimmung der Effizienz 221
        6.4.2.2 Umsetzbarkeit de lege ferenda 224
    6.4.3 Vergleich mit einer weniger konzernierungs-
        abhängigen Besteuerung 227
        6.4.3.1 Komparative Bestimmung der Effizienz 227
        6.4.3.2 Umsetzbarkeit de lege ferenda 228
    6.4.4 Hypothese zur Effizienz des Steuerrechts 230

Kapitel 7 Zusammenfassung in Thesen 231

Literaturverzeichnis 235

Quellenverzeichnis 287

Darstellungsverzeichnis

Darst. 1: Institutionen, Governance-Mechanismen und Organisationsformen 3

Darst. 2: Grad der Integration von Produktionsschritten 4

Darst. 3: Unterteilung der Unternehmung nach ihrer Unternehmensverfassung 6

Darst. 4: Grad der Konzernierung einer Unternehmung 7

Darst. 5: Gesamtübersicht der verfügbaren Organisationsformen 7

Darst. 6: Einfluss der Besteuerung auf die Wahl der Organisationsform 8

Darst. 7: Anzahl der steuerlichen Anknüpfungspunkte 21

Darst. 8: Steuerliche Auswirkungen der Integration 27

Darst. 9: Steuerliche Auswirkungen der Konzernierung 34

Darst. 10: Steuerbelastungsunterschiede de lege lata 36

Darst. 11: Pluralismus des Theoriebegriffs 40

Darst. 12: Eignung von Theorien für bestimmte Fragestellungen 41

Darst. 13: Zusammenhang zwischen Produktions- und Transaktionskosten ... 63

Darst. 14: *Coase*-Theorem versus Analyse der Organisationsformwahl 69

Darst. 15: Hybridmodelle versus Transaktionskostenansatz 72

Darst. 16: Analyseschema des Transaktionskostenansatzes 87

Darst. 17: Neutralitätspostulate im Transaktionskostenansatz 101

Darst. 18: Zusammenspiel von Technologie und institutionellem Rahmen ... 102

Darst. 19: Aufbau der Institutionenhierarchie 105

Darst. 20: Vergleichspaare zur Analyse der vertikalen Integration 127

Darst. 21: Vergleich von Markt und Unternehmung bei niedriger Spezifität 136

Darst. 22: Vergleich von Markt und Unternehmung bei hoher Spezifität 143

Darst. 23: Effizienz der vertikalen Integration 144

Darst. 24: Interdependenz von Effizienz und Unternehmungsgröße 147

Darst. 25: Effizienz der horizontalen Integration 155

Darst. 26: Effizienz der Integration unter Berücksichtigung der Besteuerung 159

Darst. 27: Hypothese über die langfristig beobachtbaren Organisationsformen 161

Darst. 28: Besteuerung de lege lata versus integrationsneutrale Besteuerung 165

Darst. 29: Effizienzvergleich mit einer integrationsneutralen Besteuerung ... 166

Darst. 30: Auswirkungen einer weniger integrationsabhängigen Besteuerung 173

Darst. 31: Vergleich von U-Form, M-Form und H-Form 181

Darst. 32: Effizienz von U-Form und M-Form 192

Darst. 33: Vergleichspaare zur Analyse der Konzernierung 200

Darst. 34: Einheits- versus Konzernunternehmung bei niedriger Komplexität 202

Darst. 35: Einheits- versus Konzernunternehmung bei hoher Komplexität ... 213

Darst. 36: Effizienz von Einheits- und Konzernunternehmung (M-Form) 216

Darst. 37: Effizienz der Konzernierung unter Berücksichtigung der Besteuerung 219

Darst. 38: Besteuerung de lege lata versus konzernierungsneutrale Besteuerung 222

Darst. 39: Effizienzvergleich mit einer konzernierungsneutralen Besteuerung 223

Darst. 40: Auswirkungen einer weniger konzernierungsabhängigen Besteuerung 228

Abkürzungsverzeichnis

a. A. .... anderer Ansicht
AER .... The American Economic Review (Zeitschrift)
AG .... Aktiengesellschaft
AJPS .... American Journal of Political Science (Zeitschrift)
AJS .... American Journal of Sociology (Zeitschrift)
AktG .... Aktiengesetz
AM .... Academy of Management (Zeitschrift)
AO .... Abgabenordnung
AR .... The Accounting Review (Zeitschrift)
ARS .... Annual Review of Sociology (Zeitschrift)
ASQ .... Administrative Science Quarterly (Zeitschrift)
ASR .... American Sociological Review (Zeitschrift)
Aufl. .... Auflage

BB .... Betriebs-Berater (Zeitschrift)
Begr. .... Begründer
BFuP .... Betriebswirtschaftliche Forschung und Praxis (Zeitschrift)
BGB .... Bürgerliches Gesetzbuch
BGBl. .... Bundesgesetzblatt
BJE .... The Bell Journal of Economics (Zeitschrift)
BMF .... Bundesministerium der Finanzen

c. p. .... ceteris paribus
CPE .... Constitutional Political Economy (Zeitschrift)

Darst. .... Darstellung
DB .... Der Betrieb (Zeitschrift)
DBW .... Die Betriebswirtschaft (Zeitschrift)
Diss. .... Dissertation
DStR .... Deutsches Steuerrecht (Zeitschrift)
DStZ .... Deutsche Steuer-Zeitung (Zeitschrift)

EC .... Economica (Zeitschrift)
EER .... European Economic Review (Zeitschrift)
EJ .... Economic Journal (Zeitschrift)
engl. .... englisch
EStG .... Einkommensteuergesetz
ET .... Econometrica (Zeitschrift)
EU .... Europäische Union
e. V .... eingetragener Verein

FA .... Finanzarchiv (Zeitschrift)
Fn. .... Fußnote
FR .... Finanzrundschau (Zeitschrift)

GbR .... Gesellschaft bürgerlichen Rechts
GewStG .... Gewerbesteuergesetz
GmbH .... Gesellschaft mit beschränkter Haftung
GmbHG .... Gesetz betreffend die Gesellschaften mit beschränkter Haftung
GmbHR .... GmbH-Rundschau (Zeitschrift)
GrEStG .... Grunderwerbsteuergesetz

Habil. .... Habilitation
HGB .... Handelsgesetzbuch
Hrsg .... Herausgeber

ICC .... Industrial and Corporate Change (Zeitschrift)
i. d. F. .... in der Fassung
IJIO .... International Journal of Industrial Organization (Zeitschrift)
InsO .... Insolvenzordnung
i. V. m. ...... in Verbindung mit

JB .... The Journal of Business (Zeitschrift)
JEBO .... Journal of Economic Behavior & Organization (Zeitschrift)
JEI .... Journal of Economic Issues (Zeitschrift)
JEL .... Journal of Economic Literature (Zeitschrift)
JEM .... Journal of Economic Methodology (Zeitschrift)
JEP .... The Journal of Economic Perspectives (Zeitschrift)
JET .... Journal of Economic Theory (Zeitschrift)

Abkürzungsverzeichnis

JF .... The Journal of Finance (Zeitschrift)
JFE .... Journal of Financial Economics (Zeitschrift)
JfS .... Jahrbuch für Sozialwissenschaften
JIE .... Journal of Industrial Economics (Zeitschrift)
JITE .... Journal of Institutional and Theoretical Economics (Zeitschrift)
JLE .... Journal of Law and Economics (Zeitschrift)
JLEO .... Journal of Law, Economics & Organization (Zeitschrift)
JLP .... Journal of Legal Pluralism and Unofficial Law (Zeitschrift)
JMCB ...... Journal of Money, Credit and Banking (Zeitschrift)
JPoE .... The Journal of Political Economy (Zeitschrift)
JPuE .... Journal of Public Economics (Zeitschrift)
JTP .... Journal of Theoretical Politics (Zeitschrift)
JZ .... Juristen Zeitung (Zeitschrift)

KG .... Kommanditgesellschaft
KGaA ...... Kommanditgesellschaft auf Aktien
KK .... Kapital und Kredit (Zeitschrift)
KLR .... Kobe University Law Review (Zeitschrift)
KStG .... Körperschaftsteuergesetz
KYK .... Kyklos (Zeitschrift)

NLR .... Northwestern University Law Review (Zeitschrift)

OHG .... Offene Handelsgesellschaft

PSY .... Psychometrika (Zeitschrift)

QJE .... The Quarterly Journal of Economics (Zeitschrift)

REMM ..... resourceful, evaluative, maximizing man
RGBl. ...... Reichsgesetzblatt

SCLR ...... Southern California Law Review (Zeitschrift)
SE .... Societas Europaea
SJE .... The Swedish Journal of Economics (Zeitschrift)
StB .... Der Steuerberater (Zeitschrift)
StBJb .... Steuerberater-Jahrbuch

StuW .... Steuer und Wirtschaft (Zeitschrift)
SZVS .... Schweizerische Zeitung für Volkswirtschaft und Statistik (Zeitschrift)

übers. .... übersetzt
UmwStG .. Umwandlungssteuergesetz
Univ. .... Universität
UStG .... Umsatzsteuergesetz

vervielf. ..... vervielfältigt

WEJ .... Western Economic Journal (Zeitschrift)
WiSt .... Wirtschaftswissenschaftliches Studium (Zeitschrift)
WLR .... Wisconsin Law Review (Zeitschrift)
WPg .... Die Wirtschaftsprüfung (Zeitschrift)

YEE .... Yale Economic Essays (Zeitschrift)

ZfB .... Zeitschrift für Betriebswirtschaft (Zeitschrift)
ZfbF .... Schmalenbachs Zeitschrift für betriebswirtschaftliche Forschung
    .... (Zeitschrift)
ZfhF .... Zeitschrift für handelswissenschaftliche Forschung (Zeitschrift)
ZfO .... Zeitschrift für Organisation (Zeitschrift), ab 1982 ZFO
ZFO .... Zeitschrift Führung + Organisation (Zeitschrift)
ZfW .... Zeitschrift für Wirtschaftspolitik (Zeitschrift)
ZgS .... Zeitschrift für die gesamte Staatswissenschaft, ab 1986 JITE
    (Zeitschrift)
zugl. .... zugleich

Kapitel 1 Organisationsformwahl als Fragestellung in der Betriebswirtschaftslehre

1.1 Problemstellung

Aus ökonomischer Sicht basiert jede Gesellschaftsform – von einfachen Stammesverbänden bis hin zur modernen Industrie- und Informationsgesellschaft – auf der Kooperation ihrer Mitglieder durch Tausch und arbeitsteilige Erstellung von Waren und Dienstleistungen (Produktion).[1] Durch diese interpersonalen Austauschbeziehungen können Kooperationsgewinne realisiert werden.[2] Mit der Kooperation sind jedoch auch immanente Unsicherheiten aufgrund von unvollständiger Information, beschränktem Wissen, Informationsasymmetrie und Opportunismus der Kooperationspartner verbunden. Da die Kooperationsbereitschaft der Individuen davon abhängt, ob sich die jeweiligen Kooperationspartner an die getroffenen Vereinbarungen halten, können Kooperationsgewinne nur dann realisiert werden, wenn die Kooperation vor derartigen Unsicherheiten hinreichend geschützt ist.[3] Aus diesem Grund haben sich in jeder Gesellschaftsform zur Vermeidung dieser Unsicherheiten Institutionen entwickelt.[4] Eine Institution lässt sich im ökonomischen Kontext als eine Regel zur Koordination menschlichen Verhaltens einschließlich der Mechanismen zu ihrer Durchsetzung beschreiben.[5]

---

[1] Vgl. *Smith, A.*, Wealth, 1776, S. 9; *Nelson, R. R.*, Doctrine, 1981, S. 96; *Thieme, J. H.*, Wirtschaftssysteme, 2003, S. 4; *Neus, W.*, Betriebswirtschaftslehre, 2005, S. 9 f., 58-68.

[2] Vgl. *Homann, K./Suchanek, A.*, Ökonomik, 2005, S. 100-102.

[3] Vgl. *North, D. C.*, Change, 1981, S. 19; *Neus, W.*, Betriebswirtschaftslehre, 2005, S. 9 f.

[4] Vgl. *Picot, A.*, Transaktionskostenansatz, 1982, S. 269; *North, D. C.*, Institutions, 1991, S. 97; *Dietl, H.*, Institutionen, 1993, S. 85. Ähnlich vgl. *Schneider, D.*, Markt, 1985, S. 1249. Allerdings sind in unterschiedlichen Gesellschaften zum Teil sehr unterschiedliche Institutionen entstanden, vgl. *North, D. C.*, Institutions, 1990, S. 6.

[5] Vgl. *Schmoller, G.*, Grundriß, 1923, S. 61; *Kulenkampff, A.*, Institution, 1978, Sp. 275; *North, D. C.*, Institutions, 1990, S. 4; *Bredow, H. R.*, Institutionenökonomie, 1992, S. 36; *Ordelheide, D.*, Theorie, 1993, Sp. 1839; *Dietl, H.*, Institutionen, 1993, S. 37; *Voigt, S.*, Institutionenökonomik, 2002, S. 34; *Richter, R./Furubotn, E. G.*, Institutionenökonomik, 2003, S. 7 f.

Zu derartigen Institutionen gehören neben ethischen und staatlichen Regeln auch private Verträge,[1] wie z. B. einfache Kauf- oder komplexe Gesellschaftsverträge.[2] Private Verträge unterscheiden sich ökonomisch neben der vereinbarten Verteilung der Kooperationsgewinne und der damit verbundenen Motivation der Kooperationspartner insbesondere durch ihren Governance-Mechanismus, d. h. der Regelung, wie, wo und durch wen vorhandene Ressourcen zur Produktion welcher Produkte eingesetzt werden.[3] Je nach Governance-Mechanismus ergeben sich unterschiedliche Koordinationsformen der Arbeitsteilung, die als Organisationsformen bezeichnet werden können.

Erfolgt die Governance durch Hierarchie in Form der „sichtbaren Hand" des Managements, so liegt eine Unternehmung[4] vor.[5] Am Markt erfolgt die Governance hingegen autonom durch die „unsichtbare Hand" des Preismechanismus.[6] Durch den Abschluss entsprechender Verträge können die beiden alternativen

---

[1] Unter einem Vertrag werden im ökonomischen Kontext alle Vereinbarungen subsumiert, die Individuen im Rahmen ihrer Kooperation schließen; es kommt dabei im Gegensatz zur juristischen Sicht nicht darauf an, ob die Voraussetzungen der §§ 145-157 BGB erfüllt sind, vgl. *Neus, W.*, Betriebswirtschaftslehre, 2005, S. 11.

[2] Vgl. *Picot, A./Dietl, H.*, Transaktionskostentheorie, 1990, S. 178; *Ebers, M./Gotsch, W.*, Theorie, 2002, S. 199; *Neus, W.*, Betriebswirtschaftslehre, 2005, S. 11.

[3] Ähnlich vgl. *Laux, H./Liermann, F.*, Organisation, 2003, S. 6-9.

[4] In der Literatur wird zur Differenzierung von wirtschaftlicher und rechtlicher Einheit zum Teil zwischen den Begriffen Unternehmung und Unternehmen unterschieden, vgl. *Werder, A. v.*, Organisationsstruktur, 1986, S. 12, Fn. 4; *Salzberger, W.*, Konzernunternehmung, 1994, S. 8; *Theisen, M. R.*, Konzern, 2000, S. 17. Da diese Unterteilung aber zu Konflikten mit den sich in dieser Untersuchung auf die wirtschaftliche Einheit beziehenden Begriffen der Unternehmensgröße und Unternehmensverfassung führen kann, werden die Begriffe Unternehmung und Unternehmen in der vorliegenden Untersuchung zugunsten des allgemeinen ökonomischen Sprachgebrauchs synonym für die wirtschaftliche Einheit verwendet und die rechtliche Einheit bei Bedarf expressis verbis als solche gekennzeichnet.

[5] Vgl. *Chandler, A. D.*, Hand, 1978, S. 1; *Schildbach, T.*, Grundlagen, 1989, S. 158; *Wenz, M.*, Unternehmensmischformen, 1999, S. 2; *Williamson, O. E.*, Governance, 2002, S. 178; *Laux, H./Liermann, F.*, Organisation, 2003, S. 6-9; *Theisen, M. R./Wenz, M.*, Grundkonzeption, 2005, S. 15; *Neus, W.*, Betriebswirtschaftslehre, 2005, S. 157.

[6] Vgl. *Smith, A.*, Wealth, 1776, S. 351; *Chandler, A. D.*, Hand, 1978, S. 1-3; *Schildbach, T.*, Grundlagen, 1989, S. 158; *Wenz, M.*, Unternehmensmischformen, 1999, S. 2; *Laux, H./Liermann, F.*, Organisation, 2003, S. 6; *Theisen, M. R./Wenz, M.*, Grundkonzeption, 2005, S. 15; *Picot, A./Dietl, H./Franck, E.*, Organisation, 2005, S. 68. Ähnlich vgl. *Ordelheide, D.*, Konzern, 1986, S. 293. Die Wirkungsweise des Preismechanismus wird in der mikroökonomischen Preistheorie diskutiert, dazu vgl. Kapitel 3.2.1, S. 42 f.

1.1 Problemstellung

Governance-Mechanismen Hierarchie und Preismechanismus sowohl in Reinform (Markt; Unternehmung) als auch in Mischformen (Hybride) umgesetzt werden.[1] Derartige Mischformen sind z. B. langfristige Lieferverträge, Franchising oder auch sehr dezentral organisierte Konzernformen, wie z. B. eine reine Finanzholding.[2] Unterteilt man die Organisationsformen nach ihrem Governance-Mechanismus typisierend in Markt, Hybrid und Unternehmung, stehen drei Möglichkeiten zur Koordination der einzelnen Schritte der arbeitsteiligen Produktion zur Verfügung (vgl. Darst. 1).[3]

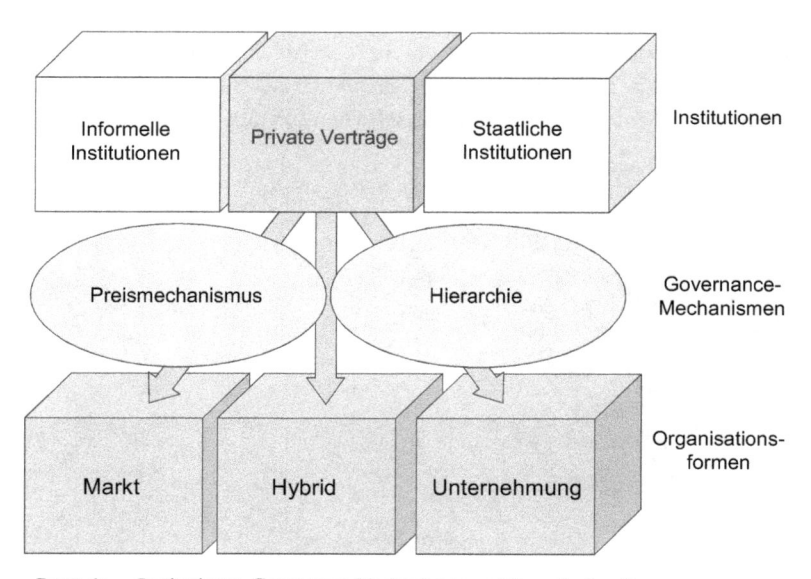

Darst. 1: **Institutionen, Governance-Mechanismen und Organisationsformen**

---

[1] Vgl. *Picot, A.,* Transaktionskostenansatz, 1982, S. 273; *Williamson, O. E.,* Organization, 1991, S. 280; *Williamson, O. E.,* Governance, 2002, S. 180; *Laux, H./Liermann, F.,* Organisation, 2003, S. 9; *Picot, A./Reichwald, R./Wigand, R. T.,* Unternehmung, 2003, S. 55.

[2] Vgl. *Williamson, O. E.,* Organization, 1991, S. 269, 280. Zum Idealtypus einer Finanzholding siehe *Theisen, M. R.,* Konzern, 2000, S. 177.

[3] Dieses moderne Verständnis einer Organisationsform umfasst damit nicht nur Koordinationsformen innerhalb von Unternehmungen, sondern auch Alternativen dazu, wie z. B. die Koordination über den Markt, vgl. *Picot, A./Dietl, H./Franck, E.,* Organisation, 2005, S. 26-30. Ähnlich vgl. *Williamson, O. E.,* Economics, 2004, S. 67.

Je nachdem, welcher Governance-Mechanismus gewählt wird, werden mehr oder weniger viele Produktionsschritte hierarchisch koordiniert. Dementsprechend liegt ein unterschiedlich hoher Grad der Integration der Produktionsschritte (kurz: Integration) vor.[1] Werden verschiedene Produktionsschritte in ein und derselben Unternehmung hierarchisch koordiniert und damit vollständig integriert, so liegt eine vergleichsweise große Unternehmung vor.[2] Bei der Koordination der Produktionsschritte über eine Zwischenform erfolgt eine hybride und damit eine nur partielle Integration, während es bei Marktverträgen an jeder Integration fehlt; stattdessen liegen Austauschbeziehungen zwischen verschiedenen, vergleichsweise weniger großen Unternehmungen vor. Die Abhängigkeit des Grades der Integration vom zur Koordination der Produktionsschritte gewählten Governance-Mechanismus wird in Darst. 2 graphisch veranschaulicht.

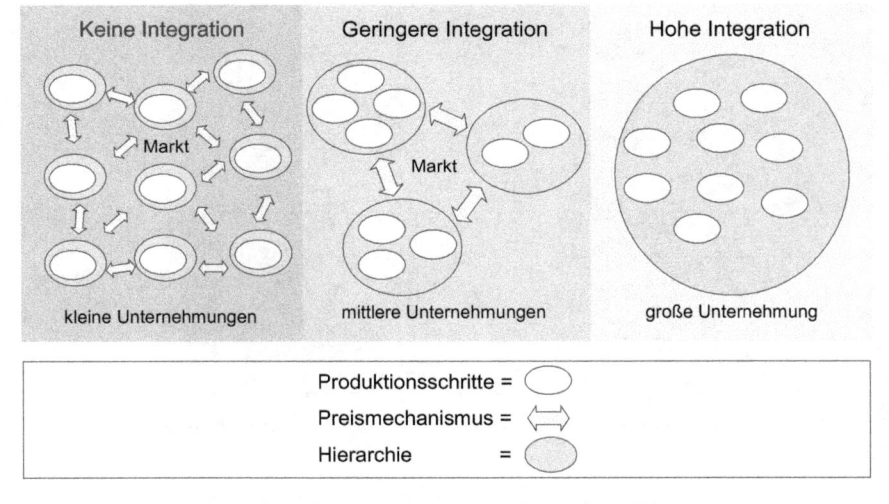

Darst. 2: Grad der Integration von Produktionsschritten

---

[1] Vgl. *Picot, A.*, Transaktionskostenansatz, 1982, S. 275; *Picot, A./Dietl, H./Franck, E.*, Organisation, 2005, S. 80. Ähnlich vgl. *Williamson, O. E.*, Markets, 1975, S. 82.

[2] Vgl. *Richter, R./Furubotn, E. G.*, Institutionenökonomik, 2003, S. 401-418. Ähnlich vgl. *Coase, R. H.*, Firm, 1937, S. 393 f.; *Demsetz, H.*, Firm, 1988, S. 147. Die Gesamtgröße einer Unternehmung ist nicht nur von der Integration abhängig, sondern auch davon, wie oft die jeweiligen Produktionsschritte durchgeführt werden.

1.1 Problemstellung

Die Organisationsform der Unternehmung kann nicht nur vom Markt und den Hybriden abgegrenzt werden, sondern auch ihrerseits in Abhängigkeit der jeweiligen Unternehmensverfassung[1] weiter unterteilt werden, da die ökonomische Einheit einer Unternehmung nicht mit der rechtlichen Einheit identisch sein muss.[2] Dementsprechend kann eine Unternehmung alternativ sowohl in der rechtlichen Form einer Einheitsunternehmung vorliegen als auch aus mehreren rechtlich selbstständigen Gesellschaften bestehen, die durch geeignete Maßnahmen zu einer Konzernunternehmung[3] verbunden sind (vgl. Darst. 3).[4]

---

[1] Unter einer Unternehmensverfassung versteht man die Summe der Regelungen, die sich aus dem Unternehmungsvertrag und den Auswirkungen anderer Institutionen (z. B. Gesetze) für die Unternehmung ergeben, vgl. *Michel, S.*, Besteuerung, 2001, S. 37 f.; *Wader, D.*, Unternehmensverfassung, 2002, S. 20; ähnlich vgl. *Ballwieser, W./Schmidt, R. H.*, Unternehmensverfassung, 1981, S. 645; *Schneider, D.*, Unternehmung, 1997, S. 460.

[2] Vgl. *Köhler, H.-G.*, Konzern, 1970, S. 81 f.; *Werder, A. v.*, Konzernstruktur, 1986, S. 586; *Werder, A. v.*, Recht, 1992, Sp. 2172; *Theisen, M. R.*, Konzern, 2000, S. 17 f.; *Wader, D.*, Unternehmensverfassung, 2002, S. 27.

[3] Jede autonome Handlungseinheit von verbundenen Unternehmen, die einen gemeinsamen Zweck verfolgen, wird im ökonomischen Kontext als Konzern bezeichnet, vgl. *Klages, H.-J.*, Konzern, 1982, S. 19 f.; *Ordelheide, D.*, Konzern, 1986, S. 296; *Theisen, M. R.*, Konzernunternehmungslehre, 1988, S. 280; *Schruff, W.*, Konzern, 1993, Sp. 2274; *Pullen, M.*, Konzerne, 1994, S. 5; *Binder, C. U.*, Konzernunternehmung, 1994, S. 11; *Theisen, M. R.*, Konzern, 2000, S. 17 f.; *Theisen, M. R.*, Besteuerung, 2001, Sp. 1351; *Scheffler, E.*, Konzernmanagement, 2004, S. 1. Ähnlich vgl. *Grochla, E.*, Betriebsverbindungen, 1969, S. 177 f.

[4] Ein Konzern kann dabei derart lose verbunden sein, dass die rechtlich eigenständigen Gesellschaften in weiten Teilen des Handlungsfeldes auch im Verhältnis zu anderen Konzerngesellschaften autonom wie Marktunternehmungen oder zumindest annähernd autonom agieren, vgl. *Ordelheide, D.*, Konzern, 1986, S. 296; ähnlich vgl. *Pausenberger, E.*, Konzerne, 1975, Sp. 2235; *Prantl, J.*, Konzernbildung, 1994, S. 23. Je nachdem, ob ein zentrales oder ein dezentrales Führungssystem vorliegt, erfolgt die Koordination mehr durch die Hierarchie bzw. den Markt, vgl. *Theisen, M. R.*, Konzernorganisation, 1986, S. 764; *Werdich, H.*, Organisation, 1993, S. 33. Für eine Organisationsform mit dem Governance-Mechanismus einer Hierarchie kommen nur hierarchische Konzerne in Frage, eher autonom organisierte Konzerne stellen hingegen Hybride dar. Wird in dieser Arbeit von einer Konzernunternehmung gesprochen, ist darunter grundsätzlich ein hierarchischer Konzern zu verstehen.

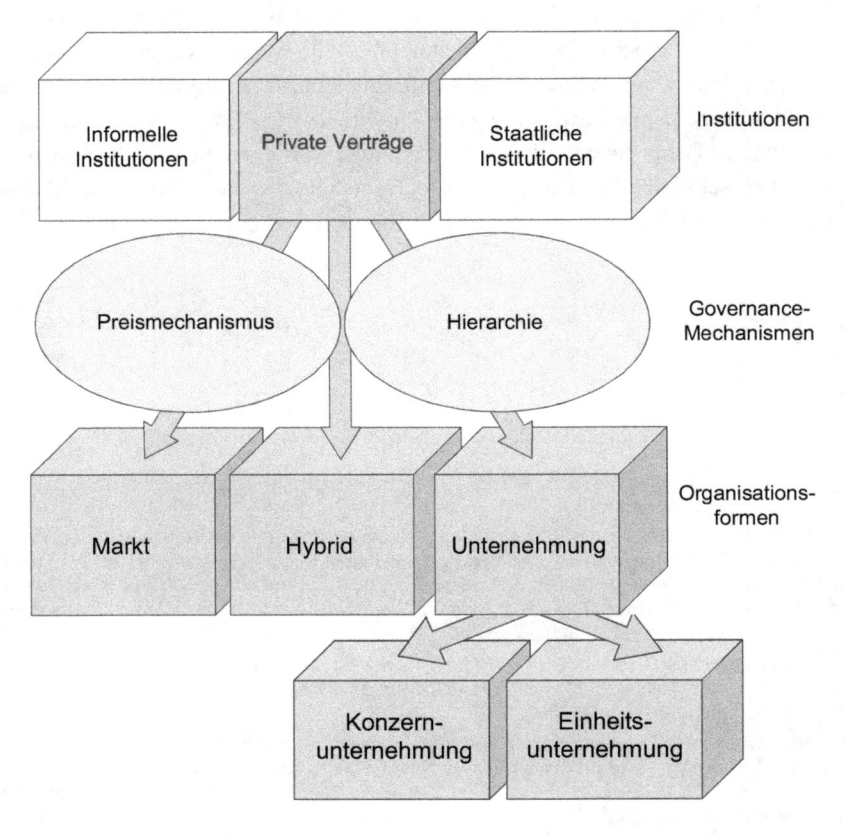

Darst. 3: Unterteilung der Unternehmung nach ihrer Unternehmensverfassung

In Abhängigkeit der Anzahl an rechtlichen Untereinheiten liegt ein unterschiedlich hoher Grad der Konzernierung einer Unternehmung (kurz: Konzernierung) vor (vgl. Darst. 4).

1.1 Problemstellung

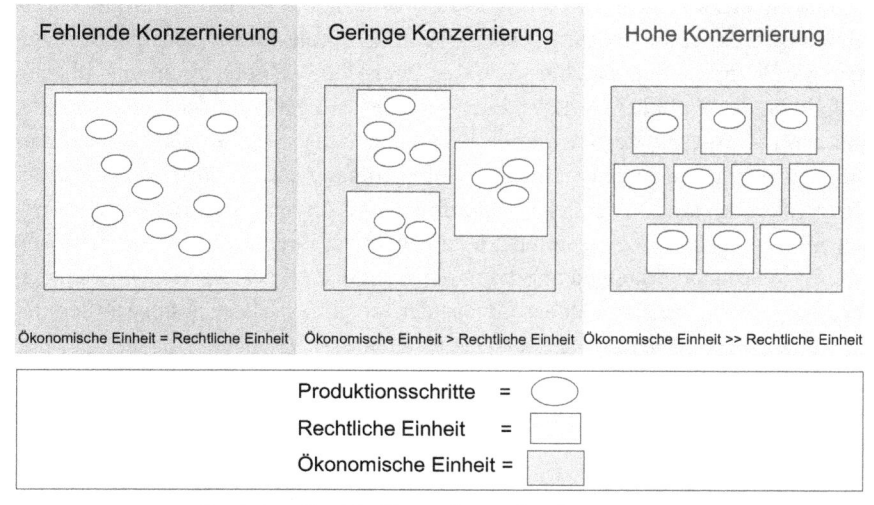

Darst. 4: Grad der Konzernierung einer Unternehmung

Damit stehen den Kooperationspartnern zur Regelung der Kooperation sich sowohl hinsichtlich des Grades der Integration als auch hinsichtlich des Grades der Konzernierung unterscheidende Organisationsformen zur Verfügung (vgl. Darst. 5).

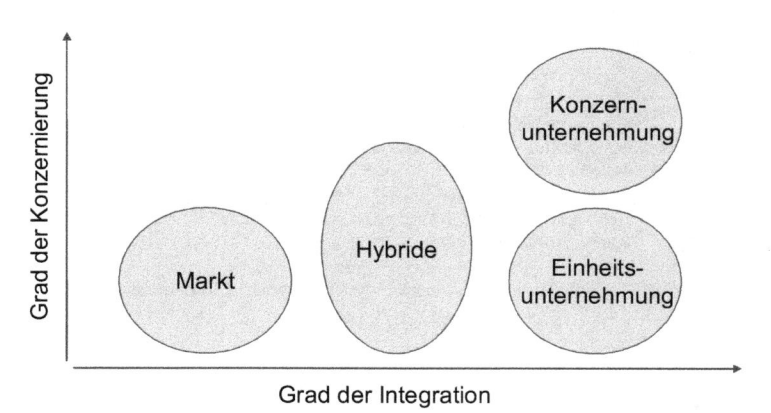

Darst. 5: Gesamtübersicht der verfügbaren Organisationsformen

Unterschiedliche Organisationsformen führen in modernen Industrie- und Informationsgesellschaften zu unterschiedlichen Steuerbelastungen, da die Besteuerung der Produktion regelmäßig sowohl in ihrer Höhe als auch in ihrem zeitlichen Anfall von der Wahl der Organisationsformen Markt, Hybrid oder Unternehmung und damit vom Grad der Integration abhängt.[1] Ebenso ergeben sich je nach Anzahl der rechtlichen Einheiten in einer Unternehmung und damit je nach Grad der Konzernierung unterschiedliche Steuerfolgen.[2] Aufgrund der Belastungsunterschiede kann es zu einer steuerinduzierten Wahl der Organisationsform kommen, womit sich Steuerwirkungen auf die in der Realität beobachtbaren Organisationsformen – sowohl hinsichtlich des Grades der Integration als auch hinsichtlich des Grades der Konzernierung – ergeben (vgl. Darst. 6).[3]

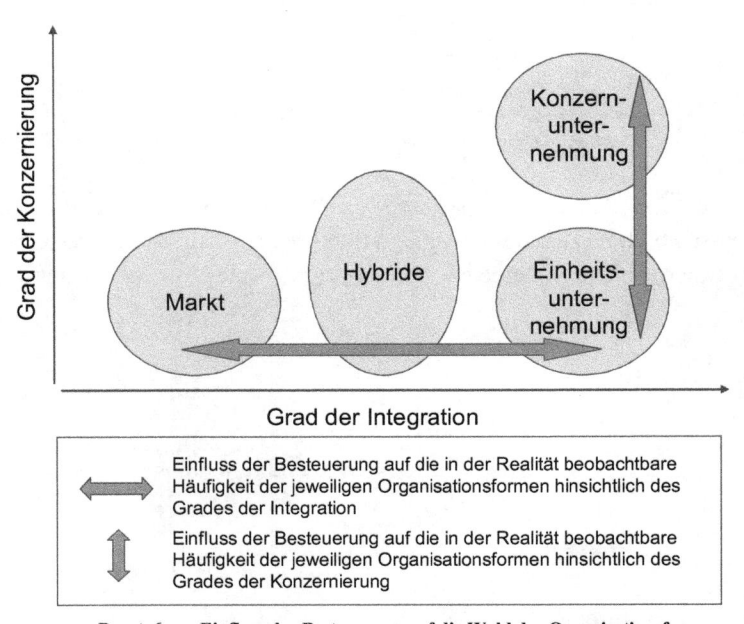

Darst. 6: **Einfluss der Besteuerung auf die Wahl der Organisationsform**

---

[1] Vgl. Kapitel 2.3.1, S. 21-24.
[2] Vgl. Kapitel 2.3.2, S. 27-35.
[3] Vgl. Kapitel 5.3.3, S. 160; Kapitel 6.3.3, S. 219 f.

Durch die steuerinduzierte Wahl bestimmter Organisationsformen wird der institutionelle Rahmen der gesamten Gesellschaft verändert,[1] der sich sowohl aus informellen und staatlichen Regeln als auch aus privaten Verträgen zusammensetzt und den Möglichkeitsvektor sowie die Kosten des Tauschs und der Erstellung von Gütern und Dienstleistungen in einer Gesellschaft bestimmt.[2] Die Besteuerung ist damit durch ihren Einfluss auf die Organisationsformwahl auch für die ökonomische Leistungs- und Kooperationsfähigkeit einer Gesellschaft maßgebend.[3]

1.2 Zielsetzung

Die vorliegende Untersuchung verfolgt eine dreiteilige Zielsetzung. *Erstens* soll deskriptiv dargestellt werden, inwieweit der Grad der Integration der Produktionsschritte ebenso wie der Grad der Konzernierung einer Unternehmung de lege lata zu unterschiedlichen Steuerbelastungen führt. *Zweitens* soll analysiert werden, zu welchen Auswirkungen dieser Steuereffekt auf die in der Realität beobachtbaren Organisationsformen führt. *Drittens* wird die Effizienz[4] der Besteuerung de lege lata durch einen Vergleich mit einer alternativen Besteuerung beurteilt und untersucht, welche normativen Implikationen für das Steuerrecht sich aus den Ergebnissen de lege ferenda ableiten lassen. Die Untersuchung der Zielsetzung soll dabei deduktiv und nicht empirisch erfolgen,[5] weshalb die modelltheoretische Analyse nicht ohne die Auswahl einer geeigneten ökonomischen Theorie erfolgen kann.[6]

---

[1] Vgl. *Williamson, O. E.*, Organization, 1991, S. 269; *Williamson, O. E.*, Institutions, 1998, S. 75; *Williamson, O. E.*, Ahead, 2000, S. 596.

[2] Vgl. *Commons, J. R.*, Economics, 1931, S. 650; *North, D. C.*, Change, 1981, S. 18, 201-207; *Greif, A.*, Society, 1994, S. 913; *Williamson, O. E.*, Ahead, 2000, S. 596-599; *Homann, K./Suchanek, A.*, Ökonomik, 2005, S. 36 f.

[3] Vgl. *North, D. C.*, Change, 1981, S. 207; *North, D. C.*, Institutions, 1990, S. 5; *Denzau, A. T./North, D. C.*, Institutions, 1994, S. 5; *Greif, A.*, Society, 1994, S. 913; *Voigt, S.*, Institutionenökonomik, 2002, S. 32.

[4] Zum Begriff der Effizienz vgl. Kapitel 4.3.1.4, S. 89-92.

[5] Zu den Vorteilen einer modelltheoretischen Analyse in der Betriebswirtschaftlichen Steuerlehre vgl. *Wagner, F. W.*, Methoden, 2004, S. 238, 247-249.

[6] Zum Begriff und der Eignung einer Theorie vgl. Kapitel 3.1.3, S. 41 f. Nur der erste Teil der Zielsetzung benötigt kein Verhaltensmodell und damit auch keine Auswahl einer ökonomischen Theorie, da die unterschiedlichen Steuerbelastungen ohne Annahmen über menschliches Verhalten aus dem Steuerrecht de lege lata deskriptiv abgeleitet werden können.

Zur Untersuchung dieser Fragestellungen soll der institutionelle Rahmen für private Verträge – mit Ausnahme des Steuerrechts für die dritte Fragestellung – in der gesamten Untersuchung als exogen vorgegebene Variable angesehen werden;[1] dabei wird von der Situation de lege lata in Deutschland ausgegangen. Weiter beschränkt sich die Untersuchung auf eine nationale Betrachtung; grenzüberschreitende Organisationsformen und deren Besteuerung werden vollständig ausgeblendet.

1.3 Abgrenzung von bestehenden Untersuchungen

Die vorliegende Arbeit unterscheidet sich von bisherigen Untersuchungen in mehrfacher Hinsicht. Zum einen sind die in der vorliegenden Arbeit untersuchten Auswirkungen der Besteuerung auf die Wahl von Organisationsformen, die sich in ihrem Grad der Integration der Produktionsschritte unterscheiden, in der ökonomischen Diskussion bisher vernachlässigt worden. Das Zusammenwirken von Besteuerung und Unternehmensverfassung war hingegen bereits in der Vergangenheit Thema verschiedener ökonomischer Untersuchungen, von denen sich einige ausschließlich auf die verschiedenen Rechtsformen der Einheitsunternehmung beziehen.[2] Da sich wegen der weitgehenden Disponibilität[3] der Rechtsformen alternative Unternehmensverfassungen wesentlich mehr durch den Grad der Konzernierung als durch die jeweilige Rechtsform unterscheiden, vernachlässigt die vorliegende Untersuchung die Rechtsformwahl der Einheitsunternehmung und unterscheidet Unternehmensverfassungen stattdessen hinsichtlich des Grades der Konzernierung. Einige andere Arbeiten berücksichtigen zwar auch die Möglichkeit der Konzernierung, analysieren aber ausschließlich

---

[1] D. h. es werden z. B. informelle Institutionen wie Kultur, Religion und Ethik sowie formelle Institutionen wie Staatsverträge, Gesetze, etc. als unveränderlich angesehen.

[2] Vgl. z. B. *Jacobs, O. H.*, Unternehmensbesteuerung, 2002; *König, R./Sureth, C.*, Rechtsformwahl, 2002; *Wader, D.*, Unternehmensverfassung, 2002; *Holt, B.*, Besteuerung, 2001; *Heinhold, M.*, Rechtsform, 1996; *Jacobs, O. H./Scheffler, W.*, Rechtsform, 1995; *Wöhe, G.*, Steuerlehre, 1990; *Berger, M.*, Bestgestaltung, 1986.

[3] Die Disponibilität ergibt sich trotz Vorliegens eines Rechtsformzwangs (so genannter *numerus clausus*, vgl. *Wenz, M.*, Unternehmensmischformen, 1999, S. 3) aus der weitgehenden gestalterischen Freiheit hinsichtlich der Unternehmensverträge und der Zulässigkeit von Misch-Rechtsformen, sodass faktisch sehr ähnliche ökonomische Auswirkungen auch durch unterschiedliche Rechtsformen erzeugt werden können.

1.3 Abgrenzung von bestehenden Untersuchungen

die Wahl grenzüberschreitender Organisationsformen.[1] Die vorliegende Untersuchung zeigt hingegen auf, dass ein Steuereffekt bereits im nationalen Steuerrecht vorhanden ist, ohne dessen Berücksichtigung die Analyse internationaler Steuereffekte nur eine stark eingeschränkte Partialbetrachtung bleiben muss.

Die ökonomischen Untersuchungen, welche die Auswirkungen der Konzernierung auch im nationalen Bereich betrachten, stellen die Besteuerung der Konzernunternehmung regelmäßig deskriptiv dar und befassen sich zum Teil mit Steuergestaltungsmöglichkeiten, d. h. mit Gestaltungsempfehlungen für private Organisationsformen, die meist ausschließlich auf unterschiedlichen Steuerwirkungen basieren.[2] Die vorliegende Arbeit unterscheidet sich von diesen Untersuchungen, da gemäß dem ersten Teil der Zielsetzung zwar ebenfalls eine deskriptive Darstellung der Steuerwirkungen erfolgt, jedoch keine daraus abgeleiteten Gestaltungsvorschläge aufgezeigt werden sollen. Vielmehr wird die Organisationsformwahl in einer Gesamtbetrachtung der steuerlichen und anderer ökonomischer Wirkungen der unterschiedlichen Organisationsformen analysiert. Dadurch kann, dem zweiten Teil der Zielsetzung entsprechend, eine Hypothese über die in der Realität beobachtbaren Organisationsformen in Abhängigkeit von der Besteuerung abgeleitet werden.

Nur zum Teil finden sich in der Literatur, welche die Auswirkungen der Konzernierung im nationalen Bereich analysiert, Regelungsvorschläge für die Besteue-

---

[1] Vgl. z. B. *Michel, S.*, Besteuerung, 2001; *Wenz, M.*, Unternehmensmischformen, 1999; *Ketterer, T.*, Konzern, 1997; *Salzberger, W.*, Konzernunternehmung, 1994; *Scheuchzer, M.*, Konzernbesteuerung, 1994; *Lenz, M.*, Außensteuerrecht, 1982; *Hamburger, J.*, Konzernaufbau, 1976. *Michel* und *Ketterer* untersuchen auch Fragen im nationalen Bereich.

[2] Vgl. z. B. *Richter, L.*, Konzernbesteuerung, 2003; *Michel, S.*, Besteuerung, 2001, S. 277-288; *Theisen, M. R.*, Konzern, 2000, S. 561-578; *Komarek, H.*, Konzern, 1998, S. 50-75, 208-258; *Ketterer, T.*, Konzern, 1997; *Wöhe, G.*, Steuerlehre, 1996; *Wöhe, G./Bieg, H.*, Steuerlehre, 1995, S. 290-330; *Prantl, J.*, Konzernbildung, 1994, S. 43-45; *Werdich, H.*, Organisation, 1993; *Scheffler, W.*, Konzerne, 1991, S. 701-710; *Bauer, K.*, Besteuerung, 1987; *Hetfleisch, G.*, Besteuerung, 1970.

rung de lege ferenda.[1] Dabei wird regelmäßig behauptet, dass die Besteuerung eines Konzerns aus wirtschaftlicher Sicht der einer Einheitsunternehmung entsprechen müsse, weshalb de lege ferenda dementsprechende Besteuerungskonzepte entworfen werden.[2] Teilweise wird dabei versucht, diese Forderung nicht ökonomisch, sondern rechtswissenschaftlich anhand des so genannten Leistungsfähigkeitsprinzips zu rechtfertigen.[3] Im Gegensatz zu diesen Ansätzen wird in der vorliegenden Arbeit gemäß dem dritten Teil der Zielsetzung die Frage untersucht, ob und wie diese Forderung aus ökonomischer Sicht gestützt werden kann. Auf dieser Basis soll eine nicht nur auf die Suche nach dogmatischen Steuerrechtsreformvorschlägen beschränkte Analyse erfolgen; vielmehr wird untersucht, wie die Besteuerung die in der Realität zu erwartende Organisationsformwahl und die Effizienz des institutionellen Rahmens der gesamten Gesellschaft verändert.

Wird die Besteuerung in der Literatur der Betriebswirtschaftlichen Steuerlehre – abgesehen von den bereits genannten Untersuchungen – de lege ferenda beurteilt, erfolgt dies in der Regel anhand ihrer Auswirkungen auf die Allokationseffizienz, meist konkretisiert durch Investitions-, Finanzierungs- und

---

[1] Vgl. z. B. *Prüschenk, F.*, Ertragsbesteuerung, 2004, S. 174-205; *Michel, S.*, Besteuerung, 2001, S. 289-302; *Fohr, I.*, Holdinggesellschaften, 2001, S. 83-211; *Theisen, M. R.*, Konzern, 2000, S. 579-585; *Komarek, H.*, Konzern, 1998, S. 76-207, 259-281; *Probst, A.*, Konzernunternehmung, 1997, S. 169-228; *Senger, T.*, Reform, 1997, S. 132-237; *Reis, M.*, Einheit, 1996, S. 171-268; *Pullen, M.*, Konzerne, 1994, S. 148-232; *Scheffler, W.*, Konzerne, 1991, S. 711-713; *Bauer, K.*, Besteuerung, 1987; *Rupp, R.*, Ertragsbesteuerung, 1983, S. 212-304; *Girnth, K.*, Ertragsbesteuerung, 1963, S. 102-145.

[2] Vgl. *Theisen, M. R.*, Konzern, 2000, S. 582; *Scheffler, W.*, Konzerne, 1991, S. 711; *Bauer, K.*, Besteuerung, 1987, S. 38-40; *Mühlschlegel, G.*, Konzerne, 1971, S. 3 f. Ähnlich zeigt *Michel* konkrete Steuerrechtsänderungsvorschläge zur Umsetzung von Organisationsstruktur- und Organisationsformneutralität auf, da die davon abweichende Besteuerung de lege lata „weder rechtlich noch betriebswirtschaftlich zielführend sei", *Michel, S.*, Besteuerung, 2001, S. 305. Die These wird im Laufe der Untersuchung anhand unterschiedlicher Theorien gestützt, vgl. *Michel, S.*, Besteuerung, 2001, S. 8-39, 124.

[3] Vgl. *Prüschenk, F.*, Ertragsbesteuerung, 2004, S. 18; *Fohr, I.*, Holdinggesellschaften, 2001, S. 38-47; *Komarek, H.*, Konzern, 1998, S. 100-103; *Reis, M.*, Einheit, 1996, S. 168 f.; *Rupp, R.*, Ertragsbesteuerung, 1983, S. 28 f.; *Mühlschlegel, G.*, Konzerne, 1971, S. 9; *Köhler, H.-G.*, Konzern, 1970, S. 88. Ähnlich, die Forderung aber wegen Interessensgegensätzen von Minderheitsgesellschaftern nur eingeschränkt unterstützend, vgl. *Probst, A.*, Konzernunternehmung, 1997, S. 63-228; *Senger, T.*, Reform, 1997, S. 64-66 sowie die Forderung wegen Problemen bei der Vergleichbarkeit von Konzern und Einheitsunternehmung einschränkend, vgl. *Pullen, M.*, Konzerne, 1994, S. 155-161.

Rechtsformneutralität.[1] Wie in dieser Untersuchung noch aufgezeigt wird, werden damit implizit neoklassische Annahmen oder Annahmen der so genannten Hybridmodelle unterstellt.[2] Die vorliegende Arbeit unterscheidet sich auch insoweit erheblich von der bestehenden Literatur, als die in der Untersuchung unterstellten Modellannahmen explizit auf ihre Eignung für die gewählte Fragestellung geprüft werden. Infolge dieser Prüfung wird die vorliegende Untersuchung nicht auf Basis der Annahmen der Neoklassik oder der Hybridmodelle durchgeführt, sondern soll unter den Annahmen der Theorie des Transaktionskostenansatzes erfolgen.

1.4 Gang der Untersuchung

Die Untersuchung beginnt gemäß dem ersten Teil der Zielsetzung in Kapitel 2 mit einer qualitativen Darstellung der Auswirkungen der Besteuerung de lege lata in Abhängigkeit von Integration und Konzernierung.

Die Wirtschaftswissenschaften sollen nach heutigem Verständnis die in der Realität beobachtbaren ökonomischen Sachverhalte erklären und soweit möglich Gestaltungsvorschläge aufstellen.[3] Die vorliegende Untersuchung wählt dabei einen deduktiven Ansatz, d. h. es werden anhand einer Modellierung in der Realität empirisch überprüfbare Hypothesen sowohl zur Erklärung als auch zur Gestaltung

---

[1] Vgl. z. B. *Wagner, F. W.*, Besteuerung, 2005, S. 412 f.; *Ruf, M.*, Besteuerung, 2004, S. 996; *Sureth, C.*, Rechtsformneutralität, 2003, S. 794 f.; *Niemann, R.*, Steuersysteme, 2001, S. 6; *Knoll, L.*, Unternehmensgewinnbesteuerung, 2001, S. 336; *Wagner, F. W.*, Steuerlehre, 2001, S. 436; *Herzig, N./Wartin, C.*, Unternehmenssteuerreform, 2000, S. 379 f.; *Sureth, C.*, Unsicherheit, 1999, S. 1; *Kiesewetter, D.*, Einkommensteuer, 1999, S. 5 f.; *Kiesewetter, D.*, Reform, 1997, S. 24 f.; *Spengel, C.*, Analyse, 1998, S. 349; *Wissel, H.*, Einkommensbegriff, 1997, S. 7, 40; *Wagner, F. W./Wissel, H.*, Leitlinie, 1995, S. 67; *Schwinger, R.*, Steuern, 1994, S. 40; *Henselmann, K.*, Steuerbelastung, 1994, S. 8, 25; *Eichinger, M.*, Rechnungslegung, 1993, S. 180-183; *Schwinger, R.*, Steuersysteme, 1992, S. 12; *Seidl, C.*, Besteuerung, 1991, S. 605; *Wenger, E.*, Einkommensbesteuerung, 1986, S. 135.

[2] Vgl. Kapitel 4.2.2, S. 81, 83 f.

[3] Vgl. *Heinen, E./Dietel, B.*, Wertfreiheit, 1976, S. 4. Zur Wahrnehmung der Gestaltungsaufgabe werden dabei die nomologischen Hypothesen über Ursache-Wirkungs-Beziehungen tautologisch in Zweck-Mittel-Relationen transformiert, vgl. *Bretzke, W.-R.*, Problembezug, 1980, S. 25.

abgeleitet.[1] In Kapitel 3 werden dazu unterschiedliche Theorien auf ihre Eignung zur ökonomischen Untersuchung von Integration und Konzernierung überprüft und die institutionenökonomische Theorie des Transaktionskostenansatzes für die weitere Untersuchung ausgewählt.[2]

In Kapitel 4 wird aufgezeigt, welche Folgen sich aus der Theorieauswahl für die Untersuchung ergeben. Dabei wird analysiert, welche Aussagen sich zu Steuerwirkungen auf die Wahl der Organisationsform unter den Annahmen des Transaktionskostenansatzes im Gegensatz zu Ansätzen mit der Annahme vollständiger Rationalität nicht ableiten lassen und wie stattdessen im Transaktionskostenansatz vorzugehen ist. Zudem wird dargestellt, weshalb sich unter den Annahmen des Transaktionskostenansatzes ein Steuersystem nicht in der Tradition *Pigous* an seiner Allokationseffizienz messen lässt, sondern vielmehr eine komparative Analyse des Steuerrechts vorzunehmen ist.

In Kapitel 5 erfolgt eine Analyse der Steuerwirkungen auf die Integration der Produktionsschritte. Zuerst wird eine Partialanalyse unter Ausblendung des Steuerrechts vorgenommen. Der Wechsel von Markt- und Hybridformen hin zur Hierarchie in einer Einheitsunternehmung verändert den zugrunde liegenden Governance-Mechanismus und wird daher unter dem Aspekt bilateraler Abhängigkeitsverhältnisse und der damit verbundenen *holdup*-Gefahr analysiert. Dabei kann gezeigt werden, dass unterschiedliche Organisationsformen zur Lösung eines Produktionsproblems in Abhängigkeit von verschiedenen Umweltsituationen unterschiedlich effizient sind. Anschließend wird die Analyse um das Steuerrecht de lege lata ergänzt und gemäß dem zweiten Teil der Zielsetzung eine Hypothese über die in der Realität unter der Besteuerung de lege lata beobachtbare Integration von Produktionsschritten abgeleitet. In einem weiteren Schritt wird die Betrachtung um ein dazu alternatives, weniger von der Integration abhängiges Steuerrecht ergänzt. Durch die Gegenüberstellung der Ergebnisse kann gemäß dem dritten Teil der Zielsetzung die Hypothese abgeleitet werden,

---

[1] Diese Vorgehensweise berücksichtigt die Erkenntnis *Poppers*, dass die Wahrheit von Hypothesen in einer Realwissenschaft niemals gesichert werden kann (kritischer Rationalismus), vgl. *Popper, K. R.*, Logik, 1994, S. 8.

[2] Theorien unterscheiden sich primär hinsichtlich ihrer Annahmen; für verschiedene ökonomische Probleme können unterschiedliche Theorien unterschiedlich geeignet sein, vgl. Kapitel 3.1.3, S. 41 f.

1.4 Gang der Untersuchung

dass eine weniger von der Integration der Produktionsschritte abhängige Besteuerung langfristig zu höheren Kooperationsgewinnen führt. In der Tradition des Transaktionskostenansatzes kann das Steuerrecht de lege lata aber nur dann als ineffizient bezeichnet werden, wenn praktisch und auch politisch durchführbare Alternativen aufgezeigt werden können; daher werden Ansatzpunkte für eine effiziente Besteuerung de lege ferenda skizziert, die zu einem weniger von der Integration abhängigen Steuerrecht führen, zugleich aber praktisch und politisch potenziell umsetzbar erscheinen.

In Kapitel 6 werden die Steuerwirkungen auf die Konzernierung der Unternehmungen untersucht, wobei analog zu Kapitel 5 vorgegangen wird. Der Wechsel zwischen der Organisationsform eines Konzerns und einer Einheitsunternehmung führt im Gegensatz zur Diskussion in Kapitel 5 nicht zu einer Änderung des Governance-Mechanismus (in beiden Fällen Hierarchie); dennoch können auch hierbei Transaktionskostenunterschiede aufgezeigt werden, die sich aufgrund der unterschiedlichen rechtlichen Unterstützung der Wirkungsmechanismen der so genannten M-Form-Organisation ergeben.[1] Auch in diesem Kapitel erfolgt zuerst eine Analyse unter Ausblendung des Steuerrechts, bevor die Analyse um das Steuerrecht de lege lata erweitert und gemäß dem zweiten Teil der Zielsetzung eine Hypothese über die in der Realität beobachtbare Konzernierung von Unternehmungen abgeleitet wird. Anschließend wird die Betrachtung wiederum um ein dazu alternatives, weniger von der Organisationsformwahl abhängiges Steuerrecht ergänzt und gemäß dem dritten Teil der Zielsetzung eine Hypothese über Vorteile eines weniger von der Konzernierung der Unternehmung abhängigen Steuerrechts aufgestellt. Wiederum werden Ansatzpunkte für eine effiziente Besteuerung de lege ferenda skizziert, die zu einem weniger von der Organisationsform abhängigen Steuerrecht führen, zugleich aber praktisch und politisch potenziell umsetzbar sind.

Zum Abschluss der Arbeit werden die Ergebnisse der Untersuchung in Kapitel 7 thesenförmig zusammengefasst.

---

[1] Zur M-Form vgl. Kapitel 6.1.1.1, S. 178.

Kapitel 2 Steuereffekte

2.1 Vorgehensweise und Methodik

In diesem Kapitel wird die Auswirkung von Integration und Konzernierung auf die Höhe und den zeitlichen Anfall der Steuerbelastung de lege lata untersucht. Dabei wird in einer Partialbetrachtung ausschließlich auf die steuerlichen Folgen der unterschiedlichen Organisationsformen abgestellt. Zudem werden bei der Bestimmung der Steuerbelastung keine Reaktionen der Steuerpflichtigen auf die Besteuerung (wie z. B. Ausweich- und Anpassungshandlungen) berücksichtigt, sodass dabei kein sozialwissenschaftliches Modell menschlichen Verhaltens benötigt wird.

Bezugspunkt für den Vergleich der Steuerlast ist in dieser Untersuchung nicht – wie in den meisten betriebswirtschaftlichen Analysen – die Besteuerung des einzelnen Individuums oder der einzelnen Unternehmung,[1] sondern die Besteuerung des gesamten Kooperationsgewinns. Damit wird nicht untersucht, wie sich die Steuerlast auf die an der Kooperation beteiligten Individuen verteilt und welche Steuerlast die jeweiligen Individuen zu tragen haben. Vielmehr wird unabhängig von der Verteilung des Kooperationsgewinns aufgezeigt, inwieweit sich die Besteuerung des gesamten Kooperationsergebnisses in Abhängigkeit von der gewählten Organisationsform unterscheidet. Diese Vorgehensweise entspricht der Forderung des Transaktionskostenansatzes „to move from the lens of choice to (…) the lens of contract";[2] damit wird eine

---

[1] Vgl. *Wagner, F. W.*, Besteuerung, 2005, S. 409; *Schreiber, U.*, Besteuerung, 2005, S. 1. Diese Vorgehensweise geht hauptsächlich auf den in Deutschland weit verbreiteten entscheidungstheoretischen Ansatz *Heinens* zurück, der die Entscheidungen der Individuen in den Mittelpunkt der Analyse rückt, vgl. *Heinen, E.*, Ansatz, 1971, S. 21; *Ballwieser, W.*, Theorie, 1991, S. 100; *Schanz, G.*, Wissenschaftsprogramme, 2004, S. 114 f. Ähnlich vgl. *Wagner, F. W.*, Rechtskritik, 1995, S. 733.

[2] *Williamson, O. E.*, Contract, 2003, S. 920.

Basis für die in den späteren Kapiteln vorgenommene transaktionskostenökonomische Analyse geschaffen.[1]

Bei der Analyse wird nach den Auswirkungen der Integration von Produktionsschritten und nach denen der Konzernierung von Unternehmungen unterschieden. Zuerst wird zur Analyse der Integration die steuerliche Belastung bei der hierarchisch koordinierten Kooperation in einer Einheitsunternehmung mit der bei der Marktkooperation verglichen. Die Auswirkungen der Konzernierung werden anschließend durch Vergleich der steuerlichen Belastung der Kooperation in einer Einheitsunternehmung mit der in einem Konzern aufgezeigt, bei dem die einzelnen Produktionsschritte jeweils in einer eigenen rechtlichen Einheit organisiert werden.

Die Untersuchung der steuerlichen Rechtsfolgen beschränkt sich auf das Steuerrecht der Bundesrepublik Deutschland.[2] Die Existenz einer Unternehmung löst seit Abschaffung der Gewerbekapital- und der Vermögensteuer keine wesentliche Steuerbelastung mehr aus.[3] Steuerbelastungen ergeben sich erst aus dem wirtschaftlichen Erfolg (Ertragsbesteuerung) und aus Verkehrs- und Verbrauchsvorgängen. In Deutschland existieren drei bedeutende Ertragsteuern: die Einkommensteuer, die Körperschaftsteuer und die Gewerbesteuer.[4] Wie noch aufgezeigt wird, kann ihre Höhe dabei auch von der gewählten Organisationsform abhängen. Neben der Ertragsbesteuerung erfolgt eine Besteuerung der Kooperationsgewinne in Deutschland vor allem durch die Umsatzsteuer,[5] auch ihre Auswirkungen sol-

---

[1] Vgl. Kapitel 5 sowie Kapitel 6. Die Effizienz unterschiedlicher Organisationsformen wird in späteren Kapiteln ebenfalls anhand der Summe der Kooperationsgewinne und nicht anhand der Ergebnisse für einzelne Individuen verglichen.

[2] Die Auswirkungen sind aber aufgrund der international oft konzeptionell ähnlichen Unternehmensbesteuerung teilweise auf andere Rechtssysteme übertragbar, vgl. z. B. zum amerikanischen System *Scholes, M. S./Wolfson, M. A.*, Taxes, 1992, S. 53 f.

[3] Ähnlich vgl. *Adam, D.*, Investitionscontrolling, 2000, S. 162. Eine derartige an der Substanz anknüpfende Steuer stellt z. B. noch die Grundsteuer dar, diese ist aber nicht organisationsformabhängig und kann daher unberücksichtigt bleiben.

[4] Diesen Steuern ist gemeinsam, dass sie an das finanzielle Ergebnis unternehmerischer Tätigkeit anknüpfen, vgl. *Scheffler, W.*, Besteuerung, 2004, S. 30; *Theisen, M. R.*, Rechtsformen, 2002, S. 559.

[5] Ähnlich vgl. *Rose, G.*, Umsatzsteuer, 2002, S. 15; *Theisen, M. R.*, Rechtsformen, 2002, S. 570 f.

len daher in der vorliegenden Analyse untersucht werden. Von den sonstigen Steuern auf Verkehrs- und Verbrauchsvorgänge wird lediglich die Grunderwerbsteuer mit in die Analyse einbezogen, da sie teilweise zu erheblichen Belastungsunterschieden je nach gewählter Organisationsform führen kann.

Eine derartige Untersuchung der Besteuerung kann quantitativ durch Veranlagungssimulation oder Teilsteuerrechnung oder rein qualitativ durch Bestimmung von einflussreichen Parametern erfolgen. Da quantitative Ergebnisse in einer transaktionskostenökonomischen Untersuchung nicht notwendig sind, wird auf eine quantitative Analyse verzichtet.[1]

2.2 Zusammenhang zwischen Besteuerung und Organisationsform

2.2.1 Zivilrechtliche versus ökonomische Anknüpfung

Das Steuerrecht knüpft nach dem Prinzip der Einheit der Rechtsordnungen grundsätzlich an die zivilrechtliche und nicht an eine ökonomische Wertung an.[2] Infolgedessen lässt sich kein unmittelbar und ausschließlich von ökonomischen Parametern abhängiger Kausalzusammenhang zwischen der Organisationsform und der Höhe der Steuerlast feststellen. Im Folgenden wird untersucht, ob und inwieweit die Besteuerung de lege lata dennoch zu unterschiedlichen Steuerbelastungen in einer Einheitsunternehmung im Vergleich zu weniger integrierten oder konzernierten Organisationsformen führt.[3]

Aus Gründen der Übersichtlichkeit beschränkt sich die vorliegende Analyse beim Vergleich einer Einheitsunternehmung mit weniger integrierten Organisationsformen (Markt, Hybrid) auf gewerbliche Einkünfte. Beim Vergleich der Einheitsunternehmung mit konzernierten Unternehmungen wird noch weiter vereinfacht: Es werden nur Einheitsunternehmungen und Konzerne berücksichtigt, die ausschließlich aus Kapitalgesellschaften bestehen und bei denen die Konzernmutter jeweils die einzige Gesellschafterin der Tochterunternehmen ist.

---

[1] Zur Vorteilhaftigkeit eines qualitativen Vorgehens bei einer transaktionskostenökonomischen Analyse vgl. Kapitel 4.3.1.3, S. 88 f.
[2] Vgl. *Scheffler, W.*, Besteuerung, 2004, S. 18.
[3] Zur mittelbaren Auswirkung der Besteuerung vgl. *Wagner, F. W.*, Besteuerung, 2005, S. 410.

2.2.2 Anzahl der Anknüpfungsobjekte

Nach dem Prinzip der Tatbestandsmäßigkeit der Besteuerung kann eine Steuerpflicht nur bei Vorliegen eines Anknüpfungsobjekts entstehen.[1] Bei mehreren innerhalb einer Einheitsunternehmung koordinierten Produktionsschritten sind derartige Anknüpfungsobjekte zum Teil die Gesellschaft als juristische Person selbst sowie regelmäßig die an der jeweiligen Einheitsunternehmung beteiligten natürlichen Personen.[2] Werden Produktionsschritte hingegen am Markt oder durch Hybride koordiniert, tangiert die Koordination jedes einzelnen Produktionsschritts mindestens zwei Anknüpfungsobjekte. Daher sind bei der Besteuerung der am Markt oder in Hybriden erzielten Kooperationsgewinne in der Regel wesentlich mehr Anknüpfungsobjekte gegeben, als bei der Kooperation in einer Einheitsunternehmung betroffen sind.

Das deutsche Steuerrecht kennt kein eigenständiges Konzernsteuerrecht.[3] Vielmehr sind nach dem juristischen Primat der Einheit der Rechtsordnungen nicht nur natürliche Personen, sondern auch Kapitalgesellschaften derartige Anknüpfungsobjekte, sodass die Besteuerung eines Konzerns an jeder rechtlich eigenständigen Konzerngesellschaft anknüpft.[4] Entsprechend führt auch die Organisationsform eines Konzerns zu mehreren Anknüpfungsobjekten, dadurch unterscheidet sich die Koordination durch eine Einheitsunternehmung im Vergleich zur Koordination durch einen Konzern ebenfalls hinsichtlich der Anzahl

---

[1] Vgl. *Lang, J.*, Ordnung, 2005, S. 102; *Tipke, K.*, Steuerrechtsordnung, 2000, S. 128.

[2] Vgl. *Jacobs, O. H.*, Unternehmensbesteuerung, 2002, S. 90-98. Diese beiden Formen der Besteuerung werden auch als institutionale und personale Besteuerung bezeichnet, vgl. *Elschen, R.*, Besteuerung, 1994.

[3] Vgl. *Schaumburg, H./Jesse, L.*, Holding, 2004, S. 646; *Fußbroich, P.*, Verlustverrechnung, 2002, S. 697; *Theisen, M. R.*, Besteuerung, 2001, Sp. 1358; *Theisen, M. R.*, Konzern, 2000, S. 561; *Wöhe, G.*, Konzernbesteuerung, 1998, S. 327; *Ketterer, T.*, Konzern, 1997, S. 7; *Senger, T.*, Reform, 1997, S. 67; *Borggräfe, J.*, Konzernbesteuerung, 1995, S. 130 f.; *Scheffler, W.*, Konzerne, 1991, S. 701.

[4] Vgl. *Jochum, H.*, Organschaft, 2005, S. 577; *Kessler, W.*, Konzernbesteuerung, 2004, S. 1; *Kröner, I.*, Beteiligungskonzerne, 2004, S. 114; *Schaumburg, H./Jesse, L.*, Holding, 2004, S. 648; *Wöhe, G.*, Konzernbesteuerung, 1998, S. 327; *Raupach, A.*, Besteuerung, 1998, S. 89; *Schaumburg, H.*, Grundzüge, 1998, S. 7; *Senger, T.*, Reform, 1997, S. 67, 69; *Reis, M.*, Einheit, 1996, S. 51; *Salzberger, W.*, Konzernunternehmung, 1994, S. 26; *Binder, C. U.*, Konzernunternehmung, 1994, S. 44; *Werdich, H.*, Organisation, 1993, S. 52 f.; *Scheffler, W.*, Konzerne, 1991, S. 711; *Ordelheide, D.*, Konzernerfolgskonzeptionen, 1987, S. 975; *Köhler, H.-G.*, Konzern, 1970, S. 61.

der betroffenen Anknüpfungsobjekte.[1] Die im Folgenden aufgezeigten unterschiedlichen Besteuerungseffekte basieren somit alle auf der in Darst. 7 graphisch veranschaulichten unterschiedlichen Anknüpfung bei der Kooperation in einer Einheitsunternehmung im Vergleich zur Kooperation durch andere Organisationsformen.

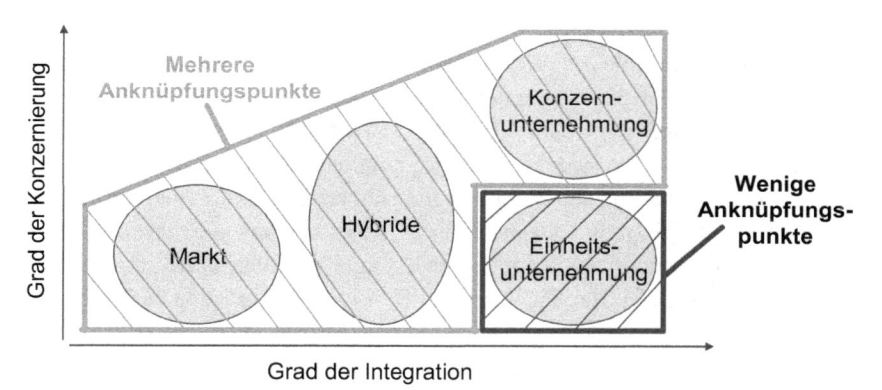

Darst. 7: **Anzahl der steuerlichen Anknüpfungspunkte**

2.3 Analyse der Besteuerung de lege lata

2.3.1 Vergleich der Einheitsunternehmung mit Markt und Hybriden

2.3.1.1 Gewinnermittlung

Die Einkommen- und die Körperschaftsteuer bemessen sich nach dem zu versteuernden Einkommen,[2] dass sich aus der Summe der Einkünfte ergibt.[3] Liegen gewerbliche Einkünfte vor, müssen die Einkünfte als Gewinn ermittelt

---

[1] Die in § 4 AO in bestimmten Fällen vorgesehene wirtschaftliche Betrachtungsweise greift nicht bei der Konzernbesteuerung, vgl. *Werdich, H.*, Organisation, 1993, S. 52 f.; *Beisse, H.*, Auslegung, 1981, S. 14. Zur Reichweite der wirtschaftlichen Betrachtung im Steuerrecht siehe *Beisse, H.*, Auslegung, 1981; *Maerz, H.*, Betrachtungsweise, 1976.

[2] Siehe § 2 Abs. 5 EStG; § 7 Abs. 1 KStG; vgl. *Lambrecht, C.*, Besteuerung, 2005, S. 278; *Roser, F.*, Einkommen, 2005, S. 297; *Schreiber, U.*, Besteuerung, 2005, S. 15; *Rose, G.*, Ertragsteuern, 2004, S. 34, 176; *Scheffler, W.*, Besteuerung, 2004, S. 44.

[3] Siehe § 2 Abs. 1 EStG; § 8 Abs. 1 Satz 1 KStG; vgl. *Schreiber, U.*, Besteuerung, 2005, S. 15; *Rose, G.*, Ertragsteuern, 2004, S. 34; *Theisen, M. R.*, Rechtsformen, 2002, S. 560 f.

werden.[1] Besteuerungsgrundlage für die Gewerbesteuer ist der Gewerbeertrag, auch die Ermittlung des Gewerbeertrags knüpft an den Gewinn als Ausgangsgröße an.[2] Der Gewinn ist damit die zentrale Größe für die laufende Besteuerung gewerblicher Erträge.

Der Gewinn ergibt sich dabei grundsätzlich nach § 4 Abs. 1 EStG als Zeitvergleich des Betriebsvermögens, wobei bei gewerblichen Einkünften in der Regel die handelsrechtlichen Grundsätze ordnungsmäßiger Buchführung zu beachten sind.[3] Ein fundamentales Prinzip der handelsrechtlichen Gewinnermittlung ist das Realisationsprinzip,[4] nach dem Gewinne im Zeitpunkt der Realisation als verwirklicht gelten.[5] In der Regel ist dies der Zeitpunkt der Leistungsbewirkung, zu dem die Preisgefahr auf den Vertragspartner übergeht.[6] Die Höhe und der Zeitpunkt der Steuerbelastung hängen davon ab, ob es zur Gewinnrealisation kommt. Ist dies der Fall, wird der Kooperationserfolg durch den erzielten Marktpreis bewertet und besteuert. Bei fehlender Realisation muss das Kooperationsergebnis hingegen noch nicht versteuert werden; stattdessen kommt es zur Bildung stiller Reserven durch den noch nicht realisierten Wertzuwachs der Zwischenprodukte.

Bei den einzelnen Produktionsschritten, die innerhalb einer Einheitsunternehmung durchgeführt werden, erfolgt keine Realisation. Daher kommt es bei die-

---

[1] Siehe § 2 Abs. 2 Nr. 1 EStG; § 8 Abs. 1 Satz 1 KStG; vgl. *Scheffler, W.*, Besteuerung, 2004, S. 87; *Rose, G.*, Ertragsteuern, 2004, S. 57; *Wöhe, G.*, Steuerlehre, 1988, S. 141.

[2] Siehe §§ 6, 7 Abs. 1 Satz 1 GewStG; vgl. *Rose, G.*, Ertragsteuern, 2004, S. 211; *Scheffler, W.*, Besteuerung, 2004, S. 218, 231; *Jacobs, O. H.*, Unternehmensbesteuerung, 2002, S. 97; *Schreiber, U.*, Besteuerung, 2005, S. 93

[3] Siehe § 5 Abs. 1 Satz 1 EStG; vgl. *Schreiber, U.*, Besteuerung, 2005, S. 42; *Roser, F.*, Einkommen, 2005, S. 306, 323; *Scheffler, W.*, Besteuerung, 2004, S. 90; *Lüders, J.*, Gewinnrealisierung, 1987, S. 85. Ähnlich vgl. *Herzig, N./Gellrich, K. M./Jensen-Nissen, L.*, Gewinnermittlung, 2004, S. 552 f.

[4] Siehe § 252 Abs. 1 Nr. 4, 2. Halbsatz HGB; vgl. *Coenenberg, A. G.*, Jahresabschluss, 2003, S. 40; *Knobbe-Keuk, B.*, Bilanzsteuerrecht, 1993, S. 244, 254.

[5] Vgl. *Coenenberg, A. G.*, Jahresabschluss, 2003, S. 40; *Köhler, H.-G.*, Konzern, 1970, S. 57; *Schmalenbach, E.*, Bilanz, 1962, S. 76. Ähnlich vgl. *Scheffler, W.*, Besteuerung, 2004, S. 90; *Salzberger, W.*, Konzernunternehmung, 1994, S. 91.

[6] Vgl. *Coenenberg, A. G.*, Jahresabschluss, 2003, S. 40; *Knobbe-Keuk, B.*, Bilanzsteuerrecht, 1993, S. 245, 247; *Euler, R.*, Gewinnrealisierung, 1989, S. 141; *Woerner, L.*, Gewinnrealisierung, 1988, S. 774; *Leffson, U.*, Grundsätze, 1987, S. 265; *Lüders, J.*, Gewinnrealisierung, 1987, S. 76. Ähnlich vgl. *Scheuchzer, M.*, Konzernbesteuerung, 1994, S. 45; *Jacobs, O. H.*, Verstoß, 1972, S. 178.

2.3 Analyse der Besteuerung de lege lata

ser Koordinationsform erst dann zu einer steuerlichen Gewinnverwirklichung, wenn die Produkte von der Einheitsunternehmung an Außenstehende veräußert werden. Fehlt es hingegen an der Integration von vor- und nachgelagerten Produktionsschritten in einer Einheitsunternehmung, führt jeder Transfer der Zwischenprodukte zu einem Veräußerungsvorgang und somit zur Gewinnrealisation. Da die Koordination von vor- und nachgelagerten Produktionsschritten damit über den Markt bzw. über Hybride im Vergleich zu der in einer Einheitsunternehmung zu einer früheren Realisation führt, werden die Steuerzahlungen bei diesen Organisationsformen bei mehrperiodischen Produktionszyklen zeitlich nach vorne verschoben.[1] Bei im Zeitablauf unterschiedlichen Grenzsteuersätzen, z. B. durch Progression (bei der Einkommensteuer) oder durch Steuerrechtsänderungen (bei der Einkommen-, Gewerbe- oder Körperschaftsteuer), kann sich über die zeitliche Verschiebung hinaus zusätzlich eine auch in der Totalperiode unterschiedliche absolute Steuerbelastung ergeben.

Bei der Kooperation über den Markt fällt bei vor- und nachgelagerten Produktionsschritten zudem Umsatzsteuer auf die Veräußerung von Zwischenprodukten an.[2] Im Gegensatz dazu kommt es bei der in eine Unternehmung integrierten Koordination dieser Produktionsschritte nicht zu einem Umsatz und damit auch nicht zur Umsatzbesteuerung.[3] Da die Umsatzsteuer in Europa als eine Allphasen-Nettoumsatzsteuer mit sofortigem Vorsteuerabzug ausgestaltet ist,[4] muss der Veräußerer der Zwischenprodukte zwar die Umsatzsteuer auf am Markt gehan-

---

[1] Dies ist nur bei mehrperiodischen Produktionszyklen der Fall, da sich keine Belastungsunterschiede ergeben, wenn das Endprodukt im gleichen steuerlichen Erhebungszeitraum veräußert wird, wie das Zwischenprodukt erworben wurde, vgl. *Salzberger, W.,* Konzernunternehmung, 1994, S. 240. Weitere Voraussetzung für einen Belastungsunterschied – bezogen auf die Summe der Nettokooperationsergebnisse – ist, dass der das Zwischenprodukt Erwerbende dieses in seiner Steuerbilanz aktivieren muss und nicht im Erwerbsjahr als Aufwand steuermindernd geltend machen kann. Für Bilanzierende ist dies nach § 255 Abs. 1 und 2 HGB bei vor- und nachgelagerten Produktionsschritten regelmäßig der Fall, es trifft jedoch in der Regel nicht für Steuerpflichtige zu, die ihre Einkünfte z. B. nach § 4 Abs. 3 EStG als Überschuss der Betriebseinnahmen über die Betriebsausgaben ermitteln. Ähnlich im Kontext des Konzerns, vgl. *Scheuchzer, M.,* Konzernbesteuerung, 1994, S. 45 f.

[2] Siehe § 1 Abs. 1 i. V. m. § 2 Abs. 1 UStG.

[3] Da keine Lieferung im Sinne des UStG vorliegt, ist auch kein steuerbarer Umsatz gegeben, siehe § 1 Abs. 1 UStG.

[4] Vgl. *Reiß, W.* Umsatzsteuer, 2005, S. 504; *Scheffler, W.,* Besteuerung, 2004, S. 343; *Rose, G.,* Umsatzsteuer, 2002, S. 17-20; *Wöhe, G.,* Steuerlehre, 1988, S. 467.

delte Zwischenprodukte an das Finanzamt abführen, der Erwerber kann die Vorsteuer jedoch regelmäßig von seiner Umsatzsteuerzahllast absetzen oder bekommt diese bei einem Vorsteuerüberschuss vom Finanzamt zeitnah wieder erstattet.[1] Im Ergebnis werden die Kooperationsgewinne bei der Koordination von vor- und nachgelagerten Produktionsschritten über den Markt oder Hybride im Vergleich zu der in einer Einheitsunternehmung damit weder der Höhe nach unterschiedlich belastet[2] noch ergeben sich beim zeitlichen Anfall nennenswerte Differenzen:[3] Das Nettoumsatzsteuersystem führt dazu, dass die Steuerlast unabhängig von der Anzahl der am Wertschöpfungsprozess beteiligten Unternehmen ist;[4] zudem wird der Zeitpunkt der Besteuerung infolge des Sofortabzugs der Vorsteuer unabhängig von der Organisationsform auf den Zeitpunkt des Endverbrauchs verschoben.[5]

2.3.1.2 Verlustnutzung

Sind vor- und nachgelagerte Produktionsschritte zur Erstellung eines Produkts oder Produktionsschritte zur Erstellung verschiedener Produkte in eine Einheitsunternehmung integriert (so genannte vertikale bzw. horizontale Integration), werden die sich aus den einzelnen Produktionsschritten bei isolierter Betrachtung jeweils ergebenden Gewinne und Verluste infolge des einheitlichen Anknüp-

---

[1] Siehe § 16 Abs. 2 Satz 1 UStG; vgl. *Rose, G.,* Umsatzsteuer, 2002, S. 20. Die Vorsteuerabzugsberechtigung ist bei Unternehmern in der Regel gegeben, sie liegt jedoch z. B. nicht bei steuerbefreiten Umsätzen vor, die in dieser Untersuchung aber nicht weiter berücksichtigt werden. Zur Vorsteuerabzugsberechtigung siehe § 15 UStG; vgl. *Schreiber, U.,* Besteuerung, 2005, S. 160 f.; *Scheffler, W.,* Besteuerung, 2004, S. 397-401.

[2] Die Umsatzsteuer kann in der Unternehmung insoweit als durchlaufender Posten angesehen werden, ähnlich vgl. *Schreiber, U.,* Besteuerung, 2005, S. 140; *Theisen, M. R.,* Rechtsformen, 2002, S. 572. Ob die Umsatzsteuer dabei vollständig auf die Endverbraucher überwälzt werden kann, ist für die vorliegende Untersuchung irrelevant, da die Überwälzbarkeit nicht mit der Organisationsform zusammenhängt. Zur Überwälzung siehe *Schreiber, U.,* Besteuerung, 2005, S. 140 f.; *Homburg, S.,* Steuerlehre, 2005, S. 141-143; *Scheffler, W.,* Besteuerung, 2004, S. 342 f.

[3] Zwar können sich bei zeitlichem Auseinanderfallen von Lieferung oder sonstiger Leistung und Rechnungsstellung (vgl. *Rose, G.,* Umsatzsteuer, 2002, S. 133 f.) sowie durch das in der Regel monatliche Voranmeldeverfahren geringfügige zeitliche Unterschiede ergeben, die aufgrund ihrer Geringfügigkeit in der vorliegenden Untersuchung jedoch nicht weiter betrachtet werden.

[4] Vgl. *Homburg, S.,* Steuerlehre, 2005, S. 140; *Scheffler, W.,* Besteuerung, 2004, S. 346; *Wöhe, G.,* Steuerlehre, 1988, S. 478 f.

[5] Ähnlich vgl. *Reiß, W.* Umsatzsteuer, 2005, S. 504 f.; *Scheffler, W.,* Besteuerung, 2004, S. 346; *Rose, G.,* Umsatzsteuer, 2002, S. 18 f.

2.3 Analyse der Besteuerung de lege lata

fungsobjekts der Einheitsunternehmung durch die saldierte Gewinnermittlung verrechnet.[1] Erfolgt die Koordination dieser Produktionsschritte hingegen über die Organisationsform des Marktes oder über Hybride, kommt es wegen unterschiedlicher Anknüpfungsobjekte grundsätzlich zu keiner Verrechnung. Werden in einer Periode aus manchen Produktionsschritten Gewinne und aus anderen Verluste erwirtschaftet, können dadurch nicht verrechenbare Verluste entstehen.

Diese Verluste können bei der Einkommensteuer zum Teil durch Verlustausgleich mit anderen Einkünften der jeweils Steuerpflichtigen ausgeglichen werden,[2] sowie nach diesem Ausgleich verbleibende Verluste zumindest bei der Einkommen- und der Körperschaftsteuer im Wege des Verlustabzugs in beschränktem Umfang mit Gewinnen der Vorperiode verrechnet werden.[3] Verbleiben danach jedoch noch immer Verluste, können diese bei den Ertragsteuern nur noch mit zukünftigen Gewinnen desselben Anknüpfungsobjekts verrechnet werden.[4] Dagegen besteht regelmäßig keine Möglichkeit für eine über mehrere Steuersubjekte übergreifende Verlustberücksichtigung; vielmehr setzen die Verlustausgleichs- und Verlustverrechnungsmöglichkeiten regelmäßig die Identität des jeweiligen Steuersubjekts voraus.[5]

Ebenso wie die fehlende Realisation von Zwischengewinnen bei der Gewinnermittlung führt die interne Verrechnung von Gewinnen und Verlusten in einer Einheitsunternehmung im Vergleich zur Marktkoordination damit regelmäßig zu einem zeitlich späteren Anfall der Steuerbelastung. Des Weiteren können Verlustvorträge z. B. durch fehlende zukünftige Gewinne, Umstrukturierungen oder Gesellschafterwechsel in Zukunft auch überhaupt nicht mehr nutzbar werden, wodurch eine sofortige Verrechnung in der Einheitsunternehmung im Vergleich

---

[1] Ähnlich vgl. *Scheffler, W.*, Konzerne, 1991, S. 711.
[2] Siehe § 2 Abs. 3 EStG; vgl. *Schreiber, U.*, Besteuerung, 2005, S. 53; *Orth, M.*, Verlustverwertungsstrategien, 2004, S. 631; *Scheffler, W.*, Besteuerung, 2004, S. 104-106; *Knobbe-Keuk, B.*, Bilanzsteuerrecht, 1993, S. 303.
[3] Siehe § 10d Abs. 1 EStG; vgl. *Schreiber, U.*, Besteuerung, 2005, S. 53, 55; *Scheffler, W.*, Besteuerung, 2004, S. 117-122, 180-182; *Orth, M.*, Verlustverwertungsstrategien, 2004, S. 633-636.
[4] Siehe § 10d Abs. 2 EStG; § 10a GewStG; vgl. *Schreiber, U.*, Besteuerung, 2005, S. 55, 100; *Orth, M.*, Verlustverwertungsstrategien, 2004, S. 636 f.
[5] Vgl. *Orth, M.*, Verlustverwertungsstrategien, 2004, S. 617. Zur Organschaft vgl. Kapitel 2.3.2.4, S. 32 f.

zur möglichen Akkumulation von Verlustvorträgen bei der Markt- und Hybridkooperation auch in absoluter saldierter Höhe zur geringeren Besteuerung führen kann.[1] Neuerdings wird dieser Effekt durch die so genannte Mindestbesteuerung nochmals verstärkt, wonach der Verlustvortrag in künftige Perioden weiter beschränkt wird.[2] Im Vergleich zu den Organisationsformen Markt und Hybrid führt die Integration von verschiedenen Produktionsschritten und Produkten in einer Einheitsunternehmung damit zu einer späteren und teilweise auch geringeren Steuerbelastung.

Aus der Umsatzsteuer ergeben sich hingegen auch hinsichtlich der Verlustnutzungsmöglichkeiten regelmäßig keine Unterschiede zwischen der Organisationsform der Einheitsunternehmung und der des Marktes oder den Hybriden. Der bei der deutschen Umsatzsteuer gegebene sofortige Vorsteuerabzug führt dazu, dass keine eventuell zu Belastungsunterschieden führenden Verlustvorträge aufgebaut werden, da unabhängig von der Ertragslage der jeweils Steuerpflichtigen eine Erstattung der Vorsteuern vorgenommen wird.[3]

Die bei der Ertragsbesteuerung aufgezeigten Unterschiede zwischen der Integration von Produktionsschritten in einer Einheitsunternehmung und der Koordination dieser Produktionsschritte am Markt oder durch Hybride werden in Darst. 8 zusammengefasst.

---

[1] Im Kontext der Diskussion der Betriebsgröße, im Ergebnis aber ähnlich, vgl. *Volk, G.*, Betriebsgröße, 1986, S. 2506; *Rose, G.*, Einkünfteerzielungsabsicht, 1986, S. 196.

[2] D. h. eine Verrechnung mit Verlusten aus Vorperioden erfolgt uneingeschränkt nur bis zur Grenze von einer Million Euro. Der darüber hinausgehende Betrag ist in der jeweiligen Periode nur zu 60% verrechenbar, siehe § 10d Abs. 2 EStG; § 10a GewStG, vgl. *Roser, F.*, Einkommen, 2005, S. 316; *Orth, M.*, Verlustverwertungsstrategien, 2004, S. 613 f., 632, 634, 637; *Dötsch, E./Pung, A.*, Neuerungen, 2004, S. 151 f.

[3] Zum sofortigen Vorsteuerabzug vgl. *Scheffler, W.*, Besteuerung, 2004, S. 343; *Rose, G.*, Umsatzsteuer, 2002, S. 18 f. Ähnlich vgl. *Schreiber, U.*, Besteuerung, 2005, S. 160.

2.3 Analyse der Besteuerung de lege lata

Art der Integration	Steuerliche Auswirkung	Vergleich mit Markt und Hybriden
Vor- und nachgelagerte Produktionsschritte (vertikale Integration)	Spätere Realisation und damit spätere Gewinnverwirklichung bei längerfristigen Produktionszyklen	Die Einheitsunternehmung führt im Vergleich zum Markt und Hybriden zu einer späteren und zum Teil geringeren Steuerbelastung
Beliebige Produktionsschritte (vertikale und horizontale Integration)	Saldierung der Gewinne und Verluste aus verschiedenen Produktionsschritten oder Produkten	

Darst. 8: **Steuerliche Auswirkungen der Integration**

2.3.2 Vergleich der Einheitsunternehmung mit Konzernen

2.3.2.1 Gewinnermittlung

Betrachtet man ausschließlich Kapitalgesellschaften[1] und vergleicht die steuerlichen Folgen der Kooperation in einer Einheitsunternehmung mit denjenigen in einem Konzern, ergeben sich aus der Steuersubjektfähigkeit der Kapitalgesellschaft grundsätzlich die gleichen Unterschiede wie beim Vergleich der Einheitsunternehmung mit den weniger integrierten Organisationsformen des Marktes und der Hybride. Wegen der fehlenden Anknüpfung der Besteuerung an der wirtschaftlichen Einheit des Konzerns[2] kommt es trotz des Vorliegens einer ökonomischen Einheit grundsätzlich zu keiner Zwischengewinneliminierung zwischen den Konzerngesellschaften.[3] Damit werden bei jedem Transfer von Zwischenprodukten zwischen den Konzerngesellschaften wie beim Trans-

---

[1] Vgl. Kapitel 2.2.1, S. 19.
[2] Vgl. Kapitel 2.2.2, S. 20.
[3] Vgl. *Wöhe, G.*, Konzernbesteuerung, 1998, S. 327; *Wöhe, G,* Steuerlehre, 1996, S. 18; *Senger, T.,* Reform, 1997, S. 81; *Grotherr, S.,* Konzernsteuerrecht, 1995, S. 81; *Wöhe, G./Bieg, H.,* Steuerlehre, 1995, S. 294; *Salzberger, W.,* Konzernunternehmung, 1994, S. 91 f.; *Ordelheide, D.,* Konzernerfolgskonzeptionen, 1987, S. 981. Analog nach Schweizer Steuerrecht vgl. *Tinner, H.,* Konzernstruktur, 1984, S. 14.

fer am Markt oder in Hybriden Gewinne aus den vor- und nachgelagerten Produktionsschritten bei mehrperiodischen Produktionszyklen zeitlich früher als in der Einheitsunternehmung realisiert.[1]

Auch beim Vergleich der Besteuerung von Einheitsunternehmung und Konzern ergeben sich durch die Umsatzsteuer hingegen keine Belastungsunterschiede. Zwar kann es nur bei vor- und nachgelagerten Produktionsschritten zur Umsatzsteuer auf die Veräußerung von Zwischenprodukten zwischen den Konzerngesellschaften kommen, doch führt die deutsche Ausgestaltung der Umsatzsteuer als Nettoumsatzsteuer mit sofortigem Vorsteuerabzug regelmäßig dazu, dass sich weder der Höhe noch dem zeitlichen Anfall nach nennenswerte Belastungsunterschiede im Vergleich zur Koordination in einer Einheitsunternehmung ergeben.[2]

2.3.2.2 Verlustnutzung

Wegen der fehlenden Anknüpfung der Besteuerung an der wirtschaftlichen Einheit des Konzerns kommt es in der Konzernunternehmung ebenso wie am Markt oder bei Hybriden zu keiner Saldierung von Gewinnen und Verlusten aus den in eigenständigen rechtlichen Einheiten organisierten Produktionsschritten.[3] Auch eine handelsbilanzielle indirekte Berücksichtigung von anhaltenden Verlusten einer Tochtergesellschaft durch Minderung des Beteiligungsbuchwerts bei der Muttergesellschaft führt gemäß § 8b Abs. 3 KStG in der Regel nicht zu einer

---

[1] Vgl. *Theisen, M. R.*, Besteuerung, 2001, Sp. 1358; *Theisen, M. R.*, Konzern, 2000, S. 566; *Baetge, J./Beermann, T.*, Konzernbesteuerung, 1998, S. 267; *Senger, T.*, Reform, 1997, S. 81; *Scheuchzer, M.*, Konzernbesteuerung, 1994, S. 45 f.; *Scheffler, W.*, Konzerne, 1991, S. 705.

[2] Ähnlich vgl. *Theisen, M. R.*, Konzern, 2000, S. 574; *Grotherr, S.*, Organschaft, 1993, S. 2000. Belastungsunterschiede können nur beim Vorliegen von steuerbefreiten Umsätzen entstehen, vgl. *Grotherr, S.*, Organschaft, 1993, S. 2001, die in dieser Untersuchung aber nicht weiter berücksichtigt werden.

[3] Vgl. *Kessler, W.*, Konzernbesteuerung, 2004, S. 3, 19; *Wartin, C./Sievert, E./Strohm, C.*, Reform, 2004, S. 1; *Theisen, M. R.*, Besteuerung, 2001, Sp. 1358; *Theisen, M. R.*, Konzern, 2000, S. 566; *Schaumburg, H.*, Grundzüge, 1998, S. 43; *Wöhe, G.*, Konzernbesteuerung, 1998, S. 348; *Senger, T.*, Reform, 1997, S. 78; *Stein, H.-G.*, Verlustausgleich, 1983, S. 30. Analog nach Schweizer Steuerrecht vgl. *Tinner, H.*, Konzernstruktur, 1984, S. 14.

2.3 Analyse der Besteuerung de lege lata

steuerlich erfolgswirksamen Teilwertabschreibung.[1] Damit ergibt sich in der Konzernunternehmung wie am Markt eine im Vergleich zur Einheitsunternehmung regelmäßig frühere und zum Teil höhere Steuerbelastung.[2] Die Versagung der Verlustnutzung beim so genannten Mantelkauf sowie die Möglichkeit des Untergangs von Verlustvorträgen bei Umwandlungen erhöhen dabei die Häufigkeit von endgültig nicht mehr verrechenbaren Verlustvorträgen und damit auch die aufgezeigten Belastungsunterschiede.[3]

Aus der Umsatzsteuer ergeben sich hingegen aufgrund der sofortigen Vorsteuererstattung bei der Verlustnutzung keine Belastungsunterschiede zwischen Einheits- und Konzernunternehmungen, da unabhängig von der Ertragslage des jeweiligen Steuerpflichtigen eine Erstattung der Vorsteuern vorgenommen wird.[4]

2.3.2.3 Gewinnausschüttungen

Eine Konzernunternehmung ist dadurch gekennzeichnet, dass zwischen die operative Tätigkeit und die mit ihr verbundene Ergebnisentstehung sowie den endgültigen Empfänger der Residualgewinne mehr als eine Gesellschaft geschaltet ist.[5] Durch den Dualismus der steuerlichen Anknüpfung sowohl an natürliche Personen als auch an Kapitalgesellschaften[6] ergeben sich weit reichende Konsequenzen für die Besteuerung einer Konzernunternehmung: Aufgrund der rechtlich mehrstufigen Konstruktion kommt es durch zwischen die Individuen und den Kooperationsgewinn geschaltete Kapitalgesellschaften grundsätzlich zu einer mehrmali-

---

[1] Vgl. *Kessler, W.*, Konzernbesteuerung, 2004, S. 20; *Binnewies, B.*, Beteiligung, 2003, S. 329; *Theisen, M. R.*, Besteuerung, 2001, Sp. 1358; *Lang, J.*, Reform, 2000, S. 485. Vor Einführung des Beteiligungsprivilegs des § 8b KStG war in diesen Fällen hingegen regelmäßig eine steuerwirksame Teilwertabschreibung möglich, vgl. *Theisen, M. R.*, Konzern, 2000, S. 566; *Komarek, H.*, Konzern, 1998, S. 218-225; *Ketterer, T.*, Konzern, 1997, S. 59.

[2] Vgl. *Baetge, J./Beermann, T.*, Konzernbesteuerung, 1998, S. 267; *Komarek, H.*, Konzern, 1998, S. 71; *Scheuchzer, M.*, Konzernbesteuerung, 1994, S. 43 f.

[3] Siehe § 8 Abs. 4 KStG; § 12 Abs. 3 Satz 2 UmwStG; § 19 Abs. 2 UmwStG.

[4] Vgl. analog Kapitel 2.3.1.2, S. 26.

[5] Aus ökonomischer Sicht sind auch Konzerne ohne mehrstufige Beteiligungen, wie z. B. personenverbundene Unternehmen möglich, vgl. *Theisen, M. R.*, Konzern, 2000, S. 128-138. In dieser Analyse soll typisierend jedoch mindestens ein gesellschaftliches Über-/ Unterordnungsverhältnis unterstellt werden.

[6] Vgl. *Jacobs, O. H.*, Unternehmensbesteuerung, 2002, S. 92; *Rupp, R.*, Ertragsbesteuerung, 1983, S. 11.

gen Erfassung ein und desselben Kooperationsgewinns.[1] Allerdings verfolgen das Beteiligungs- und das Veräußerungsprivileg zur Vermeidung dieser Mehrfachbelastung zumindest innerhalb des Körperschaftsteuergesetzes den Grundsatz der „abschließenden Besteuerung jeder Unternehmensebene" (rechtliche Einheit).[2] D. h. die Mehrfachbelastung mit definitiver Körperschaftsteuer wird sowohl bei laufenden Bezügen regelmäßig durch das Beteiligungsprivileg des § 8b Abs. 1 KStG[3] als auch bei Gewinnen aus der Veräußerung von Beteiligungen durch das Veräußerungsprivileg des § 8b Abs. 2 KStG weitgehend vermieden.[4] Diese Begünstigungen sind allerdings für bestimmte Branchen zum Teil nicht anwendbar.[5]

Auch wenn Gewinnausschüttungen zwischen Gesellschaften im Konzern nach der Zielsetzung des Beteiligungs- und Veräußerungsprivilegs nicht mehrfach erfasst werden sollen,[6] können sich durch die Zwischenschaltung von weiteren Kapitalgesellschaften zwischen die Empfänger der Residualgewinne und die operative Tätigkeit im Vergleich mit einer Einheitsunternehmung dennoch Steuerbelastungsunterschiede aus der Mehrfacherfassung von Gewinnen ergeben:[7] Nach § 8b Abs. 5 KStG gelten 5% der Einnahmen aus einer Beteiligung fiktiv

---

[1] Vgl. *Kröner, I.*, Beteiligungskonzerne, 2004, S. 114; *Prüschenk, F.*, Ertragsbesteuerung, 2004, S. 34; *Theisen, M. R.*, Besteuerung, 2001, Sp. 1359; *Reis, M.*, Einheit, 1996, S. 51; *Scheuchzer, M.*, Konzernbesteuerung, 1994, S. 40; *Tinner, H.*, Konzernstruktur, 1984, S. 14.

[2] Vgl. *Lang, J.*, Reform, 2000, S. 453, 458.

[3] Vgl. *Scheffler, W.*, Besteuerung, 2004, S. 172; *Kessler, W.*, Konzernbesteuerung, 2004, S. 2, 8; *Prüschenk, F.*, Ertragsbesteuerung, 2004, S. 34; *Schaumburg, H./Jesse, L.*, Holding, 2004, S. 658; *Fußbroich, P.*, Verlustverrechnung, 2002, S. 697; *Theisen, M. R.*, Besteuerung, 2001, Sp. 1359; *Rose, G./Glorius-Rose, C.*, Unternehmen, 2001, S. 146; *Crezelius, G.*, Grundstrukturen, 2001, S. 223; *Lang, J.*, Reform, 2000, S. 458; *Lishaut, I. v.*, Reform, 2000, S. 186.

[4] Vgl. *Kessler, W.*, Konzernbesteuerung, 2004, S. 2, 10; *Kröner, I.*, Beteiligungskonzerne, 2004, S. 126 f.; *Fußbroich, P.*, Konzernunternehmung, 2001, S. 56 f.; *Lang, J.*, Reform, 2000, S. 458. Einbringungsgeborene Anteile sind allerdings nach § 8b Abs. 4 KStG von dieser Befreiung ausgenommen, vgl. *Schaumburg, H./Jesse, L.*, Holding, 2004, S. 662.

[5] § 8b Abs. 7 und 8 KStG versagen die Anwendung von § 8b Abs. 1 und 2 KStG für bestimmte Beteiligungen von Kredit- und Finanzdienstleistungsinstituten sowie von Lebens- und Krankenversicherungen, vgl. *Kröner, I.*, Beteiligungskonzerne, 2004, S. 135.

[6] Vgl. *Binnewies, B.*, Beteiligung, 2003, S. 323. Ähnlich vgl. *Gosch, D.*, Beteiligung, 2005, S. 783.

[7] Vgl. *Dötsch, E./Pung, A.*, Neuerungen, 2004, S. 154; *Scheuchzer, M.*, Konzernbesteuerung, 1994, S. 40-44.

2.3 Analyse der Besteuerung de lege lata

als nicht abzugsfähige Betriebsausgaben,[1] gleiches gilt nach § 8b Abs. 3 KStG für Gewinne aus der Veräußerung der Beteiligung.[2] Mit jeder zwischengeschalteten Kapitalgesellschaft kommt es daher zu einer teilweisen Definitivbelastung mit Körperschaftsteuer. Im Vergleich mit einer Einheitsunternehmung ergibt sich daraus im Konzern regelmäßig eine höhere Steuerbelastung.

Durch die Anknüpfung der Bemessungsgrundlage der Gewerbesteuer an die der Körperschaftsteuer sind die Beteiligungserträge wegen § 8b Abs. 1 und 2 KStG in der Regel nicht im Gewerbeertrag enthalten, sodass die Mehrfacherfassung der Beteiligungserträge grundsätzlich auch bei der Gewerbesteuer vermieden wird;[3] nur in Ausnahmefällen kann es im Konzern zu einer Hinzurechnung der Beteiligungserträge nach § 8 Nr. 5 GewStG kommen.[4] Im Gewerbeertrag sind aber auch die nach § 8b Abs. 5 KStG bzw. § 8b Abs. 3 KStG in Höhe von 5% der Einnahmen fiktiv nicht abzugsfähigen Betriebsausgaben enthalten,[5] sodass die sich aus dieser Norm ergebende Definitivbelastung durch die Gewerbesteuer noch verstärkt wird.

Die Umsatzsteuer führt hingegen zu keiner Besteuerung von Gewinnausschüttungen,[6] womit sich durch die Umsatzsteuer auch keine von der Konzernierung abhängigen Belastungsunterschiede ergeben können.

---

[1] Siehe § 8b Abs. 5 KStG; vgl. *Gosch, D.*, Beteiligung, 2005, S. 864; *Scheffler, W.*, Besteuerung, 2004, S. 181; *Binnewies, B.*, Beteiligung, 2003, S. 336. Die Vorschriften der § 8b Abs. 3 und 5 KStG führen allerdings auch zur Nichtanwendung des § 3c Abs. 1 EStG. Dies hat eine weitgehende Durchbrechung des Nettoprinzips zur Folge, da die tatsächlich angefallenen Aufwendungen steuerlich abziehbar sind, auch wenn sie mit steuerfreien Einnahmen im Zusammenhang stehen, vgl. *Binnewies, B.*, Beteiligung, 2003, S. 336. Soweit die tatsächlich für die Beteiligung angefallenen Kosten größer als 5% der Einnahmen aus der Beteiligung sind, kehrt sich die Mehrbelastung in eine Minderbelastung um, vgl. *Schaumburg, H./Jesse, L.*, Holding, 2004, S. 799.

[2] Vgl. *Gosch, D.*, Beteiligung, 2005, S. 834; *Dötsch, E./Pung, A.*, Neuerungen, 2004, S. 153.

[3] Vgl. *Gosch, D.*, Beteiligung, 2005, S. 798, 809; *Kröner, I.*, Beteiligungskonzerne, 2004, S. 125, 131; *Jacobs, O. H.*, Unternehmensbesteuerung, 2002, S. 187; *Theisen, M. R.*, Besteuerung, 2001, Sp. 1360; *Rose, G./Glorius-Rose, C.*, Unternehmen, 2001, S. 146.

[4] Dies ist z. B. der Fall, wenn die Beteiligung nicht von Beginn des Erhebungszeitraums ununterbrochen bestanden hat, siehe § 8 Nr. 5 i. V. m. § 9 Nr. 2a GewStG; vgl. *Kröner, I.*, Beteiligungskonzerne, 2004, S. 125.

[5] Vgl. *Gosch, D.*, Beteiligung, 2005, S. 875; *Dötsch, E./Pung, A.*, Neuerungen, 2004, S. 155.

[6] Vgl. *Heidner, H.-H.*, Unternehmer, 2003, S. 108.

2.3.2.4 Organschaft

Eine ertragsteuerliche Organschaft ist bei finanzieller Eingliederung eines Tochterunternehmens (Organgesellschaft) in das Mutterunternehmen (Organträger) sowie bei Vorliegen eines den Anforderungen des § 14 Abs. 1 KStG entsprechenden Ergebnisabführungsvertrags gegeben. In diesen Fällen wird das bei der abhängigen Gesellschaft ermittelte Einkommen für die Zwecke der Körperschaft- und der Gewerbesteuer dem Organträger zugerechnet.[1] Die Ermittlung erfolgt damit nach der Zurechnungstheorie,[2] d. h. sämtliche Organgesellschaften ermitteln ihre Einkünfte getrennt und die Organschaft führt zu einer Besteuerung der Summe der Einkünfte der Einzelgesellschaften.[3] Aus der Zurechnung ergibt sich ein vollständiger Verlustausgleich innerhalb des Organkreises[4] sowie eine Vermeidung der pauschal nicht abzugsfähigen Betriebsausgaben gemäß § 8b Abs. 3 und 5 KStG.[5] Insoweit wird bei Vorliegen einer Organschaft die Besteuerung des Konzerns der einer Einheitsunternehmung angeglichen.[6] Die Organschaft führt jedoch auch im Organkreis nicht zur Neutralisierung von Zwischengewinnen und somit auch nicht zur Angleichung der im Vergleich zur Einheits-

---

[1] Siehe § 14 Abs. 1 KStG; § 2 Abs. 2 Satz 2 GewStG; vgl. *Dötsch, E.*, Organschaftskonzerne, 2004, S. 157. Zur Zurechnung vgl. *Roser, F.*, Einkommen, 2005, S. 311; *Schaumburg, H./Jesse, L.*, Holding, 2004, S. 830; *Rose, G./Glorius-Rose, C.*, Unternehmen, 2001, S. 147; *Komarek, H.*, Konzern, 1998, S. 68; *Schaumburg, H.*, Grundzüge, 1998, S. 7; *Ketterer, T.*, Konzern, 1997, S. 11; *Borggräfe, J.*, Konzernbesteuerung, 1995, S. 131; *Salzberger, W.*, Konzernunternehmung, 1994, S. 26.

[2] Vgl. *Neumann, S.*, Organgesellschaft, 2005, S. 998; *Scheffler, W.*, Besteuerung, 2004, S. 207; *Probst, A.*, Konzernunternehmung, 1997, S. 93; *Scheffler, W.*, Konzerne, 1991, S. 711.

[3] Vgl. *Neumann, S.*, Organgesellschaft, 2005, S. 1135 f.; *Prüschenk, F.*, Ertragsbesteuerung, 2004, S. 52 f.; *Herzig, N.*, Einführung, 2003, S. 12; *Theisen, M. R.*, Besteuerung, 2001, Sp. 1359; *Ketterer, T.*, Konzern, 1997, S. 11, 59; *Scheffler, W.*, Konzerne, 1991, S. 711 f.

[4] Vgl. *Neumann, S.*, Organgesellschaft, 2005, S. 1008; *Jochum, H.*, Organschaft, 2005, S. 577; *Dötsch, E.*, Organschaftskonzerne, 2004, S. 158; *Kessler, W.*, Konzernbesteuerung, 2004, S. 2; *Prüschenk, F.*, Ertragsbesteuerung, 2004, S. 63; *Orth, M.*, Verlustverwertungsstrategien, 2004, S. 678 f.; *Prinz, U.*, Organschaft, 2003, S. 550; *Herzig, N.*, Einführung, 2003, S. 7; *Theisen, M. R.*, Besteuerung, 2001, Sp. 1360; *Jonas, B.*, Organschaft, 1998, S. 274; *Baetge, J./Beermann, T.*, Konzernbesteuerung, 1998, S. 269; *Grotherr, S.*, Abschluss, 1995, S. 3; *Bühler, O.*, Konzerne, 1951, S. 165 f.

[5] Vgl. *Schaumburg, H./Jesse, L.*, Holding, 2004, S. 673, 799; *Dötsch, E./Pung, A.*, Neuerungen, 2004, S. 154; *Wartin, C./Sievert, E./Strohm, C.*, Reform, 2004, S. 2.

[6] Vgl. *Fußbroich, P.*, Verlustverrechnung, 2002, S. 697; *Fußbroich, P.*, Konzernunternehmung, 2001, S. 104; *Wöhe, G.*, Konzernbesteuerung, 1998, S. 328; *Ketterer, T.*, Konzern, 1997, S. 11; *Pullen, M.*, Konzerne, 1994, S. 18; *Werdich, H.*, Organisation, 1993, S. 58.

2.3 Analyse der Besteuerung de lege lata

unternehmung vorzeitigen Gewinnrealisation.[1] Zudem ist nach empirischen Untersuchungen in der Realität in der überwiegenden Zahl der Fälle wegen ihrer restriktiven Voraussetzungen keine ertragsteuerliche Organschaft gegeben.[2]

Ob eine umsatzsteuerliche Organschaft vorliegt,[3] ist für die Frage der Belastungsunterschiede zwischen Einheits- und Konzernunternehmung hingegen irrelevant, da sich aus der Umsatzsteuer auch ohne Vorliegen einer Organschaft regelmäßig keine unmittelbaren steuerlichen Belastungsunterschiede ergeben.[4]

Die aufgezeigten ertragsteuerlichen Unterschiede zwischen der Einheitsunternehmung und der Koordination der Produktionsschritte in einem Konzern wird in Abhängigkeit vom Vorliegen einer Organschaft in Darst. 9 zusammengefasst:

---

[1] Vgl. *Dötsch, E.*, Organschaftskonzerne, 2004, S. 157; *Wartin, C./Sievert, E./Strohm, C.*, Reform, 2004, S. 3; *Prüschenk, F.*, Ertragsbesteuerung, 2004, S. 63, 175; *Baetge, J./Beermann, T.*, Konzernbesteuerung, 1998, S. 267-269; *Komarek, H.*, Konzern, 1998, S. 22; *Senger, T.*, Reform, 1997, S. 113; *Wöhe, G./Bieg, H.*, Steuerlehre, 1995, S. 299; *Grotherr, S.*, Organschaft, 1995, S. 142; *Scheuchzer, M.*, Konzernbesteuerung, 1994, S. 44-48; *Bauer, K.*, Besteuerung, 1987, S. 145; *Köhler, H.-G.*, Konzern, 1970, S. 72 f.
[2] Vgl. *Fußbroich, P.*, Konzernunternehmung, 2001, S. 104-106.
[3] Zur umsatzsteuerlichen Organschaft siehe § 2 Abs. 2 Nr. 2 UStG; *Rose, G.*, Umsatzsteuer, 2002, S. 29-31; *Theisen, M. R.*, Konzern, 2000, S. 573 f.
[4] Vgl. Kapitel 2.3.2.1, S. 28; Kapitel 2.3.2.2, S. 29; Kapitel 2.3.2.3, S. 31.

Vorliegen einer Organschaft	Steuerliche Auswirkung der Konzernierung	Vergleich mit einer Einheitsunternehmung
Organschaft liegt nicht vor	Frühere Realisation und damit frühere Gewinnverwirklichung bei längerfristigen Produktionszyklen	Die Einheitsunternehmung führt im Vergleich zum Konzern regelmäßig zu einer späteren und zum Teil auch geringeren Steuerbelastung
	Keine Ergebnissaldierung und damit keine implizite Verlustverrechnung	
	Bei Ausschüttungen innerhalb des Konzerns 5 % Definitivbelastung pro zwischengeschalteter Kapitalgesellschaft	
Organschaft liegt vor	Frühere Realisation und damit frühere Gewinnverwirklichung bei längerfristigen Produktionszyklen	Wie ohne Organschaft (siehe oben)
	Ergebnissaldierung durch Zurechnung und damit implizite Verlustverrechnung	Keine steuerlichen Unterschiede
	Keine Anwendung von § 8b Abs. 3 und 5 KStG bei konzerninternen Ausschüttungen	

Darst. 9: Steuerliche Auswirkungen der Konzernierung

2.3.2.5 Grundstückstransaktionen

Auch das Grunderwerbsteuergesetz orientiert sich weitgehend an zivilrechtlichen und nicht an ökonomischen Wertungen.[1] Nach § 1 Abs. 1 GrEStG unterliegt jeder rechtliche Transfer eines Grundstücks im Inland der Grunderwerbsteuer. Das Grunderwerbsteuerrecht knüpft die Steuerbarkeit eines Erwerbsvorgangs damit an einen Rechtsträgerwechsel.[2] Da dabei jedoch nicht der Konzern selbst, sondern nur die einzelnen Konzerngesellschaften als Rechtsträger gelten,[3] erfolgt bei der Grunderwerbsteuer auch eine Erfassung von konzerninternen Grundstückstransaktionen.[4]

Wird im Laufe einer Kooperation der Produktionsfaktor „Grundstück" in einer anderen rechtlichen Einheit des Konzerns benötigt, erfolgt daher trotz Übertragung innerhalb einer wirtschaftlichen Organisationseinheit eine Besteuerung,[5] die auch nicht durch das Institut einer Organschaft vermieden werden kann.[6] Der Transfer innerhalb verschiedener organisatorischer Bereiche einer Einheitsunternehmung wird hingegen nicht von der Grunderwerbsteuer erfasst. Im Vergleich zur Einheitsunternehmung kann es daher im Konzern zu einer höheren Steuerbelastung durch die Grunderwerbsteuer kommen.[7]

---

[1] Vgl. *Scheffler, W.*, Konzerne, 1991, S. 710.
[2] Vgl. *Hofmann, R./Hofmann, G.*, Grunderwerbsteuergesetz, 2004, S. 53; *Fischer, P.*, Erwerbsvorgänge, 2002, S. 95; *Werdich, H.*, Organisation, 1993, S. 61.
[3] Vgl. *Fischer, P.*, Erwerbsvorgänge, 2002, S. 103; *Werdich, H.*, Organisation, 1993, S. 61.
[4] Vgl. *Theisen, M. R.*, Rechtsformen, 2002, S. 572.
[5] Vgl. *Fleischer, H.*, Grunderwerbsteuer, 2004, S. 469, 512; *Scheffler, W.*, Konzerne, 1991, S. 710.
[6] Vgl. *Dötsch, E.*, Organschaftskonzerne, 2004, S. 157; *Richter, L.*, Konzernbesteuerung, 2003, S. 302; *Fischer, P.*, Erwerbsvorgänge, 2002, S. 95, 103; *Scheffler, W.*, Konzerne, 1991, S. 710. Vielmehr wird nach § 1 Abs. 3 GrEStG teilweise auch der indirekte Erwerb eines Grundstücks durch Erwerb von mindestens 95% der Beteiligung an einer Kapitalgesellschaft mit Grundstücksbesitz der Grunderwerbsteuer unterworfen, vgl. *Fleischer, H.*, Grunderwerbsteuer, 2004, S. 485-512; *Richter, L.*, Konzernbesteuerung, 2003, S. 302; *Scheffler, W.*, Konzerne, 1991, S. 710.
[7] Vgl. *Kessler, W.*, Konzernbesteuerung, 2004, S. 2.

2.4 Ergebnis

Die vorgenommene Analyse der Besteuerung de lege lata zeigt, dass die Ertragsteuerbelastung des Kooperationsergebnisses bei der Organisation in einer Einheitsunternehmung regelmäßig später anfällt und zum Teil auch geringer ist, als bei der Organisation über den Markt, Hybride oder in einer Konzernunternehmung.[1] Fehlende Integration und Konzernierung wirken sich damit – wie in Darst. 10 graphisch veranschaulicht – negativ auf die Höhe des Nettokooperationsgewinns aus. Aus der Besteuerung mit der Umsatzsteuer ergeben sich hingegen in der Regel keine unmittelbaren organisationsformabhängigen Belastungsunterschiede.

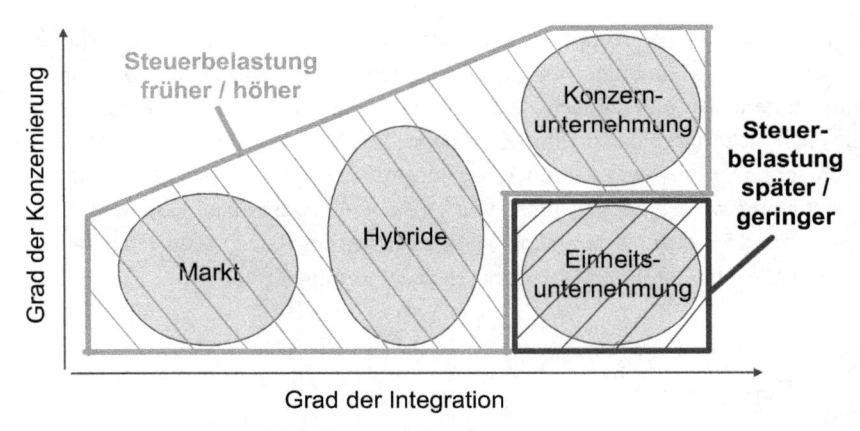

Darst. 10: Steuerbelastungsunterschiede de lege lata

---

[1] In Sonderfällen ist allerdings auch eine steuerliche Minderbelastung im Vergleich zur Einheitsunternehmung möglich, vgl. *Kessler, W.*, Konzernbesteuerung, 2004, S. 5; *Binder, C. U.*, Konzernunternehmung, 1994, S. 44; *Scheffler, W.*, Konzerne, 1991, S. 706.

Kapitel 3 Theoriebezug

3.1 Vorgehensweise und Begriffsbestimmungen

Im weiteren Verlauf soll analysiert werden, ob und wie sich die aufgezeigte spätere und zum Teil geringere Steuerbelastung bei Integration und bei fehlender Konzernierung auf die in der Realität anzutreffenden Organisationsformen auswirkt und inwieweit die Effizienz der Besteuerung dadurch beurteilt werden kann. Eine deduktive Analyse des Einflusses der unterschiedlichen Steuerlast auf die Wahl von Organisationsformen setzt Annahmen über das Entscheidungsverhalten der Individuen und somit ein strukturelles Abbild des menschlichen Verhaltens in der Realität voraus.[1] Zur Untersuchung der aufgeworfenen Fragestellung soll daher ein Modell verwendet werden.[2] Dazu wird zunächst kritisch hinterfragt, welche Modelle mit welchen Annahmen für eine derartige Fragestellung herangezogen werden können.

3.1.1 Modell

Unter Modellierung versteht man in der Ökonomik die sprachliche Reproduktion eines realen Sachverhalts nach präzisen Abbildungsregeln.[3] Zur Reduktion der Komplexität realer Probleme werden dabei regelmäßig Abstraktionen und Vereinfachungen vorgenommen, sodass nur homomorphe, d. h. strukturähnliche Abbildungen[4] realer Problemstellungen als Modell verwendet werden.[5] Bei strukturgleicher Abbildung wären die Probleme der Realität aufgrund deren Komplexität

---

[1] Vgl. *North, D. C.*, Institutions, 1990, S. 17.
[2] Vgl. Kapitel 1.2, S. 9.
[3] Vgl. *Schweitzer, M.*, Gegenstand, 2004, S. 75.
[4] Vgl. *Schneider, D.*, Grundlagen, 1995, S. 171; *Schweitzer, M.*, Gegenstand, 2004, S. 75. A. A. *Kosiol*, der nur strukturgleiche (isomorphe) Modelle für „wissenschaftlich fruchtbar" hält, vgl. *Kosiol, E.*, Modellanalyse, 1961, S. 321.
[5] Vgl. *Schneider, D.*, Grundlagen, 1995, S. 169; *Schweitzer, M.*, Gegenstand, 2004, S. 75.

in der Regel logisch nicht fassbar, erst die Vereinfachungen erlauben einen analytischen Zugang und machen Modelle damit rational handhabbar.[1]

Ein Modell stellt somit ein geordnetes Aussagesystem dar, das zur Erkenntnisgewinnung aus den vereinfachenden Annahmen (Prämissen) formallogisch wahre Schlüsse[2] (Implikationen) abzuleiten ermöglicht.[3] Diese Ableitung gelingt jedoch nur, wenn bei der Modellierung strikt auf eine logische Konsistenz der unterstellten Annahmen und der daraus deduktiv gewonnenen Ergebnisse geachtet wird;[4] ansonsten entsteht ein widersprüchliches Aussagesystem, aus dem sich jede beliebige Behauptung ableiten lässt.[5]

In Realwissenschaften wie den Wirtschaftswissenschaften sollen Erkenntnisse über reale Sachverhalte gewonnen werden.[6] Die logische Wahrheit innerhalb des Aussagesystems eines Modells ist deshalb nur Mittel zum Zweck und nicht Selbstzweck. Vielmehr werden mithilfe der Modellergebnisse Hypothesen über die realen Zusammenhänge gebildet. Auch wenn die Modellaussagen bei konsistenten Annahmen zwingend logisch wahr sind, können sich die Hypothesen über die Zusammenhänge in der Realität empirisch bewähren,[7] oder aber aufgrund

---

[1] Vgl. *Schmidt, R. H./Schor, G.*, Erklärung, 1987, S. 21; *Ballwieser, W.*, Vorteilhaftigkeit, 1986, S. 26; *Kosiol, E.*, Modellanalyse, 1961, S. 319; *Wöhe, G.*, Betriebswirtschaftslehre, 2002, S. 36. Ähnlich vgl. *Williamson, O. E.*, Behavior, 1965, S. 164.

[2] Vgl. *Schneider, D.*, Grundlagen, 1995, S. 171; *Schanz, G.*, Methodologie, 1988, S. 23; *Wöhe, G.*, Betriebswirtschaftslehre, 2002, S. 37. Ähnlich vgl. *Popper, K.*, Logik, 1994, S. 41; *Chmielewicz, K.*, Forschungskonzeptionen, 1994, S. 92.

[3] Vgl. *Kosiol, E.*, Modellanalyse, 1961, S. 318 f.; *Schmidt, R. H./Schor, G.*, Erklärung, 1987, S. 14.

[4] Vgl. *Popper, K.*, Logik, 1994, S. 41, 59; *Chmielewicz, K.*, Forschungskonzeptionen, 1994, S. 93. Ähnlich vgl. *Kraft, V.*, Erkenntnislehre, 1960, S. 187; *Solow, R. M.*, Informant, 2001, S. 112.

[5] Vgl. *Popper, K.*, Logik, 1994, S. 59; *Kraft, V.*, Erkenntnislehre, 1960, S. 187; *Bochenski, I. M.*, Denkmethoden, 1969, S. 80. Ähnlich vgl. *Schanz, G.*, Methodologie, 1988, S. 31; *Chmielewicz, K.*, Forschungskonzeptionen, 1994, S. 93.

[6] Vgl. *Kosiol, E.*, Modellanalyse, 1961, S. 318; *Raffée, H.*, Grundprobleme, 1974, S. 22; *Stein, J. H. v.*, Gegenstand, 1993, S. 479; *Schweitzer, M.*, Gegenstand, 2004, S. 67.

[7] Eine Realwissenschaft kann keine sicheren und unumstößlich geltenden Erkenntnisse vermitteln, vgl. *Schanz, G.*, Methodologie, 1988, S. 24. Ihre Hypothesen können sich nur bewähren, d. h. erfolgreich gegenüber empirischen Falsifizierungsversuchen bestehen. Diese in den Wirtschaftswissenschaften vorherrschende wissenschaftstheoretische Auffassung des kritischen Rationalismus geht auf *Popper* zurück, vgl. *Popper, K. R.*, Logik, 1994, S. 8.

3.1 Vorgehensweise und Begriffsbestimmungen   39

der vereinfachenden Abstraktion unzutreffend und damit zur Erklärung von realen Phänomenen unbrauchbar sein.[1]

3.1.2 Theorie

Unter dem Begriff einer Theorie wird meist ein System verstanden, in dem aus Axiomen Aussagen abgeleitet werden.[2] In diesem Sinne ist jedes Modell eine Theorie,[3] aber nicht jede Theorie ein Modell.[4]

Im ökonomischen Kontext wird der Begriff der Theorie mindestens im Sinne zweier weiterer Begriffsbedeutungen verwendet.[5] Nach *Schneider* kann unter einer Theorie zum einen eine Gattungsbezeichnung für ähnliche Problemlösungsansätze bei verschiedenen Problemstellungen (Modelle mit ähnlichen Annahmen),[6] zum anderen aber auch eine Gattungsbezeichnung für unterschiedliche Problemlösungsansätze (Modelle mit unterschiedlichen Annahmen) bei ähnlichen Problemstellungen verstanden werden.[7]

Durch diesen Begriffspluralismus kommt es in der Literatur zur uneinheitlichen Abgrenzung verschiedener Theorien. So werden z. B. unter dem Begriff der Property-Rights-Theorie zum Teil alle Modelle mit bestimmten gleichen An-

---

[1] Vgl. *Schneider, D.*, Grundlagen, 1995, S. 172; *Wöhe, G.*, Betriebswirtschaftslehre, 2002, S. 37 f.; ähnlich vgl. *Hayek, F. A. v.*, Knowledge, 1945, S. 519; *Kraft, V.*, Erkenntnislehre, 1960, S. 188.

[2] Vgl. *Opp, K.-D.*, Methodologie, 1970, S. 50; *Raffée, H.*, Grundprobleme, 1974, S. 30; *Hörschgen, H.*, Grundbegriffe, 1987, S. 429; *Chmielewicz, K.*, Forschungskonzeption, 1994, S. 162; *Schneider, D.*, Grundlagen, 1995, S. 164. *Schanz* vertritt hingegen die Auffassung, dass unter einer Theorie nicht jede logisch miteinander verbundene Menge von Gesetzen und Axiomen, sondern nur eine solche, deren Aussagen sich in der Realität bewährt haben, zu verstehen ist, vgl. *Schanz, G.*, Methodologie, 1988, S. 24.

[3] Vgl. *Heinen, E.*, Betriebswirtschaftslehre, 1985, S. 19; *Schanz, G.*, Methodologie, 1988, S. 22.

[4] Eine Theorie ist in diesem Sinne kein Modell, wenn sie wie z. B. die Mathematik kein Realitätsabbild darstellen soll.

[5] Vgl. *Schneider, D.*, Grundlagen, 1995, S. 164 f. Ähnlich vgl. *Chmielewicz, K.*, Forschungskonzeption, 1994, S. 162.

[6] Vgl. *Heinen, E.*, Betriebswirtschaftslehre, 1985, S. 19; *Schneider, D.*, Grundlagen, 1995, S. 165. Implizit ähnlich vgl. *Moe, T. M.*, Organization, 1984, S. 740.

[7] Vgl. *Schneider, D.*, Grundlagen, 1995, S. 167.

nahmen,[1] zum Teil hingegen alle Modelle, die sich bei unterschiedlichen Annahmen mit der Verdünnung von Property-Rights befassen,[2] subsumiert. Zur Analyse der in der vorliegenden Untersuchung gewählten Zielsetzung soll unter einer Theorie **eine Gattung von Modellen mit ähnlichen Problemlösungsansätzen,** d. h. mit ähnlichen Annahmen verstanden werden (vgl. Darst. 11).[3]

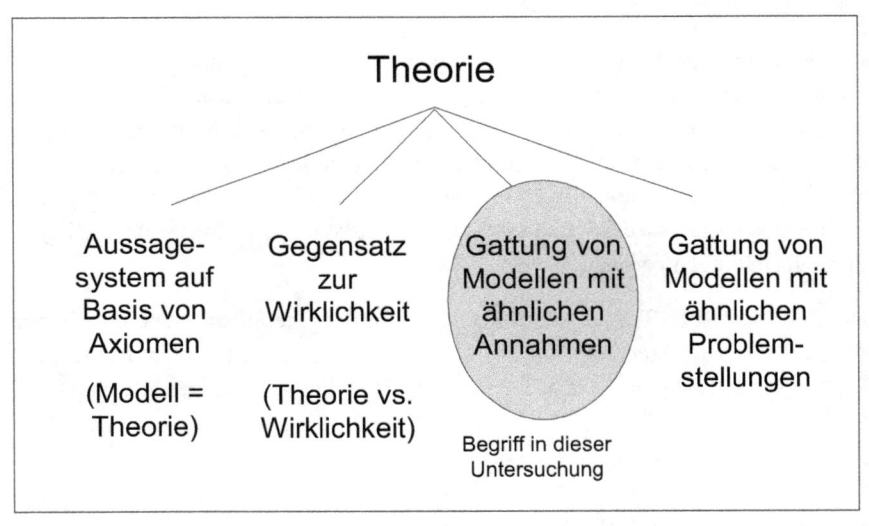

```
                                Theorie

    Aussage-        Gegensatz     Gattung von      Gattung von
    system auf         zur        Modellen mit    Modellen mit
    Basis von       Wirklichkeit   ähnlichen       ähnlichen
    Axiomen                        Annahmen        Problem-
                                                  stellungen
    (Modell =       (Theorie vs.
    Theorie)        Wirklichkeit)  Begriff in dieser
                                   Untersuchung
```

Darst. 11: **Pluralismus des Theoriebegriffs**

---

[1] Zu diesen Annahmen zählen insbesondere vollständige Rationalität der Individuen, verdünnte Verfügungsrechte sowie Transaktionskosten bei deren Errichtung, Durchsetzung sowie bei deren Übertragung, vgl. *Schoppe, S. G.*, Grundlagen, 1995, S. 138-147; *Richter, R.*, Tragweite, 2001, S. 455 f.

[2] In diesem Fall werden z. B. auch Theorien, die sich mit Property-Rights in Verbindung mit beschränkter Rationalität befassen, zur Property-Rights-Theorie gerechnet, vgl. *Picot, A./ Michaelis. E.*, Unternehmensverfassung, 1984, S. 259; *Gerum, E.*, Unternehmensverfassung, 1988, S. 33; *Picot, A./Reichwald, R./Wigand, R. T.*, Unternehmung, 2003, S. 45.

[3] Daher werden in dieser Untersuchung von den Modellen, die sich mit Property-Rights befassen, nur diejenigen mit bestimmten gleichen Annahmen (insbesondere vollständiger Rationalität) zur Property-Rights-Theorie gerechnet, während z. B. Modelle mit der Annahme beschränkter Rationalität der Theorie des Transaktionskostenansatzes zugerechnet werden, ähnlich vgl. *Schoppe, S. G.*, Grundlagen, 1995, S. 138; *Richter, R.*, Tragweite, 2001, S. 459.

3.1.3 Eignung

Eine Theorie bzw. die ihr zuzuordnenden Modelle unterscheiden sich vornehmlich im Hinblick auf den Abstraktionsgrad ihrer Annahmen. Ein hoher Abstraktionsgrad ermöglicht leichtere und daher weitgehende analytische Ableitungen. Dieser Vorteil steht im Spannungsfeld mit der Gefahr unrealistischer Ergebnisse, da bei hoher Abstraktion auch die Wahrscheinlichkeit steigt, Parameter nicht mehr zu berücksichtigen, die das reale Problem aber beeinflussen. Eine Theorie, die sich für eine Problemstellung eignet, zeichnet sich dadurch aus, dass ihre Modelle möglichst viele Vereinfachungen treffen,[1] jedoch alle für das Ergebnis ursächlichen Faktoren als Parameter berücksichtigen (vgl. Darst. 12).[2]

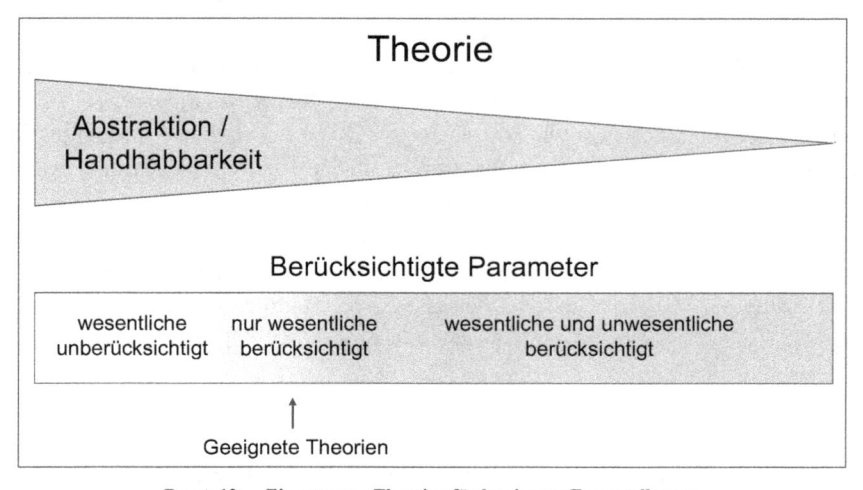

Theorie

Abstraktion / Handhabbarkeit

Berücksichtigte Parameter

| wesentliche unberücksichtigt | nur wesentliche berücksichtigt | wesentliche und unwesentliche berücksichtigt |

↑
Geeignete Theorien

Darst. 12: Eignung von Theorien für bestimmte Fragestellungen

---

[1] Vgl. *Friedman, M.*, Essays, 1959, S. 14 f.; *Solow, R. M.*, Informant, 2001, S. 111. Ähnlich vgl. *Richter, R.*, Methodology, 1994, S. 605. Der Realismus der Annahmen ist daher kein Kriterium zur Beurteilung der Eignung einer Theorie, vielmehr werden in einer geeigneten Theorie realistische, aber nicht ergebnisrelevante Parameter besser ausgeblendet. Eine erfolgreiche Theorie erklärt nach *Friedman* „much by little", *Friedman, M.*, Essays, 1959, S. 14.

[2] Vgl. *Kosiol, E.*, Modellanalyse, 1961, S. 319; *Morgenstern, O.*, Pareto, 1964, S. 4; *Williamson, O. E.*, Behavior, 1965, S. 164; *Schmidt, R. H./Schor, G.*, Erklärung, 1987, S. 14. Die Eignung einer Theorie für eine Fragestellung hängt damit davon ab, ob sich ihre Modellaussagen empirisch bewähren, vgl. *Wöhe, G.*, Betriebswirtschaftslehre, 2002, S. 37.

Die Erfolgsaussichten einer wissenschaftlichen Untersuchung hängen daher entscheidend von der Wahl einer für die jeweilige Problemstellung geeigneten Theorie ab.[1] In dieser Untersuchung wurde die Frage nach den ökonomischen Auswirkungen der von der Organisationsform abhängigen Besteuerung aufgeworfen. Eine zu ihrer Beantwortung geeignete Theorie muss daher in sich und im Verhältnis zu dieser Fragestellung logisch konsistent sein, d. h. sie darf beispielsweise die Fragestellung selbst nicht durch ihre Annahmen ausblenden.[2]

3.2 Ökonomische Theorien

Nach dem in dieser Untersuchung unterstellten Theoriebegriff lassen sich vor allem drei ökonomische Theorien nach ihrer Rationalitäts- und Informationsannahme unterscheiden: Die Theorie mit den Annahmen vollständiger Rationalität und vollständiger Information (Neoklassik), die Theorie mit der Annahme vollständiger Rationalität, aber mit gespaltenen Informationsannahmen (Theorie der Hybridmodelle) sowie die Theorie mit den Annahmen beschränkter Rationalität und unvollständiger Information (Theorie des Transaktionskostenansatzes). Im Folgenden werden diese Theorien einander gegenübergestellt, um zu untersuchen, ob zur Analyse der Fragestellung dieser Arbeit entsprechend dem in der Literatur der Betriebswirtschaftlichen Steuerlehre regelmäßig anzutreffenden Vorgehen auf die Annahme vollständiger Rationalität zurückgegriffen werden kann oder ob besser von einem Modell mit der Annahme beschränkter Rationalität auszugehen ist.[3]

3.2.1 Theorie der Neoklassik

Neoklassische Modelle zeichnen sich durch eine hohe Abstraktion aus. Insbesondere über das Verhalten der Menschen, die Märkte und Transaktionskosten werden starke Vereinfachungen gegenüber der Realität getroffen. Kern der

---

[1] Vgl. *Homann, K./Suchanek, A.*, Ökonomik, 2005, S. 23 f. Ähnlich vgl. *Williamson, O. E.*, Lens, 2001, S. 439; *Picot, A./Dietl, H./Franck, E.*, Organisation, 2005, S. 29.
[2] Ähnlich vgl. *Solow, R. M.*, Informant, 2001, S. 112. Diese Forderung sichert keine empirische Bewährung der gewonnenen Aussagen, ein Verstoß gegen sie führt jedoch mit großer Wahrscheinlichkeit zu ihrer empirischen Falsifikation.
[3] Zum Vorgehen in der Literatur der Betriebswirtschaftlichen Steuerlehre vgl. Kapitel 1.3, S. 12 f.

3.2 Ökonomische Theorien

Neoklassik bildet die mikroökonomische Preistheorie.[1] Ihr zentrales Konzept ist das Modell des Konkurrenzgleichgewichts des Wettbewerbsmarktes.[2] In dieser Untersuchung soll unter dem Begriff der Neoklassik nur deren „orthodoxe" Reinform verstanden werden,[3] wie sie sich z. B. in der Modellwelt von *Arrow* und *Debreu* vorfindet.[4]

3.2.1.1 Umweltannahmen

Nach der ökonomischen Grundannahme der Knappheit[5] stehen nicht alle Güter in unbegrenzter Anzahl zur Verfügung.[6] Rohstoffe sind regelmäßig von Natur aus knapp, Konsumgüter müssen in der Regel erst durch den Produktion genannten Vorgang der Gütertransformation erstellt werden. Die Verteilung der knappen Güter auf die Individuen kann insbesondere durch Kooperation in Form des Tauschs verändert werden.[7] Sind Produktionsprobleme zu komplex, um von einem Individuum alleine durchgeführt zu werden, oder sind die für ein Produktionsproblem in Summe notwendigen Fähigkeiten der Individuen ungleich verteilt,

---

[1] Vgl. *Eggertsson, T.*, Institutions, 1990, S. 4. Ähnlich vgl. *Williamson, O. E.*, Governance, 2002, S. 172.

[2] Vgl. *Schauenberg, B.*, Gegenstand, 2005, S. 19; *Picot, A./Dietl, H./Franck, E.*, Organisation, 2005, S. 35. Dieses Gleichgewicht wird auch als walrasianisches Gleichgewicht bezeichnet, vgl. dazu *Walras, L.*, Economie, 1926, S. 52, 64, 133; *Schoppe, S. G.*, Grundlagen, 1995, S. 10.

[3] Zum Teil wird in der Literatur von „orthodoxy theory" gesprochen, vgl. z. B. *Furubotn, E. G.*, Development, 1994, S. 38; *Williamson, O. E.*, Contract, 2003, S. 917; teilweise wird diese Theorie auch als „textbook economics" bezeichnet, vgl. *Winter, S. G.*, Competence, 1988, S. 164; *Williamson, O. E.*, Development, 2000, S. 95; *Williamson, O. E.*, Economics, 2004, S. 61.

[4] Ebenso vgl. z. B. *Richter, R.*, Theorie, 1991, S. 397.

[5] Vgl. *Coase, R. H.*, Commission, 1959, S. 14; *North, D. C.*, Change, 1981, S. 4; *Cezanne, W./Franke, J.*, Volkswirtschaftslehre, 1997, S. 1; *Erlei, M./Leschke, M./Sauerland, D.*, Institutionenökonomik, 1999, S. 2; *Heertje, A./Wenzel, H.-D.*, Grundlagen, 2002, S. 5; *Picot, A./Dietl, H./Franck, E.*, Organisation, 2005, S. 1.

[6] Ohne Knappheit wären alle ökonomischen Probleme nicht existent, vgl. *Picot, A.*, Ansätze, 1991, S. 144; *Erlei, M./Leschke, M./Sauerland, D.*, Institutionenökonomik, 1999, S. 2; *Breyer, F./Kolmar, M.*, Wirtschaftspolitik, 2001, S. 7; *Picot, A.*, Organisation, 2005, S. 45.

[7] Vgl. *Picot, A.*, Ansätze, 1991, S. 144.

können diese Produktionsaufgaben nur durch Kooperation in Form von Teamwork realisiert werden.[1]

Die Eigenschaften der betrachteten Güter werden auf die zwei Dimensionen Preis und Menge beschränkt. Der Untersuchungsschwerpunkt der Neoklassik liegt damit in der Allokation, d. h. der Analyse von Menge und Art der produzierten Güter sowie deren Verteilung.[2] Es wird davon ausgegangen, dass die Eigentumsrechte vollständig definiert und alle Verträge vollständig sind.[3] Diese vollständigen Verträge werden eingehalten bzw. ihre Einhaltung wird von den Gerichten unmittelbar durchgesetzt.[4] Dadurch wird menschliches Verhalten bei der Kooperation vollständig regelbar. Aufgrund der Annahme von fehlenden Transaktionskosten[5] ist der Abschluss von Verträgen sowie deren Durchsetzung kostenlos.[6] Auch die Informationen über alle Handlungsmöglichkeiten und deren Folgen sind vollständig und stehen allen Individuen kostenlos zur Verfügung.[7]

---

[1] Vgl. *Homann, K./Suchanek, A.*, Ökonomik, 2005, S. 117 f. Nachdem Sklaverei nicht möglich ist, kommt zur Bewältigung dieser Produktionsprobleme nur eine nicht im Besitz eines einzigen Individuums stehende Lösung (Team-Produktion) in Frage, vgl. *Alchian, A. A./Demsetz, H.*, Organization, 1972, S. 779.

[2] Vgl. *Eggertsson, T.*, Institutions, 1990, S. 7; *Denzau, A. T./North, D. C.*, Institutions, 1994, S. 6; *Williamson, O. E.*, Governance, 2002, S. 172; *Williamson, O. E.*, Contract, 2003, S. 917 ; *Picot, A./Reichwald, R./Wigand, R. T.*, Unternehmung, 2003, S. 30; *Williamson, O. E.*, Economics, 2004, S. 61.

[3] Vgl. *North, D. C.*, Structure, 1978, S. 964; *Williamson, O. E.*, Comparison, 1990, S. 62; *Göbel, E.*, Institutionenökonomik, 2002, S. 28; *Richter, R./Furubotn, E. G.*, Institutionenökonomik, 2003, S. 13.

[4] Vgl. *Klein, B./Leffler, K. B.*, Forces, 1981, S. 615 f.; *Williamson, O. E.*, Commitments, 1983, S. 520; *Williamson, O. E.*, Comparison, 1990, S. 62; *Richter, R.*, Theorie, 1991, S. 398.

[5] Vgl. *Arrow, J. K.*, Organization, 1977, S. 68; *Richter, R.*, Theorie, 1991, S. 399; *Furubotn, E. G.*, Development, 1994, S. 3.

[6] Vgl. *North, D. C.*, Structure, 1978, S. 964; *Göbel, E.*, Institutionenökonomik, 2002, S. 29; *Rudolph, B.*, Finanzierungstheorie, 2002, Sp. 551; *Richter, R./Furubotn, E. G.*, Institutionenökonomik, 2003, S. 13.

[7] Vgl. *Williamson, O. E.*, Governance, 1984, S. 195; *Strohm, A.*, Theorie, 1988, S. 11; *Richter, R.*, Theorie, 1991, S. 400; *Richter, R./Furubotn, E. G.*, Institutionenökonomik, 2003, S. 13.

3.2.1.2 Verhaltensannahmen

In den Wirtschaftswissenschaften wird regelmäßig von der Rationalität der Individuen ausgegangen.[1] Eine Handlung gilt dann als formal rational, wenn sie bei Kenntnis der Ziele, der möglichen Handlungsalternativen und der Umwelt mit der unterstellten Verhaltenshypothese logisch konsistent ist.[2] Durch diese Annahme eines „homo rationalis" wird menschliches Handeln deduktiv handhabbar und damit in einem Modell fassbar.[3] Konkretisiert wird das Menschenbild jedoch erst durch zusätzliche Annahmen über die von den Individuen verfolgten Ziele und Verhaltenshypothesen.[4]

In der Neoklassik ergibt sich diese Verhaltenshypothese aus den Annahmen vollständiger Information und unbeschränkter Informationsverarbeitungskapazität der Individuen:[5] Die Individuen können alle Umweltparameter und Entscheidungsmöglichkeiten eindeutig und objektiv beschreiben sowie die mathematischen Operationen zur Bestimmung des ökonomischen Möglichkeitsvektors und zur Berechnung der Wahrscheinlichkeiten und Abhängigkeiten problemlos bewältigen.[6] Ihre Präferenzen sind dabei zeitlich konstant.[7] Zudem

---

[1] Vgl. *Erlei, M./Leschke, M./Sauerland, D.*, Institutionenökonomik, 1999, S. 4; *Wolff, B.*, Theorie, 2000, S. 33. Ähnlich vgl. *Hodgson, G. M.*, Institutions, 1988, S. 74.

[2] Vgl. *Simon, H. A.*, Rationality, 1972, S. 161; *Simon, H. A.*, Substantive, 1976, S. 130; *Tietzel, M.*, Rationalitätsannahme, 1981, S. 121.

[3] Vgl. *Tietzel, M.*, Rationalitätsannahme, 1981, S. 121.

[4] Vgl. *Simon, H. A.*, Substantive, 1976, S. 131; *Tietzel, M.*, Rationalitätsannahme, 1981, S. 122. Die der Neoklassik zugrunde liegende Verhaltenshypothese eines rational und nur nach finanziellen Zielen strebenden Individuums wird als „homo oeconomicus" bezeichnet, vgl. *Schneider, D.*, Grundlagen, 1995, S. 138; *Schweitzer, M.*, Gegenstand, 2004, S. 47 f. Der Begriff wird allerdings nicht immer einheitlich verwendet, zum Teil werden dem homo oeconomicus auch andere Bedürfnisse gestattet, vgl. *Kromphardt, J.*, Methoden, 1982, S. 918. Ähnlich vgl. *Tietzel, M.*, Rationalitätsannahme, 1981, S. 136.

[5] Zur vollständigen Information vgl. *Böventer, E. v. u. a.*, Mikroökonomik, 1997, S. 141; *Göbel, E.*, Institutionenökonomik, 2002, S. 28; *Picot, A./Reichwald, R./Wigand, R. T.*, Unternehmung, 2003, S. 31; *Picot, A./Dietl, H./Franck, E.*, Organisation, 2005, S. 38. Zur unbeschränkten Informationsverarbeitungskapazität vgl. *Picot, A./Reichwald, R./Wigand, R. T.*, Unternehmung, 2003, S. 31; *Picot, A./Dietl, H./Franck, E.*, Organisation, 2005, S. 38.

[6] Vgl. *Machina, M. J.*, Uncertainty, 1987, S. 125; *Demsetz, H.*, Firm, 1988, S. 143; *Rubinstein, A.*, Rationality, 1998, S. 8 f.

[7] Vgl. *North, D. C.*, Structure, 1978, S. 964; *North, D. C.*, Change, 1981, S. 4; *Martiensen, J.*, Institutionenökonomik, 2000, S. 67.

stimmt ihr wahrgenommener Entscheidungsraum exakt mit der tatsächlichen Welt überein.[1] Auf dieser Basis führen die Individuen immer eine vollständige Optimierung ihrer Entscheidungen durch. Ihr Verhalten wird daher als vollständig rational bezeichnet.[2]

In der Neoklassik wird dabei zwischen Haushalten und Produzenten unterschieden. Unter den neoklassischen Verhaltens- und Umweltannahmen verfolgen die Haushalte das Ziel, ihre Bedürfnisse zu befriedigen.[3] Dieses Ziel wird mit dem Streben nach einer Maximierung des persönlichen Nutzens operationalisiert.[4] Dabei wird eine nur vom eigenen Nutzen abhängige Nutzenfunktion unterstellt, deren Einflussgrößen auf den Nutzen sich auf die zum Konsum zur Verfügung stehenden Güter und Freizeit des Individuums beschränken.[5]

Der Produktionssektor wird in der Neoklassik auf eine Produktionsfunktion reduziert.[6] Folglich ist eine Unternehmung keine Institution, sondern nur eine Produktionsmöglichkeit, die den Haushalten zur Verfügung steht, um Güter in andere Güter zu transformieren.[7] Setzt ein Haushalt eine derartige Produktionsmöglichkeit um, wird er als Produzent bezeichnet. Die Betrachtung beschränkt sich auf

---

[1] Vgl. *Simon, H. A.*, Economics, 1986, S. 210 f.

[2] Vgl. *Williamson, O. E.*, Capitalism, 1985, S. 45; *Richter, R.*, Theorie, 1991, S. 400; *Picot, A./Dietl, H./Franck, E.*, Organisation, 2005, S. 33. Zum Teil wird insoweit auch von *Arrow-Debreu*-rationalem Verhalten gesprochen, vgl. *Martiensen, J.*, Institutionenökonomik, 2000, S. 131, 135.

[3] Vgl. *Michaelis, E./Picot, A.*, Analyse, 1987, S. 89; *Milgrom, P./Roberts, J.*, Economics, 1992, S. 22; *Böventer, E. v.* u. a., Mikroökonomik, 1997, S. 45; *Neus, W.*, Betriebswirtschaftslehre, 2005, S. 5.

[4] Vgl. *Demsetz, H.*, Structure, 1983, S. 378; *Demsetz, H.*, Firm, 1988, S. 142; *Winter, S. G.*, Competence, 1988, S. 164; *Williamson, O. E.*, Governance, 2002, S. 172. Die Konsumenten wählen dazu ein Konsumbündel in Abhängigkeit von den Preisen der Konsumgüter, vgl. *Arrow, J. K.*, Organization, 1977, S. 69; *Williamson, O. E.*, Development, 2000, S. 95.

[5] Vgl. *North, D. C.*, Change, 1981, S. 4; *Heertje, A./Wenzel, H.-D.*, Grundlagen, 2002, S. 6 f.

[6] Vgl. *Jensen, M. C./Meckling, W. H.*, Codetermination, 1979, S. 469; *Aoki, M.*, Firm, 1980, S. 600; *Demsetz, H.*, Structure, 1983, S. 378; *Williamson, O. E.*, Governance, 1984, S. 195; *Williamson, O. E.*, Integration, 1987, S. 808; *Williamson, O. E.*, Comparison, 1990, S. 62; *North, D. C.*, Institutions, 1990, S. 76 f.; *Kreps, D. M.*, Theory, 1990, S. 724; *Hart, O. D.*, Contracts, 1995, S. 15; *Rudolph, B.*, Finanzierungstheorie, 2002, Sp. 551; *Williamson, O. E.*, Economics, 2004, S. 60 f.

[7] Vgl. *Winter, S. G.*, Competence, 1988, S. 164; *Kreps, D. M.*, Theory, 1990, S. 234.

3.2 Ökonomische Theorien

die Analyse von Ausbringungs- und Faktoreinsatzmengen;[1] der Produktionsvorgang wird als technologische *black box* nicht näher betrachtet.[2] Produzenten werden gedanklich von den Haushalten isoliert; sie verfolgen das Ziel der Gewinnmaximierung.[3] Ein Produzent hat dabei eine einheitliche Zielfunktion; Probleme hinsichtlich der Zielaggregation in einer Unternehmung werden durch die Reduktion der Unternehmung auf eine Produktionsfunktion „wegdefiniert". Die Koordination interpersonaler Austauschbeziehungen erfolgt daher innerhalb wie außerhalb einer Unternehmung ausschließlich über den Preismechanismus.[4]

3.2.1.3 Verhältnis zu Institutionen

Die Annahmen der vollkommenen Information und der vollständigen Rationalität in Verbindung mit dem Ziel der Maximierung des eigenen Nutzens oder Gewinns führt dazu, dass den Individuen alle möglichen Kooperationsgewinne bekannt sind und sie diese auch realisieren wollen. Im Modell der Neoklassik stehen einer Kooperation aufgrund der vollständigen Verträge weder bei der Aufteilung der Kooperationsgewinne noch bei der Durchsetzung der getroffenen Vereinbarungen Hindernisse im Wege. Da zudem keine Transaktionskosten vorhanden sind, werden durch die uneingeschränkten Marktmechanismen alle möglichen Kooperationsgewinne auch tatsächlich realisiert. Die Fragestellung, ob mögliche Kooperationsgewinne realisiert werden, gehört deshalb nicht zum

---

[1] Vgl. *Cyert, R. M./March, J. G.*, Antecedents, 1963, S. 5 f.; *Demsetz, H.*, Structure, 1983, S. 377; *Böventer, E. v. u. a.*, Mikroökonomik, 1997, S. 140 f. Dazu wählen die Produzenten Produktionsbündel auf Basis der Preise, die auch für die Haushalte gelten, vgl. *Arrow, J. K.*, Organization, 1977, S. 69.

[2] Vgl. *Jensen, M. C./Meckling, W. H.*, Agency, 1976, S. 306 f.; *Aoki, M.*, Firm, 1980, S. 600; *Moe, T. M.*, Organization, 1984, S. 740; *Hart, O. D.*, Contracts, 1995, S. 17; *Arrow, J. K.*, Foreword, 1999, S. vii; *Williamson, O. E.*, Ahead, 2000, S. 602; *Williamson, O. E.*, Governance, 2002, S. 178.

[3] Gewinn ist dabei die Differenz zwischen den Bruttoerlösen und sämtlichen Kosten der Produktion, vgl. *Cyert, R. M./March, J. G.*, Antecedents, 1963, S. 5; *Simon, H. A.*, Rationality, 1972, S. 162. Zur Gewinnmaximierung vgl. *Simon, H. A.*, Rationality, 1972, S. 162; *Demsetz, H.*, Structure, 1983, S. 378; *Williamson, O. E.*, Capitalism, 1985, S. 45; *Winter, S. G.*, Competence, 1988, S. 164; *Löffler, E.*, Konzern, 1989, S. 1; *Eggertsson, T.*, Institutions, 1990, S. 7; *Hart, O. D.*, Contracts, 1995, S. 15; *Williamson, O. E.*, Development, 2000, S. 95; *Williamson, O. E.*, Governance, 2002, S. 172.

[4] Ähnlich vgl. *Kreps, D. M.*, Theory, 1990, S. 233.

Untersuchungsgebiet der Neoklassik.[1] Private Institutionen dienen der Regulierung von Unsicherheiten im Verhalten der Kooperationspartner;[2] wegen der unter neoklassischen Annahmen fehlenden Unsicherheit kann die Existenz privater Institutionen in dieser Theorie auch nicht erklärt werden.

Die wenigen von der Neoklassik benötigten staatlichen Institutionen wie der Markt und die Eigentumsrechte sowie ein vollständiger Vertragsrahmen arbeiten annahmegemäß transaktionskostenfrei.[3] Auch sie haben damit keinen Einfluss auf Preis und Output; Institutionen stellen damit keinen Parameter der Ergebnisse dar. Der Neoklassik gelingt auf dieser Basis weder eine plausible Abgrenzung der Transaktionen, die im Rahmen einer Unternehmung oder am Markt koordiniert werden, noch kann sie die Existenz unterschiedlicher Organisationsformen erklären.[4] Sie behandelt die Organisationsformwahl stattdessen „allokationsneutral".[5] Institutionen wie Unternehmungen werden folglich zwar als existent angenommen,[6] erscheinen aber weder als exogene noch als endogene Parameter in den Modellen der Neoklassik.[7] Ihre Auswirkungen werden gerade nicht hervorgehoben, sondern „wegdefiniert".[8] Dadurch ist die rechtliche Form der Institution einer Unternehmung, wie z. B. die in dieser Untersuchung betrachtete

---

[1] In der Neoklassik ist die Realisation von Kooperationsgewinnen nur dann nicht möglich, wenn die Bedingungen des Konkurrenzgleichgewichts durch Marktfehler gestört werden. Die Organisation der Kooperation selbst ist hingegen bedeutungslos.

[2] Vgl. Kapitel 1.1, S. 1.

[3] Vgl. *North, D. C.*, Structure, 1978, S. 964; *North, D. C.*, Change, 1981, S. 8; *Nelson, R. R./Winter, S. G.*, Change, 1982, S. 363; *Winter, S. G.*, Competence, 1988, S. 164; *Demsetz, H.*, Firm, 1988, S. 142. Ähnlich vgl. *Schmidt, R. H.*, Finanzierungstheorie, 1981, S. 136.

[4] Vgl. *Nelson, R. R.*, Doctrine, 1981, S. 94; *Williamson, O. E.*, Governance, 1984, S. 195; *Rudolph, B.*, Finanzierungstheorie, 2002, Sp. 551. Ähnlich vgl. *Koopmans, T. C.*, Science, 1957, S. 149; *Elschen, R.*, Steuerlehre, 1994, S. 281, 286.

[5] Vgl. *Richter, R./Furubotn, E. G.*, Institutionenökonomik, 2003, S. 1, 13.

[6] Vgl. *Teece, D. J.*, Scope, 1980, S. 223. Ähnlich vgl. *Williamson, O. E.*, Capitalism, 1985, S. 45; *Strohm, A.*, Theorie, 1988, S. 12.

[7] Vgl. *North, D. C.*, Change, 1981, S. 5; *Williamson, O. E.*, Capitalism, 1985, S. 295; *Strohm, A.*, Theorie, 1988, S. 12; *Eggertsson, T.*, Institutions, 1990, S. xi.

[8] *Schneider, D.*, Markt, 1985, S. 1245. Der Preismechanismus das einzige von der Neoklassik anerkannte Koordinationsinstrument, vgl. *Richter, R./Furubotn, E. G.*, Institutionenökonomik, 2003, S. 15.

3.2 Ökonomische Theorien

Konzernierung, sowohl für das jeweilige Kooperationsergebnis als auch für die gesamtwirtschaftliche Allokation irrelevant.[1]

Auf dieser Basis kann die Neoklassik die in dieser Untersuchung betrachtete Integration von Produktionsschritten nur bedingt erfassen: Unter neoklassischen Annahmen kann von jedem Individuum die optimale Produktionsmenge zur Erreichung des den Produzenten unterstellten Zieles der Gewinnmaximierung exakt berechnet werden. Das Ergebnis ist von den durch die Technologie bestimmten *economies of scale* abhängig, die Existenz unterschiedlicher Produktionsmengen pro Produzent kann durch Rückgriff auf Grenz- und Durchschnittskostenverläufe erklärt werden.[2] Der Erklärungsansatz der *economies of scale* bezieht sich aber jeweils lediglich auf die Produktionsmenge eines bestimmten, technisch isolierbaren Produktionsschrittes.[3] Die Frage, warum in der Realität unterschiedlich viele Produktionsschritte und unterschiedlich viele Produkte in einer Unternehmung durch vertikale bzw. horizontale Integration zusammengefasst werden und auch dadurch unterschiedlich große Unternehmen beobachtbar sind, kann von der Neoklassik nur in Spezialfällen beantwortet werden.[4]

Diese können nach verschiedenen Erklärungsansätzen wie z. B. *technological interdependencies,*[5] *bilateral monopoly,*[6] *price discrimination,*[7] *barriers of*

---

[1] Vgl. *Demsetz, H.,* Property, 1967, S. 347; *Williamson, O. E.,* Governance, 1984, S. 197; *Williamson, O. E.,* Capitalism, 1985, S. 45, 295; *Richter, R.,* Theorie, 1991, S. 400. Ebenso, aus dem Blickwinkel der Finanzierung, vgl. *Schmidt, R. H.,* Finanzierung, 1981, S. 187; *Schmidt, R. H.,* Finanzierungstheorie, 1981, S. 136.

[2] Je nach vorhandener Marktmacht wird zu Grenz- bzw. Durchschnittskosten produziert, vgl. *Bain, J. S.,* Organization, 1968, S. 165-170, 377.

[3] Vgl. *Williamson, O. E.,* Capitalism, 1985, S. 273; *Williamson, O. E.,* Carnegie, 1996, S. 151; sowie auch *Richter, R.,* Theorie, 1991, S. 398.

[4] Ähnlich vgl. *Williamson, O. E.,* Capitalism, 1985, S. 273; *Richter, R.,* Theorie, 1991, S. 401.

[5] Integration entsteht wegen Synergieeffekten bei technologischen Abhängigkeiten, vgl. *Bain, J. S.,* Organization, 1968, S. 177; *Williamson, O. E.,* Integration, 1971, S. 112; *Williamson, O. E.,* Markets, 1975, S. 83.

[6] Integration entsteht wegen beidseitigen Abhängigkeitsverhältnissen, vgl. *Machlup, F./Taber, M.,* Monopoly, 1960, S. 102-113; *Williamson, O. E.,* Carnegie, 1996, S. 152. Ähnlich *vgl. Marshall, A.,* Industry, 1919, S. 420; *Kreps, D. M.,* Theory, 1990, S. 551.

[7] Integration versus Desintegration ergibt sich z. B. dadurch, dass in den verschiedenen Phasen des *life cycles* eines Industriezweigs am Markt regelmäßig unterschiedlich starke Preisdiskriminierung vorherrscht, vgl. *Stigler, G. J.,* Division, 1951, S. 190.

entry[1] und *strategic purposes*[2] unterschieden werden. Ihnen ist gemeinsam, dass sie entweder nur Spezialfälle zur Sicherung von Monopolstellungen beleuchten und damit zur allgemein gültigen deduktiven Erklärung unzureichend sind[3] oder gegen neoklassische Annahmen verstoßen.[4] Zudem kann auch in diesen Spezialfällen wiederum nur unter der weiteren Annahme sinkender Skalenerträge erklärt werden, warum diese Unternehmen nicht beliebig groß werden.[5] Weshalb aber in der Realität auch die Integration von Produktionsschritten in kleinere Unternehmen ohne Marktmacht beobachtet werden kann, ist unter neoklassischen Annahmen nicht erklärbar.[6]

3.2.2 Theorie der Neuen Institutionenökonomik

Im Gegensatz zur Neoklassik werden nach der Theorie der Neuen Institutionenökonomik in den Modellen weniger Parameter der Realität ausgeblendet.[7] In der Literatur besteht keine Einigkeit über eine exakte Abgrenzung der Neuen Insti-

---

[1] Integration entsteht durch relative Vorteile gegenüber den Mitbewerbern wie durch Patente oder nicht frei verfügbare Rohstoffe, vgl. *Bain, J. S.*, Organization, 1968, S. 204-206.

[2] Integration dient z. B. dem Aufbau von Monopolmacht auf der Einkaufseite, um Wettbewerber, die diese Inputfaktoren ebenfalls benötigen, diskriminieren zu können, vgl. *Bain, J. S.*, Organization, 1968, S. 360-362.

[3] Vgl. *Williamson, O. E.*, Integration, 1987, S. 808 f.; *Williamson, O. E.*, Governance, 1996, S. 233; *Picot, A./Dietl, H./Franck, E.*, Organisation, 2005, S. 67, 151. *Coase* kritisiert "that if an economist finds something – a business practice of one sort or another – that he does not understand, he looks for a monopoly explanation. And in this field we are very ignorant", *Coase, R. H.*, Organization, 1972, S. 67.

[4] Der Ansatz der *technological interdependencies* ist zur Erklärung von Integration bei organisatorisch trennbaren Produktionsschritten unzureichend, vgl. *Williamson, O. E.*, Integration, 1971, S. 112; *Williamson, O. E.*, Markets, 1975, S. 84; *Williamson, O. E.*, Capitalism, 1985, S. 105; *Williamson, O. E.*, Integration, 1987, S. 809; sowie auch *Teece, D. J.*, Scope, 1980; *Teece, D. J.*, Multiproduct, 1982, S. 40. S. 225. Im Falle des *strategic purpose* werden hingegen implizit Transaktionskosten unterstellt, vgl. *Williamson, O. E.*, Integration, 1987, S. 809.

[5] Vgl. *Stigler, G. J.*, Division, 1951, S. 187 f.; *Stigler, G. J.*, Industry, 1968, S. 71-94; *Williamson, O. E.*, Integration, 1987, S. 810 f.; *Hart, O. D.*, Contracts, 1995, S. 17.

[6] Vgl. *Coase, R. H.*, Firm, 1937, S. 388, 394; *Alessi, L. d.*, Welfare, 1990, S. 7. Ähnlich vgl. *Williamson, O. E.*, Capitalism, 1985, S. 88; *Strohm, A.*, Theorie, 1988, S. 12; *Winter, S. G.*, Competence, 1988, S. 171; *Williamson, O. E.*, Governance, 1996, S. 233.

[7] Vgl. *Furubotn, E. G.*, Development, 1994, S. 3. In der Neoklassik exogene Variabeln werden dazu teilweise zu endogenen Variabeln gemacht, vgl. *Picot, A.*, Verfügungsrechte, 1981, S. 156.

tutionenökonomik von der Neoklassik.[1] Die Abgrenzung wird dadurch erschwert, dass die Neue Institutionenökonomik die Neoklassik nicht ersetzt, sondern zumindest historisch auf ihr basiert.[2] Die Theorie der Neuen Institutionenökonomik steht daher als Oberbegriff für verschiedene Modelle zur Erklärung des interaktiven Wirtschaftens. Diesen Modellen sind im Vergleich zur Neoklassik gelockerte Annahmen über Umwelt und menschliches Verhalten gemein. Sie lassen sich entsprechend dem in dieser Untersuchung verwendeten Theoriebegriff nach Modellen mit ähnlichen Annahmen in die Sub-Theorie der Hybridmodelle und die des Transaktionskostenansatzes unterteilen.[3]

3.2.2.1 Theorie der Hybridmodelle

Unter Hybridmodellen werden Modelle verstanden, die zwar einige Annahmen der neoklassischen Theorie aufheben, die Annahme der vollständigen Rationalität jedoch stets beibehalten.[4] Zu ihnen können z. B. Mechanism-Design-Ansätze wie das Property-Rights-Modell von *Grossmann/Hart/Moore*[5] oder Ansätze der positiven Agency-Theorie wie das Principal-Agent-Modell von *Jensen/Meckling*[6] gezählt werden.[7]

3.2.2.1.1 Verhaltensannahmen

Zu den Annahmen der Hybridmodelle gehören formal rationale Individuen, die wie die Haushalte in der Neoklassik ihre Bedürfnisse befriedigen wollen und

---

[1] Auch der Neoklassik zuzurechnende Vertreter haben sich immer wieder mit institutionenökonomischen Fragen beschäftigt; diese Versuche waren aber regelmäßig nur flüchtig und haben keine neue Theorie hervorgebracht, vgl. *Eggertsson, T.*, Institutions, 1990, S. 5.

[2] Vgl. *Richter, R.*, Theorie, 1991, S. 396; *Furubotn, E. G.*, Development, 1994, S. 5; *Schoppe, S. G.*, Grundlagen, 1995, S. 18; *Williamson, O. E.*, Ahead, 2000, S. 596.

[3] Nach dem hier vertretenen Verständnis einer Theorie wird diese durch gemeinsame Annahmen umgrenzt, vgl. Kapitel 3.1.2, S. 40.

[4] Vgl. *Furubotn, E. G.*, Development, 1994, S. 10; *Richter, R./Furubotn, E. G.*, Institutionenökonomik, 2003, S. 547.

[5] Vgl. Grossman, S. J./Hart, O. D., Ownership, 1986; Hart, O. D./Moore, J., Firm, 1990.

[6] Vgl. Jensen, M. C./Meckling, W. H., Agency, 1976.

[7] Vgl. *Furubotn, E. G.*, Development, 1994, S. 11; *Schoppe, S. G.*, Grundlagen, 1995, S. 182, 231; *Richter, R.*, Tragweite, 2001, S. 455 f., 458. Die hier vorgenommenen Beispiele stellen nur eine exemplarische Auswahl dar; daneben können weitere Modelle, wie z. B. einige des Public-Choice-Ansatzes, den Hybridmodellen zugerechnet werden, vgl. *Wiseman, J.*, Box, 1991, S. 151.

deren Ziele durch eine Nutzenfunktion operationalisiert werden. Im Vergleich zur Neoklassik werden jedoch mehr Freiheitsgrade über die verfolgten Ziele zugelassen, sodass nicht nur materielle Ziele und Freizeit als Komponenten der Nutzenfunktion möglich sind. Vielmehr können die Individuen beliebige Ziele, wie z. B. auch Prestige, Macht, Beliebtheit, Sicherheit oder Freundschaft, verfolgen.[1] Die Unterform des „homo rationalis", die sich aus dieser von der Neoklassik abweichenden Zielhypothese ergibt, wird REMM – *resourceful, evaluative, maximizing man*[2] – genannt.[3] Unter *maximizing* wird dabei, wie auch in der Neoklassik, die Maximierung bei vollständiger Rationalität verstanden.[4] *Recourcefulness* steht für die Fähigkeit, durch Suchen und Lernen neue Handlungsmöglichkeiten zu ergründen; *evaluating* für die Fähigkeit, den Nutzen verschiedener Umweltzustände zu bewerten.[5] Wie in der Neoklassik haben die Individuen stabile und konstante Präferenzen und wählen bei jeder Entscheidung aus den zur Verfügung stehenden Alternativen durch *evaluation* die jeweils beste aus.[6]

In der Neoklassik maximieren die Individuen in der Rolle der Haushalte ihren Nutzen, während sie in der Rolle der Produzenten ihren Gewinn maximieren. Diese logisch widersprüchliche Zweiteilung des Verhaltens von Individuen wird von der Neuen Institutionenökonomik durch konsequente Umsetzung des methodologischen Individualismus überwunden.[7] Demnach haben Organisationen bzw.

---

[1] Vgl. *Cyert, R. M./March, J. G.*, Antecedents, 1963, S. 9; *Alchian, A. A.*, Management, 1965, S. 32; *Brunner, K./Meckling, W. H.*, Conception, 1977, S 72; *Tietzel, M.*, Rationalitätsannahme, 1981, S. 121; *Homann, K./Suchanek, A.*, Ökonomik, 2005, S. 27.

[2] Vgl. *Meckling, W. H.*, Model, 1976, S. 549, *Brunner, K./Meckling, W. H.*, Conception, 1977, S. 71.

[3] Vgl. *Tietzel, M.*, Rationalitätsannahme, 1981, S. 125; *Tietzel, M.*, Ökonomie, 1981, S. 219.

[4] Vgl. *Meckling, W. H.*, Model, 1976, S. 549. Dies trifft vor allem für Modelle zu, die dem Property-Rights-Ansatz, der ökonomischen Analyse des Rechts und dem Public-Choice-Ansatz zugerechnet werden, vgl. *Tietzel, M.*, Ökonomie, 1981, S. 219; *Richter, R./Furubotn, E. G.*, Institutionenökonomik, 2003, S. 4.

[5] Vgl. *Meckling, W. H.*, Model, 1976, S. 548 f.

[6] Vgl. *Richter, R./Furubotn, E. G.*, Institutionenökonomik, 2003, S. 4. Ähnlich vgl. *Simon, H. A.*, Comparison, 1956, S. 278. Formal führt dies zur Nutzenmaximierung unter Nebenbedingungen, vgl. *Furubotn, E. G./Pejovich, S.*, Theory, 1972, S. 1138, 1157; *Richter, R./Furubotn, E. G.*, Institutionenökonomik, 2003, S. 547.

[7] Vgl. *Alchian, A. A.*, Management, 1965, S. 31; *Tietzel, M.*, Ökonomie, 1981, S. 219; *Eggertsson, T.*, Institutions, 1990, S. 7; *Furubotn, E. G.*, Development, 1994, S. 5; *Schoppe, S. G.*, Grundlagen, 1995, S. 138.

3.2 Ökonomische Theorien

Individuen in der Rolle als Produzenten keine separate Zielfunktion.[1] Vielmehr muss die in Organisationen wie z. B. Unternehmungen verfolgte Zielfunktion als Zusammenspiel der verschiedenen Einzelinteressen aller an der Organisation beteiligten Individuen angesehen werden.[2] Mit der Aufhebung der neoklassischen Trennung in Unternehmens- und Entscheidungstheorie gibt es nur noch eine Zielfunktion mit dem Nutzen als einzige zu maximierende Zielgröße.[3]

Die unterschiedlichen Zielfunktionen der Individuen können bei der Kooperation zu sich widersprechenden Zielen der einzelnen Individuen und damit zu Interessenskonflikten führen.[4] Soweit den Kooperationspartnern ein Handlungsspielraum bei der Kooperation zur Verfügung steht, können sie diesen jeweils ausnutzen.[5] Wie in der Neoklassik versuchen die Individuen ihren eigenen Nutzen zu erhöhen. Unter den Annahmen der Institutionenökonomik können manche Individuen dazu jedoch auch Informationsasymmetrien zur Erreichung ihrer eigenen Ziele bewusst und auch zum Nachteil anderer Individuen einsetzen.

In manchen Ansätzen wie z. B. in der positiven Agency-Theorie wird die Annahme vollständiger Rationalität hingegen grundsätzlich abgelehnt,[6] gleichzeitig jedoch in der Tradition *Alchians*[7] ein sehr wirkungsvoller Prozess der natürlichen

---

[1] Vgl. *Furubotn, E. G./Pejovich, S.*, Introduction, 1974, S. 2 f.; *Meckling, W. H.*, Model, 1976, S. 548; *Picot, A.*, Verfügungsrechte, 1981, S. 158.

[2] Vgl. *Moxter, A.*, Präferenzstruktur, 1964, S. 10; *Leibenstein, H.*, Aspects, 1975, S. 581; *Meckling, W. H.*, Model, 1976, S. 548, 552; *Richter, R./Furubotn, E. G.*, Institutionenökonomik, 2003, S. 3.

[3] Vgl. *Furubotn, E. G./Pejovich, S.*, Introduction, 1974, S. 3; *Tietzel, M.*, Ökonomie, 1981, S. 219; *Richter, R./Furubotn, E. G.*, Institutionenökonomik, 2003, S. 3.

[4] Vgl. *Jensen, M. C./Meckling, W. H.*, Agency, 1976, S. 308; *Fama, E. F.*, Agency, 1980, S. 296; *Picot, A.*, Transaktionskostenansatz, 1982, S. 269.

[5] Diese Annahme konfliktärer Zielfunktionen eröffnet z. B. die Diskussion von Interessenkonflikten zwischen Management und Anteilseignern, vgl. *Ballwieser, W.*, Vorteilhaftigkeit, 1986, S. 3 f. Zu unterschiedlichen Zielsetzungen zwischen Management und Anteilseignern vgl. *Melcher, G.-H.*, Zielprämissen, 1973, S. 350 f.; *Salzberger, W.* Konzernunternehmung, 1994, S. 19.

[6] Vgl. *Jensen, M. C.*, Theory, 1983, S. 321 f., 335; *Williamson, O. E.*, Finance, 1988, S. 570.

[7] Vgl. *Alchian, A. A.*, Evolution, 1950, S. 220 f.

Auslese von Organisationsformen durch den Wettbewerb unterstellt.[1] Daher wird davon ausgegangen, dass in der Realität im Zeitablauf nur die „besten" Organisationsformen beobachtbar sind.[2] Entsprechend kann zur entscheidungsorientierten Analyse trotz grundsätzlicher Ablehnung der vollständigen Rationalität die Maximierungshypothese als geeignete „als ob"-Annahme[3] aufrechterhalten werden. Auch diese Modelle gehen damit im Ergebnis in ihrer Analyse von der Annahme vollständig rationaler Individuen aus[4] und müssen entsprechend dem gewählten Theoriebegriff den Hybridmodellen zugerechnet werden.[5]

3.2.2.1.2 Umweltannahmen

Die allen Hybridmodellen zugrunde liegende Annahme vollständiger Rationalität bedingt logisch zwingend die Annahme von fehlenden Informationsverarbeitungsbeschränkungen sowie vollständigen Informationen über die Handlungsalternativen und deren Ergebnis.[6] Gleichzeitig werden in den Hybridmodellen aber vereinfachende Umweltannahmen der Neoklassik aufgehoben[7] und damit regelmäßig implizit unvollständige Informationen, zumindest im Hinblick auf das Verhalten der Kooperationspartner, unterstellt.[8] Insbesondere aus

---

[1] Vgl. *Fama, E. F.*, Agency, 1980, S. 289; *Jensen, M. C.*, Theory, 1983, S. 322, 331; *Fama, E. F./Jensen, M. C.*, Ownership, 1983, S. 301; *Fama, E. F./Jensen, M. C.*, Agency, 1983, S. 327.

[2] Vgl. *Williamson, O. E.*, Finance, 1988, S. 573

[3] Vgl. *Friedman, M.*, Essays, 1959, S. 20; *Rubinstein, A.*, Rationality, 1998, S. 10-12.

[4] Die Annahmen der positiven Agency-Theorie und des Transaktionskostenansatzes unterscheiden sich entgegen Williamsons Behauptung (vgl. *Williamson, O. E.*, Finance, 1988, S. 569 f.) zumindest hinsichtlich der Verhaltensannahme erheblich, vgl. *Schmidt, R. H.*, Organisationstheorie, 1992, Sp. 1863.

[5] Zum Theoriebegriff vgl. Kapitel 3.1.2, S. 39 f.

[6] Vgl. *Simon, H. A.*, Choice, 1955, S. 99; *Richter, R.*, Theorie, 1991, S. 405. Ähnlich im Bezug auf den Principal-Agent-Ansatz, vgl. *Ballwieser, W.*, Vorteilhaftigkeit, 1986, S. 23 f.

[7] Im Property-Rights-Ansatz wird die Annahme der vollständigen Bündelung der Verfügungsrechte gelockert. Das physische Gut wird von den effektiven Rechten an diesem Gut unterschieden, vgl. *Schoppe, S. G.*, Grundlagen, 1995, S. 139, *Picot, A.*, Verfügungsrechte, 1981, S. 157. Der Principal-Agent-Ansatz lockert die Annahme vollständiger Information hingegen durch Informationsasymmetrien bei Auftragsbeziehungen: Es wird von einer Asymmetrie zugunsten des Auftragnehmers (Agenten) ausgegangen, wenn ein Auftraggeber (Principal) diesen durch Abschluss eines Vertrags zur Ausführung einer Leistung beauftragt, vgl. *Jensen, M. C./Meckling, W. H.*, Agency, 1976, S. 308; *Pratt, J. W./Zeckhauser, R. J.*, Overview, 1991, S. 2; *Richter, R./Furubotn, E. G.*, Institutionenökonomik, 2003, S. 173 f.

[8] Vgl. *Richter, R.*, Methodology, 1994, S. 599.

3.2 Ökonomische Theorien

der Handhabung der damit entstehenden Unsicherheit über das Verhalten der Kooperationspartner ergeben sich Kosten bei der Transaktion. Beispielsweise werden im Ansatz von *Grossman/Hart/Moore* Kosten des Vertragsabschlusses unterstellt, die von der Anzahl der jeweils zu regelnden und nicht abschließend vorhersehbaren Gegebenheiten abhängen.[1] Im Principal-Agent-Ansatz von *Jensen/Meckling* kann der Prinzipal die Qualität bzw. die Motivation des Agenten weder perfekt noch kostenlos beurteilen und zudem nicht exakt von den Leistungen Dritter abgrenzen.[2] Die Minderung der durch diese Informationsasymmetrie entstehenden Koordinations- und Motivationsprobleme ist nur durch kostenpflichtige Aktionen zur Beseitigung der Informationsasymmetrie und zur Motivationserhöhung des Agenten möglich.[3] Als Folge der teilweise unvollständigen Information und der teilweise eingeführten Transaktionskosten des Vertragsabschlusses ist den unterschiedlichen Hybridmodellen gemein, dass sie von der Unvollständigkeit der abgeschlossenen Verträge ausgehen.[4]

3.2.2.1.3 Verhältnis zu Institutionen

Die Ansätze der Hybridmodelle verbindet weiter, dass sich aus den gelockerten Annahmen Auswirkungen auf das Verhalten der Individuen ergeben und Institutionen zu einem endogenen Parameter für menschliches Verhalten werden.[5] Grundsätzlich reicht nach dem *Coase*-Theorem beim Fehlen von Transaktionskosten ein System durchsetzbarer Eigentumsrechte aus, damit bei vollkommener Information private Verhandlungen stattfinden, durch die unabhängig von sonsti-

---

[1] Vgl. *Grossman, S. J./Hart, O. D.*, Ownership, 1986, S. 692, 695 f., 716; *Schoppe, S. G.*, Grundlagen, 1995, S. 141; *Richter, R.*, Tragweite, 2001, S. 455. Im formalen Modell wird deshalb von einer Unmöglichkeit eines vollumfänglichen Vertragsabschlusses wegen der hohen Abschlusskosten ausgegangen, vgl. *Grossman, S. J./Hart, O. D.*, Ownership, 1986, S. 696; *Hart, O. D./Moore, J.*, Firm, 1990, S. 1125.

[2] Vgl. *Jensen, M. C./Meckling, W. H.*, Agency, 1976, S. 308; *Pratt, J. W./Zeckhauser, R. J.*, Overview, 1991, S. 2 f.; *Arrow, J. K.*, Agency, 1991, S. 37; *Wolff, B.*, Theorie, 2000, S. 41; *Richter, R./Furubotn, E. G.*, Institutionenökonomik, 2003, S. 174.

[3] Vgl. *Jensen, M. C./Meckling, W. H.*, Agency, 1976, S. 308; *Picot, A.*, Ansätze, 1991, S. 150; *Picot, A./Dietl, H./Franck, E.*, Organisation, 2005, S. 76.

[4] Am Beispiel des Property-Rights-Ansatzes vgl. *Grossman, S. J./Hart, O. D.*, Ownership, 1986, S. 695; *Hart, O. D./Moore, J.*, Firm, 1990, S. 1125; *Whinston, M. D.*, Scope, 2001, S. 184; am Beispiel des Principal-Agent-Ansatzes vgl. *Jensen, M. C./Meckling, W. H.*, Agency, 1976, S. 308.

[5] Vgl. *Picot, A./Dietl, H./Franck, E.*, Organisation, 2005, S. 49.

gen Institutionen eine effiziente Ressourcenallokation zustande kommt.[1] Durch die Einführung einiger Transaktionskosten wird das *Coase*-Theorem in den Hybridmodellen jedoch widerlegt, sodass im Modell nicht deduktiv zwingend von der Irrelevanz dieser Institutionen auszugehen ist.[2] Unterschiedliche Organisationsformen führen daher zu unterschiedlichen ökonomischen Auswirkungen und werden im Gegensatz zur Neoklassik zum ökonomischen Parameter der Ergebnisse.[3] Die Auswirkungen dieses Parameters sind für die Individuen aufgrund der den Hybridmodellen immanenten Annahmen von vollständigen Informationen über die Handlungsmöglichkeiten und deren Folgen (*payoffs*) sowie von zeitlich konstanten Präferenzen vorhersehbar. Da zudem keine Informationsverarbeitungsbeschränkungen bestehen, kann ebenso wie in der Neoklassik auch unter den Annahmen der Hybridmodelle von den Individuen immer eine vollständige Optimierung durchgeführt werden.[4] Sämtliche Hindernisse aus der Unsicherheit über das Verhalten der Vertragspartner können bei der Realisierung von Kooperationsgewinnen daher vor Vertragsabschluss (ex ante) vertraglich beseitigt werden.[5] Die Aussage der Hybridmodelle ist daher regelmäßig ein vorhersehbarer und ex ante steuerbarer Einfluss spezieller Institutionen sowohl auf den Output[6]

---

[1] Vgl. *Demsetz, H.*, Property, 1967, S. 349; *Sened, I.*, Political, 1997, S. 33; *Wolff, B.*, Theorie, 2000, S. 31, 34; *Göbel, E.*, Institutionenökonomik, 2002, S. 69; *Weimann, J.*, Wettbewerbspolitik, 2004, S. 376-378. Diese von *Coase* geäußerte Vermutung, vgl. *Coase, R. H.*, Problem, 1960, S. 8, ist unter neoklassischen Annahmen auch beweisbar, vgl. *Weimann, J.*, Wettbewerbspolitik, 2004, S. 378.

[2] Beim Vorliegen von Transaktionskosten ist das *Coase*-Theorem nicht haltbar; Institutionen können in diesem Fall daher nicht aufgrund von Marktkräften automatisch in dem Sinne als effizient angesehen werden, dass sie keine Ineffizienzen der Allokation mit sich bringen würden, vgl. *Picot, A./Reichwald, R./Wigand, R. T.*, Unternehmung, 2003, S. 47.

[3] Vgl. *Jensen, M. C./Meckling, W. H.*, Codetermination, 1979, S. 470 f.; *Alessi, L. d.*, Welfare, 1990, S. 5.

[4] Eine vollständige Optimierung wird z. B. in der Spieltheorie modelliert, vgl. *Martiensen, J.*, Institutionenökonomik, 2000, S. 116. Ähnlich vgl. *Simon, H. A.*, Comparison, 1956, S. 278; *Akerlof, G. A.*, Lemons, 1970, S. 500; *Kreps, D. M./Wilson, R.*, Reputation, 1982, S. 276.

[5] Vgl. *Williamson, O. E.*, Capitalism, 1985, S. 48, 57; *Richter, R.*, Theorie, 1991, S. 401; *Dietl, H.*, Institutionen, 1993, S. 112; *Erlei, M./Leschke, M./Sauerland, D.*, Institutionenökonomik, 1999, S. 167.

[6] Vgl. *Williamson, O. E.*, Finance, 1988, S. 572; *Williamson, O. E.*, Governance, 2002, S. 188.

einer als *nexus of contracts* verstandenen Unternehmung[1] als auch auf die gesamtwirtschaftliche Allokation.[2]

Unter diesen Annahmen unterscheiden sich Unternehmungen vor allem hinsichtlich der Property-Rights-Verteilungen, nicht aber hinsichtlich ihres Governance-Mechanismus von Marktverträgen; sowohl Unternehmungen als auch Märkte werden vom Preismechanismus koordiniert.[3] Markt- und Unternehmensverträge unterscheiden sich damit nicht hinsichtlich ihrer Koordinationsmechanismen,[4] vielmehr wird eine Unternehmung nur als ein Bündel von Marktverträgen verstanden.[5]

3.2.2.2 Transaktionskostenansatz

Neben den Hybridmodellen stellt auch der Transaktionskostenansatz eine Sub-Theorie der Neuen Institutionenökonomik dar, bei der im Gegensatz zu den Hybridmodellen die Annahme vollständiger Rationalität aufgehoben wird.[6]

3.2.2.2.1 Verhaltensannahmen

Wie in der Neoklassik und den Hybridmodellen wird auch im Transaktionskostenansatz formale Rationalität der Individuen unterstellt. Die Verhaltenshypothese wird wie in den Hybridmodellen durch die mehrdimensionalen Ziele des REMM und durch den methodologischen Individualismus konkretisiert. Im Transaktionskostenansatz werden Transaktionskosten und unvollständige Informationen aber

---

[1] Vgl. *Jensen, M. C./Meckling, W. H.*, Agency, 1976, S. 310 f.; *Jensen, M. C./Meckling, W. H.*, Codetermination, 1979, S. 470; *Fama, E. F.*, Agency, 1980, S. 289 f.; *Demsetz, H.*, Firm, 1988, S. 154; *Picot, A.*, Ansätze, 1991, S. 146.

[2] Vgl. z. B. zum Property-Rights-Ansatz *Gerum, E.*, Unternehmensverfassung, 1988, S. 23; *Schoppe, S. G.*, Grundlagen, 1995, S. 137.

[3] Vgl. *Jensen, M. C./Meckling, W. H.*, Agency, 1976, S. 311; *Fama, E. F.*, Agency, 1980, S. 289, 292. Ähnlich vgl. *Theisen, M. R.*, Unternehmungsführung, 1987, S. 187, 204; *Richter, R.*, Theorie, 1991, S. 405.

[4] Vgl. *Alchian, A. A./Demsetz, H.*, Organization, 1972, S. 777; *Hodgson, G. M.*, Institutions, 1988, S. 196; *Williamson, O. E.*, Organization, 1991, S. 274; *Williamson, O. E.*, Ahead, 2000, S. 606.

[5] *Williamson* spricht daher auch vom "neutral nexus within which equilibrium relations are worked out", *Williamson, O. E.*, Finance, 1988, S. 574.

[6] Vgl. *Williamson, O. E.*, Transaction, 1989, S. 138; *Schoppe, S. G.*, Grundlagen, 1995, S. 138; *Richter, R.*, Tragweite, 2001, S. 459.

nicht nur im Hinblick auf das Verhalten der Kooperationspartner, sondern auch im Hinblick auf die Kenntnis der Individuen über ihre Handlungsmöglichkeiten und die sich daraus ergebenden ökonomischen Ergebnisse unterstellt.[1] Zudem werden die Präferenzen der Individuen im Gegensatz zur Neoklassik oder den Hybridmodellen über die Zeit nicht als konstant angenommen, sondern als veränderlich betrachtet.[2] Eine Nutzenfunktion kann unter diesen Annahmen nicht mehr bestimmt werden, da weder der Möglichkeitsrahmen noch seine Bewertung und deren zeitliche Entwicklung vollständig bekannt sind.[3] Damit ergeben sich abweichende Implikationen für die Verhaltenshypothese:[4] Die formal rationalen Individuen wollen zwar nach wie vor ihre Situation verbessern, können die besseren Handlungsmöglichkeiten aber nicht vollständig identifizieren.[5]

Zudem wird von einer beschränkten Informationsverarbeitungskapazität der Individuen ausgegangen.[6] Die Individuen müssen die ihnen nur als unvollständiges Abbild der Realität bekannte Entscheidungssituation weiter vereinfachen, um eine Optimierung mathematisch bewerkstelligen zu können.[7] Aus Sicht aller tatsächlich möglichen Handlungsalternativen ist eine Entscheidung der Individuen damit nur auf Basis ihrer beschränkten Problemsicht rational.[8] *Simon* bezeichnet die Individuen daher als „*intendedly* rational, but only *limitedly* so".[9] Diese in der *Carnegie*-Schule[10] entwickelte Verhaltenshypothese der beschränkten Rationalität

---

[1] Vgl. *Simon, H. A.*, Rationality, 1972, S. 163.
[2] Vgl. *Cyert, R. M./March, J. G.*, Antecedents, 1963, S. 20; *North, D. C.*, Structure, 1978, S. 965; *Richter, R./Furubotn, E. G.*, Institutionenökonomik, 2003, S. 4.
[3] Vgl. *Simon, H. A.*, Reason, 1983, S. 12-20.
[4] Vgl. *Williamson, O. E.*, Governance, 1984, S. 197; *Voigt, S.*, Institutionenökonomik, 2002, S. 28; *Richter, R./Furubotn, E. G.*, Institutionenökonomik, 2003, S. 4.
[5] Vgl. *North, D. C.*, Institutions, 1990, S. 24; *Dietl, H.*, Institutionen, 1993, S. 109.
[6] Vgl. *Simon, H. A.*, Rationality, 1972, S. 176; *Williamson, O. E.*, Capitalism, 1985, S. 46; *Williamson, O. E.*, Transaction, 1989, S. 139.
[7] Vgl. *Simon, H. A.*, Choice, 1955, S. 100.
[8] Vgl. *Moxter, A.*, Präferenzstruktur, 1964, S. 27; *Williamson, O. E.*, Markets, 1975, S. 22; *Williamson, O. E.*, Transaction, 1989, S. 138; *Picot, A./Dietl, H./Franck, E.*, Organisation, 2005, S. 33. Ähnlich vgl. *Simon, H. A.*, Comparison, 1956, S. 278; *Margolis, J.*, Rationalism, 1958, S. 189 f.; *Simon, H. A.*, Economics, 1986, S. 211. Der Unterschied zwischen der realen Welt und dem wahrgenommenen Entscheidungsumfeld wird auch als „C-D gap" bezeichnet, vgl. *Heiner, R. A.*, Behavior, 1983, S. 562.
[9] *Simon, H. A.*, Behavior, 1959. S. xxiv.
[10] Vgl. *Schoppe, S. G.*, Grundlagen, 1995, S. 110.

3.2 Ökonomische Theorien

weicht entschieden von der in der Neoklassik und den Hybridmodellen unterstellten Maximierungshypothese ab.[1] Auch wenn die Individuen wegen der beschränkten Rationalität keine Maximierung durchführen können, sind sie nicht irrational.[2] Vielmehr zeichnet sich ihr Verhalten durch plausible Voraussicht aus, d. h. sie versuchen vorauszuschauen und soweit möglich z. B. erkennbaren vertraglichen Risiken durch geeignete Maßnahmen entgegenzuwirken.[3] Die Individuen können dabei die zukünftigen Umweltzustände und deren ökonomische Folgen zwar nicht im Detail vorhersehen und konkret berücksichtigen, wohl aber Risiken aus potenziellen generellen Gefahren erkennen.[4] Im Gegensatz zur Neoklassik und den Hybridmodellen handeln die Individuen damit nicht „hyperrational", vielmehr kann ihr Verhalten mit „plausible farsightedness" umschrieben werden.[5]

---

[1] Vgl. *Simon, H. A.*, Reason, 1983, S. 23; *Hodgson, G. M.*, Institutions, 1988, S. 80; *Eggertsson, T.*, Institutions, 1990, S. 7.

[2] Vgl. *Williamson, O. E.*, Logic, 1988, S. 68. Von *Simon* wird eine Modellierung der beschränkten Rationalität vorgenommen, vgl. *Simon, H. A.*, Choice, 1955, S. 106-111; *Simon, H. A.*, Behavior, 1959, S. xxiv. Die Individuen berücksichtigen dabei, dass auch die Informationsbeschaffung selbst Kosten verursacht, und sie deren Wert vorab nicht kennen und holen daher nur solange Informationen ein, bis eine Handlungsmöglichkeit erkannt wird, die für sie zur Erreichung eines befriedigenden Nutzenniveaus (*aspiration level*) führt, vgl. *Simon, H. A.*, Rationality, 1972, S. 163; sowie auch *Stigler, G. J.*, Information, 1961, S. 213-216; *Radner, R.*, Equilibrium, 1968, S. 56; *Hodgson, G. M.*, Institutions, 1988, S. 79. Das Ziel der Gewinnmaximierung wird damit auf das Ziel, befriedigende Gewinne zu erzielen, reduziert, vgl. *Gordon, R. A.*, Theory, 1948, S. 271; *Margolis, J.*, Rationalism, 1958, S. 190; *Cyert, R. M./March, J. G.*, Antecedents, 1963, S. 10. *Williamson* versucht eine methodologische Auseinandersetzung über „Befriedigung" und „Maximierung" zu vermeiden, da er diese nicht für zielführend hält, vgl. *Williamson, O. E.*, Governance, 1996, S. 352. „Befriedigung" wird von *Williamson* nur als eine, aber nicht als einzige mögliche Erscheinungsform beschränkter Rationalität angesehen, vgl. *Williamson, O. E.*, Logic, 1988, S. 68; *Williamson, O. E.*, Organization, 1994, S. 161. Zudem ist sie nicht immer zur Modellbildung geeignet, vgl. *Williamson, O. E.*, Power, 1996, S. 13.

[3] Vgl. *Williamson, O. E./Ouchi, W. G.*, Perspectives, 1981, S. 351; *Williamson, O. E.*, Power, 1996, S. 19; *Williamson, O. E./Bercovitz, J.*, Corporation, 1996, S. 330; *Williamson, O. E.*, Institutions, 1998, S. 76; *Williamson, O. E.*, Ahead, 2000, S. 601; *Williamson, O. E.*, Development, 2000, S. 95 f.; *Williamson, O. E.*, Contract, 2003, S. 922; *Williamson, O. E.*, Economics, 2004, S. 65 f.

[4] Ähnlich vgl. *Williamson, O. E.*, Finance, 1988, S. 570, Fn. 7.

[5] Vgl. *Williamson, O. E./Bercovitz, J.*, Corporation, 1996, S. 331; *Williamson, O. E.*, Power, 1996, S. 14; *Williamson, O. E.*, Governance, 1996, S. 236, 365. Ähnlich vgl. *Williamson, O. E./Ouchi, W. G.*, Perspectives, 1981, S. 350; *Williamson, O. E.*, Economics, 2004, S. 64 f.

Wie in den Hybridmodellen können manche Individuen versuchen, Informationsasymmetrien zu ihren Gunsten auszunutzen. Unter den Annahmen des Transaktionskostenansatzes können die Individuen dazu zusätzlich die beschränkte Rationalität anderer Individuen ausnutzen, indem sie sich zur Erreichung ihrer eigenen Ziele bewusst und mit Arglist über Regeln, Normen und auch über selbst abgeschlossene Verträge hinwegsetzen und die Schädigung Dritter zugunsten des eigenen Nutzens in Kauf nehmen.[1] Dieses Verhalten wird Opportunismus genannt.[2]

3.2.2.2.2 Umweltannahmen

Im Mittelpunkt des Transaktionskostenansatzes stehen die bei der Kooperation in einer arbeitsteilig strukturierten Gesellschaft entstehenden Leistungs- und Austauschbeziehungen,[3] wobei jedoch nicht der Güteraustausch selbst, sondern seine institutionelle Koordination betrachtet wird. Diese erfolgt durch einen dem eigentlichen Austausch logisch und zeitlich vorgelagerten Prozess der Klärung und Vereinbarung eines Leistungsaustausches, der als Transaktion bezeichnet wird.[4] Der Prozess konkretisiert sich entweder unternehmungsextern durch eine vertragliche Übertragung von Property-Rights[5] oder unternehmungs-

---

[1] Vgl. *Williamson, O. E.*, Markets, 1975, S. 26; *Williamson, O. E./Ouchi, W. G.*, Perspectives, 1981, S. 351; *Williamson, O. E.*, Integration, 1987, S. 810; *Williamson, O. E.*, Transaction, 1989, S. 129; sowie auch *Radner, R.*, Equilibrium, 1968, S. 31; *Picot, A.*, Transaktionskostenansatz, 1982, S. 269; *Kreps, D. M.*, Theory, 1990, S. 744; *Picot, A.*, Ansätze, 1991, S. 147; *Richter, R./Furubotn, E. G.*, Institutionenökonomik, 2003, S. 5 f.; *Neus, W.*, Betriebswirtschaftslehre, 2005, S. 10 f.

[2] Vgl. *Williamson, O. E.*, Governance, 1984, S. 198; *Williamson, O. E.*, Capitalism, 1985, S. 47; *Williamson, O. E.*, Transaction, 1989, S. 139; *Fischer, M.*, Integration, 1992, S. 7; *Dietl, H.*, Institutionen, 1993, S. 109; *Williamson, O. E.*, Contract, 2003, S. 922; *Richter, R./Furubotn, E. G.*, Institutionenökonomik, 2003, S. 5 f.

[3] Vgl. *Dietl, H.*, Institutionen, 1993, S. 108.

[4] Vgl. *Picot, A.*, Transaktionskostenansatz, 1982, S. 269; *Picot, A.*, Dezentralisierung, 1985, S. 396; *Picot, A./Dietl, H.*, Transaktionskostentheorie, 1990, S. 178; *Dietl, H.*, Institutionen, 1993, S. 108.

[5] Vgl. *Commons, J. R.*, Economics, 1931, S. 656 f.; *Picot, A./Dietl, H.*, Transaktionskostentheorie, 1990, S. 178; *Schmidt, R. H.*, Organisationstheorie, 1992, Sp. 1855; *Erlei, M./Leschke, M./Sauerland, D.*, Institutionenökonomik, 1999, S. 175.

3.2 Ökonomische Theorien

intern durch die physische Übertragung von Gütern zwischen arbeitsteilig trennbaren Schnittstellen.[1]

Anders als bei entscheidungsorientierten Ansätzen bildet im Transaktionskostenansatz in der Tradition *Commons* die Transaktion und nicht die Entscheidung eines einzelnen Individuums die zentrale Untersuchungseinheit.[2] Der Fokus des Transaktionskostenansatzes liegt dadurch auf der vertraglichen Koordination von Produktionsschritten und damit auf einer vertragstheoretischen Sicht.[3] Der Transaktionskostenansatz unterscheidet sich jedoch insoweit erheblich vom Ansatz *Commons*, als Transaktionen nicht nur zur Übertragung von Property-Rights im juristischen Sinne und damit nur zu Übertragungen zwischen Unternehmungen, sondern ebenso zur Ressourcenkoordination innerhalb einer Unternehmung führen.[4]

---

[1] Vgl. *Williamson, O. E.*, Capitalism, 1985, S. 1; *Voss, T.*, Evolution, 1991, S. 294; *Göbel, E.*, Institutionenökonomik, 2002, S. 131; *Richter, R./Furubotn, E. G.*, Institutionenökonomik, 2003, S. 55. Ähnlich vgl. *Dow, G. K.*, Authority, 1987, S. 15; *Jost, P.-J.*, Unternehmenskontext, 2001, S. 10.

[2] Vgl. *Commons, J. R.*, Economics, 1931, S. 652; *Commons, J. R.*, Correlating, 1932, S. 4; *Williamson, O. E./Ouchi, W. G.*, Perspectives, 1981, S. 348; *Riordan, M. H./Williamson, O. E.*, Organization, 1985, S. 365; *Williamson; O. E.*, Integration, 1987, S. 810; *Picot, A.*, Ansätze, 1991, S. 147; *Dietl, H.*, Institutionen, 1993, S. 108; *Williamson, O. E.*, Power, 1996, S. 17; *Williamson, O. E.*, Carnegie, 1996, S. 152; *Williamson, O. E.*, Institutions, 1998, S. 76; *Williamson, O. E.*, Contract, 2003, S. 917.

[3] Vgl. *Commons J. R.*, Economics, 1931, S. 657; *Williamson, O. E.*, Approach, 1981, S. 549; *Williamson, O. E.*, Capitalism, 1985, S. 20; *Williamson, O. E.*, Integration, 1987, S. 810; *Fischer, M.*, Integration, 1992, S. 5; *Williamson, O. E.*, Carnegie, 1996, S. 152; *Williamson, O. E.*, Governance, 2002, S. 172; *Williamson, O. E.*, Lens, 2002, S. 440. Diese Sicht wird nicht nur wie in der Neoklassik durch *choice* bestimmt, vielmehr hängen die Kooperationsmöglichkeiten von den *governance structures* ab, die durch *contracts* bestimmt werden, vgl. *Williamson, O. E.*, Lens, 2002, S. 438 f.

[4] Vgl. *Williamson, O. E.*, Capitalism, 1985, S. 1; *Theisen, M. R./Wenz, M.*, Grundkonzeption, 2005, S. 17. Ansonsten müsste z. B. die im Transaktionskostenansatz vorgenommene Beurteilung der Organisationsformen von Markt und Unternehmung nicht nur anhand der Transaktionskosten, sondern auch anhand der Organisationskosten erfolgen. Damit erübrigt sich auch eine Abgrenzung von Transaktions- und Organisationskosten. A. a. vgl. *Michaelis, E.*, Transaktionskosten, 1985, S. 75; kritisch vgl. *Demsetz, H.*, Firm, 1988, S. 144 f.

Während z. B. in der Neoklassik bei zunehmender Arbeitsteilung und Spezialisierung nur die regelmäßig sinkenden Produktionskosten betrachtet werden,[1] berücksichtigt der Transaktionskostenansatz auch, dass aufgrund der erhöhten Koordinations- und Motivationsanforderungen andere Kosten steigen:[2] Im Gegensatz zur „kostenlosen" Welt der Neoklassik wird die Kostspieligkeit von Transaktionen durch Transaktionskosten betont.[3] *Arrow* definiert sie als *costs of running the economic system*.[4] Sie ergeben sich vor allem als eine Folge der Arbeitsteilung und des Tauschs bei der Berücksichtigung von Unsicherheit in menschlichen Handlungen.[5]

Transaktionskosten stellen in der Neoklassik durch entsprechende Annahmen „wegdefinierte" Kosten dar. Auf eine Abgrenzung von Produktions- und Transaktionskosten könnte grundsätzlich verzichtet werden, da für ökonomische Entscheidungen nur die Gesamtkosten relevant sind.[6] Insbesondere zur Verdeutlichung, welche Kosten in der Neoklassik nicht berücksichtigt werden, ist die formale Abgrenzung von Transaktions- und Produktionskosten jedoch hilfreich, weshalb ihr auch in dieser Untersuchung gefolgt wird. Stark vereinfacht lässt sich dadurch z. B. ceteris paribus der in Darst. 13 veranschaulichte Zusammenhang über die Summe aus Produktions- und Transaktionskosten und damit über die Zusammensetzung der Gesamtkosten aufzeigen:

---

[1] Produktionskosten sind alle der Gütertransformation (Produktion) zuzuordnenden Kosten. Sie werden auch unter neoklassischen Annahmen berücksichtigt und entsprechen dem Wert aller in den Produktionsprozess eingehenden Inputfaktoren, vgl. *Jost, P.-J.*, Unternehmenskontext, 2001, S. 21.

[2] Vgl. *North, D. C.*, Change, 1981, S. ix.

[3] Vgl. *Dietl, H.*, Institutionen, 1993, S. 108; *Richter, R./Furubotn, E. G.*, Institutionenökonomik, 2003, S. 53.

[4] Vgl. *Arrow, J. K.*, Organization, 1977, S. 68. Zum Teil werden Transaktionskosten mit der Reibung in der Physik verglichen, vgl. *Williamson, O. E.*, Capitalism, 1985, S. 19.

[5] Vgl. *Richter, R./Furubotn, E. G.*, Institutionenökonomik, 2003, S. 55.

[6] Ähnlich vgl. *Jost, P.-J.*, Unternehmenskontext, 2001, S. 21. Die Kritik am Transaktionskostenansatz, es mangle an einer Abgrenzung von Produktions- und Transaktionskosten, ist damit verfehlt. Zu dieser Kritik vgl. z. B. *Schneider, D.*, Markt, 1985, S. 1241. Ebenso ist die Kritik einer fehlenden Operationalisierung von Transaktionskosten nicht haltbar, denn auch die Operationalisierung von Produktionskosten ist bisher in anderen Ansätzen ebenso wenig zufriedenstellend erfolgt, vgl. *Picot, A.*, Transaktionskostenansatz, 1982, S. 270.

3.2 Ökonomische Theorien

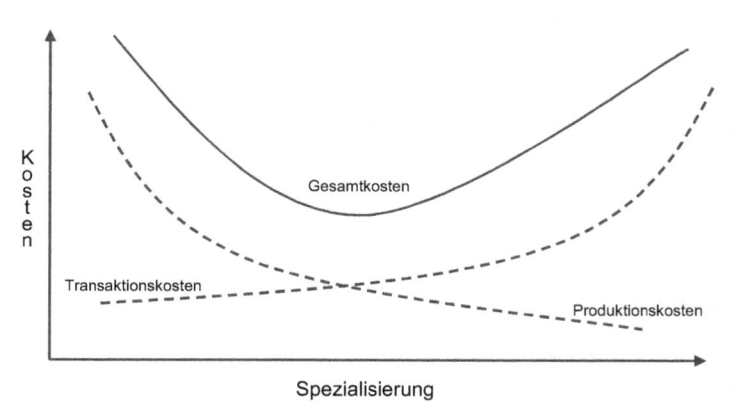

Quelle: In Anlehnung an *Picot, A.,* Organisation, 2005, S. 65.

Darst. 13: Zusammenhang zwischen Produktions- und Transaktionskosten

Diese Darstellung ist allerdings nur unter sehr stark vereinfachenden ceterisparibus-Annahmen möglich; durch die damit verbundene Ausblendung wesentlicher Parameter und Interdependenzen ist sie in der Realität regelmäßig unzutreffend: Zum einen kann die Höhe der Transaktionskosten durch Organisationsformen beeinflusst werden, zum anderen sind die verwendeten Technologien und damit auch die Produktionskosten nicht immer von der gewählten Organisationsstruktur unabhängig.[1] Produktions- und Transaktionskosten sind in der Realität damit auch erheblich von dem in Darst. 13 nicht berücksichtigten Parameter der Organisationsformwahl abhängig.

Transaktionskosten sind z. B. im Zusammenhang mit der Bestimmung, Übertragung und Durchsetzung von Verfügungsrechten entstehende Kosten.[2] Es handelt sich nach *Picot* dabei vor allem um Informations- und Kommunikationskosten, die bei der Anbahnung, Vereinbarung, Kontrolle und Anpassung der wechselsei-

---

[1] Vgl. *Picot, A.,* Transaktionskostenansatz, 1982, S. 273-280; *North, D. C.,* Institutions, 1990, S. 34. Ähnlich vgl. *Schneider, D.,* Markt, 1985, S. 1241 f.

[2] Vgl. *Tietzel, M.,* Ökonomie, 1981, S. 211; *Picot, A./Dietl, H.,* Transaktionskostentheorie, 1990, S. 178; *Wolff, B.,* Organisation, 1994, S. 31.

tigen Leistungsbeziehungen auftreten.[1] Transaktionskosten können in vor und während des Vertragsabschlusses entstehende Kosten (ex ante) sowie nach Vertragsabschluss entstehende Kosten (ex post) unterteilt werden.[2] Zu den Kosten ex ante gehören beispielsweise Kosten der Unterzeichnung, Verhandlung und Absicherung.[3] Da Verträge unter den Modellen beschränkter Rationalität großteils nicht vollständig sind und mit Unsicherheiten aus dem Verhalten der Vertragspartner, wie z. B. mit Vertragsbruch, gerechnet werden muss,[4] entstehen daneben aufgrund des Opportunismus auch Transaktionskosten nach Vertragsabschluss.[5] Zu diesen Kosten ex post zählen insbesondere Überwachungs-, Vertragsanpassungs- und Durchsetzungskosten.[6]

Im Gegensatz zur Neoklassik haben Güter im Transaktionskostenansatz nicht nur die zwei Dimensionen Preis und Menge, vielmehr sind die Eigenschaften von Gütern durch die Berücksichtigung ihrer Qualität mehrdimensional.[7] Bereits bei der Bestimmung von möglichen Umweltzuständen entstehen den Individuen Mess- und Suchkosten.[8] Daraus resultiert unvollkommenes, heterogenes und subjektives Wissen der Individuen. Den Individuen sind, wie bereits bei der Darstellung der Verhaltenshypothese aufgezeigt,[9] weder alle möglichen Umweltzustände bekannt

---

[1] Vgl. *Picot, A.*, Transaktionskostenansatz, 1982, S. 270. Ähnlich vgl. *Williamson, O. E.*, Approach, 1981, S. 553.

[2] Vgl. *Klein, B./Crawford, R. G./Alchian, A. A.*, Integration, 1978, S. 300; *Williamson, O. E.*, Capitalism, 1985, S. 20.

[3] Vgl. *Williamson, O. E.*, Capitalism, 1985, S. 20. Diese Annahme ist insbesondere mit der Annahme beschränkter Rationalität konsistent, da die Informationsbeschaffung und die Berücksichtigung vieler Eventualitäten bei der Vertragsgestaltung Transaktionskosten verursachen, vgl. *Kreps, D. M.*, Theory, 1990, S. 744.

[4] Vgl. *Klein, B.*, Arrangements, 1980, S. 356.

[5] Vgl. *Williamson, O. E.*, Capitalism, 1985, S. 21.

[6] Vgl. *Williamson, O. E.*, Capitalism, 1985, S. 21; *North, D. C.*, Politics, 1990, S. 362. Daneben werden von *Williamson* auch Opportunitätskosten in Form entgangener Kooperationsgewinne zu den Transaktionskosten gezählt; zur Problematik dieser Definition vgl. ausführlich Kapitel 4.3.1.5, S. 92 f.

[7] Vgl. *Akerlof, G. A.*, Lemons, 1970, S. 490; *Eggertsson, T.*, Institutions, 1990, S. 25 f.

[8] Die Transaktionskosten wirken sich auch auf die zur Verfügung stehenden Informationen aus. Informationen können erlernt oder gekauft werden, beides verursacht einen Ressourcenverbrauch. Informationen über die Zukunft können teilweise überhaupt nicht eingeholt werden, die Individuen können vielmehr nur eine Vermutung über sie haben, vgl. *Wiseman, J.*, Box, 1991, S. 152; *Richter, R./Furubotn, E. G.*, Institutionenökonomik, 2003, S. 4.

[9] Vgl. Kapitel 3.2.2.2.1, S. 57-60.

3.2 Ökonomische Theorien

noch können diese mit Eintrittswahrscheinlichkeiten gewichtet werden.[1] Die Annahme von beschränkter Rationalität und von Unsicherheit sowie von Transaktionskosten führt dazu, dass den Individuen die Informationen zum Abschluss vollständiger Verträge fehlen, sodass auch im Transaktionskostenansatz von der Unvollständigkeit aller komplexeren Verträge ausgegangen werden muss.[2]

3.2.2.2.3 Verhältnis zu Institutionen

Im Gegensatz zu den Hybridmodellen bestehen unter den Annahmen des Transaktionskostenansatzes nicht nur vor Vertragsabschluss absehbare und exakt quantifizierbare Kooperationsprobleme, sondern auch solche, die sich erst nach Vertragsabschluss aufgrund dessen Unvollständigkeit ergeben.[3] Die Möglichkeiten der Füllung von Vertragslücken, der Streitschlichtung und der Vertragsanpassung nach Vertragsabschluss werden im Transaktionskostenansatz daher zu einem wesentlichen ökonomischen Parameter.[4]

Die Kooperationsbereitschaft nach Vertragsabschluss hängt unter diesen Annahmen entscheidend vom Durchsetzungsmechanismus des institutionellen Rahmens[5] und den Sicherungsmechanismen (*safeguards*) der gewählten Organisationsform ab.[6] Eigentumsrechte, politische Institutionen und die Frage des Governance-Mechanismus werden damit zu Schlüsselelementen zum Verständ-

---

[1] Vgl. *Schoppe, S. G.*, Grundlagen, 1995, S. 152.
[2] Vgl. *Coase, R. H.*, Firm, 1937, S. 391; *Radner, R.*, Equilibrium, 1968, S. 31 f., 34; *Williamson, O. E.*, Approach, 1981, S. 554; *Williamson, O. E.*, Logic, 1988, S. 69; *Williamson, O. E.*, Barnard, 1990, S. 43; *Dietl, H.*, Institutionen, 1993, S. 109; *Williamson, O. E.*, Organization, 1994, S. 165 f.; *Williamson, O. E.*, Governance, 2002, S. 174; *Williamson, O. E.*, Contract, 2003, S. 922; *Richter, R./Furubotn, E. G.*, Institutionenökonomik, 2003, S. 5; *Williamson, O. E.*, Economics, 2004, S. 65. In der Transaktionskostenökonomik wird die in anderen Modellen verwendete, analytisch oft hilfreiche Vereinfachung vollständiger Verträge somit aufgegeben, vgl. *Williamson, O. E.*, Transaction, 1989, S. 139.
[3] Vgl. *Williamson, O. E.*, Governance, 1996, S. 236.
[4] Vgl. *Williamson, O. E.*, Transaction, 1989, S. 139.
[5] Da der institutionelle Rahmen erst durch das Zusammenspiel von informellen, staatlichen und privaten Institutionen vollständig beschrieben wird, könnten auch die Auswirkungen informeller Institutionen untersucht werden, vgl. z. B. *North, D. C.*, Institutions, 1990, S. 36-45. Aufgrund ihrer langsamen Änderung werden sie in ökonomischen Analysen aber meist als ceteris paribus Annahme konstant gehalten.
[6] Ähnlich vgl. *Williamson, O. E.*, Logic, 1988, S. 69; *Williamson, O. E./Bercovitz, J.*, Corporation, 1996, S. 331 f.

nis der Ökonomik;[1] die Erklärung der Existenz und der Auswirkungen von privaten und öffentlichen Institutionen bilden daher den Untersuchungsschwerpunkt des Transaktionskostenansatzes.[2] Während unter den Annahmen der Hybridmodelle die unterschiedlichen ökonomischen Auswirkungen von Organisationsformen nach dem Vertragsabschluss negiert werden,[3] stehen sie im Transaktionskostenansatz im Mittelpunkt der Analyse.[4]

Damit wird auch die in der Ökonomik zentrale Frage nach dem Verständnis einer Unternehmung gänzlich anders als unter den Annahmen der Neoklassik oder der Hybridmodelle gelöst. Die Institution einer Unternehmung wird weder als implizit existent noch als bloße Bündelung von Verträgen betrachtet.[5] Vielmehr werden Markt und Unternehmung nach *Coase* als Alternativen angesehen,[6] die sich hinsichtlich ihres Governance-Mechanismus unterscheiden.[7] Die Unternehmung grenzt sich durch eine andere *decision making power* vom Markt ab.[8] Diese moderne Auffassung einer Unternehmung berücksichtigt, dass sich die hierarchische Koordination wesentlich von der Koordination über den Preismechanismus unterscheiden kann. Sie löst die klassische Auffassung ab, die von der Wirkung des Preismechanismus über „Schattenpreise" auch innerhalb einer Unternehmung ausgeht.[9]

---

[1] Vgl. *Eggertsson, T.*, Institutions, 1990, S. 14.
[2] Vgl. *Williamson, O. E.*, Transaction, 1989, S. 136; *Eggertsson, T.*, Institutions, 1990, S. 6.
[3] Dies geschieht in den Hybridmodellen durch die Annahme von vor Vertragsabschlusses vollständig bekannten *payoffs*, vgl. *Williamson, O. E.*, Ahead, 2000, S. 605; *Williamson, O. E.*, Lens, 2002, S. 442; *Williamson, O. E.*, Governance, 2002, S. 188. Ähnlich vgl. *Picot, A.*, Ansätze, 1991, S. 155; *Whinston, M. D.*, Scope, 2001, S. 184.
[4] Die Organisationsformwahl ist damit der bedeutendste endogene Parameter des Transaktionskostenansatzes, vgl. *Williamson, O. E.*, Governance, 1984, S. 195.
[5] Vgl. Kapitel 3.2.1.3, S. 48 f. bzw. Kapitel 3.2.2.1.3, S. 56 f.
[6] Vgl. *Coase, R. H.*, Firm, 1937, S. 392; *North, D. C.*, Change, 1981, S. 207; *Williamson, O. E.*, Organization, 1991, S. 270 f.; *Williamson, O. E.*, Institutions, 1998, S. 75; *Wenz, M.*, Unternehmensmischformen, 1999, S. 1. Ähnlich vgl. *Ordelheide, D.*, Konzern, 1986, S. 293, 296; *Kreps, D. M.*, Theory, 1990, S. 743.
[7] Vgl. *Winter, S. G.*, Competence, 1988, S. 172; *Williamson, O. E.*, Finance, 1988, S. 569; *Williamson, O. E.*, Governance, 2002, S. 178; *Laux, H./Liermann, F.*, Organisation, 2003, S. 6-9; *Williamson, O. E.*, Economics, 2004, S. 60; *Neus, W.*, Betriebswirtschaftslehre, 2005, S. 157.
[8] Vgl. *Gilson, R. J.*, Firm, 1996, S. 81.
[9] Vgl. *Richter, R./Furubotn, E. G.*, Institutionenökonomik, 2003, S. 395.

Auch der Transaktionskostenansatz sieht wie die Hybridmodelle die Unternehmung grundsätzlich als einen *nexus of contracts*; durch die Analyse unterschiedlicher Formen der Governance gelingt jedoch eine Erklärung von unterschiedlichen Organisationsformen und damit auch eine Abgrenzung der Unternehmung von Marktverträgen.[1] Zudem können durch die Analyse der internen Organisationsstruktur einer Unternehmung oder aber auch ihrer rechtlichen Ausgestaltung selbst bei identischer Verteilung der Residualansprüche ökonomische Aussagen über unterschiedliche Formen der unternehmungsinternen Koordination abgeleitet werden.[2] Damit kann sowohl die Integration von Produktionsschritten als auch die Konzernierung einer Unternehmung im Transaktionskostenansatz analysiert werden.

3.3 Auswahl einer Theorie für die Untersuchung

Modelle der neoklassischen Theorie haben sich vor allem im Bereich von gut organisierten Kapitalmärkten[3] und Standardgütern empirisch bewährt.[4] Der hohe neoklassische Abstraktionsgrad ist eine für Fragestellungen in diesen Bereichen geeignete Vereinfachung.[5] Die Bearbeitung der in dieser Untersuchung aufgeworfenen Fragestellung nach ökonomischen Auswirkungen der Organisationsformwahl wäre unter neoklassischen Annahmen logisch inkonsistent, da unter diesen Annahmen das *Coase*-Theorem deduktiv bestätigt werden kann:[6] Die Organisationsformwahl hätte keine Auswirkungen auf die Allokation und die gewählten Institutionen wären theoriebedingt effizient.[7]

---

[1] Vgl. ausführlich Kapitel 5.2.1.1.2, S. 118-123.
[2] Vgl. Kapitel 6.1, S. 177; *Williamson, O. E.*, Finance, 1988, S. 573.
[3] Vgl. *North, D. C.*, Institutions, 1990, S. 20. Kritisch vgl. *Schmidt, R. H.*, Finanzierungstheorie, 1981, S. 139 f.
[4] Vgl. *Denzau, A. T./North, D. C.*, Institutions, 1994, S. 6. Ähnlich vgl. *Williamson, O. E.*, Markets, 1975, S. 1; *North, D. C.*, Institutions, 1990, S. 11; *Williamson, O. E.*, Lens, 2002, S. 440.
[5] Vgl. *Cyert, R. M./March, J. G.*, Antecedents, 1963, S. 15; *Eggertsson, T.*, Institutions, 1990, S. 4; *Williamson, O. E.*, Carnegie, 1996, S. 150; *Williamson, O. E.*, Power, 1996, S. 12.
[6] Zum *Coase*-Theorem vgl. Kapitel 3.2.2.1.3, S. 55 f.
[7] Ähnlich vgl. *North, D. C.*, Institutions, 1990, S. 16.

Allerdings lässt sich das *Coase*-Theorem durch empirische Ergebnisse[1], wie z. B. *Leibensteins* Untersuchungen zu „X-Ineffizienzen"[2] oder die Untersuchung von *Mullainathan* und *Scharfstein*, in der Realität leicht widerlegen.[3] Die Annahmen der Neoklassik können zur Analyse der ökonomischen Auswirkungen von privaten Institutionen nicht herangezogen werden,[4] da die hohe Abstraktion der neoklassischen Theorie zu einer Vernachlässigung der für die Organisationsformwahl wesentlichen Parameter führt.[5] Für die in dieser Arbeit verfolgte Ableitung von Hypothesen über die in der Realität zu beobachtende Integration von Produktionsschritten sowie Konzernierung von Unternehmungen ist die Theorie der Neoklassik damit nicht geeignet.[6]

Die Modelle der Theorie der Neuen Institutionenökonomik unterscheiden sich insoweit von der Neoklassik, als sich regelmäßig durch die Einführung bestimmter Transaktionskosten das *Coase*-Theorem widerlegen lässt und damit unterschiedliche ökonomische Auswirkungen der Organisationsformwahl im

---

[1] Vgl. z. B. die von *Leibenstein* ausgewerteten Ergebnisse diverser empirischer Untersuchungen, *Leibenstein, H.*, Efficiency, 1966, S. 397-406, sowie *Shelton, J. P.*, Efficiency, 1967, S. 1252-1258; *Shen, T. Y.*, Substitution, 1973, S. 263-282.

[2] Unter „X-Ineffizienzen" werden Ineffizienzen innerhalb einer Unternehmung oder am Markt aufgrund fehlender Motivation verstanden, vgl. *Leibenstein, H.*, Efficiency, 1966, S. 406 f.

[3] Diese Untersuchung zeigt eine unterschiedliche Ressourcenallokation in Abhängigkeit vom Grad der Integration auf, vgl. *Mullainathan, S./Scharfstein, D.*, Boundaries, 2001, S. 198.

[4] Vgl. *Williamson, O. E.*, Approach, 1981, S. 548; *North, D. C.*, Institutions, 1990, S. 24; *Schneider, D.*, Grundlagen, 1995, S. 298; *Williamson, O. E.*, Lens, 2002, S. 440; *Williamson, O. E.*, Contract, 2003, S. 938; *Neus, W.*, Betriebswirtschaftslehre, 2005, S. 84 f. Ähnlich vgl. *Winter, S. G.*, Competence, 1988, S. 167 f.; *Furubotn, E. G.*, Development, 1994, S. 3; Die Erklärung dieser Phänomene mit der "*technology/monopoly story*" ist meist wenig plausibel, vgl. *Williamson, O. E.*, Integration, 1987, S. 809. Die Ergebnisse sind für „reale Unternehmungen viel zu karg", *Schmidt, R. H.*, Finanzierungstheorie, 1981, S. 136; vgl. dazu auch Kapitel 3.2.1.3, S. 47-50.

[5] Vgl. *Williamson, O. E.*, Markets, 1975, S. 1. Ähnlich vgl. *Cyert, R. M./March, J. G.*, Antecedents, 1963, S. 15 f.; *Demsetz, H.*, Firm, 1988, S. 142; *Williamson, O. E.*, Governance, 1996, S. 309; *Sened, I.*, Political, 1997, S. 48.

[6] Vgl. *Teece, D. J.*, Multiproduct, 1982, S. 40. Ähnlich vgl. *Debus, C.*, Konzernrecht, 1990, S. 41; *Williamson, O. E.*, Power, 1996, S. 12; *Schenk, G.*, Konzernbildung, 1997, S. 40-43; *Theisen, M. R.*, Konzernunternehmungslehre, 2001, S. 47.

3.3 Auswahl einer Theorie für die Untersuchung

Modell deduktiv möglich werden.[1] Die Untersuchung der Fragestellung nach ökonomischen Auswirkungen der Organisationsformwahl wird logisch konsistent (vgl. Darst. 14).

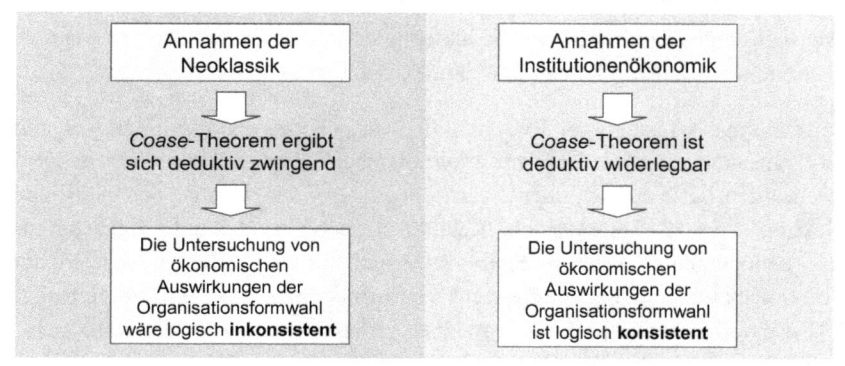

Annahmen der Neoklassik	Annahmen der Institutionenökonomik
⇩	⇩
Coase-Theorem ergibt sich deduktiv zwingend	*Coase*-Theorem ist deduktiv widerlegbar
⇩	⇩
Die Untersuchung von ökonomischen Auswirkungen der Organisationsformwahl wäre logisch **inkonsistent**	Die Untersuchung von ökonomischen Auswirkungen der Organisationsformwahl ist logisch **konsistent**

Darst. 14: *Coase*-Theorem versus Analyse der Organisationsformwahl

In den Modellen der Sub-Theorie der Hybridmodelle entsteht aus der gespaltenen Annahme über die Vollständigkeit der Information die Problematik einer möglichen Inkonsistenz der Annahmen:[2] Zwar wird von fehlenden Informationsverarbeitungsbeschränkungen und vollständigen Informationen über die Handlungsalternativen und deren Ergebnis ausgegangen, gleichzeitig werden jedoch unvollständige Informationen, zumindest im Hinblick auf das Verhalten der Kooperationspartner unterstellt.[3] Die Vermengung von teilweise vollständiger und teilweise unvollständiger Information kann als Widerspruch in den gesetzten Annahmen aufgefasst werden.[4] Den Hybridmodellen wird von *Richter*

---

[1] Vgl. *Williamson, O. E.*, Governance, 1996, S. 328. Empirische Untersuchungen über die Höhe der Transaktionskosten belegen zudem, dass Transaktionskosten in der Realität in erheblichem Maße existieren. Nach einer Studie von *Wallis* und *North* betragen die Transaktionskosten in Amerika 1970 z. B. 47% des Bruttosozialprodukts, vgl. *Wallis, J. J./North, D. C.*, Measuring, 1986, S. 121.

[2] Ähnlich vgl. *Ballwieser, W.*, Vorteilhaftigkeit, 1986, S. 23 f.; *Kreps, D. M.*, Hierarchies, 1999, S. 123-125, 134-154; *Williamson, O. E.*, Ahead, 2000, S. 605; *Richter, R./Furubotn, E. G.*, Institutionenökonomik, 2003, S. 547.

[3] Vgl. Kapitel 3.2.2.1.2, S. 54.

[4] Vgl. *Furubotn, E. G.*, Development, 1994, S. 8, 10; *Richter, R./Furubotn, E. G.*, Institutionenökonomik, 2003, S. 551. Ähnlich vgl. *Thaler, R. H.*, Theory, 1945, S. 22 f.; *Debus, C.*, Konzernrecht, 1990, S. 45.

und *Furubotn* daher vorgeworfen, innerhalb eines Modells zwischen neoklassischen und institutionenökonomischen Annahmen oft wahllos hin und her zu springen.[1] Da die Aussagen der Hybridmodelle erheblich in Abhängigkeit von dieser Grenzziehung variieren, ist diese Frage von entscheidender Bedeutung;[2] durch beliebige Variation kann deduktiv alles und nichts gezeigt werden, die Erkenntnisse dieser Modelle laufen damit Gefahr, aussagelos zu werden.

Die Annahme vollständiger Rationalität lässt sich bei gleichzeitiger Annahme von Transaktionskosten auch mit evolutorischen Überlegungen nicht deduktiv rechtfertigen.[3] Dieses Argument würde bedingen, dass infolge der natürlichen Selektion[4] nur die Besten in der Realität überleben und langfristig daher nur diese beobachtbar sind. Wie *Simon* aufzeigt, führen Ineffizienzen nach dem Evolutionsprozess jedoch keineswegs zwingend dazu, dass die Überlebensfähigkeit einer Organisation, die Gewinne erwirtschaftet, gefährdet wäre:[5] „In a relative sense, the *fitter* survive, but there is no reason to suppose that they are *fittest* in any absolute sense".[6] *Simon* betont zudem, dass der Selektionsprozess zum Teil sehr langsam arbeiten kann.[7] Der Erklärungsansatz der Evolution ist damit keine Rechtfertigung für die Annahme vollständiger Rationalität und die daraus abgeleitete Hypothese der Gewinnmaximierung.[8]

---

[1] Vgl. *Richter, R./Furubotn, E. G.*, Institutionenökonomik, 2003, S. 551.

[2] Vgl. *Furubotn, E. G.*, Development, 1994, S. 12; *Richter, R./Furubotn, E. G.*, Institutionenökonomik, 2003, S. 549.

[3] Eine derartige Rechtfertigung wird z. B. in der positiven Agency-Theorie versucht, vgl. Kapitel 3.2.2.1.1, S. 53 f.

[4] Evolutorische Überlegungen basieren auf der zentralen These der natürlichen Selektion, vgl. *Winter, S. G.*, Firm, 1975, S. 101. Dabei wird darauf abgestellt, welche Bedingungen erfüllt sein müssen, damit das betrachtete Objekt überleben wird, vgl. *Simon, H. A.*, Reason, 1983, S. 37.

[5] Vgl. *Winter, S. G.*, Selection, 1964, S. 268 f.; *Winter, S. G.*, Firm, 1975, S. 97; *Voss, T.*, Evolution, 1991, S. 297; *Williamson, O. E.*, Power, 1996, S. 13.

[6] *Simon, H. A.*, Reason, 1983, S. 69.

[7] Vgl. *Simon, H. A.*, Reason, 1983, S. 41.

[8] Vgl. *Winter, S. G.*, Firm, 1975, S. 96-99; *Simon, H. A.*, Reason, 1983, S. 41; *Voss, T.*, Evolution, 1991, S. 296 f.; *Williamson, O. E./Bercovitz, J.*, Corporation, 1996, S. 328. Im Gegensatz z. B. zur positiven Agency-Theorie (vgl. Kapitel 3.2.2.1.1., S. 53) werden die Kräfte der Selektion durch den Wettbewerb im Transaktionskostenansatz als wesentlich gemäßigter angesehen, vgl. *Williamson, O. E.*, Finance, 1988, S. 573; *Williamson, O. E.*, Governance, 1996, S. 11. Ähnlich vgl. *Schmidt, R. H.*, Organisationstheorie, 1992, Sp. 1863.

3.3 Auswahl einer Theorie für die Untersuchung

Bei vielen ökonomischen Fachvertretern besteht daher heute Einigkeit, dass die Annahme vollständiger Rationalität in der Institutionenökonomik nicht beibehalten werden kann.[1] *Arrow* hält es für nicht verwunderlich, dass die Analyse auf Basis vollständiger Rationalität nur in beschränkten Bereichen erfolgreich war.[2] Empirische Untersuchungen der Entscheidungsprozesse sprechen ebenfalls dafür, in komplexen Situationen – wie z. B. bei der in dieser Untersuchung analysierten Wahl der Organisationsform – von beschränkt rational handelnden Individuen auszugehen.[3] Damit ist die Annahme vollständiger Rationalität auch in der Argumentation *Friedmans* nicht mehr als geeignete „als ob"-Annahme haltbar.[4] Die vorliegende Untersuchung erfolgt daher auch nicht unter Verwendung von Hybridmodellen.

Modelle der Sub-Theorie des Transaktionskostenansatzes haben sich hingegen bei Fragen über die ökonomischen Auswirkungen von Organisationsformen empirisch bewährt.[5] *Fischer* vergleicht 1992 z. B. 37 empirische Untersuchungen zur Vorwärts- und Rückwärtsintegration, von denen über zwei Drittel die Thesen des Transaktionskostenansatzes voll oder zumindest weitgehend bestäti-

---

[1] Vgl. *Coase, R. H.*, Economics, 1984, S. 231; *North, D. C.*, Politics, 1990, S. 355 f.; *Wiseman, J.*, Box, 1991, S. 150; *Furubotn, E. G.*, Development, 1994, S. 7, 38; *Denzau, A. T./North, D. C.*, Institutions, 1994, S. 5; *Rubinstein, A.*, Rationality, 1998, S. 13-15; *Richter, R./Furubotn, E. G.*, Institutionenökonomik, 2003, S. 544. Ähnlich vgl. *Thaler, R. H.*, Theory, 1945, S. 3. *Demsetz* bezeichnet das Vorgehen der Hybridmodelle daher als *nirvana approach*, vgl. *Demsetz, H.*, Efficiency, 1969, S. 1; ähnlich vgl. *Kreps, D. M./Wilson, R.*, Reputation, 1982, S. 276.

[2] Vgl. *Arrow, J. K.*, Organization, 1977, S. 69.

[3] Vgl. *Luzzati, T.*, Rationality, 1999, S. 570.

[4] Vgl. *Denzau, A. T./North, D. C.*, Institutions, 1994, S. 5 f. Ähnlich vgl. *Furubotn, E. G.*, Development, 1994, S. 13. Zur „als ob"-Annahme vgl. *Friedman, M.*, Essays, 1959, S. 20; *Rubinstein, A.*, Rationality, 1998, S. 10-12. Die Annahme vollständiger Rationalität ist nach *Machlup* für diese Fragestellungen keine geeignete Vereinfachung, da die Modellaussagen unter der realistischeren Annahme beschränkter Rationalität zu sehr von den Aussagen unter der vereinfachenden Annahme vollständiger Rationalität abweichen, vgl. *Machlup, F.*, Firm, 1967, S. 14 f.

[5] Vgl. *Williamson, O. E./Ouchi, W. G.*, Perspectives, 1981, S. 354 f.; *Williamson, O. E.*, Governance, 2002, S. 182. Insbesondere konnte ein starker Zusammenhang zwischen Spezifität und Integration nachgewiesen werden, vgl. z. B. *Masten, S. E./Meehan, J. W./Snyder, E. A.*, Organization, 1991, S. 2, 20-23; *Whinston, M. D.*, Scope, 2001, S. 184; sowie mit weiteren Nachweisen *Picot, A.*, Ansätze, 1991, S. 149. Ebenso wurde die M-Form-Hypothese bestätigt, vgl. mit Nachweisen *Williamson, O. E./Ouchi, W. G.*, Perspectives, 1981, S. 354. Zur M-Form-Hypothese vgl. Kapitel 6.1.1, S. 177-193.

gen, die restlichen zumindest prinzipiell oder teilweise.[1] *Boerner* und *Macher* analysieren 2002 über 600 empirische Untersuchungen zum Transaktionskostenansatz und stellen dabei einen „considerabel support overall" für seine wesentlichen Vorhersagen fest.[2] Zudem gehen die Modelle des Transaktionskostenansatzes im Vergleich zu den Hybridmodellen von in sich konsistenten Informationsannahmen aus. Da sich unter diesen Annahmen sowohl aus der Integration als auch aus der Konzernierung unterschiedliche ökonomische Auswirkungen ergeben, kann die Fragestellung dieser Arbeit im Transaktionskostenansatz logisch konsistent beantwortet werden.[3] Die Annahmen dieser Theorie sind für die in dieser Untersuchung aufgeworfenen Fragestellungen daher besser geeignet.[4] Die vorliegende Untersuchung soll daher in der Theorie der Neuen Institutionenökonomik unter den Annahmen ihrer Sub-Theorie des Transaktionskostenansatzes erfolgen (vgl. Darst. 15).

Theorie der Institutionenökonomik

Sub-Theorie der Hybridmodelle	Sub-Theorie des Transaktionskostenansatzes
Willkürliche Informationsannahmen	**Logisch konsistente Informationsannahmen**

Theorieauswahl für diese Untersuchung

Darst. 15: Hybridmodelle versus Transaktionskostenansatz

---

[1] Mit Nachweisen zu den einzelnen Untersuchungen vgl. *Fischer, M.*, Integration, 1992, S. 35 f.
[2] Vgl. *Boerner, C. S./Macher, J. T.*, Assessment, 2002, S. 40.
[3] Ähnlich vgl. *Picot, A.*, Ansätze, 1991, S. 149 f.; *Picot, A.*, Organisation, 2005, S. 52 f.
[4] Ähnlich vgl. *North, D. C.*, Structure, 1978, S. 974; *Williamson, O. E.*, Governance, 1996, S. 365.

Kapitel 4 Steuerwirkungen in der Theorie des Transaktionskostenansatzes

4.1 Vorgehensweise und Methodik

Die Untersuchung der Steuerwirkungen auf die Organisationsformwahl ist dem Bereich der Betriebswirtschaftlichen Steuerwirkungsanalyse zuzuordnen.[1] Für diese Analyse wird ein Modell menschlichen Verhaltens benötigt, da die Wirkungen von Entscheidungen im Mittelpunkt der Fragestellung stehen. In Kapitel 3 wurde dazu der Transaktionskostenansatz ausgewählt.[2] Eine modellgestützte Analyse ermöglicht zum einen das Aufzeigen von Aussagen, die sich aus den getroffenen Annahmen im Wege der Deduktion für die jeweilige Fragestellung ableiten lassen. Zum anderen lassen sich dadurch aber auch diejenigen ökonomischen Aussagen abgrenzen, die sich aus diesen Axiomen nicht ableiten lassen und damit unter diesen Modellannahmen nicht haltbar sind.

Unter der den Modellen der Neoklassik und den Hybridmodellen immanenten Annahme vollständiger Rationalität können einige in der Ökonomik fundamentale Aussagen, wie z. B. die zeitgleiche und automatische Umsetzung optimaler Organisationsformen oder die Hauptsätze der Wohlfahrtsökonomik abgeleitet werden.[3] Um zu zeigen, welche dieser Aussagen unter den Annahmen des Transaktionskostenansatzes nicht mehr abgeleitet werden können, wird zuerst in einem Exkurs unter der Annahme vollständiger Rationalität aufgezeigt, wie die Frage nach den Steuerwirkungen in der Theorie der Neoklassik und in den Hybridmodellen zu beantworten wäre. Anschließend wird veranschaulicht, welche der dabei gewonnenen Aussagen unter der Annahme beschränkter Rationalität nicht haltbar sind und wie stattdessen im Transaktionskostenansatz vorgegangen wird. Dabei soll jeweils zuerst die sich aus den Annahmen ergebende Hypothese über die Steuerwirkungen auf die in der Realität zu beobachtenden Organisationsformen dargestellt werden (zweiter Teil der Zielsetzung dieser Arbeit), bevor

---

[1] Vgl. *Wöhe, G.*, Aufgaben, 1983, S. 8. Ähnlich vgl. *Jacobs, O. H.*, Steuerlehre, 2004, S. 252; *Wagner, F. W.*, Methoden, 2004, S. 239.
[2] Vgl. Kapitel 3.3, S. 72.
[3] Vgl. Kapitel 4.2.2, S. 79-84.

die unter den jeweiligen Annahmen bestehenden Möglichkeiten zur Steuerrechtsbeurteilung, d. h. zur Beurteilung des Steuerrechts anhand der Steuerwirkungen auf die Organisationsformwahl diskutiert werden (dritter Teil der Zielsetzung dieser Arbeit).

4.2 Exkurs: Annahme vollständiger Rationalität

4.2.1 Organisationsformwahl

Unter neoklassischen Annahmen versuchen die Produzenten ihren Gewinn zu maximieren.[1] Ertragsteuern sind vom Produktionsprozess abhängige Auszahlungen, die betriebswirtschaftlich Kosten darstellen.[2] Entsprechend erfolgt die Gewinnmaximierung unter Berücksichtigung der Steuerzahlungen.[3] Zeitliche Unterschiede im Anfall der Steuerzahlungen führen unter neoklassischen Annahmen bei mehrperiodischer Betrachtung zu einem Zinseffekt in Höhe des Kapitalmarktzinses,[4] da verfügbare Mittel unbeschränkt zu diesem Zinssatz

---

[1] Vgl. Kapitel 3.2.1.2, S. 47.

[2] Ob Steuern dabei begrifflich den Betriebsausgaben zugeordnet werden, ist hierfür irrelevant. Die Zielgröße des Produzenten ist der Nettogewinn nach Steuern, vgl. *Heigl, A.*, Planung, 1970, S. 54; *Wagner, F. W.*, Steuervermeidungslehre, 1986, S. 33-35; *Schreiber, U.*, Besteuerung, 2005, S. 493; ähnlich für „personale Gesellschaften" vgl. *Melcher, G.-H.*, Zielprämissen, 1973, S. 350 f.

[3] Aus der entscheidungslogischen Zweiteilung der Individuen in Haushalte und Produzenten ergab sich in der älteren Betriebswirtschaftslehre eine Kontroverse, ob konsequent aus Sicht des Betriebs (Produzenten) oder aus Sicht des Haushalts als Anteilseigner zu argumentieren ist, vgl. dazu *Wagner, F. W./Dirrigl, H.*, Steuerplanung, 1980, S. 6-8. Unter den Annahmen der Neoklassik muss die Entscheidung aus Sicht der Produzenten erfolgen, da die Neoklassik eine strikte logische Trennung von Haushalten und Produzenten unterstellt, vgl. Kapitel 3.2.1.2, S. 46.

[4] Vgl. *Wagner, F. W.*, Steuervereinfachung, 2005, S. 101. Unter neoklassischen Annahmen sind Investitions- und Finanzierungsentscheidungen nach dem *Fisher*-Separationstheorem isolierbar, vgl. *Speckbacher, G.*, Separation, 1997, S. 481; *Schmidt, R. H./Terberger, E.*, Finanzierungstheorie, 1997, S. 111; *Breuer, W.*, Kapitalwertkriterium, 1999, S. 272; *Adam, D.*, Investitionscontrolling, 2000, S. 132 f.; *Kruschwitz, L.*, Finanzierung, 2004, S. 22-24. Die geeignete Vergleichsrendite stellt damit nicht die Rendite aus alternativen (Real-)Investitionen, sondern immer nur der Kapitalmarkzins dar; ähnlich vgl. *Schmidt, R. H./ Terberger, E.*, Finanzierungstheorie, 1997, S. 114; *Franke, G./Hax, H.* Finanzwirtschaft, 2004, S. 154; *Kruschwitz, L.*, Investitionsrechnung, 2005, S. 90-97. Das *Fisher*-Separationstheorem gilt nicht nur in einer Welt ohne Steuern, sondern kann unter bestimmten Annahmen auch mit einer Besteuerung aufrechterhalten werden, vgl. *Breuer, W.*, Kapitalwertkriterium, 1999, S. 272; *König, R.*, Steuerplanungslehre, 2004, S. 262.

4.2 Exkurs: Annahme vollständiger Rationalität

angelegt werden können. Ein darüber hinaus gehender Liquiditätseffekt ist unter neoklassischen Annahmen aufgrund fehlender Liquiditätsprobleme hingegen nicht gegeben.[1] Infolge des positiven Zinseffekts aus den zeitlich späteren Steuerzahlungen und der zum Teil absolut geringeren Steuerbelastung[2] ist die Besteuerung bei der Wahl der Organisationsform der Einheitsunternehmung damit im Vergleich zur Organisationsform des Marktes, der Hybride oder der Konzernunternehmung als ökonomisch vorteilhafter anzusehen.

Private Institutionen sind unter neoklassischen Annahmen allokationsneutral und haben keinen Einfluss auf das Produktions- und Kooperationsergebnis,[3] die Gewinnmaximierung ist daher – abgesehen von der Besteuerung – von der verwendeten Organisationsform unabhängig. Folglich fehlt es bei Ausblendung der Besteuerung an Interdependenzen zwischen dem Kooperationsergebnis und der gewählten Organisationsform; die Organisationsformwahl kann daher ceteris paribus ausschließlich auf Basis der Steuerbelastung, d. h. im Partialmodell unter Ausschluss aller nicht-steuerlichen Effekte, untersucht werden.[4] Die Organisationsformwahl ergibt sich damit wie folgt: Der Produzent wird die für seine Unternehmung steuerminimale Organisationsform wählen.[5] Sind an einer Unternehmung mehrere Individuen beteiligt,[6] lässt sich unter den Annahmen der Neoklassik ableiten, dass eine Erhöhung des gesamten Kooperationsergebnisses von allen Individuen verfolgt wird. Gemäß dem *Coase*-Theorem[7] wird jedes „Mehr" an Kooperationsergebnis, das wegen der bei der Wahl der für die Summe des Kooperationsergebnisses optimalen Organisationsform entstehenden Property-Rights-Struktur nur bestimmten Individuen zugute kommt, auch dann realisiert werden, wenn es dem Zutun anderer Individuen bedarf: Durch vollständige Information sowie vollständige und kostenlose Verträge kann das Zu-

---

[1] Vgl. *Franke, G./Hax, H.* Finanzwirtschaft, 2004, S. 154; *Bitz, M.,* Investition, 2005, S. 111; *Schreiber, U.,* Besteuerung, 2005, S. 497 f.
[2] Vgl. Kapitel 2.3, S. 21-35.
[3] Vgl. Kapitel 3.2.1.3, S. 47 f.
[4] Vgl. *Gratz, K.,* Steuerplanung, 1982, S. 74.
[5] Ähnlich vgl. *Leibenstein, H.,* Aspects, 1975, S. 580.
[6] Eine Unternehmung ist unter neoklassischen Annahmen eine als existent vorausgesetzte Institution, vgl. Kapitel 3.2.1.3, S. 47-49.
[7] Zum *Coase*-Theorem vgl. Kapitel 3.2.2.1.3, S. 55 f.

tun der anderen Individuen durch einen entsprechenden Vertragsabschluss ausgeglichen werden.[1] Der perfekt funktionierende Preismechanismus sorgt dafür, dass die Individuen über die Wahl der Organisationsform verhandeln, bis eine pareto-optimale[2] Organisationsform umgesetzt wird.[3]

Da die für das Kooperationsergebnis optimale Organisationsform unter neoklassischen Annahmen damit nur von deren steuerlichen Folgen abhängt, ist die Wahl der Organisationsform unter diesen Annahmen vollständig steuerinduziert. Verbindet man dieses Ergebnis mit dem aufgezeigten steuerlichen Vorteil der Einheitsunternehmung, ergibt sich aus neoklassischen Annahmen die Steuerwirkungs-Hypothese, dass in der Realität ausschließlich die steuerlich optimale Organisationsform der Einheitsunternehmung anzutreffen ist. Diese These ist allerdings leicht empirisch widerlegbar, da auch Märkte und Konzerne in der Realität beobachtbar sind.[4]

Der von der Wahl der Organisationsform abhängige zeitliche Unterschied im Anfall der Steuerzahlungen führt auch unter den Annahmen der Hybridmodelle[5] zu einem positiven Zinseffekt bei der Organisationsform der Einheitsunternehmung.[6] Beschränken die Annahmen des jeweiligen Hybridmodells die

---

[1] Derartige Vereinbarungen über die Umverteilung des Kooperationsergebnisses können aufgrund der Annahme vollständiger Information von allen Kooperationspartnern auch perfekt und kostenlos kontrolliert und durchgesetzt werden, sodass auch ex post keine Hindernisse bei der Kooperation entstehen.

[2] Pareto-Optimalität bedeutet, dass niemand ohne einen anderen schlechter zu stellen besser gestellt werden kann, vgl. *Pareto, V.*, Politique, 1909, S. 617; *Sohmen, E.*, Allokationstheorie, 1976, S. 30; *Luckenbach, H.*, Wirtschaftspolitik, 2000, S. 24; *Donges, J. B./Freytag, A.*, Wirtschaftspolitik, 2004, S. 72.

[3] Vgl. *Demsetz, H.*, Property, 1967, S. 349; *Erlei, M./Leschke, M./Sauerland, D.*, Institutionenökonomik, 1999, S. 282; *Wolff, B.*, Theorie, 2000, S. 31. Ähnlich vgl. *Goldberg, V. P.*, Contract, 1976, S. 45.

[4] Damit bestätigt sich die in dieser Untersuchung vorgenommene Ablehnung der Annahmen der Neoklassik für die gewählte Fragestellung.

[5] Vgl. Kapitel 3.2.2.1, S. 51-55.

[6] Je nachdem, welche Annahmen über den Kapitalmarkt im jeweiligen Hybrid-Modell getroffen werden, entspricht der Zinseffekt dem Kapitalmarktzins oder der Rendite der besten Mittelverwendung, die dem jeweiligen Individuum alternativ zur Verfügung steht, ähnlich vgl. *Drukarczyk, J.*, Investitionstheorie, 1970, S. 20; *Moxter, A.*, Grundsätze, 1983, S. 124; *Schmidt, R. H./Terberger, E.*, Finanzierungstheorie, 1997, S. 122; *Ballwieser, W.*, Unternehmensbewertung, 2004, S. 14; *Bitz, M.*, Investition, 2005, S. 111.

4.2 Exkurs: Annahme vollständiger Rationalität

Kapitalaufnahme- oder Anlagemöglichkeiten der Individuen, oder sind die Zinsen oder Renditen von der jeweiligen Liquidität des Betroffenen abhängig, entsteht darüber hinaus ein zusätzlicher positiver Liquiditätseffekt.[1] Die Besteuerung de lege lata begünstigt damit wie in der Neoklassik die Organisationsform der Einheitsunternehmung im Vergleich zum Markt, den Hybridmodellen oder der Konzernunternehmung.

In den Hybridmodellen wird im Gegensatz zur Neoklassik nicht in gewinnmaximierende Produzenten und ihren Nutzen maximierende Konsumenten unterschieden.[2] Daher werden die Individuen zumindest bei isolierter Betrachtung ihrer finanziellen Ziele die Organisationsform so wählen, dass nicht der Gewinn der Unternehmung, sondern ihre aus der Unternehmung entnehmbaren und damit zum Konsum verfügbaren Kooperationsergebnisse nach Steuern maximiert werden.[3] Da auch in den Hybridmodellen von vollständiger Rationalität der Individuen ausgegangen wird, verfügen die Individuen über vollständige Informationen in Bezug auf ihren gesamten Aktionsraum sowie dessen ökonomische Folgen.[4] Ebenso sind für sie die Verarbeitung dieser Informationen und die mathematische Optimierung problemlos möglich.[5] Daher sind trotz möglicher Interdependenzen zwischen dem eigenen Verhalten und dem Verhalten anderer Individuen alle Auswirkungen der Organisationsform auf den Nutzen des Einzelnen spieltheoretisch exakt quantifizierbar.[6] Dieses Wissen eröffnet die Möglichkeit der Umverteilung von Kooperationsgewinnen durch den Abschluss entsprechender Verträge. Ebenso wie unter neoklassischen Annahmen besteht daher für alle an der Kooperation beteiligten Individuen grundsätzlich ein Anreiz, jedes mögliche „Mehr" am gesamten Kooperationsgewinn zu realisieren.[7]

---

[1] Dies ist z. B. bei Interdependenzen der Kapitalaufnahmemöglichkeiten und -kosten von der Liquidität und der bereits erreichten Verschuldung der Fall, ähnlich vgl. *Drukarczyk, J.*, Investitionstheorie, 1970, S. 61.

[2] Vgl. Kapitel 3.2.2.1.1, S. 52 f.

[3] Vgl. *Wagner, F. W./Dirrigl, H.*, Steuerplanung, 1980, S. 11. Dies setzt – wie es unter den Annahmen der Hybridmodellen auch der Fall ist – zeitlich gegebene Entnahmepräferenzen voraus, vgl. *Moxter, A.*, Präferenzstruktur, 1964, S. 11.

[4] Vgl. Kapitel 3.2.2.1.2, S. 54.

[5] Vgl. Kapitel 3.2.2.1.1, S. 51 f.

[6] Vgl. Kapitel 3.2.2.1.3, S. 56, Fn. 4.

[7] Vgl. Kapitel 4.2.1, S. 75.

Im Gegensatz zur Neoklassik ist die Vertragsgestaltung und damit auch die Umverteilung aber nicht zwingend kostenlos, vielmehr können z. B. Vertragsabschluss-, Motivations-, Kontroll- und Durchsetzungskosten entstehen. Aufgrund der vollständigen Rationalität ist den Individuen in den Hybridmodellen das sich unter Einbeziehung dieser Kosten ergebende Entscheidungsumfeld vollständig bekannt, sodass sie bereits vor Vertragsabschluss dieses Wissen vollständig in die Organisationsformwahl mit einfließen lassen können.[1] Die Individuen werden damit die unter der Nebenbedingung der eingeführten Unsicherheiten und Transaktionskosten optimale Lösung anstreben und unter Berücksichtigung eventueller Umverteilungskosten auch umsetzen.[2]

Da unter den Annahmen der Hybridmodelle Unternehmungen als *nexus of contracts* angesehen werden, unterscheiden sie sich vor allem hinsichtlich der Property-Rights-Verteilungen von Marktverträgen.[3] Ebenso führen Einheitsunternehmungen im Vergleich zu Konzernunternehmungen in der Regel zu unterschiedlichen Property-Rights-Verteilungen. Unter den Annahmen der Hybridmodelle können damit sowohl sich hinsichtlich des Grades der Integration von Produktionsschritten als auch sich hinsichtlich des Grades der Konzernierung einer Unternehmung unterscheidende Organisationsformen zu Auswirkungen auf die Höhe des Kooperationsgewinns und die Verteilung dieses Ergebnisses auf die Individuen führen. Dementsprechend müssen die Individuen bei der Ermittlung der für sie jeweils optimalen Organisationsform auch die nichtsteuerlichen ökonomischen Auswirkungen der Organisationsformwahl berück-

---

[1] Im Kontext des Principal-Agent-Ansatzes ähnlich, vgl. *Williamson, O. E.,* Finance, 1988, S. 572; *Picot, A.,* Ansätze, 1991, S. 155.

[2] Es handelt sich bei diesen Optima allerdings unter den Annahmen der Hybridmodelle regelmäßig um Second-Best-Lösungen, d. h. durch eine Änderung des institutionellen Rahmens und der damit verbundenen Höhe der Vertragsabschluss-, Motivations-, Kontroll- und Durchsetzungskosten könnten durchaus pareto-bessere Ergebnisse der gesamten Allokation erzielt werden, vgl. *Schoppe, S. G.,* Grundlagen, 1995, S. 184.

[3] Vgl. Kapitel 3.2.2.1.3, S. 56 f.

sichtigen.[1] Unter der den Hybridmodellen zugrunde liegenden Annahme des REMM muss damit zur Maximierung des Nutzens eine Totalbetrachtung unter Einbeziehung der wirtschaftlichen Konsequenzen dieser Entscheidungen erfolgen.[2] Ob die im Vergleich zum Markt sowie im Vergleich zur Konzernunternehmung vorteilhaftere Besteuerung der Einheitsunternehmung damit bei der Organisationsformwahl zur Steuerwirkung in Form einer Wahl von Einheitsunternehmungen führt, kann nicht pauschal beantwortet werden. Vielmehr ist die Präferenz der Individuen vom *trade off* der ökonomischen Auswirkungen im Einzelfall und den jeweiligen Nutzenfunktionen der Individuen abhängig, wobei die Ermittlung der optimalen Wahl den Individuen aufgrund der Annahme vollständiger Rationalität jederzeit möglich ist.

4.2.2 Steuerrechtsbeurteilung

Neben den aufgezeigten Folgen für die Ableitbarkeit einer Hypothese über die Organisationsformwahl haben die Annahmen der unterstellten Theorie auch Auswirkungen darauf, welche gesamtwirtschaftlichen Zustände als wirtschaftspolitisch wünschenswert angesehen werden. Wenn alle Marktteilnehmer Preisnehmer sind, lässt sich in den Modellen der Neoklassik zeigen, dass sich ein Konkurrenzgleichgewicht einstellt.[3] Unter den neoklassischen Annahmen ist dieser Zu-

---

[1] Daher kann z. B. die zum Teil in der Literatur geforderte relative Minimierung der Steuerbelastung die Totalbetrachtung nicht generell ersetzen. Zur relativen Minimierung vgl. *Kleineidam, H.-J.*, Steuerlehre, 1968, S. 126-128; *Mellerowicz, K.*, Unternehmenspolitik, 1978, S. 418; *Selchert, F. W.*, Steuerpolitik, 1978, S. 2; *Wacker, W. H.*, Subziele, 1982, S. 527; *Baumhoff, H.*, Verrechnungspreise, 1986, S. 1; *Köhler, S.*, Steuerpolitik, 1994, S. 75; *Zirfas de Morón, H.*, Globalisierung, 1996, S. 50; *Sander, B.*, Anrechnungsverluste, 1999, S. 27; *Michel, S.*, Besteuerung, 2001, S. 37; *Kessler, W.*, Konzernbesteuerung, 2004, S. 6. Eine derartige Isolierung des Subziels „Minimierung des Kapitalwerts der Steuerbelastung" ist nur in den in der Realität seltenen Fällen sinnvoll, wenn die Entscheidung ausnahmslos zu steuerlichen Auswirkungen führt, vgl. *Wacker, W. H.*, Steuerplanung, 1979, S. 30; im Ergebnis ähnlich vgl. *Rose, G.*, Steuerlehre, 1976, Sp. 3764 f.

[2] Vgl. *Scholes, M. S./Wolfson, M. A.*, Taxes, 1992, S. 77; *Wagner, F. W./Dirrigl, H.*, Steuerplanung, 1980, S. 9; *Theisen, M. R.*, Konzern, 2000, S. 577. Vom Grundgedanken ähnlich, vgl. *Mellerowicz, K.*, Unternehmenspolitik, 1978, S. 416; *Wacker, W. H.*, Steuerplanung, 1979, S. 33, 35; *Zirfas de Morón, H.*, Globalisierung, 1996, S. 47; letztere Autoren befürworten jedoch dennoch eine „relative" Minimierung, die nur ceteris paribus gelingt und daher diesem Grundgedanken widerspricht, vgl. die vorangehende Fn. sowie ähnlich vgl. *Wagner, F. W.*, Forschungsprogramm 1974, S. 395.

[3] Es handelt sich dabei um ein so genanntes *Walras*-Gleichgewicht; zum *Walras*-Gleichgewicht siehe *Walras, L.*, Economie, 1926, S. 52, 64, 133.

stand deduktiv zwingend pareto-optimal[1] und wird daher auch als allokationseffizient bezeichnet.[2] Dadurch ist in der Neoklassik aufgrund der Existenz dieser pareto-optimalen Marktgleichgewichte nach dem so genannten ersten Hauptsatz der Wohlfahrtsökonomik bei fehlenden Marktstörungen eine deduktive Begründung für *laissez faire*-Politik möglich.[3]

Wird das Marktgleichgewicht hingegen durch Marktmacht einzelner Individuen gestört, entstehen Ineffizienzen. Diese Ineffizienzen sind in der auf *Pigou* zurückgehenden Tradition der neoklassischen Wohlfahrtsökonomik als Abweichung der Allokation von den pareto-optimalen Konkurrenzgleichgewichten zu messen und durch regulative Staatseingriffe zu beseitigen.[4] Wegen der Möglichkeit der Separation von Einkommenserzielung und -verteilung ist diese Implikation von sozialen Fragen isolierbar (zweiter Hauptsatz der Wohlfahrtsökonomik).[5] Wirtschafts-

---

[1] Der Zustand des Konkurrenzgleichgewichts ist pareto-optimal, da die Produktionsseite effizient arbeitet (Produktionseffizienz), ein Tauschoptimum zur effizienten Verteilung der produzierten Güter vorliegt, vgl. *Picot, A./Dietl, H./Franck, E.*, Organisation, 2005, S. 36 f., und durch eine optimale Produktionsstruktur die optimale Mischung an Gütern produziert wird, vgl. *Milgrom, P./Roberts, J.*, Economics, 1992, S. 23; ähnlich vgl. *Furubotn, E. G.*, Development, 1994, S. 9.

[2] Vgl. *Buchanan, J. M.*, Economics, 1959, S. 124 f.; *Milgrom, P./Roberts, J.*, Economics, 1992, S. 22; *Samuelson, P. A./Nordhaus, W. D.*, Economics, 1995, S. 136, 264; *Böventer, E. v.* u. a., Mikroökonomik, 1997, S. 257. Bei Allokationseffizienz dürfen in einer Grenzbetrachtung jeweils keine Verbesserungen mehr möglich sein, d. h. die Marginalbedingungen müssen erfüllt sein, vgl. *Sohmen, E.*, Allokationseffizienz, 1976, S. 38; *Luckenbach, H.*, Wirtschaftspolitik, 2000, S. 39; *Weimann, J.*, Wettbewerbspolitik, 2004, S. 99. Der Preismechanismus führt zur Allokation nach den Marginalbedingungen, da aufgrund der vollständigen Rationalität alle Preise allen Individuen bekannt sind und der Preismechanismus transaktionskostenfrei funktioniert, vgl. *Arrow, J. K.*, Organization, 1977, S. 69.

[3] Vgl. *Nelson, R. R./Winter, S. G.*, Change, 1982, S. 357; *Buchanan, J. M.*, Constitutional, 1987, S. 585; *Erlei, M./Leschke, M./Sauerland, D.*, Institutionenökonomik, 1999, S. 45; *Donges, J. B./Freytag, A.*, Wirtschaftspolitik, 2004, S. 137 f. Zur *laissez faire*-Politik siehe *Sinn, H.-W.*, Kapitaleinkommensbesteuerung, 1985, S. 5; *Feldman, A. M.*, Welfare, 1987, S. 889; *Wagner, F. W.*, Normkritik, 1992, S. 4; *Ohmer, M.*, Einkommensteuer, 1997, S. 74.

[4] Vgl. *Pigou, A. C.*, Welfare, 1929, S. 336; *Nelson, R. R./Winter, S. G.*, Change, 1982, S. 366; *Eggertsson, T.*, Institutions, 1990, S. 21; *Leschke, M./Sauerland D.*, Pigou, 2000, S. 184 f.

[5] Vgl. *Nelson, R. R./Winter, S. G.*, Change, 1982, S. 357; *Feldman, A. M.*, Welfare, 1987, S. 891; *Martiensen, J.*, Institutionenökonomik, 2000, S. 66; *Weimann, J.*, Wettbewerbspolitik, 2004, S. 283. Voraussetzung für diese Deduktion sind die in der Neoklassik unterstellten konvexen Indifferenzkurven des Nutzens der Haushalte und der Produktionsmöglichkeiten sowie vollkommene Märkte. Die Verteilung des Einkommens auf die Individuen kann dann vom Staat durch *lump sum*-Steuern und Subventionen beliebig verändert werden, vgl. *Arrow, J. K.*, Organization, 1977, S. 70.

4.2 Exkurs: Annahme vollständiger Rationalität

politische Empfehlungen sind in der Neoklassik damit Empfehlungen an Individuen, die nicht die Rolle der Haushalte oder Produzenten, sondern eine dritte Rolle als Politiker einnehmen.[1] In dieser Rolle sollen sie weder ihren eigenen Nutzen noch ihren Gewinn, sondern regelmäßig uneigennützig die Wohlfahrt der gesamten Gesellschaft im Sinne des Pareto-Kriteriums maximieren.[2] Nach der wirtschaftspolitischen Vorgehensweise in der Tradition *Pigous* „übertrumpft" die Ökonomik die Politik, d. h. die reale Politik wird anhand des modelltheoretischen Ideals des Pareto-Kriteriums beurteilt und kritisiert.[3]

In der Neoklassik wird hauptsächlich Monopolmacht als Ursache für Marktfehler angesehen. Darüber hinaus kann das Konkurrenzgleichgewicht auch durch ein Steuersystem gestört sein.[4] Die Optimalsteuertheorie zeigt auf, wie ein Steuersystem konstruiert werden muss, um negative Allokationswirkungen zu vermeiden.[5] Unter der Annahme vollständiger Rationalität sollte ein Steuersystem daher aus ökonomischer Sicht an seinen Allokationswirkungen gemessen werden und folglich keine Substitutionseffekte auslösen.[6] Aus den neoklassischen Annahmen kann dabei das Postulat der Investitionsneutralität abgeleitet werden.[7]

---

[1] Vgl. *Erlei, M./Leschke, M./Sauerland, D.*, Institutionenökonomik, 1999, S. 319.

[2] Vgl. *Dixit, A. K.*, Policy, 1996, S. 8; *Williamson, O. E.*, Governance, 1996, S. 196, 336 f.; *Williamson, O. E.*, Development, 2000, S. 100. Ähnlich vgl. *Krueger, A. O.*, Economy, 1990, S. 172. Damit wird der wohlfahrtsmaximierende Staat ähnlich wie die Unternehmung als *black box* angesehen, vgl. *Dixit, A. K.*, Policy, 1996, S. 9.

[3] Vgl. *Williamson, O. E.*, Development, 2000, S. 109.

[4] Vgl. *Buchanan, J. M.*, Constitutional, 1987, S. 587; *Kreps, D. M.*, Theory, 1990, S. 289.

[5] Vgl. *Coase, R. H.*, Firm, 1988, S. 67; *Kreps, D. M.*, Theory, 1990, S. 291. Ähnlich vgl. *Demsetz, H.*, Structure, 1983, S. 378. Zu Modellen der Optimalsteuertheorie siehe z. B. *Cansier, D.*, Steuerlehre, 2004, S. 93-116; *Homburg, S.*, Steuerlehre, 2005, S. 157-214.

[6] Vgl. *Zuber, B.*, Anknüpfungsmerkmale, 1991, S. 48 f.; *Wagner, F. W.*, Rechtskritik, 1995, S. 741; *Kiesewetter, D.*, Reform, 1997, S. 24 f.; *Cansier, D.*, Steuerlehre, 2004, S. 87 f. Ähnlich vgl. *Wagner, F. W.*, Steuervermeidungslehre, 1986, S. 41 f.; *Schreiber, U./ Stellpflug, T.*, Steuerbasis, 1990, S. 190; *Schwinger, R.*, Steuern, 1994, S. 40.

[7] In der Optimalsteuertheorie kann sowohl im Rahmen von First-Best- als auch von Second-Best-Steuersystemen gezeigt werden, dass aufgrund des Produktionseffizienztheorems Investitionsneutralität zur Sicherung von Produktionseffizienz und somit zur Erreichung von Allokationseffizienz erforderlich ist, vgl. *Homburg, S.*, Steuerlehre, 2005, S. 335 f. Ähnlich vgl. *Spengel, C.*, Unternehmensbesteuerung, 2003, S. 224; *Homburg, S.*, Wohnsitzprinzip, 2005, S. 19. Zum Produktionseffizienztheorem vgl. *Diamond, P. A./Mirrlees, J. A.*, Taxation, 1971; *Beckmann, K./Lackner, E.*, Produktionseffizienztheorem, 1999, S. 363.

Auch unter den Annahmen der Hybridmodelle existieren, wie in der Neoklassik, Marktgleichgewichte. In den Hybridmodellen wird die Pareto-Optimalität bei *laissez faire*-Politik jedoch durch weitere Marktfehler widerlegt und nicht nur auf Monopole abgestellt. Menschliches Verhalten muss unter den Annahmen der Hybridmodelle durch Institutionen koordiniert werden, die Vertragsformwahl wird daher zum ökonomischen Parameter.[1] Aufgrund der vollständigen Rationalität wählen die Individuen die aus der gegebenen Menge an Institutionen optimale Vertragsform aus. Die gegebene Menge an Vertragsformen sowie deren ökonomische Eigenschaften wie Errichtungskosten, ihre Durchsetzbarkeit und ihre Durchsetzungskosten hängen vom institutionellen Rahmen der gesamten Gesellschaft ab, wodurch in den Hybridmodellen auch der institutionelle Rahmen des Rechts zur wirtschaftspolitischen Stellschraube wird.

Durch die Beibehaltung der Annahme vollständiger Rationalität kann die wirtschaftspolitische Analyse weiterhin in der Tradition *Pigous* erfolgen: Die negative Auswirkung der eingeführten Nebenbedingungen, wie z. B. von unzureichend spezifizierten Property-Rights, wird im Vergleich zur pareto-optimalen Allokation im ungestörten Konkurrenzgleichgewicht als Effizienzverlust bezeichnet[2] und z. B. in der Marktfehlerliteratur[3] oder in der ökonomischen Analyse des Rechts analysiert.[4] Wirtschaftspolitisch gilt es, diesen Effizienzverlust durch eine entsprechende Gestaltung des institutionellen Rahmens zu minimieren. Im Principal-Agent-Ansatz werden daher z. B. regelmäßig solche Maßnahmen bevorzugt, bei denen die Summe aus den Transaktionskosten ihrer Einführung sowie Durchsetzung und dem Wohlfahrtsverlust durch die Agency-

---

[1] Z. B. werden im der Property-Rights-Ansatz Marktfehler durch externe Effekte infolge unvollständig spezifizierter Property-Rights oder Transaktionskosten ihres Austauschs, ihrer Überwachung und ihrer Durchsetzung betrachtet, vgl. *Schoppe, S. G.,* Grundlagen, 1995, S. 140 f.; *Picot, A./Dietl, H./Franck, E.,* Organisation, 2005, S. 50. Auch der Principal-Agent-Ansatz befasst sich mit Marktversagen wie z. B. der Adverse-Selection, die aufgrund der Annahmen dieses Ansatzes möglich werden; vgl. hierzu das bekannte „Lemons"-Beispiel von *Akerlof,* vgl. *Akerlof G. A.,* Lemons, 1970, S. 488-500.

[2] Vgl. *Schneider, D.,* Markt, 1985, S. 1244; *Zerbe, R. O.,* Efficiency, 2001, S. 174; *Richter, R./Furubotn, E. G.,* Institutionenökonomik, 2003, S. 554.

[3] Vgl. *Williamson, O. E.,* Governance, 1996, S. 196.

[4] Vgl. z. B. *Pirsching, M.,* Rechtslehre, 1979, S. 995; *Schneider, D.,* Steuerlehre, 1983, S. 34; *Schäfer, H.-B.,* Allokationseffizienz, 1989, S. 1-3.

4.2 Exkurs: Annahme vollständiger Rationalität

Kosten[1] im Vergleich zur First-Best-Lösung, d. h. im Vergleich zum ungestörten Konkurrenzgleichgewicht, minimiert wird.[2] Im Property-Rights-Ansatz sind regelmäßig solche Property-Rights-Strukturen zu bevorzugen, bei denen die Summe aus den Transaktionskosten der Einführung und Durchsetzung bestimmter Property-Rights und dem Wohlfahrtsverlust durch externe Effekte aufgrund fehlender Property-Rights ceteris paribus minimiert wird.[3]

Wie in der Neoklassik kann auch unter den Annahmen der Hybridmodelle ein Steuersystem an seinen Allokationswirkungen beurteilt werden. Auch in der Betriebswirtschaftlichen Steuerrechtsgestaltungslehre wird als Ziel eines Steuersystems regelmäßig die Sicherung der Allokationseffizienz angesehen.[4] Aus dieser Forderung werden die Postulate der Investitions-,[5] Finanzierungs-[6] und Rechtsformneutralität abgeleitet.[7] Während das Postulat der Investitionsneutralität auch in der Neoklassik abgeleitet werden kann,[8] sind die Postulate der Finan-

---

[1] Unter Agency-Kosten werden dabei die Transaktionskosten zur Sicherung der Kooperation sowie der nicht realisierte Kooperationsgewinn verstanden, vgl. *Jensen, M. C./Meckling, W. H.*, Agency, 1976, S. 308. Sie entsprechen der Differenz zwischen einer neoklassischen First-Best-Lösung und dem erzielten Zustand bei unvollständiger Information, vgl. *Pratt, J. W./Zeckhauser, R. J.*, Overview, 1991, S. 3; *Ebers, M./Gotsch, W.*, Theorie, 2002, S. 212; *Picot, A./Dietl, H./Franck, E.*, Organisation, 2005, S. 76.

[2] Vgl. *Akerlof, G. A.*, Lemons, 1970, S. 488; *Jensen, M. C./Meckling, W. H.*, Agency, 1976, S. 313; *Pratt, J. W./Zeckhauser, R. J.*, Overview, 1991, S. 3; *Wolff, B.*, Theorie, 2000, S. 44; *Picot, A./Dietl, H./Franck, E.*, Organisation, 2005, S. 86 f., 94.

[3] Vgl. *Picot, A./Reichwald, R./Wigand, R. T.*, Unternehmung, 2003, S. 48 f.; *Picot, A./Dietl, H./Franck, E.*, Organisation, 2005, S. 49.

[4] Vgl. Kapitel 1.3, S. 13, Fn. 1.

[5] Vgl. *Homburg, S.*, Steuerlehre, 2005, S. 336. Ähnlich vgl. *Knoll, L.*, Unternehmensgewinnbesteuerung, 2001, S. 335 f.; *Spengel, C.*, Unternehmensbesteuerung, 2003, S. 225. Die Herleitung dieses Postulats erfolgt über das Produktionseffizienztheorem, vgl. dazu *Diamond, P. A./Mirrlees, J. A.*, Taxation, 1971; *Beckmann, K./Lackner, E.*, Produktionseffizienztheorem, 1999, S. 363.

[6] Vgl. *Kiesewetter, D.*, Reform, 1997, S. 25; *Homburg, S.*, Steuerlehre, 2005, S. 348 f. Ähnlich vgl. *Spengel, C.*, Unternehmensbesteuerung, 2003, S. 225; *Cansier, D.*, Steuerlehre, 2004, S. 93.

[7] Vgl. *Homburg, S.*, Steuerlehre, 2005, S. 354; ähnlich vgl. *Elschen, R./Hüchtebrock, M.*, Steuerneutralität, 1983, S. 257; *Schreiber, U.*, Unternehmensbesteuerung, 1987, S. 143; *Spengel, C.*, Analyse, 1998, S. 349; *Herzig, N./Wartin, C.*, Unternehmenssteuerreform, 2000, S. 379; *Spengel, C.*, Unternehmensbesteuerung, 2003, S. 225; *Sureth, C.*, Rechtsformneutralität, 2003, S. 795; *Cansier, D.*, Steuerlehre, 2004, S. 94.

[8] Vgl. Kapitel 4.2.2, S. 81.

zierungs- und Rechtsformneutralität nur unter den Annahmen der Hybridmodelle haltbar:[1] Sie benötigen sowohl pareto-optimale Marktgleichgewichte und damit vollständige Rationalität als auch unterschiedliche Auswirkungen von verschiedenen Property-Rights-Verteilungen.[2]

4.3 Annahme beschränkter Rationalität

4.3.1 Organisationsformwahl

Inwieweit durch die Besteuerung de lege lata Steuerwirkungen auf die in der Realität beobachtbaren Organisationsformen entstehen, kann nicht ohne die Modellierung der Organisationsformwahl und ihrer Folgen analysiert werden. Im Gegensatz zur Neoklassik und den Hybridmodellen führen unter der dem Transaktionskostenansatz zugrunde liegenden Annahme beschränkter Rationalität dabei sowohl Organisationsformen, die sich hinsichtlich des Governance-Mechanismus unterscheiden, als auch Organisationsformen, die sich hinsichtlich der Unternehmensverfassungen unterscheiden, zu verschiedenen ökonomischen Auswirkungen auf das Kooperationsergebnis.[3]

Coase stellte bereits 1937 in seinem Artikel „The Nature of the Firm" fest, dass eine Analyse der Existenz und der Größe von Unternehmungen in Abhängigkeit von den Transaktionskosten zu erfolgen hat.[4] Sein Versuch einer Erklärung unterschiedlicher Organisationsformen durch den Verweis auf das Vorliegen unterschiedlicher Transaktionskosten blieb wegen einer fehlenden Operationalisierung der Organisationsformen und des Zusammenhangs zwischen der Organisationsform und den sich daraus ergebenden Transaktionskosten jedoch lange

---

[1] Vgl. *Schwinger, R.*, Steuern, 1994, S. 48.
[2] Die Ableitung von Finanzierungs- und Rechtsformneutralität als Bedingung für Allokationseffizienz wäre unter neoklassischen Annahmen daher inkonsistent, vgl. *Knoll, L.*, Unternehmensgewinnbesteuerung, 2001, S. 336.
[3] Vgl. Kapitel 3.2.2.2.3, S. 66 f. *Williamson* spricht dabei von sich diskriminierenden *governance structures*, vgl. *Williamson, O. E.*, Firm, 1981, S. 678; *Williamson, O. E.*, Organization, 1991, S. 270; *Williamson, O. E.*, Institutions, 1998, S. 75; *Williamson, O. E.*, Ahead, 2000, S. 602.
[4] Vgl. *Coase, R. H.*, Firm, 1937; ähnlich vgl. *Klein, B./Crawford, R. G./Alchian, A. A.*, Integration, 1978, S. 297; *Strohm, A.*, Theorie, 1988, S. 24 f.

4.3 Annahme beschränkter Rationalität

inhaltslos.[1] Diese Tautologie wurde erst durch *Williamson* beseitigt, der durch eine Operationalisierung von Transaktionen, Organisationsformen und Umweltzuständen die Ableitung von Modellaussagen erlaubte.[2]

4.3.1.1 Operationalisierung der Schlüsseldimensionen

Zur Operationalisierung bestimmt *Williamson* z. B. bei der Diskussion von vertikaler Integration die folgenden drei Schlüsseldimensionen von Transaktionen, die zu Fallkonstellationen mit unterschiedlichen ökonomischen Auswirkungen führen: „the frequency with which they recur; the uncertainty to which they are subject; and asset specificity".[3] Sie werden in dieser Untersuchung unter den Begriffen Häufigkeit, Unsicherheit und Spezifität verwendet.

Häufigkeit steht für die Anzahl der Wiederholung gleichartiger Transaktionen.[4] Unsicherheit kann sich sowohl aus technischer Unsicherheit[5] als auch aus Unsicherheit über menschliches Verhalten ergeben.[6] Spezifität liegt dann vor, wenn der Opportunitätsnutzen der nächstbesten Verwendungsalternative einer Investiti-

---

[1] Vgl. *Alchian, A. A./Demsetz, H.*, Organization, 1972, S. 783 f.; *Williamson, O. E.*, Markets, 1975, S. 3; *Williamson, O. E.*, Firm, 1981, S. 675; *Williamson, O. E.*, Integration, 1987, S. 809; *Coase, R. H.* Structure, 1992, S. 718; *Williamson, O. E./Bercovitz, J.*, Corporation, 1996, S. 351; *Pies, I.*, Grundlagen, 2001, S. 4; *Williamson, O. E.*, Governance, 2002, S. 180. Ähnlich vgl. *Neus, W.*, Betriebswirtschaftslehre, 2005, S. 127.

[2] Vgl. *Williamson, O. E.*, Approach, 1981, S. 548; *Williamson, O. E.*, Firm, 1981, S. 675; *Williamson, O. E.*, Ahead, 2000, S. 599, 604; *Williamson, O. E.*, Governance, 2002, S. 175. Ähnlich vgl. *Pies, I.*, Grundlagen, 2001, S. 4.

[3] *Williamson, O. E.*, Integration, 1987, S. 810. Ähnlich vgl. *Williamson, O. E.*, Relations, 1979, S. 239; *Williamson, O. E.*, Firm, 1981, S. 676; *Williamson, O. E.*, Approach, 1981, S. 555; *Williamson, O. E.*, Governance, 1996, S. 356; *Williamson, O. E.*, Contract, 2003, S. 923.

[4] Vgl. *Williamson, O. E.*, Governance, 1984, S. 206; *Williamson, O. E.*, Capitalism, 1985, S. 60.

[5] Die technische Unsicherheit wird auch als statistisches Risiko oder Umweltunsicherheit bezeichnet, vgl. *Williamson, O. E.*, Transaction, 1989, S. 144; *Dietl, H.*, Institutionen, 1993, S. 111. Im Vergleich zur Neoklassik wird sie durch die Annahmen der beschränkten Rationalität und von Kosten der Informationsgewinnung verstärkt, da mit diesen Annahmen Informationsasymmetrien zugunsten mancher Individuen entstehen. Zudem haben die Individuen nur ein Teilabbild der tatsächlich zur Verfügung stehenden Informationen und können davon nur einen beschränkten Teil berücksichtigen, vgl. *Neus, W.*, Betriebswirtschaftslehre, 2005, S. 96.

[6] Die Unsicherheit aus menschlichem Verhalten ergibt sich aus der Annahme des REMM, der eine den anderen Individuen nicht bekannte Nutzenfunktion verfolgen kann. Diese ex ante bekannte Informationsasymmetrie wird als *idiosyncratic trading hazard* bezeichnet, vgl. *Williamson, O. E.*, Capitalism, 1985, S. 58; *Williamson, O. E.*, Transaction, 1989, S. 144.

on (so genannte Quasi-Rente[1]) unter dem Nutzen im Falle ihres geplanten Einsatzes liegt.[2] Dabei werden verschiedene Arten von Spezifität unterschieden, wie z. B. *site specifity*, die sich aus der Ortsabhängigkeit eines von einem Abnehmer abhängigen Produktionsstandorts ergibt; *physical asset specifity*, die bei Investitionen entsteht, welche aus technischen Gründen nur zur Produktion weniger spezieller Güter eingesetzt werden können; *human asset specifity*, die sich vor allem aus dem Mehrnutzen von Learning by Doing ergibt; Spezifität aus *dedicated assets*, die auf Wunsch spezieller Kunden angeschafft werden; *temporary specifity*, die bei zeitlich begrenztem Bedarf entstehen kann sowie Spezifität aus *brand name capital*.[3] Je höher die Spezifität bei einer Investition, desto größer ist der Verlust bei ihrer alternativen Verwendung und desto höher sind daher ihre *sunk costs*.[4] Derartige Investitionen werden auch als idiosynkratisch bezeichnet.[5]

4.3.1.2 Klassifizierung der Organisationsformen

Die komparative Analyse des Transaktionskostenansatzes benötigt weiter eine Einteilung der Organisationsformen in Klassen, für die jeweils *key differences*

---

[1] Vgl. *Klein, B./Crawford, R. G./Alchian, A. A.*, Integration, 1978, S. 298; *Monteverde, K./ Teece, D. J.*, Integration, 1982, S. 325; *Picot, A./Dietl, H.*, Transaktionskostentheorie, 1990, S. 179; *Fischer, M.*, Integration, 1992, S. 13; *Göbel, E.*, Institutionenökonomik, 2002, S. 138.

[2] Vgl. *Klein, B./Crawford, R. G./Alchian, A. A.*, Integration, 1978, S. 298; *Williamson, O. E.*, Governance, 1984, S. 202; *Williamson, O. E.*, Logic, 1988, S. 70; *Williamson, O. E.*, Capitalism, 1985, S. 55; *Richter, R.*, Theorie, 1991, S. 408; *Fischer, M.*, Integration, 1992, S. 13; *Dietl, H.*, Institutionen, 1993, S. 110; *Picot, A.*, Organisation, 2005, S. 55.

[3] Vgl. *Williamson, O. E.*, Capitalism, 1985, S. 95 f.; *Williamson, O. E.*, Transaction, 1989, S. 143; *Williamson, O. E.*, Organization, 1991, S. 281 f.; *Williamson, O. E.*, Governance, 2002, S. 176; sowie auch *Fischer, M.*, Integration, 1992, S. 13; *Erlei, M./Leschke, M./ Sauerland, D.*, Institutionenökonomik, 1999, S. 180-182; *Jost, P.-J.*, Unternehmenskontext, 2001, S. 12; *Göbel, E.*, Institutionenökonomik, 2002, S. 139 f.

[4] Vgl. *Williamson, O. E.*, Commitments, 1983, S. 522; *Richter, R.*, Theorie, 1991, S. 408; *Jost, P.-J.*, Unternehmenskontext, 2001, S. 11. Der Begriff der *sunk costs* wird in verschiedenen Bedeutungen verwendet. Die im Transaktionskostenansatz betonten Auswirkungen der Spezifität ergeben sich jedoch nur unter der Annahme unvollständiger Verträge und werden in anderen Ansätzen nicht berücksichtigt, vgl. *Williamson, O. E.*, Finance, 1988, S. 571; *Williamson, O. E.*, Logic, 1988, S. 70 f.; *Williamson, O. E.*, Transaction, 1989, S. 142

[5] Vgl. *Williamson, O. E.*, Relations, 1979, S. 240; *Picot, A./Dietl, H.*, Transaktionskostentheorie, 1990, S. 179; *Fischer, M.*, Integration, 1992, S. 13.

4.3 Annahme beschränkter Rationalität

hinsichtlich der ökonomischen Auswirkungen bestimmt werden können.[1] Nach dem Analyseschema des Transaktionskostenansatzes werden verschiedene Organisationsformen mit Transaktionen, die sich in bestimmten Eigenschaften unterscheiden, kombiniert und die sich jeweils ergebenden ökonomischen Auswirkungen verglichen (vgl. Darst. 16). Modellaussagen können abgeleitet werden, wenn sich in ihren ökonomischen Auswirkungen unterscheidende Kombinationen (*discriminating matches*) gefunden werden.[2]

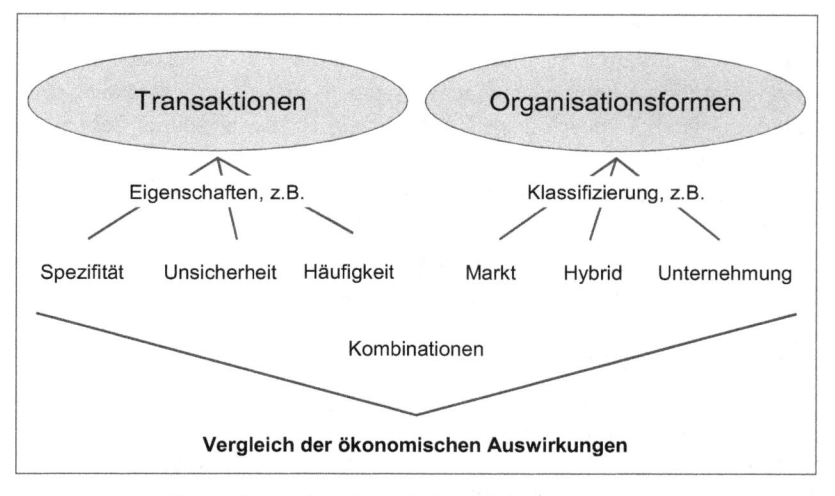

Darst. 16: **Analyseschema des Transaktionskostenansatzes**

---

[1] Vgl. *Picot, A.*, Transaktionskostenansatz, 1982, S. 273; *Williamson, O. E.*, Lens, 2002, S. 441. Unterschiede ergeben sich insbesondere aus dem jeweils zugrunde liegenden institutionellen Rahmen hinsichtlich der Anreize und Durchsetzungsmechanismen, vgl. *Williamson, O. E.*, Organization, 1991, S. 277.

[2] Vgl. *Williamson, O. E.*, Relations, 1979, S. 234; *Williamson, O. E.*, Logic, 1988, S. 66, 72 f.; ; *Williamson, O. E.*, Finance, 1988, S. 571; *Williamson, O. E.*, Organization, 1994, S. 164 f.; *Williamson, O. E.*, Governance, 1996, S. 311, 356; sowie auch *Dow, G. K.*, Authority, 1987, S. 14; *Göbel, E.*, Institutionenökonomik, 2002, S. 139. Ähnlich vgl. *Williamson, O. E.*, Capitalism, 1985, S. 68; *Williamson, O. E.*, Institutions, 1998, S. 75; *Williamson, O. E.*, Ahead, 2000, S. 599; *Williamson, O. E.*, Development, 2000, S. 95; *Williamson, O. E.*, Lens, 2002, S. 441; *Williamson, O. E.*, Economics, 2004, S. 72.

4.3.1.3 Qualitative Analyse

Die Analyse des Transaktionskostenansatzes erfolgt regelmäßig nicht quantitativ, sondern qualitativ[1] und damit nicht durch das Aufzeigen von Marginalbedingungen, sondern durch die Suche nach diskreten strukturellen Unterschieden.[2] Die qualitative Untersuchung ist unter den Annahmen des Transaktionskostenansatzes einer quantitativen Analyse vorzuziehen, da weder eine mathematische Methode für eine formale Modellierung transaktionskostenökonomischer Fragestellungen zur Verfügung steht[3] noch die Annahme beschränkter Rationalität dazu führt, dass den Individuen eine quantitative Situationsbewertung problemlos möglich ist.[4] *Williamson* nimmt daher zwar beschränkt rationale, aber zumindest vorausschauende Individuen an,[5] deren Entscheidungsfindung nicht – wie bei vollständiger Rationalität – auf Basis exakter Zahlen, sondern qualitativ abwägend erfolgt.[6] Im Gegensatz zur Marginalbetrachtung der Neoklassik oder der Hybridmodelle ist daher in der Regel kein hoch entwickelter mathematischer Apparat, wie z. B. die Differenzialrechnung, erforderlich; die qualitative Analyse erfolgt durch den Nachweis eines Unterschieds in *discret structural ways*, der in der Regel mit viel einfacheren Argumenten und Mitteln

---

[1] Vgl. *Simon, H. A.*, Rationality, 1978, S. 6; *Williamson, O. E.*, Organization, 1991, S. 269; *Williamson, O. E.*, Economic, 1991, S. 33.

[2] Vgl. *Williamson, O. E.*, Governance, 1996, S. 7; *Williamson, O. E.*, Power, 1996, S. 11.

[3] Vgl. *Williamson, O. E.*, Organization, 1991, S. 277; *Williamson, O. E.*, Contract, 2003, S. 937; sowie auch *Göbel, E.*, Institutionenökonomik, 2002, S. 139. Die bisherigen mathematischen Formalisierungsversuche des Transaktionskostenansatzes lassen zentrale Aspekte unbeachtet und sind daher nicht geeignet, vgl. *Williamson, O. E.*, Ahead, 2000, S. 605.

[4] *Schneider* kritisiert den Transaktionskostenansatz, da Opportunitätskosten nur in Spezialfällen quantifizierbar und damit in ihrer Höhe empirisch überprüfbar sind, vgl. *Schneider, D.*, Markt, 1985, S. 1242. Williamson will diese Kosten jedoch weder quantifizieren noch in ihrer Höhe empirisch überprüfen. Die empirische Überprüfung der Ergebnisse des Transaktionskostenansatzes ist dennoch möglich: Das Ergebnis des Transaktionskostenansatzes ist nicht die quantifizierte Höhe einzelner Transaktionskosten, sondern vielmehr ein in der Realität empirisch nachweisbarer qualitativer Zusammenhang zwischen Organisationsformen und bestimmten Schlüsseldimensionen der jeweils koordinierten Transaktionen.

[5] Vgl. Kapitel 3.2.2.2.1, S. 59.

[6] *Schneiders* Kritik eines Widerspruchs zwischen beschränkter Rationalität und einer Entscheidung anhand zukünftiger Transaktionskosten wäre bei einer quantitativen Bestimmung zutreffend, vgl. *Schneider, D.*, Markt, 1985, S. 1241. Verbunden mit der rein qualitativen Analyse ist *Schneiders* Kritik jedoch nicht haltbar, da eine qualitative Abschätzung künftiger Risiken auch von beschränkt rationalen Individuen möglich ist.

möglich ist, als den Nachweis über die Bedingungen zu führen, unter denen diese Größen marginal gleich wären.[1]

4.3.1.4 Effizienzbegriff für private Organisationsformen

Die für den Transaktionskostenansatz zentrale Hypothese besteht darin, dass sich Organisationsformen in diskreten Strukturen und nicht substituierbar in ihren Auswirkungen unterscheiden (*discriminating-alignment hypothesis*).[2] Da unter der Annahme beschränkter Rationalität ein auf Allwissenheit, vollständigen Verträgen und fehlenden Transaktionskosten aufbauendes Allokationsoptimum nicht realisierbar ist, kann eine einzelne Organisationsform aufgrund des Fehlens eines Referenzpunktes nicht isoliert beurteilt werden.[3] Stattdessen erfolgt die ökonomische Analyse im Transaktionskostenansatz nur komparativ zwischen tatsächlich realisierbaren (*feasible*) Organisationsformen,[4] die bei einem Vergleich mit einem – in der Neoklassik diskutierten – hypothetischen Ideal alle nicht optimal wären.[5] Die bekannte und umsetzbare Lösung mit den höchsten (Netto-)Kooperationsgewinnen wird im Transaktionskostenansatz als effizient bezeichnet: „An extant mode of organization for which no superior feasible alternative can be described and implemented with expected net gains is

---

[1] Vgl. *Simon, H. A.*, Rationality, 1978, S. 6; *Williamson, O. E.*, Capitalism, 1985, S. 22; *Williamson, O. E.*, Economics, 2004, S. 70. *Picot/Dietl* veranschaulichen diesen Zusammenhang an folgendem Beispiel: "Für die Entscheidung, wer aus einer Gruppe von Personen der von der Statur her größte ist, bedarf es in den wenigsten Fällen eines Metermaßes.", *Picot, A./Dietl, H.*, Transaktionskostentheorie, 1990, S. 182.

[2] Vgl. *Williamson, O. E.*, Governance, 1996, S. 12; *Williamson, O. E.*, Institutions, 1998, S. 75; *Williamson, O. E.*, Governance, 2002, S. 175; *Williamson, O. E.*, Contract, 2003, S. 926; sowie auch *Erlei, M./Jost, P.-J.*, Grundlagen, 2001, S. 35.

[3] Vgl. *Williamson, O. E./Bercovitz, J.*, Corporation, 1996, S. 332; *Williamson, O. E.*, Ahead, 2000, S. 601. Ähnlich vgl. *Demsetz, H.*, Efficiency, 1969, S. 1 f.; *Nelson, R. R./Winter, S. G.*, Change, 1982, S. 364 f.; *Pappenheim, R.*, Institutionen, 2001, S. 41.

[4] Vgl. *Williamson, O. E.*, Capitalism, 1985, S. 22; *Williamson, O. E.*, Organization, 1991, S. 269; *Williamson, O. E./Bercovitz, J.*, Corporation, 1996, S. 332; *Williamson, O. E.*, Governance, 1996, S. 212, 240; *Williamson, O. E.*, Ahead, 2000, S. 601; *Williamson, O. E.*, Economics, 2004, S. 73 sowie auch *Dow, G. K.*, Authority, 1987, S. 17; *Göbel, E.*, Institutionenökonomik, 2002, S. 139. Zur komparativen Analyse vgl. *Demsetz, H.*, Efficiency, 1969.

[5] Vgl. *Coase, R. H.*, Discussion, 1964, S. 195; *Williamson, O. E.*, Governance, 1996, S. 195, 396.

presumed to be efficient."[1] Damit existiert ein Beurteilungskriterium für Organisationsformen in Abhängigkeit von der jeweiligen Koordinationsaufgabe. Durch den Vergleich der Kooperationsgewinne werden im Transaktionskostenansatz daher grundsätzlich nicht nur die zu einem Ressourcenverbrauch führenden Transaktionskosten der Benutzung der alternativen Organisationsformen Markt oder Unternehmung berücksichtigt, sondern es wird auch auf Veränderungen der Produktionsmöglichkeiten und -kosten abgestellt.[2]

Im Gegensatz zu anderen Ansätzen in der Ökonomik, wie z. B. der entscheidungsorientierten Betriebswirtschaftslehre[3] oder der positiven Agency-Theorie,[4] wird bei dieser vertragsorientierten Analyse nicht auf das Nutzenkalkül des einzelnen Individuums, sondern auf den *joint profit*, d. h. auf die Summe des gesamten Kooperationsgewinns (*net gain*) abgestellt.[5] Damit werden nicht nur pareto-bessere Alternativen, sondern alle Lösungen mit höheren Kooperationsgewinnen, unabhängig von deren Verteilung, als effizient bezeichnet.[6]

---

[1] *Williamson, O. E.*, Ahead, 2000, S. 601. Ähnlich vgl. *Williamson, O. E./Bercovitz, J.*, Corporation, 1996, S. 333; *Jost, P.-J.*, Unternehmenskontext, 2001, S. 18-22.

[2] Vgl. *Williamson, O. E.*, Relations, 1979, S. 245; *Teece, D. J.*, Scope, 1980, S. 224; *Williamson, O. E./Ouchi, W. G.*, Perspectives, 1981, S. 355; *Williamson, O. E.*, Capitalism, 1985, S. 92, 98; *Williamson, O. E.*, Carnegie, 1996, S. 151; *Erlei, M.*, Organisation, 2000, S. 63; *Jost, P.-J.*, Unternehmenskontext, 2001, S. 21. A. A. vgl. *Strohm, A.*, Theorie, 1988, S. 47-64.

[3] Vgl. *Wenger, E.*, Theorie, 1989, S. 175; *Schanz, G.*, Wissenschaftsprogramme, 2004, S. 113-117. In der Betriebswirtschaftlichen Steuerlehre vgl. z. B. *Salzberger, W.*, Konzernunternehmung, 1994, S. 15.

[4] Der Effizienzbegriff des Agency-Theorie berücksichtigt den *residual loss* des Eigenkapitalgebers und damit nicht alle Auswirkungen auf das gesamte Kooperationsergebnis, sondern nur diejenigen, die aus Sicht eines bestimmten Individuums entscheidungsrelevant sind, vgl. *Jensen, M. C./Meckling, W. H.*, Agency, 1976, S. 308; *Williamson, O. E.* Finance, 1988, S. 572.

[5] Vgl. *Williamson, O. E.*, Commitments, 1983, S. 523; *Williamson, O. E.*, Power, 1996, S. 35; ähnlich vgl. *Williamson, O. E.*, Economics, 2004, S. 85. Der Transaktionskostenansatz unterscheidet daher z. B. bei der Diskussion der Hierarchie auch nicht, wer wen anweisen kann oder welche Unternehmung welche akquiriert; vielmehr ist nur von Bedeutung, ob die Koordination hierarchisch oder autonom durch den Preismechanismus koordiniert wird, vgl. *Williamson, O. E.*, Logic, 1988, S. 82.

[6] Ähnlich vgl. *Williamson, O. E.*, Power, 1996, S. 34 f. Damit unterscheidet sich der Effizienzbegriff des Transaktionskostenansatzes z. B. auch erheblich von dem von *Milgrom* und *Roberts*, die nur pareto-bessere Lösungen als effizient bezeichnen, vgl. *Milgrom, P./Roberts, J.*, Economics, 1992, S. 22-24; ähnlich vgl. *Wolff, B.*, Organisation, 1994, S. 31 f.

4.3 Annahme beschränkter Rationalität

Allerdings berücksichtigt auch der Transaktionskostenansatz, dass ein höherer *joint profit* in der Realität nicht immer unabhängig von bestehenden Organisationsformen und Verteilungen der Residualgewinne zu umsetzbaren Alternativen führt. Es werden daher zwei unterschiedliche Analyseformen mit sich unterscheidenden Effizienzbegriffen verfolgt. Die ökonomische Erkenntnisgewinnung erfolgt regelmäßig durch einen abstrakten Vergleich, wobei typisierte Organisationsformen bei Transaktionen mit unterschiedlichen Schlüsseldimensionen ohne Bezug auf ein konkretes Organisationsproblem miteinander verglichen werden.[1] Bestehende Verteilungen können dabei wegen des Fehlens eines konkreten Anwendungsfalles nicht berücksichtigt werden.

Für reale Anwendungen betont *Williamson* hingegen die Notwendigkeit eines konkreten Vergleichs. Im Gegensatz zur abstrakten Analyse wird dabei nach Alternativen mit höheren Kooperationsgewinnen für ein bereits existierendes institutionelles Arrangement gesucht.[2] Dazu wird die existierende Organisationsform mit tatsächlich realisierbaren Alternativen verglichen, wobei nur die Errichtungs- bzw. Umwandlungskosten der Alternative, nicht aber die bereits getätigten Kosten zur Errichtung der bestehenden Organisationsform in den Effizienzvergleich mit einzubeziehen sind.[3] Durch die Berücksichtigung von Errichtungskosten der Alternative wird die Menge der effizienten Organisationsformen pfadabhänig,[4] d. h. die Effizienz von Organisationsformen hängt nicht nur von den jeweils zu koordinierenden Transaktionen, sondern auch von der institutionellen Entwicklung der Vergangenheit ab. Kann eine grundsätzlich mögliche Alternative wegen Pfadabhängigkeiten nicht umgesetzt werden, ist die bestehende Organisationsform bei einem konkreten Vergleich daher nicht als

---

[1] *Williamson* spricht von "simple side-by-side comparison", *Williamson, O. E.*, Governance, 1996, S. 195.

[2] Vgl. *Williamson, O. E.*, Governance, 1996, S. 195.

[3] Vgl. *Williamson, O. E.*, Governance, 1996, S. 195, 202. Bei den Kosten für die bereits existierende Organisationsform handelt es sich um *sunk costs*, die für die Entscheidung über einen Organisationsformwechsel irrelevant sind, vgl. *Williamson, O. E.*, Ahead, 2000, S. 601.

[4] Vgl. *Williamson, O. E.*, Ahead, 2000, S. 601; *Pappenheim, R.*, Institutionen, 2001, S. 61.

ineffizient zu bezeichnen, da bei diesem nur vom Status quo aus realisierbare Lösungen in den Effizienzvergleich einzubeziehen sind.[1]

4.3.1.5 Partialanalyse durch Transaktionskostenvergleich

Zur besseren Handhabbarkeit der Modelle werden im Transaktionskostenansatz meist ausschließlich Transaktionskosten in einer ceteris-paribus-Betrachtung mit konstanten Produktionskosten und konstantem Output verglichen, wobei entsprechend eine Situation mit ceteris paribus niedrigeren Transaktionskosten als effizient bezeichnet wird.[2] Damit existiert ein auf die Transaktionskosten reduziertes Beurteilungskriterium für Organisationsformen in Bezug auf die jeweilige Koordinationsaufgabe.[3] Auch bei dieser ceteris-paribus-Betrachtung können sich Unterschiede in der Höhe der Kooperationsgewinne nicht nur aus solchen Transaktionskosten ergeben, die zu einem Ressourcenverbrauch führen. Vielmehr werden die Kooperationsgewinne auch durch Kooperationsmöglichkeiten beeinflusst, die wegen vertraglicher Risiken nur bei einer alternativen Organisationsform nicht umgesetzt werden. Die Beurteilung der Effizienz nur anhand eines Vergleichs der Transaktionskosten bedingt daher implizit, dass auch letztere als so genannte *maladaption costs* zu den Transaktionskosten gezählt werden.[4]

Durch diese Transaktionskostendefinition werden von *Williamson* Größen mit unterschiedlichen Bezugspunkten vermengt. Während originäre Transaktionskosten nicht nur im Vergleich zu einer anderen Kooperationsform, sondern auch absolut in Höhe des durch sie erfolgten Ressourcenverbrauchs bestimmt werden

---

[1] Vgl. *Williamson, O. E./Bercovitz, J.*, Corporation, 1996, S. 333; *Williamson, O. E.*, Development, 2000, S. 104 f.; *Williamson, O. E.*, Contract, 2003, S. 924.

[2] Vgl. *Williamson, O. E./Bercovitz, J.*, Corporation, 1996, S. 327, 333; *Pappenheim, R.*, Institutionen, 2001, S. 42. Ähnlich vgl. *North, D. C.*, Politics, 1990, S. 362; *Fischer, M.*, Integration, 1992, S. 3. Dies setzt die Annahme voraus, dass die Produktionskosten gegenüber einer Veränderung der Organisationsform invariant sind, vgl. *Picot, A.*, Transaktionskostenansatz, 1982, S. 271.

[3] Vgl. *Picot, A.*, Transaktionskostenansatz, 1982, S. 270; *Williamson, O. E.*, Capitalism, 1985, S. 22; *Picot, A.*, Ansätze, 1991, S. 149; *Fischer, M.*, Integration, 1992, S. 3; *Göbel, E.*, Institutionenökonomik, 2002, S. 139; *Picot, A.*, Organisation, 2005, S. 53. *Williamson* bezeichnet die Transaktionskosten als „*cutting edge*", *Williamson, O. E.*, Governance, 1996, S. 5.

[4] Vgl. *Williamson, O. E.*, Capitalism, 1985, S. 388; *Williamson, O. E.*, Finance, 1988, S. 572. Ähnlich vgl. *Milgrom, P./Roberts, J.*, Economics, 1992, S. 604; *Wolff, B.*, Organisation, 1994, S. 31.

4.3 Annahme beschränkter Rationalität

können, bedarf die Einbeziehung von *maladaption costs* und damit von Opportunitätskosten immer eines Bezugspunkts. Da vom Transaktionskostenansatz der Vergleich mit in der Realität nicht umsetzbaren hypothetischen Idealen grundsätzlich abgelehnt wird, kommt als Bezugspunkt nur die der Organisationsform jeweils komparativ gegenübergestellte Alternative in Betracht.[1] Zwar handelt es sich bei der Abgrenzung von Transaktionskosten nur um eine nicht in ihrer Wahrheit beurteilbare Definition,[2] in der ökonomischen Literatur hat aber gerade dieses Vorgehen dem Transaktionskostenansatz viel auf Missverständnissen beruhende Kritik eingebracht.[3]

Zur Wahrung einer im Transaktionskostenansatz einheitlichen Nomenklatur soll auch dieser Untersuchung die Definition der Transaktionskosten von *Williamson* zugrunde gelegt werden. Entsprechend werden technisch mögliche, aber aufgrund der Organisationsform komparativ nicht realisierbare Kooperationsgewinne als Opportunitätskosten zu den Transaktionskosten gezählt. Damit hängt die Effizienz in einer derart vereinfachenden Betrachtung nur noch von der Höhe der Transaktionskosten ab.[4] Es ist bei einer Partialanalyse im Transaktionskostenansatz jedoch zu beachten, dass es sich bei der ceteris-paribus-Betrachtung lediglich um eine Vereinfachung handelt und letztlich immer ein Vergleich der Kooperationsgewinne und nicht nur ein Vergleich der Transaktionskosten zu erfolgen hat.[5]

4.3.1.6 Effizienz versus reale Organisationsformwahl

Da die Individuen unter der Annahme beschränkter Rationalität keine perfekte Gewinnmaximierung vornehmen können und die Wahl sowie insbesondere die Änderung einer bestehenden Organisationsform regelmäßig auch Auswirkungen auf die Verteilung des gesamten Kooperationsgewinns haben, ist auch unter den

---

[1] Vgl. *Dow, G. K.*, Authority, 1987, S. 17; *Williamson, O. E.*, Governance, 1996, S. 5.
[2] Vgl. *Bretzke, W.-R.*, Terminologie, 1972, S. 254; *Theisen, M. R.*, Unternehmungsführung, 1987, S. 3; *Chmielewicz, K.*, Forschungskonzeptionen, 1994, S. 49.
[3] Zur Kritik vgl. z. B. *Schneider, D.*, Markt, 1985, S. 1240-1243; *Demsetz, H.*, Firm, 1988, S. 144-150.
[4] Vgl. *Picot, A./Dietl, H.*, Transaktionskostentheorie, 1990, S. 178; *Williamson, O. E.*, Lens, 2002, S. 441.
[5] Soweit statt eines Vergleichs der Kooperationsgewinne nur ein Transaktionskostenvergleich vorgenommen wird, kann dieser daher nicht hinsichtlich der Vergleichslogik, sondern nur hinsichtlich seiner Eignung als Vereinfachung in Frage gestellt werden.

Annahmen des Transaktionskostenansatzes davon auszugehen, dass Interessenskonflikte zwischen den Individuen über die zu wählende Organisationsform auftreten werden. Im Gegensatz zur Annahme vollständiger Rationalität ist unter der Annahme beschränkter Rationalität nunmehr regelmäßig nicht mehr damit zu rechnen, dass die Individuen im Wege von Vertragsverhandlungen zeitgleich und automatisch die pareto-optimale Organisationsform umsetzen werden.[1] Ursache hierfür ist, dass die Individuen aufgrund der beschränkten Rationalität durch unterschiedliche Einschätzung der zukünftigen Umweltsituationen zu teilweise unterschiedlichen Vorstellungen über die effiziente Organisationsform kommen werden;[2] zudem werden sie ihre Einschätzung nicht immer wahrheitsgemäß preisgeben, sondern teilweise opportunistisch untertreiben.[3] Neben unterschiedlichen Einschätzungen über die Vorteilhaftigkeit bestimmter Organisationsformen stehen einer vertraglichen Umverteilung der Kooperationsgewinne Vertragsabschlusskosten sowie Kosten der Überwachung und Durchsetzung und damit teilweise erhebliche Transaktionskosten im Wege.[4] Den Individuen gelingt insbesondere weder eine glaubwürdige vertragliche Zusicherung noch ein hinreichender Schutz, um bei derartigen Vereinbarungen nach erfolgter Kompensation nicht ausgenutzt zu werden.[5] Unterschiede bei der Verteilung des Kooperationsergebnisses, die sich aus der Wahl der Organisationsform ergeben, können daher regelmäßig auch nicht durch „Zusatzverträge" kompensiert werden.

In der Neoklassik und in den Hybridmodellen wird der in diesen Modellen unterstellte Mechanismus der automatischen und zeitgleichen Umsetzung effizienter Lösungen vor allem durch Entscheidungen von vollständig rational handelnden Individuen und damit auf mikroökonomischer Ebene (*micro-level*) erklärt.[6] Unter den Annahmen des Transaktionskostenansatzes ist diese entscheidungs-

---

[1] Ebenso werden die Individuen durch Vertragsverhandlungen auch keine relativ zu bekannten Nebenbedingungen bestehenden Second-Best-Lösungen umsetzen. Zum entgegengesetzten Ergebnis unter den Annahmen der Hybridmodelle, vgl. Kapitel 4.2.1, S. 77 f.

[2] Infolge des Fehlens einer präzisen und vorhersehbaren Welt sind die Lösungen auch nicht mehr spieltheoretisch darstellbar, vgl. *North, D. C.*, Institutions, 1990, S. 15.

[3] Vgl. *Morgensteuern, O.*, Pareto, 1964, S. 8-10.

[4] Ähnlich vgl. *Williamson, O. E.*, Governance, 1996, S. 331; *Schreiber, U.*, Besteuerung, 2005, S. 591 f.

[5] Vgl. analog zum politischen Bereich, *Williamson, O. E.*, Governance, 1996, S. 200 f.

[6] Vgl. *Moe, T. M.*, Organization, 1984, S. 747.

4.3 Annahme beschränkter Rationalität

orientierte mikroökonomische Erklärung einer automatischen und zeitgleichen Umsetzung effizienter Lösungen nicht haltbar. Alternativ wird in der Neoklassik und in den Hybridmodellen die automatische und zeitgleiche Umsetzung effizienter Lösungen auch in der Tradition *Alchians*[1] durch eine evolutorische Analyse auf der Ebene des Gesamtsystems (*system-level*) zu erklären versucht.[2] Diese evolutorische Auslese des „Besten" und damit der effizienten Form wurde jedoch in dieser Untersuchung bereits bei der Diskussion der Theorieauswahl zugunsten der These einer Überlebensfähigkeit auch von ineffizienten, aber rentablen Lösungen verworfen.[3]

Unter den Annahmen des Transaktionskostenansatzes kann daher nicht von der automatischen und zeitgleichen Umsetzung effizienter Organisationsformen ausgegangen werden.[4] Damit können im Transaktionskostenansatz – anders als in der Neoklassik und den Hybridmodellen – keine Hypothesen über Steuerwirkungen auf Basis der zeitgleichen und automatischen Umsetzung von paretooptimalen Organisationsformen erstellt werden. Vielmehr wird im Transaktionskostenansatz eine in dieser Untersuchung als „langfristige Evolution" bezeichnete Hypothese über die in der Realität beobachtbaren Organisationsformen unterstellt.

4.3.1.7 Hypothese der langfristigen Evolution

Nach der Hypothese der „langfristigen Evolution" sind langfristig vornehmlich effiziente Organisationsformen beobachtbar, kurzfristig können aber sehr wohl ineffiziente Organisationsformen bestehen.[5] Die Hypothese wird mikroökonomisch über den Anreiz zur Realisierung der potenziellen Kooperationsgewinne bei ineffizienten Organisationsformen sowie durch Rückgriff auf das Macht-Phänomen begründet: Außer in den Fällen, bei denen – wie z. B. im *non profit*-Sektor – Besonderheiten bei der Finanzierung auftreten, bieten unrealisierte

---

[1] Vgl. *Alchian, A. A.,* Evolution, 1950; *North, D. C.,* Change, 1981, S. 7.
[2] Vgl. *Moe, T. M.,* Organization, 1984, S. 746 f. Die Frage, wie die Entscheidungen zustande kommen, ist bei dieser Betrachtung nur von untergeordneter Bedeutung, vgl. *Simon, H. A.,* Reason, 1983, S. 37.
[3] Vgl. Kapitel 3.3, S. 70.
[4] Vgl. *North, D. C.,* Institutions, 1990, S. 93. Ähnlich in Hinblick auf Managerverhalten, vgl. *Ballwieser, W./Schmidt, R. H.,* Unternehmensverfassung, 1981, S. 672 f.
[5] Vgl. *Williamson, O. E.,* Approach, 1981, S. 574; *Williamson, O. E.,* Organization, 1994, S. 174, 176; sowie auch *Voss, T.,* Evolution, 1991, S. 296.

Steigerungsmöglichkeiten der Kooperationsgewinne immer einen Anreiz zur Reorganisation;[1] in Gegenwart anderer Interessen von bestimmten mit Macht ausgestatteten Individuen, die an den potenziell vergrößerbaren Kooperationsgewinnen nicht partizipieren können, kann jedoch auch eine ineffiziente Organisationsform bestehen.[2]

Im Gegensatz zu den organisationstheoretischen Machtansätzen geht der Transaktionskostenansatz aber davon aus, dass bei einem genügend langen Beobachtungsintervall Effizienz regelmäßig über Macht siegt.[3] Für diese These wird von *Williamson* systemtheoretisch auf den Prozess der Evolution zurückgegriffen.[4] Im Gegensatz zu anderen Ansätzen[5] wird der Evolutionsprozess dabei jedoch als langsam[6] und wesentlich schwächer angesehen,[7] da im Sinne *Simons* These der schwachen Selektion durch die Auslese nicht unbedingt die optimale, sondern

---

[1] Vgl. *Williamson, O. E./Ouchi, W. G.*, Perspectives, 1981, S. 355. *Dow* kritisiert dieses Vorgehen, da eine zielgerichtete Entscheidung von Individuen der Annahme beschränkter Rationalität widersprechen würde, vgl. *Dow, G. K.*, Authority, 1987, S. 17. *Dow* übersieht dabei jedoch, dass unter der Annahme beschränkter Rationalität den Individuen zwar keine Marginalanalyse möglich ist, wohl aber von einer vorausschauenden, qualitative Abwägung diskreter Unterschiede durch die Individuen ausgegangen werden kann, vgl. Kapitel 3.2.2.2.1, S. 59; Kapitel 4.3.1.3, S. 88 f.

[2] Vgl. *Williamson, O. E./Ouchi, W. G.*, Perspectives, 1981, S. 355, 364. Ähnlich vgl. *Williamson, O. E.*, Governance, 1996, S. 277.

[3] *Williamson* stützt diese These mit dem Beispiel der Effizienzsteigerung durch Divisionalisierung in Großunternehmen, die trotz der dabei auftretenden Veränderungen der Machtverhältnisse in den 70er Jahren in den meisten Unternehmungen stattgefunden hat, vgl. *Williamson, O. E./Ouchi, W. G.*, Perspectives, 1981, S. 363 f. Ähnlich vgl. *Williamson, O. E.*, Governance, 1996, S. 307.

[4] Vgl. *Williamson, O. E.*, Governance, 1996, S. 234, 278. Ähnlich vgl. *Winter, S. G.*, Competence, 1988, S. 177. Ein derartige Kombination von mikroökonomischen und evolutorischen Überlegungen findet sich z. B. auch bei *Nelson* und *Winter*, allerdings in Bezug auf die Analyse der Entwicklung von Produktionstechnologien, vgl. *Nelson, R. R./Winter, S. G.*, Theory, 1973, S. 441-443; *Nelson, R. R./Winter, S. G.*, Change, 1982. Für die Evolution muss neben einem Selektionsmechanismus auch ein kultureller Vererbungsmechanismus vorliegen; unter den Annahmen des Transaktionskostenansatzes kommt hierfür die „gerichtete Variation", d. h. eine Kombination aus sozialem Lernen und individuellem Anpassungsverhalten in Betracht, vgl. *Boyd, R./Richerson, P. J.*, Process, 1985, S. 95; *Voss, T.*, Evolution, 1991, S. 302 f.

[5] Vgl. am Beispiel der positive Agency-Theorie Kapitel 3.2.2.1.1, S. 53 f.

[6] Vgl. *Simon, H. A.*, Reason, 1983, S. 41; *Williamson, O. E.*, Governance, 1996, S. 233. Ähnlich vgl. *Nelson, R. R./Winter, S. G.*, Change, 1982, S. 400.

[7] Vgl. *Williamson, O. E.*, Organization, 1994, S. 176; *Williamson, O. E.*, Power, 1996, S. 13.

4.3 Annahme beschränkter Rationalität

nur eine jeweils bessere Koordinationsform hervorgeht.[1] In der Realität existierende effiziente Organisationsformen werden daher vor allem als die im Zeitablauf stabilsten Organisationsformen angesehen,[2] während auf Macht einzelner Individuen basierende ineffiziente Formen kontinuierlich von dazu alternativen effizienten Formen – zumindest von solchen mit glaubwürdigen Kompensationsmöglichkeiten – bedroht werden.[3] Nur langfristig wird daher durch den Wettbewerb eine Auslese von ineffizienten Organisationsformen unterstellt.[4]

Weiter muss berücksichtigt werden, dass die Vorteilhaftigkeit einer Organisationsform keineswegs statisch ist, sondern sich mit Änderungen der relativen Preise oder der Präferenzen der Individuen dynamisch verändern kann.[5] Daher hängt die Effizienz der in der Realität beobachtbaren Organisationsformen auch erheblich von ihrer Anpassungsfähigkeit an effiziente Formen ab.[6] Diese Anpassungsfähigkeit wird im Bereich von privaten Verträgen im Vergleich zu staatlichen Institutionen als relativ hoch angesehen.[7] Nach *Williamson* ergeben

---

[1] Vgl. *Simon, H. A.*, Reason, 1983, S. 69; *Picot, A.*, Ansätze, 1991, S. 149; *Williamson, O. E.*, Organization, 1994, S. 176 f.; *Williamson, O. E.*, Power, 1996, S. 13; *Pappenheim, R.*, Institutionen, 2001, S. 195.

[2] Vgl. *Williamson, O. E./Bercovitz, J.*, Corporation, 1996, S. 328. Zur Erklärung des Mechanismus der Evolution wird teilweise zwischen dem Anreizen in Form von „*carrot*" und „*stick*" unterschieden, vgl. *Winter, S. G.*, Firm, 1975, S. 105. Effizienz kann in diesem Sinne sowohl als *carrot* wirken, da die zusätzlich erwirtschafteten Kooperationsgewinne den Kooperationspartnern zur Verfügung stehen, als auch als *stick*, da ineffiziente Organisationsformen im Wettbewerb benachteiligt sind, vgl. *Williamson, O. E./Bercovitz, J.*, Corporation, 1996, S. 354, Note 2.

[3] Vgl. *Williamson, O. E.*, Power, 1996, S. 34; *Williamson, O. E.*, Governance, 1996, S. 307 f.; *Williamson, O. E.*, Economics, 2004, S. 85. Ähnlich vgl. *Winter, S. G.*, Competence, 1988, S. 177.

[4] Vgl. *Williamson, O. E.*, Capitalism, 1985, S. 22 f.; *Williamson, O. E.*, Organization, 1994, S. 174; *Williamson, O. E.*, Governance, 1996, S. 233 f. Ähnlich vgl. *Moe, T. M.*, Theory, 1990, S. 119.

[5] Vgl. *North, D. C.*, Institutions, 1990, S. 84.

[6] Vgl. *Nelson, R. R./Winter, S. G.*, Change, 1982, S. 366; *Pelikan, P.*, Systems, 1987, S. 44. Die Fähigkeit zu derartigen Anpassungen wird von *North* als „adaptive Effizienz" bezeichnet, vgl. *North, D. C.*, Institutions, 1990, S. 80; *North, D. C.*, Organizations, 1996, S. 7; *Pappenheim, R.*, Institutionen, 2001, S. 41 f.

[7] Zur Anpassungsfähigkeit staatlicher Institutionen, vgl. Kapitel 4.3.2.3, S. 107 f.

sich Auswirkungen auf die Organisationsform meist in einem Zeitraum von etwa fünf bis zehn Jahren.[1]

Der Transaktionskostenansatz wird teilweise wegen einer fehlenden detaillierten Erklärung der Wirkungsweise des Selektionsmechanismus kritisiert.[2] Die Kritik an der Hypothese der langfristigen Evolution ist ihrerseits aber regelmäßig noch schwächer fundiert und besteht meist nur aus vagen Argumenten.[3] Diese Kritik setzt allerdings im Gegensatz zu anderen Vorwürfen[4] an einem grundsätzlich berechtigten Ansatzpunkt an: Der Prozess der Umsetzung effizienter Lösungen ist das mikroökonomisch am schwächsten entwickelte Glied in der Argumentationskette des Transaktionskostenansatzes.[5] In Ermangelung von stärker fundierten deduktiven Erkenntnissen kann die These der langfristigen Evolution daher hauptsächlich durch empirische Untersuchungen beurteilt werden.[6] Da sämtliche Aussagen des Transaktionskostenansatzes über in der Realität zu beobachtende Organisationsformen zumindest implizit auf dieser Hypothese beruhen, spricht die Bewährung vieler Ergebnisse des Transaktionskostenansatzes in den bisher durchgeführten empirischen Untersuchungen deutlich für die Hypothese der langfristigen Evolution.[7] Die Analyse der Steuerwirkungen auf die Organisationsformwahl soll in Kapitel 5 und in Kapitel 6 daher auf Basis dieser Hypothese erfolgen.

---

[1] Vgl. *Williamson, O. E.*, Capitalism, 1985, S. 22 f.; *Williamson, O. E.*, Organization, 1994, S. 174.

[2] Vgl. *Granovetter, M.*, Structure, 1985, S. 503; *Dow, G. K.*, Authority, 1987, S. 13 f., 25-33; *Knudsen C.*, Theory, 1993, S. 284 f. Diese Form der Kritik wir auch Funktionalismuskritik genannt, vgl. *Williamson, O. E.*, Organization, 1994, S. 176 f.; *Pappenheim, R.*, Institutionen, 2001, S. 194.

[3] Vgl. *Williamson, O. E.*, Finance, 1988, S. 573; *Williamson, O. E.*, Organization, 1994, S. 183.

[4] Vgl. zu den Kritikpunkten und ihrer Widerlegung ausführlich *Fischer, M.*, Integration, 1992, S. 38-40.

[5] Vgl. *Strohm, A.*, Theorie, 1988, S. 46. Ähnlich vgl. *Williamson, O. E.*, Organization, 1994, S. 174, 177.

[6] Vgl. *Williamson, O. E.*, Organization, 1994, S. 177.

[7] Zu den Ergebnissen der empirischen Untersuchungen vgl. Kapitel 3.3, S. 71 f.

4.3.2 Steuerrechtsbeurteilung

4.3.2.1 Analyse in der Tradition *Pigous*

Durch beschränkte Rationalität, unvollständige Informationen und Unsicherheit über das Verhalten der Kooperationspartner wird die gesamtwirtschaftliche Allokation entscheidend beeinflusst:[1] Die Kooperationspartner kennen unter den Annahmen des Transaktionskostenansatzes weder alle möglichen Alternativen noch können sie die ständige mathematische Aufgabe der Optimierung lösen.[2] Der Preismechanismus kann damit nicht perfekt funktionieren, sodass die Preise nicht die Marginalbedingungen abbilden können.[3] Es muss nicht mehr ein einziges Konkurrenzgleichgewicht existieren, vielmehr können sich viele verschiedene Gleichgewichte oder Ungleichgewichte einstellen,[4] die nicht pareto-optimal sein müssen.[5] Im Gegensatz zur Verhaltenshypothese der vollständigen Rationalität bestehen dabei keine eindeutigen Lösungen mehr.[6] Die Allokationswirkungen sind unter diesen Annahmen mathematisch nicht mehr im Totalmodell fassbar.

Aussagen zur Allokationseffizienz sind im Transaktionskostenansatz aufgrund des Fehlens eines pareto-optimalen Referenzpunkt nicht, wie im neoklassischen Modell, durch die Abweichung vom Referenzpunkt bestimmbar.[7] Da unter der Annahme beschränkter Rationalität keine pareto-optimalen Gleichgewichte existieren, ist auch die Forderung nach der Sicherung von Allokationseffizienz durch *Pigou*-Politik nicht deduktiv begründbar.[8] Ebenso wenig kann die wirtschaftspoli-

---

[1] Vgl. *Radner, R.*, Equilibrium, 1968, S. 31 f.; *Hodgson, G. M.*, Institutions, 1988, S. 80; *Eggertsson, T.*, Institutions, 1990, S. 14.

[2] Vgl. *Simon, H. A.*, Rationality, 1972, S. 163; *Simon, H. A.*, Substantive, 1976, S. 133.

[3] Vgl. *Coase, R. H.*, Firm, 1937, S. 390; *Simon, H. A.*, Rationality, 1972, S. 163. Ähnlich vgl. *Morgenstern, O.*, Pareto, 1964, S. 6; *Arrow, J. K.*, Organization, 1977, S. 77.

[4] Vgl. *Simon, H. A.*, Reason, 1983, S. 89; *Denzau, A. T./North, D. C.*, Institutions, 1994, S. 4. Ähnlich vgl. *Morgenstern, O.*, Pareto, 1964, S. 7.

[5] Der Beweis der Pareto-Optimalität von *Arrow* und *Debreu* gelingt nicht unter diesen Annahmen, vgl. *Radner, R.*, Markets, 1970, S. 457. Zu den für den Beweis notwendigen Annahmen siehe z. B. *Debreu, G.*, Value, 1959; *Arrow, J. K.*, Organization, 1977, S. 69-72.

[6] Vgl. *Simon, H. A.*, Choice, 1955, S. 111; *Simon, H. A.*, Reason, 1983, S. 89.

[7] Vgl. *Schneider, D.*, Markt, 1985, S. 1245. Ähnlich vgl. *Tisdell, C. A.*, Rational, 1976, S. 208, 219; *Nelson, R. R./Winter, S. G.*, Change, 1982, S. 356; *Zerbe, R. O.*, Efficiency, 2001, S. 169, 173; *Pappenheim, R.*, Institutionen, 2001, S. 41.

[8] Ähnlich vgl. *Zuber, B.*, Anknüpfungsmerkmale, 1991, S. 59 f. Insoweit „untergräbt" das *Coase*-Theorem das System *Pigous*, vgl. *Coase, R. H.*, Structure, 1992, S. 717.

tische Möglichkeit der Separation von Allokation und Verteilung deduktiv begründet werden (Zweiter Hauptsatz der Wohlfahrtsökonomik).[1] Die wirtschaftspolitischen Implikationen der Neoklassik und der Hybridmodelle sind unter den Annahmen des Transaktionskostenansatzes damit nicht haltbar.[2]

Unter den Annahmen des Transaktionskostenansatzes ist damit auch das auf Allokationseffizienz basierende Vorgehen der Optimalsteuertheorie wegen des Fehlens eines Pareto-Optimums nicht möglich. Unter den Modellannahmen der vorliegenden Untersuchung sind daher weder die Forderung nach Investitionsneutralität noch die Forderungen nach Finanzierungs- und Rechtsformneutralität ableitbar.[3] Auch wenn sich unter den Annahmen des Transaktionskostenansatzes unterschiedliche ökonomische Auswirkungen verschiedener Property-Rights-Verteilungen und darüber hinaus auch unterschiedliche ökonomische Auswirkungen verschiedener Governance-Mechanismen ergeben, scheitert die Ableitung einer auf Allokationseffizienz basierenden Forderung nach Organisationsformneutralität – verstanden als Finanzierungs- und Rechtsformneutralität sowie Neutralität hinsichtlich der Governance-Mechanismen – am fehlenden Vorliegen von paretooptimalen Marktgleichgewichten und somit am normativen Fundament jeglicher auf Allokationseffizienz gestützter Neutralitätspostulate (vgl. Darst. 17).

---

[1] Zu den für dieses Theorem erforderlichen Annahmen siehe *Arrow, J. K.*, Organization, 1977, S. 70.

[2] Vgl. *Nelson, R. R.*, Doctrine, 1981, S. 96; *Zuber, B.*, Anknüpfungsmerkmale, 1991, S. 61; *Richter, R./Furubotn, E. G.*, Institutionenökonomik, 2003, S. 556 f. Vgl. zutreffend auch *Schneider, D.*, Markt, 1985, S. 1247; *Schneider* bezeichnet den Transaktionskostenansatz allerdings als "institutionsbezogenes Marktgleichgewichtsdenken", *Schneider, D.*, Markt, 1985, S. 1238; ähnlich vgl. *Schneider, D.*, Institutionen, 1991, S. 372 f.; diese von *Schneider* vorgebrachte Kritik ist unzutreffend, da der Transaktionskostenansatz gerade nicht auf einem Marktgleichgewichtsdenken beruht.

[3] Diesen Forderungen liegt das Produktionseffizienztheorem von *Diamond* und *Mirrlees* zugrunde, vgl. *Homburg, S.*, Steuerlehre, 2005, S. 336, 348 f., 354, welches sich unter der Annahme beschränkter Rationalität nicht mehr ableiten lässt. Zu den für dieses Theorem notwendigen Annahmen siehe *Diamond, P. A./Mirrlees, J. A.*, Taxation, 1971; *Devereux, M. P./Pearson, M.*, Efficiency, 1995, S. 1658; *Beckmann, K./Lackner, E.*, Produktionseffizienztheorem, 1999, S. 366.

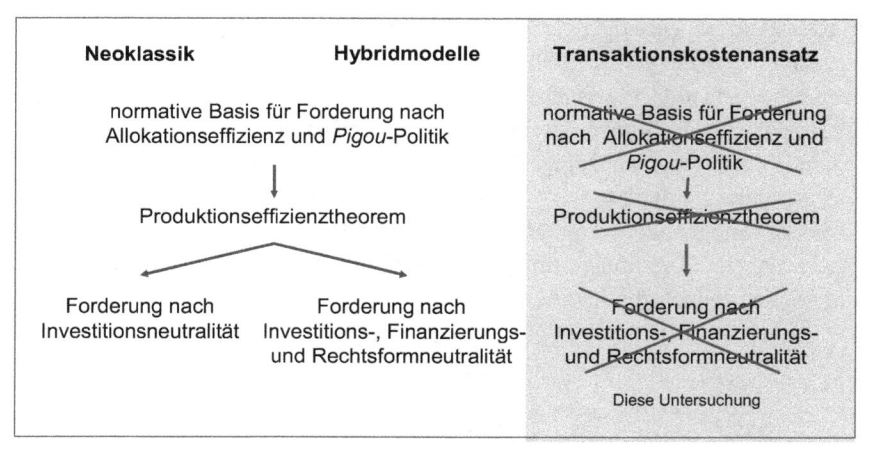

Neoklassik	Hybridmodelle	Transaktionskostenansatz
normative Basis für Forderung nach Allokationseffizienz und *Pigou*-Politik		~~normative Basis für Forderung nach Allokationseffizienz und *Pigou*-Politik~~
↓		↓
Produktionseffizienztheorem		~~Produktionseffizienztheorem~~
		↓
Forderung nach Investitionsneutralität	Forderung nach Investitions-, Finanzierungs- und Rechtsformneutralität	~~Forderung nach Investitions-, Finanzierungs- und Rechtsformneutralität~~
		Diese Untersuchung

Darst. 17:   Neutralitätspostulate im Transaktionskostenansatz

4.3.2.2 Berücksichtigung der Institutionenhierarchie

Eine Analyse der Wirtschaftspolitik kann unter der Annahme beschränkter Rationalität nur unter Berücksichtigung des institutionellen Rahmens der gesamten Gesellschaft erfolgen.[1] Sobald mehr als ein Individuum von einem Produktions- oder Tauschproblem betroffen ist, entsteht ein Interaktionsproblem.[2] In einer gedachten Welt ohne Institutionen ist nicht geregelt, ob und wie sich die Gegenseite an Vereinbarungen halten wird. Es fehlt daher an *credible commitments*,[3] sodass aufgrund der hohen Unsicherheit hinsichtlich des menschlichen Verhaltens der möglichen Kooperationspartner viele Kooperationen nicht zustande kommen.[4] Institutionen regeln und sanktionieren menschliches Handeln.[5] Unter der Annahme beschränkter Rationalität funktionieren Institutionen nicht perfekt und kosten-

---

[1] Vgl. *Picot, A./Dietl, H.*, Transaktionskostentheorie, 1990, S. 178.
[2] Vgl. *Nelson, R. R.*, Doctrine, 1981, S. 96; *Voigt, S.*, Institutionenökonomik, 2002, S. 32.
[3] Vgl. *Williamson, O. E.*, Development, 2000, S. 99 f.
[4] Vgl. *North, D. C.*, Institutions, 1990, S. 12; *Voigt, S.*, Institutionenökonomik, 2002, S. 32. Ähnlich vgl. *Coase, R. H.*, Commission, 1959, S. 14; *Picot, A.*, Transaktionskostenansatz, 1982, S. 269; *Williamson, O. E.*, Ahead, 2000, S. 598; *Thieme, J. H.*, Wirtschaftssysteme, 2003, S. 5.
[5] Vgl. Kapitel 1.1, S. 1.

los wie in der Neoklassik; vielmehr wird unter dieser Annahme die Unsicherheit im menschlichen Verhalten der Kooperationspartner durch unterschiedliche Institutionen unterschiedlich geregelt, motiviert und sanktioniert.[1] Die jeweilige Menge an bestehenden Institutionen bestimmt damit den Handlungsrahmen (Möglichkeitsvektor) für die Kooperationen der Individuen in einer Gesellschaft.[2] Dieser von den Institutionen abhängige Vektor der Kooperationsmöglichkeiten determiniert zusammen mit dem von der Technologie abhängigen Vektor technischer Produktionsmöglichkeiten die Möglichkeiten für Produktion und Tausch in einer Gesellschaft und bestimmt damit auch den Möglichkeitsvektor für das Ergebnis der gesamtgesellschaftlichen Allokation (vgl. Darst. 18).[3]

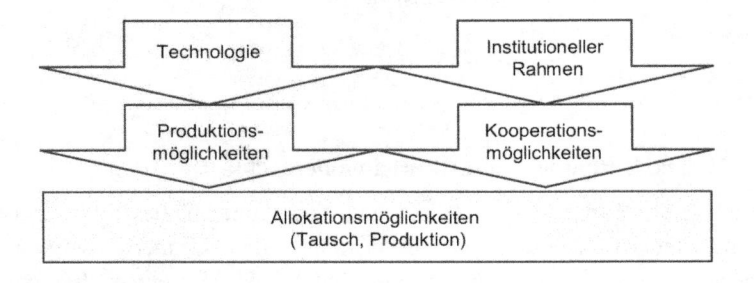

Darst. 18: **Zusammenspiel von Technologie und institutionellem Rahmen**

---

[1] Institutionen ermöglich es unter dieser Annahme, überhaupt rationale Entscheidungen im Kooperationsprozess treffen zu können: Der institutionelle Rahmen bietet ein stabiles und vorhersehbares Muster des Verhaltens anderer Individuen, sodass auch unter den Beschränkungen des Wissens und der Informationsverarbeitungskapazität rational gehandelt werden kann, vgl. *Simon, H. A.*, Reason, 1983, S. 78 f.

[2] Vgl. *Commons, J. R.*, Economics, 1931, S. 650; *North, D. C.*, Change, 1981, S. 18, 201; *Picot, A.*, Transaktionskostenansatz, 1982, S. 269; *North, D. C.*, Politics, 1990, S. 364; *North, D. C.*, Institutions, 1991, S. 98; *Homann, K./Suchanek, A.*, Ökonomik, 2005, S. 37. Ähnlich vgl. *Williamson, O. E.*, Economic, 1991, S. 25 f.; *Williamson, O. E.*, Power, 1996, S. 17; *Jost, P.-J.*, Unternehmenskontext, 2001, S. 25.

[3] Vgl. *North, D. C.*, Institutions, 1990, S. 61; *North, D. C.*, Institutions, 1991, S. 97 f.

4.3 Annahme beschränkter Rationalität

Die Institutionen einer Gesellschaft unterliegen dabei regelmäßig einer Institutionenhierarchie, d. h. es gibt übergeordnete und untergeordnete Institutionen.[1] An oberster Stelle stehen informelle Institutionen einer Gesellschaft, zu denen z. B. Ideologien, Ethik, Moral, Traditionen und Religion zu zählen sind.[2] Die formellen Institutionen sind in der Institutionenhierarchie den informellen Institutionen untergeordnet, d. h. formelle Institutionen können langfristig nur dann bestehen, wenn sie in hinreichendem Maße mit den informellen Institutionen kompatibel sind.[3] Die oberste abgrenzbare Ebene formeller Institutionen ist dabei die Ebene des Staates[4] und damit diejenige der politischen Institutionen. Zu den politischen Institutionen gehört regelmäßig eine Verfassung, die in modernen Staaten vor allem Persönlichkeitsrechte garantiert.[5] Darunter befinden sich die übrigen Gesetze, von denen aus ökonomischer Sicht sowohl die Gesetze zur Definition und Durchsetzung von Property-Rights und von privaten Verträ-

---

[1] Vgl. *North, D. C.*, Institutions, 1990, S. 47; *Dietl, H.*, Institutionen, 1993, S. 71-73; *Picot, A./Dietl, H./Franck, E.*, Organisation, 2005, S. 10. Ähnlich vgl. *Brennan, G./Buchanan, J. M.*, Rules, 1985, S. 8.

[2] Vgl. *North, D. C.*, Institutions, 1991, S. 97; *Williamson, O. E.*, Ahead, 2000, S. 596.

[3] Sind z. B. staatliche Institutionen nicht mit den informellen Institutionen kompatibel, so entsteht ein Anreiz, die staatlichen Institutionen zu ändern. Die staatlichen Institutionen werde instabil, wenn dieser Anreiz größer wird, als die Kosten der Änderung dieser Institutionen, die z. b. in Form von Ressourcenverbrauch, sozialen Kosten oder Unsicherheit entstehen, vgl. *North, D. C.*, Institutions, 1990, S. 83-91.

[4] Der Staat kann als komplexes Bündel von Institutionen aufgefasst werden, die zueinander in Beziehung stehen, vgl. *North, D. C.*, Change, 1981, S. 205. Entsprechend lässt sich auch der politische Sektor mit dem gleichen ökonomischen Instrumentarium wie der Produktions- und Kooperationssektor beleuchten, vgl. *Williamson, O. E.*, Development, 2000, S. 107, 110; ähnlich vgl. *Erlei, M./Leschke, M./Sauerland, D.*, Institutionenökonomik, 1999, S. 319. Der Staat grenzt sich vor allem dadurch von anderen Institutionen ab, dass er zur Durchsetzung mit dem komparativen Vorteil der physischen Gewaltanwendung ausgestattet ist, vgl. *Arrow, J. K.*, Organization, 1977, S. 78; *North, D. C.*, Change, 1981, S. 21; *Barzel, Y.*, State, 2002, S. 3; *Richter, R./Furubotn, E. G.*, Institutionenökonomik, 2003, S. 511; *Zippelius, R.*, Staatslehre, 2003, S. 59.

[5] Vgl. *Thieme, J. H.*, Wirtschaftssysteme, 2003, S. 5. Ähnlich vgl. *North, D. C.*, Change, 1981, S. 205; *North, D. C.*, Institutions, 1991, S. 97. Daneben können auch internationale Institutionen, wie z. B. die der EU bestehen, die in dieser auf eine nationale Betrachtung beschränkten Untersuchung aber ausgeblendet werden.

gen[1] als auch das Steuerrecht besonders bedeutsam sind.[2] Zusammen mit den informellen Institutionen bilden die Institutionen des Staates den institutionellen Rahmen (*institutional environment*[3]) für die darunter liegende Ebene an privaten, ebenfalls formellen Institutionen,[4] für die sie den Möglichkeitsrahmen und die Durchsetzungskosten (*possibility set*) bestimmen.[5]

Die Institutionen dieser Ebene der *institutions of governance*,[6] d. h. der privaten Verträge, ermöglichen es den Individuen, eigene private Institutionen durch Vertragsabschlüsse und damit unterschiedliche Organisationsformen zu schaffen. Derartige private Institutionen reichen von einfachen und relativ vollständigen Verträgen (z. B. Kaufvertrag) bis hin zu komplexen unvollständigen Verträgen (z. B. Unternehmungen).[7] Alle drei institutionellen Ebenen bestimmen zu-

---

[1] Vgl. *North, D. C.*, Structure, 1978, S. 975; *North, D. C.*, Change, 1981, S. 21; *North, D. C.*, Institutions, 1991, S. 98; *Williamson, O. E.*, Ahead, 2000, S. 598. Ähnlich vgl. *Barzel, Y.*, State, 2002, S. 1. Eigentumsrechte bestehen im Wesentlichen aus der Möglichkeit, Dritte auszuschließen. Der Staat ist wegen des komparativen Vorteils der Gewaltanwendung in der Lage, Eigentumsrechte zu spezifizieren und durchzusetzen, vgl. *North, D. C.*, Change, 1981, S. 21.

[2] Vgl. *Dietl, H.*, Institutionen, 1993, S. 73. Die Möglichkeit, Steuern zu erheben, ergibt sich ebenfalls aus dem komparativen Vorteil der Gewaltanwendung, vgl. *Arrow, J. K.*, Organization, 1977, S. 78; *North, D. C.*, Change, 1981, S. 21; *Richter, R./Furubotn, E. G.*, Institutionenökonomik, 2003, S. 511.

[3] Vgl. *Williamson, O. E.*, Organization, 1991, S. 269; *Williamson, O. E.*, Economic, 1991, S. 26; *Williamson, O. E.*, Governance, 1996, S. 322; *Williamson, O. E.*, Institutions, 1998, S. 75; *Williamson, O. E.*, Development, 2000, S. 93.

[4] Vgl. *Pelikan, P.*, Systems, 1987, S. 31; *North, D. C.*, Institutions, 1990, S. 52; *Dietl, H.*, Institutionen, 1993, S. 70; *Williamson, O. E.*, Governance, 1996, S. 5; *Wenz, M.*, Unternehmensmischformen, 1999, S. 2.

[5] Vgl. *North, D. C.*, Change, 1981, S. 206; *Williamson, O. E.*, Organization, 1991, S. 269; *Richter, R./Furubotn, E. G.*, Institutionenökonomik, 2003, S. 7. Ähnlich vgl. *Werder, A. v.*, Organisation, 1988, S. 104; *Williamson, O. E.*, Governance, 1996, S. 223.

[6] Vgl. *Williamson, O. E.*, Governance, 1996, S. 5, 322; *Williamson, O. E.*, Institutions, 1998, S. 75; *Williamson, O. E.*, Development, 2000, S. 93; *Williamson, O. E.*, Economics, 2004, S. 81.

[7] Vgl. *Picot, A./Dietl, H.*, Transaktionskostentheorie, 1990, S. 178; *Neus, W.*, Betriebswirtschaftslehre, 2005, S. 11. Ähnlich vgl. *Bössmann, E.*, Unternehmungen, 1983, S. 105.

4.3 Annahme beschränkter Rationalität

sammen den gesamten Möglichkeitsvektor für die ökonomische Kooperation und damit auch für die gesamtgesellschaftliche Allokation (vgl. Darst. 19).[1]

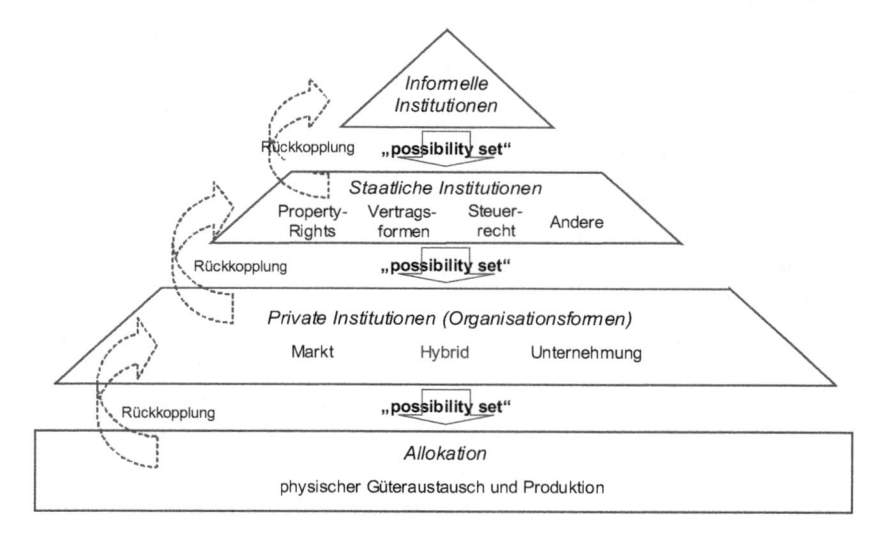

```
                    Informelle
                    Institutionen
    Rückkopplung    „possibility set"
                    Staatliche Institutionen
              Property-   Vertrags-   Steuer-
              Rights      formen      recht      Andere
    Rückkopplung    „possibility set"
                    Private Institutionen (Organisationsformen)
                    Markt       Hybrid      Unternehmung
    Rückkopplung    „possibility set"
                    Allokation
                    physischer Güteraustausch und Produktion
```

Darst. 19: **Aufbau der Institutionenhierarchie**

Informelle und staatliche Institutionen sind dabei – ebenso wie private Verträge – im Zeitablauf veränderbar. Die Anreize zur Veränderung einer institutionellen Ebene werden erheblich durch die darunter liegenden Ebenen beeinflusst; diese Rückkopplung wirkt entsprechend den in Darst. 19 gestrichelt eingezeichneten Pfeilen gegenläufig zur Institutionenhierarchie.[2] In einer statischen Betrachtung stellt der institutionelle Rahmen einen fixen Parameter dar, bei dynamischer Betrachtung muss auch die Möglichkeit der Schaffung, Abschaffung oder Änderung von Institutionen einbezogen werden.[3] Wegen der Interdependenz werden durch derartige Änderungen des institutionellen Rahmens die Kos-

---

[1] Transformiert man beispielsweise einen bestimmten Gesetzesrahmen in ein Land mit einem anderen kulturellen Hintergrund, werden sich andere Ergebnisse einstellen, vgl. *North, D. C.*, Institutions, 1990, S. 36, 47. Ähnlich vgl. *Schmidt, R. H.*, Organisationstheorie, 1992, Sp. 1854; *Greif, A.*, Society, 1994, S. 944.

[2] Vgl. *Williamson, O. E.*, Ahead, 2000, S. 596 f.

[3] Vgl. *Pelikan, P.*, Systems, 1987, S. 31-33; *Voigt, S.*, Institutionenökonomik, 2002, S. 32.

ten der unterschiedlichen Organisationsformen verändert und es kann damit auch zur Veränderung ihrer komparativen Effizienz kommen.[1] Bei der Analyse der privaten Organisationsformen wird der institutionelle Rahmen oft als unveränderlich angesehen.[2] Sofern Wechselwirkungen mit staatlichen Institutionen − wie z. B. dem Steuerrecht in dieser Untersuchung − analysiert werden sollen, muss die Interdependenz zwischen den Ebenen berücksichtigt werden.[3]

4.3.2.3 Effizienzbegriff für staatliche Institutionen

Unter den Annahmen des Transaktionskostenansatzes kann der Allokationsvektor, der sich aus dem institutionellen Rahmen und den technischen Möglichkeiten ergibt, nicht mehr als Gleichgewichtszustand vorhergesagt werden.[4] Die Analyse des Transaktionskostenansatzes verzichtet daher gänzlich auf einen Vergleich mit einem hypothetischen Ideal.[5] Vielmehr werden die ökonomischen Auswirkungen unterschiedlicher und in der Realität umsetzbarer institutioneller Rahmenbedingungen komparativ einander gegenübergestellt.[6] Damit wird unter dem Begriff der Effizienz staatlicher Institutionen auch nicht die Allokationseffizienz, sondern − ebenso wie beim Vergleich privater Organisationsformen − die komparative Effizienz unterschiedlicher Institutionen verstanden.[7] Grundsätzlich werden auch staatliche Institutionen als effizient bezeichnet, wenn keine tatsächlich realisierbare Alternative mit höheren Kooperationsgewinnen bekannt ist.[8] Durch das Aufzeigen von unrealisierbaren Alternativen kann hingegen nicht auf die Ineffizienz der bestehenden Institutionen geschlossen werden; in Bezug

---

[1] Vgl. *Williamson, O. E.*, Governance, 1996, S. 223, 230; *Williamson, O. E.*, Power, 1996, S. 18; *Williamson, O. E.*, Development, 2000, S. 96.
[2] Vgl. *Williamson, O. E.*, Development, 2000, S. 97.
[3] Analog bei der Analyse von Property-Rights und dem Vertragsrecht, vgl. *Williamson, O. E.*, Development, 2000, S. 97.
[4] Vgl. Kapitel 4.3.2.1, S. 99 f.
[5] Vgl. *Coase, R. H.*, Discussion, 1964, S. 195; *Demsetz, H.*, Efficiency, 1969, S. 1, 21 f.; *Williamson, O. E.*, Power, 1996, S. 17; *Williamson, O. E.*, Public, 1999, S. 320; *Williamson, O. E.*, Development, 2000, S. 102-105; *Pappenheim, R.*, Institutionen, 2001, S. 41. A. A. vgl. *Schenk, G.*, Konzernbildung, 1997, S. 44.
[6] Vgl. *Williamson, O. E.*, Governance, 1996, S. 195; *Williamson, O. E.*, Development, 2000, S. 105; *Williamson, O. E.*, Ahead, 2000, S. 598.
[7] Vgl. Kapitel 4.3.1.4, S. 89-92.
[8] Vgl. *Williamson, O. E.*, Development, 2000, S. 105.

4.3 Annahme beschränkter Rationalität

auf das Steuerrecht kann daher z. B. aufgrund von aufgezeigten Steuerrechtsgestaltungsvorschläge mit Bemessungsgrundlagen, die in der Realität wegen unvollständigen Informationen nicht ermittelbar sind, der Besteuerung de lege lata nicht als Ineffizienz bezeichnet werden.

Ebenso wie bei der Definition der Effizienz einer privaten Organisationsform wird bei dieser Definition der Effizienz von staatlichen Institutionen grundsätzlich auf den gesamten Kooperationsgewinn – unabhängig von seiner Verteilung auf die einzelnen Individuen – abgestellt. Allerdings liegt im Vergleich mit der Beurteilung der Effizienz einer privaten Organisationsform zur Lösung eines bestimmten Kooperationsproblems bei der Beurteilung staatlicher Institutionen regelmäßig eine wesentlich größere Grundgesamtheit vor, da von staatlichen Institutionen wesentlich mehr Transaktionen sind.[1]

Die Häufigkeit von Änderungen von Institutionen in der Institutionenhierarchie lässt sich empirisch hin zur höherrangigen Hierarchieebene als exponentiell abnehmend beobachten, d. h. staatliche Institutionen ändern sich im Vergleich zu privaten Organisationsformen nur sehr langsam.[2] Ursache hierfür dürfte vor allem sein, dass Individuen Änderungen an bestehenden Institutionen regelmäßig nur dann vornehmen werden, wenn die zu erwartende persönliche Nutzenerhöhung größer als die durch die Kosten der Änderung verursachte Nutzeneinbuße ist.[3] Insbesondere bei sehr großen Gruppen wie dem Staat entsteht dadurch das *freerider*-Verhalten, d. h. die Individuen werden Änderungen zum Wohl aller Staatsbürger oft nicht unterstützen, da unter unvollständiger Information und beschränkter Rationalität die Gruppe aller Staatsbürger nicht einheitlich als

---

[1] Die Grundgesamtheit hängt von der Ebene der untersuchten Institutionen ab; werden z. B. die Institutionen eines Staatenverbunds wie der EU analysiert, wäre eine noch größere Grundgesamtheit maßgeblich.

[2] *Williamson* schätzt die Frequenz der Änderung von informellen Institutionen auf 10^2 bis 10^3 Jahre, die von staatlichen Institutionen auf 10^1 bis 10^2 Jahre, die von privaten Organisationsformen auf 1 bis 10 Jahre, vgl. *Williamson, O. E.*, Ahead, 2000, S. 597.

[3] Vgl. *Moe, T. M.*, Theory, 1990, S. 139; *North, D. C.*, Organizations, 1996, S. 10. Unter neoklassischen Annahmen führen marginale Änderungen zur unmittelbaren Anpassung von Preis und Menge auf den Märkten sowie zu Veränderungen der Ressourcenallokation, vgl. *North, D. C.*, Change, 1981, S. 31; unter den Annahmen des Transaktionskostenansatzes werden hingegen nur diskrete und oft nur qualitativ bewertete Unterschiede von den beschränkt rationalen Individuen berücksichtigt werden, vgl. Kapitel 4.3.1.3, S. 88 f.

Klasse auftreten kann;[1] für den Einzelnen kann politische Apathie und Akzeptanz des bestehenden institutionellen Rahmens persönlich vorteilhafter sein.[2] Die Errichtung neuer Institutionen erfolgt nur, wenn die davon betroffenen Individuen persönlich einen hohen Gewinn zu erwarten haben, was regelmäßig mehr für Politiker und Lobbyisten als für andere Staatsbürger zutrifft.[3] Infolgedessen führt Macht im politischen Bereich zu wesentlich größeren Auswirkungen als bei privaten Institutionen.[4]

Da das *freerider*-Verhalten und politische Macht somit zu zeitlich stabilen und folglich zu Institutionen mit geringer adaptiver Effizienz führen,[5] ist auch ein wesentlich langsamerer oder gar nicht mehr wirkender Evolutionsprozess zu erwarten und der Entwicklungsprozess von staatlichen Institutionen wird stark pfadabhängig.[6] Dies zeigen auch wirtschaftshistorische Beobachtungen, *North* nennt die Entwicklung der staatlichen Institutionen sogar "overwhelmingly a story of economics that failed."[7] Anders als bei privaten Verträgen[8] ist im politi-

---

[1] Vgl. *North, D. C.*, Change, 1981, S. 31.

[2] Vgl. *North, D. C.*, Change, 1981, S. 10. Beispielsweise sind die Kosten für ein Individuum, um sich gegen die Staatsgewalt zu erheben, regelmäßig höher als der Nutzen hieraus, vgl. *North, D. C.*, Change, 1981, S. 31.

[3] Vgl. *Greif, A.*, Society, 1994, S. 941; *Williamson, O. E.*, Development, 2000, S. 111. Ähnlich vgl. *Nelson, R. R./Winter, S. G.*, Change, 1982, S. 376; *Moe, T. M.*, Institutions, 1990, S. 221; *Moe, T. M.*, Theory, 1990, S. 121 f., 129 f.; *Richter, R./Furubotn, E. G.*, Institutionenökonomik, 2003, S. 515.

[4] Ähnlich vgl. *Williamson, O. E.*, Power, 1996, S. 24, 32. Da politische Macht regelmäßig nicht durch Property-Rights geschützt, sondern insbesondere in einer Demokratie unsicher ist, werden die jeweils mit politischer Macht versehenen Individuen in der Regel wesentlich mehr Bedeutung in die Sicherung ihrer Macht, als in die Effizienz von neu geschaffenen Institutionen legen, vgl. *Moe, T. M.*, Theory, 1990, S. 124 f., 138, 147; *Williamson, O. E.*, Governance, 1996, S. 335 f.

[5] Zum Begriff der adaptiven Effizienz vgl. Kapitel 4.3.1.7, S. 97, Fn. 6.

[6] Vgl. *North, D. C.*, Politics, 1990, S. 365; *North, D. C.*, Institutions, 1991, S. 109; *Greif, A.*, Society, 1994, S. 943.

[7] *North, D. C.*, Institutions, 1991, S. 98. Ähnlich vgl. *North, D. C.*, Politics, 1990, S. 366; *Williamson, O. E.*, Governance, 1996, S. 5, 229.

[8] Vgl. Kapitel 4.3.1.7, S. 95 f.

4.3 Annahme beschränkter Rationalität

schen Bereich daher davon auszugehen, dass auch langfristig nicht allgemein ein Sieg von Effizienz über Macht angenommen werden kann.[1] Eine grundsätzlich durchführbare und zu höheren *joint profits* führende Alternative wird damit auch langfristig in der Realität nicht zu beobachten sein, wenn sie von den politisch Verantwortlichen nicht selbst als wünschenswert angesehen wird. *Williamson* erweitert daher in einer Art „Kunstgriff" die Bedingungen für die Effizienz staatlicher Institutionen, sodass auch bei staatlichen Institutionen wieder von einer langfristigen Evolution der als effizient bezeichneten Lösung ausgegangen werden kann: Es wird nach dem *remediableness*-Kriterium nur eine solche Alternative zu staatlichen Institutionen als effizient bezeichnet,[2] die neben der potenziellen Erhöhung der *joint profits* auch politisch umsetzbar ist.[3] Wird ein Alternativen zum Status quo aus anderen politischen Zielen als der Steigerung der Kooperationsgewinne abgelehnt, wird die existierende Lösung nur als *inefficient by design*, nicht aber als ineffizient bezeichnet.[4]

Um nicht tautologisch zu werden, muss die Definition der Effizienz für staatliche Institutionen aber die Möglichkeit ineffizienter Institutionen zulassen,[5] d. h. es dürfen nicht alle Alternativen zum Status quo als potenziell nicht umsetzbar angesehen werden. In der Untersuchung sollen daher insbesondere solche Alternativen zum Steuerrecht de lege lata als politisch umsetzbar angesehen werden, die weder zu einem extremen Finanzierungsproblem des Staates noch zu Verstößen gegen Institutionen in hierarchisch höherrangige Ebenen – wie das

---

[1] Vgl. *Moe, T. M.,* Theory, 1990, S. 119. Ähnlich vgl. *Williamson, O. E.,* Governance, 1996, S. 335.

[2] Zum *remediableness*-Kriterium vgl. *Williamson, O. E.,* Governance, 1996, S. 7-10, 210; *Williamson, O. E.,* Power, 1996, S. 32.

[3] Vgl. *Williamson, O. E.,* Governance, 1996, S. 195, 210; *Williamson, O. E.,* Development, 2000, S. 112.

[4] Vgl. *Williamson, O. E./Bercovitz, J.,* Corporation, 1996, S. 349; *Williamson, O. E.,* Governance, 1996, S. 198-200, 212.

[5] Vgl. *Obershall, A./Leifer, E. M.,* Efficiency, 1986, S. 250 f.; *Pappenheim, R.,* Institutionen, 2001, S. 55 f. *Williamson* stellt nur schwer konkretisierbare Beispiele für solche Situationen dar; Ineffizienz kann seines Erachtens z. B. dann vorliegen, wenn der Totalverlust aus einer Institution größer als bisher angenommen ist, bestehende Institutionen *a life of their own* entwickeln, bestimmte Alternativen strategisch diskriminiert werden oder der politische Prozess gestört ist, *vgl. Williamson, O. E.,* Governance, 1996, S. 203-208.

Grundgesetz oder allgemein anerkannte steuerliche Prinzipien – führen. Ein derartiger Verstoß wäre z. B. bei einer fehlenden Objektivierbarkeit der steuerlichen Bemessungsgrundlage gegeben.[1]

4.3.2.4 Normative Aussagen zur Steuerpolitik

Aufgrund des Fehlens eines Referenzpunkts wie dem Pareto-Optimum sind unter den Annahmen des Transaktionskostenansatzes keine per se gültigen normativen Aussagen möglich.[2] Zudem werden Politiker in der Institutionenökonomik im Gegensatz zur Neoklassik auch nicht mehr als per se wohlfahrtsmaximierende Individuen aufgefasst, vielmehr werden der methodologische Individualismus konsequent umgesetzt und auch Politiker als unter beschränkter Rationalität und eigennützig handelnde Individuen angesehen.[3] Eine ökonomische Analyse der staatlichen Institutionen kann daher in erster Linie nur positiv erfolgen.[4] Das Verhältnis der Ökonomik zur Politik wird im Vergleich zur Neoklassik und den Hybridmodellen dadurch entscheidend verändert. Die Ökonomik „übertrumpft" die reale Politik nicht mehr mit einem hypothetischen Ideal,[5] vielmehr steht sie in Abhängigkeit und im analytischen Dienst der realen Politik.[6] *Stigler* stellt in diesem Sinne fest: „Maximum national income, however, is not the only goal of our nation, as judged by the policies adopted by our government – and government's goals as revealed by actual practice are more authoritative than those pronounced by professors of law or economics."[7]

---

[1] Ähnlich vgl. *Herzig, N./Gellrich, K. M./Jensen-Nissen, L.*, Gewinnermittlung, 2004, S. 551; *Zeller, F.*, Besteuerung, 2005, S. 210.

[2] Vgl. Kapitel 4.3.2.1, S. 99-101.

[3] Vgl. *Arrow, J. K.*, Organization, 1977, S. 78; *Hax, H.*, Rules, 1995, S. 184; *Moe, T. M.*, Institutions, 1990, S. 231 f.; *Moe, T. M.*, Theory, 1990, S. 131; *Dixit, A. K.*, Policy, 1996, S. 155; *Williamson, O. E.*, Governance, 1996, S. 337; *Erlei, M./Leschke, M./Sauerland, D.*, Institutionenökonomik, 1999, S. 319; *Williamson, O. E.*, Development, 2000, S. 96, 100 f.; *Barzel, Y.*, State, 2002, S. 2; *Richter, R./Furubotn, E. G.*, Institutionenökonomik, 2003, S. 564.

[4] Vgl. *Williamson, O. E.*, Governance, 1996, S. 322; *Williamson, O. E.*, Ahead, 2000, S. 598.

[5] Im Gegensatz dazu zum Verhältnis von Politik und Ökonomik in der Neoklassik und in den Hybridmodellen vgl. Kapitel 4.2.2, S. 79-84. Ähnlich vgl. *Nelson, R. R./Winter, S. G.*, Change, 1982, S. 394; *Williamson, O. E.*, Public, 1999, S. 318.

[6] Vgl. *Williamson, O. E.*, Governance, 1996, S. 196, 201; *Williamson, O. E.*, Development, 2000, S. 109.

[7] *Stigler, G. J.*, Economics, 1992, S. 459. Zustimmend vgl. *Williamson, O. E.*, Power, 1996, S. 31.

4.3 Annahme beschränkter Rationalität

Normative Aussagen sind wegen eines fehlenden Ideals daher nur insoweit möglich, als positive Hypothesen über Ursache-Wirkungs-Zusammenhänge in Ziel-Mittel-Relationen transformiert werden.[1] D. h., wenn z. B. festgestellt würde, dass ein effizientes System die Stabilität der staatlichen Institutionen fördert, könnte die Handlungsempfehlung „um ein stabiles System zu bekommen, sollte das System effizient sein" abgeleitet werden. Derartige Handlungsempfehlungen sind anders als in der Neoklassik nicht an den Staat per se adressiert, sondern können von allen dieses Ziel verfolgenden Individuen – seien es Politiker, Lobbyisten oder Wähler – berücksichtigt werden. Daher können normative Empfehlungen nur sehr beschränkt und im Rahmen der durch den Gesetzgeber, die Wähler oder andere Individuen vorgegebenen Ziele abgeleitet werden.

4.3.2.5 Vergleichspaare in dieser Untersuchung

In der vorliegenden Arbeit werden die Auswirkungen einer Institution der staatlichen Ebene (Besteuerung) auf die in der Realität zu beobachtenden Institutionen der Ebene der privaten Verträge (unterschiedliche private Organisationsformen) analysiert. In der gesamten Untersuchung werden daher ceteris paribus alle anderen staatlichen Institutionen, wie z. B. solche zur Definition und Durchsetzung von Property-Rights oder Verträgen, als unveränderlich angesehen. Im weiteren Verlauf der Analyse werden jeweils zuerst die unterschiedlichen ökonomischen Auswirkungen von sich in Integration (Kapitel 5) und Konzernierung (Kapitel 6) unterscheidenden Organisationsformen auf Ebene der privaten Verträge analysiert. Dabei wird zur Vereinfachung vorerst jeweils gänzlich von der Besteuerung abstrahiert. Anschließend wird der Einfluss der Besteuerung de lege lata jeweils dargestellt und dieser komparativ dem Einfluss einer weniger von der Organisationsform abhängigen Besteuerung gegenübergestellt. Dabei werden beide Besteuerungsformen in ihren Auswirkungen auf die Effizienz der Institutionen auf Ebene der privaten Organisationsformen verglichen.[2]

---

[1] Vgl. *Bretzke, W.-R.,* Problembezug, 1980, S. 25. Die verbleibende Rolle der Ökonomik wird von *Nelson* und *Winter* wie folgt beschrieben: „Analysis helps people think about the problem", *Nelson, R. R./Winter, S. G.,* Change, 1982, S. 383.

[2] Die Beurteilung der Effizienz der Besteuerung basiert damit auf einem abstrakten Vergleich, da die Pfadabhängigkeiten, die sich zum Status quo aus allen in der Realität existierenden privaten Organisationsformen ergeben, aufgrund deren Komplexität nicht berücksichtigt werden können, vgl. dazu Kapitel 4.3.1.4, S. 91 f.

Kapitel 5 Analyse der Steuerwirkungen auf die Integration

5.1 Vorgehensweise der komparativen Analyse

Die sich aus den staatlichen Institutionen de lege lata ergebenden Rechtsfolgen sind weder für alle ökonomischen Arten von Verträgen einheitlich noch ist die Wahl der Rechtsfolgen frei disponibel.[1] Vielmehr teilt das Gesetz Schuldverhältnisse regelmäßig anhand ihres ökonomischen Inhalts z. B. in Austauschverträge, Arbeitsverträge und Gesellschaftsverträge mit zum Teil höchst unterschiedlichen Rechtsfolgen ein.[2] Während z. B. für einfache Austauschverhältnisse hauptsächlich die Regelungen zum Kauf und Tausch, Dienstvertrag oder Werkvertrag zur Anwendung kommen, werden die Rechtsbeziehungen in einer Unternehmung vor allem durch gesellschafts-, arbeits-, betriebsverfassungs-, sicherheits- und mitbestimmungsrechtliche Bestimmungen geregelt.[3]

Aufgrund der unterschiedlichen Rechtsfolgen liegen je nach ökonomischer Vertragsart unterschiedliche Verteilungen der Residualgewinne und Weisungsrechte sowie abweichende Treuepflichten vor.[4] Damit ergeben sich wesentliche Unterschiede zwischen den Regelungen und Sanktionierungen des Verhaltens der Kooperationspartner bei einem Markt- oder einem Unternehmungsvertrag.[5] De

---

[1] Vgl. *Williamson, O. E.*, Governance, 1996, S. 10; *Williamson, O. E.*, Lens, 2002, S. 441; *Williamson, O. E.*, Governance, 2002, S. 177; *Williamson, O. E.*, Economics, 2004, S. 71. *Williamson* betont die in vielen Theorien durch Annahme eines „all-purpose law of contract" vernachlässigte Bedeutung der verschiedenen Vertragsrechte.

[2] Die deutsche Rechtsordnung sieht grundsätzlich eine Unterteilung in Austausch- und Gesellschaftsverträge vor. Der Austauschvertrag geht dabei von einem Interessensgegensatz aus, der Gesellschaftsvertrag von gemeinsamen Interessen, vgl. *Böhmer, M.*, Gesellschaft, 1994, S. 982 f.; *Ulmer, P.*, Vorbemerkung, 2004, S. 45 f. Der sich aus einem Vertrag ergebende Governance-Mechanismus ist dadurch mit der gewählten Organisationsform verzahnt, sodass z. B. Einheitsunternehmungen nicht über den Preismechanismus und Marktverträge nicht hierarchisch koordiniert werden können.

[3] Vgl. *Werder, A. v.*, Organisation, 1988, S. 104; *Werder, A. v.*, Recht, 1992, Sp. 2172 f. Ist die Unternehmung als Konzern strukturiert, kommt zusätzlich das Konzernrecht zur Anwendung, vgl. *Werder, A. v.*, Organisation, 1988, S. 104; *Werder, A. v.*, Recht, 1992, Sp. 2173.

[4] Vgl. *Williamson, O. E.*, Organization, 1991, S. 287; *Williamson, O. E.*, Economic, 1991, S. 30; *Göbel, E.*, Institutionenökonomik, 2002, S. 144.

[5] Vgl. *Williamson, O. E.*, Power, 1996, S. 17.

lege lata wirkt sich darüber hinaus auch das Steuerrecht in Abhängigkeit des Grades der Integration auf die Kooperationsgewinne aus.[1] Folglich sind die Gesamtauswirkungen der Wahl der Organisationsform auf die Kooperationsgewinne in erheblichem Maße vom institutionellen Rahmen abhängig; der Vergleich der Effizienz der Organisationsformen Markt und Unternehmung ist daher grundsätzlich nur bei einer Betrachtung aller Auswirkungen des gesamten institutionellen Rahmens – insbesondere der Regelung der Property-Rights, des Vertragsrechts und des Steuerrechts – auf das Kooperationsergebnis möglich.[2]

Um die Steuerwirkungen unterschiedlicher Steuersysteme auf die Organisationsformwahl analysieren zu können, werden sich nur in der Besteuerung unterscheidende Rechtsordnungen gegenübergestellt.[3] In einem ersten Schritt erfolgt jedoch zunächst eine vom Steuerrecht abstrahierende Analyse,[4] um die nichtsteuerlichen Auswirkungen der Organisationsformwahl isoliert betrachten zu können. Erst in einem zweiten Schritt wird die Betrachtung um das Steuerrecht de lege lata erweitert, um gemäß dem zweiten Teil der Zielsetzung dieser Untersuchung eine Hypothese über die in der Realität zu beobachtenden Organisationsformen ableiten zu können.[5] Anschließend werden die Auswirkungen mit denen bei einem alternativen, weniger von der Organisationsformwahl abhängigen Steuerrecht verglichen,[6] damit gemäß dem dritten Teil der Zielsetzung dieser Untersuchung eine Hypothese über die Effizienz der gegenübergestellten Besteuerungsformen abgeleitet werden kann.

---

[1] Vgl. Kapitel 2.3.1, S. 21-27.
[2] Im Kontext der Rechtsformwahl ähnlich vgl. *Werder, A. v.*, Organisation, 1988, S. 107; *Theisen, M. R.*, Rechtsformen, 2002, S. 533 f.
[3] Vgl. Kapitel 4.3.2.5, S. 111.
[4] Diese abstrahierende Betrachtung ist aufgrund der fehlenden Berücksichtigung des gesamten institutionellen Rahmens isoliert nicht zur Ableitung von Hypothesen über die in der Realität beobachtbaren Organisationsformen geeignet.
[5] Zur Zielsetzung der vorliegenden Untersuchung vgl. Kapitel 1.2, S. 9.
[6] Die Steuersysteme sollen sich dabei nur hinsichtlich ihrer Abhängigkeit von der Organisationsformwahl unterscheiden, das gesamtgesellschaftliche Steueraufkommen sowie die Staatsquote werden zur isolierten Betrachtung der in dieser Untersuchung aufgeworfenen Fragestellung des Einflusses der Besteuerung auf Integration und Konzernierung ceteris paribus als konstant vorausgesetzt, vgl. ausführlich Kapitel 5.4.1, S. 161-163.

5.2 Integration bei Ausblendung des Steuerrechts

5.2.1 Vertikale Integration

5.2.1.1 Klassifizierung der Organisationsformen

Zur transaktionskostenökonomischen Analyse der Integration müssen die relevanten Organisationsformen in Klassen typisiert werden, um eine begrenzte Anzahl an geeigneten Vergleichspartnern bestimmen zu können.[1]

5.2.1.1.1 Vorüberlegungen von *Macneil*

Macneil untersucht die ökonomischen Auswirkungen unterschiedlicher Vertragsformen, wobei eine Einteilung nach dem Grad der Vollständigkeit der Verträge in klassische, neoklassische und relationale Verträge vorgenommen wird.[2] Er zeigt auf, dass relativ diskrete Transaktionen bei einem kurzfristigen Austausch vorliegen, der in seinem Umfang begrenzt ist, bei dem keine persönliche Bindung zwischen den Vertragpartnern besteht, die ausgetauschten Güter leicht bewertbar sind und kein wesentlicher Bezug zu früheren oder künftigen Transaktionen vorhanden ist.[3] Zur Koordination dieser Transaktionen eignen sich klassische Verträge,[4] d. h. Verträge, die den Vertragsgegenstand exakt bestimmen und eine möglichst vollständige staatliche Vertragsdurchsetzung, aber kaum Vertragskorrekturen vorsehen.[5] Durch die Zeitpunktorientierung klassischer Verträge und ihre damit verbundene „Vergegenwärtigung" erfolgt ex

---

[1] Vgl. Kapitel 4.3.1.2, S. 86 f.
[2] Vgl. *Macneil, I. R.*, Adjustment, 1978, S. 855; *Williamson, O. E.*, Relations, 1979, S. 236; *Picot, A.*, Transaktionskostenansatz, 1982, S. 273; *Picot, A./Dietl, H.*, Transaktionskostentheorie, 1990, S. 181; *Williamson, O. E.*, Economic, 1991, S. 29; *Fischer, M.*, Integration, 1992, S. 18.
[3] Vgl. *Macneil, I. R.*, Futures, 1974, S. 720; *Macneil, I. R.*, Adjustment, 1978, S. 856 f. *Macneil* führt dabei als Beispiel den Kauf von Benzin an einer Autobahntankstelle an.
[4] Klassische Verträge entsprechen dem in der Theorie der Neoklassik unterstellen Ideal diskreter und isolierter Tauschvorgänge, vgl. *Goldberg, V. P.*, Contract, 1976, S. 49; *Macneil, I. R.*, Contract, 1979, S. 10; *Williamson, O. E.*, Relations, 1979, S. 236; *Dietl, H.*, Institutionen, 1993, S. 113.
[5] Vgl. *Macneil, I. R.*, Adjustment, 1978, S. 862-865; *Picot, A.*, Transaktionskostenansatz, 1982, S. 273. Auch Verträge über zeitlich auseinander fallende Leistungen sind klassische, wenn Leistung und Gegenleistung detailliert sowie unter Berücksichtigung aller möglichen Umstände abschließend und eindeutig geregelt sind und somit „vergegenwärtigt" werden können, vgl. *Macneil, I. R.*, Adjustment, 1978, S. 858 f.; *Dietl, H.*, Institutionen, 1993, S. 113.

ante eine weitgehend abschließende vertragliche Regelung aller möglichen Umweltzustände und der jeweils gewünschten Vertragsfolgen.[1] Bei Veränderungen des Umfelds der Transaktionen findet in der Regel keine Anpassung der bestehenden Verträge statt,[2] vielmehr erfolgen Anpassungen nur durch neue Vertragsabschlüsse.[3] Soweit Konflikte zwischen den Vertragspartnern entstehen, beziehen sich diese daher nur auf die aktuelle Transaktion; wegen des Fehlens von wiederholtem Austausch mit demselben Vertragspartner besteht bei der Konfliktlösung aber keine über diese Transaktion hinausgehende Bindung, die es für künftige Transaktionen zu erhalten gilt.[4]

Liegen hingegen keine diskreten, sondern längerfristige Austauschbeziehungen vor, können unter der Annahme beschränkter Rationalität alle sich möglicherweise ergebenden Umweltzustände nicht mehr vollständig vergegenwärtigt werden.[5] Die vertragliche Regelung der zukünftigen Umweltzustände ist dadurch von Lücken gekennzeichnet.[6] Klassische Verträge sind zur Koordination derartiger Transaktionen ungeeignet, da ihnen vertragliche Anpassungsmechanismen fehlen.

---

[1] Vgl. *Macneil, I. R.*, Contract, 1979, S. 60; *Williamson, O. E.*, Capitalism, 1985, S. 69; *Strohm, A.*, Theorie, 1988, S. 29; *Picot, A./Dietl, H.*, Transaktionskostentheorie, 1990, S. 181; *Dietl, H.*, Institutionen, 1993, S. 113; *Erlei, M./Jost, P.-J.*, Grundlagen, 2001, S. 46; *Picot, A./Reichwald, R./Wigand, R. T.*, Unternehmung, 2003, S. 43. Klassische Verträge zeichnen sich nach *Macneil* durch „sharp-in by clear agreement; sharp-out by clear performance" aus, *Macneil, I. R.*, Futures, 1974, S. 738.
[2] Das Risiko von Veränderungen verbleibt damit beim jeweiligen Vertragsunterzeichner, vgl. *Macneil, I. R.*, Adjustment, 1978, S. 860.
[3] Vgl. *Macneil, I. R.*, Adjustment, 1978, S. 860.
[4] Vgl. *Macneil, I. R.*, Adjustment, 1978, S. 861; *Williamson, O. E.*, Capitalism, 1985, S. 69; *Dietl, H.*, Institutionen, 1993, S. 113; *Erlei, M./Jost, P.-J.*, Grundlagen, 2001, S. 47; *Picot, A./Reichwald, R./Wigand, R. T.*, Unternehmung, 2003, S. 43.
[5] Vgl. Kapitel 3.2.2.2.2, S. 64 f.; *Williamson, O. E.*, Relations, 1979, S. 237; *Williamson, O. E.*, Capitalism, 1985, S. 70.
[6] Vgl. *Macneil, I. R.*, Adjustment, 1978, S. 865; *Strohm, A.*, Theorie, 1988, S. 29.

5.2 Integration bei Ausblendung des Steuerrechts

Vielmehr eignen sich neoklassische Verträge,[1] bei denen ex ante vorhersehbare Vertragslücken bereits bei Vertragsabschluss detailliert geregelt werden.[2] Mit steigender Dauer und Komplexität der Transaktionen wird es aber immer schwieriger und aufwendiger alle möglichen Veränderungen während der vertraglich verbundenen Zeit schon zum Zeitpunkt des Vertragsabschlusses durch neoklassische Verträge zu berücksichtigen.[3] In diesem Fall sind vielmehr relationale Verträge geeignet, die Lücken nicht wie neoklassische Verträge durch ex ante im Detail festgelegte Regelungen schließen, sondern nur ein vertraglich festgeschriebenes Verfahren zur Konfliktlösung und zur Wahrnehmung der bei Vertragsabschluss offen gelassenen Verfügungsrechte enthalten.[4] Damit wird zwar eine flexible Vertragsanpassung zugelassen, durch die Festschreibung des Verfahrens aber dennoch nur eine begrenzte Reaktion auf zukünftige Veränderungen ermöglicht.[5] Derartige Verfahren können sowohl bilateral durch fortlaufende Verhandlungen zwischen den Parteien als auch – wie innerhalb einer Unternehmung – unilateral durch im Voraus bestimmte Hierarchiezuweisung

---

[1] Vgl. *Goldberg, V. P.*, Contract, 1976, S. 50 f.; *Macneil, I. R.*, Adjustment, 1978, S. 865; *Picot, A.*, Transaktionskostenansatz, 1982, S. 273; *Fischer, M.*, Integration, 1992, S. 18.

[2] Die Mechanismen zur Lückenfüllung können z. B. durch Kopplung an externe Standards wie Inflationsraten oder Indizes, vertraglich vorgesehene Schlichtung durch unabhängige dritte Sachverständige, einseitige Austrittsrechte, bereits eingeplante Nachverhandlungen etc. umgesetzt werden, vgl. *Macneil, I. R.*, Adjustment, 1978, S. 866-886; *Williamson, O. E.*, Relations, 1979, S. 250; *Williamson, O. E.*, Capitalism, 1985, S. 70 f.; *Picot, A./Dietl, H.*, Transaktionskostentheorie, 1990, S. 181; *Fischer, M.*, Integration, 1992, S. 18.

[3] Vgl. *Macneil, I. R.*, Adjustment, 1978, S. 901; *Williamson, O. E.*, Capitalism, 1985, S. 71.

[4] Vgl. *Macneil, I. R.*, Adjustment, 1978, S. 901; *Picot, A.*, Transaktionskostenansatz, 1982, S. 273; *Richter, R.*, Theorie, 1991, S. 406 f.; *Fischer, M.*, Integration, 1992, S. 19. Derartige Verträge wurden erstmals von *Macaulay* empirisch beobachtet und beschrieben, vgl. *Macaulay, S.*, Relations, 1963, S. 63 f.

[5] Vgl. *Erlei, M./Jost, P.-J.*, Grundlagen, 2001, S. 48. Die künftige Reaktion wird z. B. bei einem Arbeitsvertrag dadurch begrenzt, dass der Arbeitgeber zwar das Direktionsrecht innehat, den Arbeitnehmer aber grundsätzlich nicht gegen dessen Willen mit Tätigkeiten, die außerhalb des im Arbeitsvertrag aufgenommenen Berufsbild liegen, beauftragen darf, vgl. *Werder, A. v.*, Organisation, 1988, S. 108.

umgesetzt werden.[1] Relationale Verträge beruhen damit auf einer gemeinsamen Werte- und Normenbasis sowie auf Vertrauen,[2] sodass nicht mehr von der Identität der Vertragspartner abstrahiert werden kann.[3]

Macneil vergleicht diese Vertragsrechte als sich ausschließende Rechtssysteme und sieht den Übergang vom klassischen zum neoklassischen sowie weiter zum relationalen Vertragsrecht jeweils als ökonomischen Fortschritt an.[4]

5.2.1.1.2 Klassifizierung von *Williamson*

Williamsons Klassifizierung der Organisationsformen baut zum Teil auf den Überlegungen *Macneils* auf. Im Gegensatz zu *Macneil* sieht *Williamson* jedoch weder einen allgemeinen Vorteil von relationalen Verträgen noch unterschiedliche Vertragsarten als sich gegenseitig ausschließende Rechtssysteme an.[5] Vielmehr können klassische, neoklassische und relationale Verträge in Abhängigkeit vom jeweils zu lösenden Transaktionsproblem zur effizienten Koordination geeignet sein.[6] Zudem stellt *Williamson* bei der Unterteilung der Vertragstypen nicht auf die Vollständigkeit der Verträge, sondern auf den sich aus dem jeweiligen Vertrag ergebenden Governance-Mechanismus ab.

Governance lässt sich allgemein mit Herrschaft, Regierung, Führung, Regelung und Koordination umschreiben. Im ökonomischen Kontext wird darunter der Mechanismus der Koordination und Motivation des menschlichen Verhaltens im Rahmen der Kooperation und damit die Beherrschung von Transaktionen

---

[1] Vgl. *Williamson, O. E.*, Relations, 1979, S. 250; *Williamson, O. E.*, Capitalism, 1985, S. 75 f.; *Richter, R.*, Theorie, 1991, S. 407; *Fischer, M.*, Integration, 1992, S. 19. Bilaterale Verfahren lösen insbesondere bei hoher Unsicherheit oft nicht alle vertraglichen Risiken, vgl. *Williamson, O. E.*, Relations, 1979, S. 251 f., 254. Relationale Verträge können daher zwar auch zwischen Unternehmungen abgeschlossen werden, werden typischerweise jedoch innerhalb einer Unternehmung bestehen, vgl. *Macneil, I. R.*, Adjustment, 1978, S. 887.

[2] Vgl. *Macneil, I. R.*, Adjustment, 1978, S. 901; *Williamson, O. E.*, Relations, 1979, S. 238; *Dietl, H.*, Institutionen, 1993, S. 114.

[3] Vgl. *Picot, A./Dietl, H.*, Transaktionskostentheorie, 1990, S. 182; *Dietl, H.*, Institutionen, 1993, S. 114.

[4] Vgl. *Macneil, I. R.*, Adjustment, 1978, S. 889; *Williamson, O. E.*, Economic, 1991, S. 29.

[5] Vgl. *Williamson, O. E.*, Economic, 1991, S. 29.

[6] Vgl. *Williamson, O. E.*, Economic, 1991, S. 29.

5.2 Integration bei Ausblendung des Steuerrechts

verstanden.[1] Koordination beinhaltet dabei die Regelung, wie, wo und durch wen vorhandene Ressourcen zur Produktion welcher Produkte eingesetzt werden.[2] Motivation dient der Sicherstellung, dass die geplanten Aktivitäten auch tatsächlich durchgeführt werden.[3] Ein Governance-Mechanismus ist ein Instrument, mit dem Ordnung bei der Kooperation erreicht und Konflikte gemindert werden können; Governance kann damit zur Erzielung von Kooperationsgewinnen beitragen.[4] Im Transaktionskostenansatz wird davon ausgegangen, dass sich die Governance durch den Preismechanismus des Marktes aufgrund unterschiedlicher Anreiz-, Steuerungs- und Durchsetzungsmechanismen wesentlich von der durch die Hierarchie in einer Unternehmung unterscheidet.[5]

Am Markt erfolgt die Governance über den Preismechanismus durch Angebot und Nachfrage.[6] Dabei ist jeder Transaktionspartner Eigentümer der jeweiligen Produktionsressourcen.[7] Jede Transaktion erfolgt freiwillig und wird durch den autonomen Prozess der „unsichtbaren Hand" des Marktmechanismus gesteuert.[8] Bei dieser Form der Governance wird die Ressourcenverwendung bei jeder einzelnen Transaktion neu koordiniert und die Verteilung des jeweils entstehenden Kooperationsgewinns neu geregelt. Erfolg oder Misserfolg des eigenen Beitrags zur Kooperation muss sich jeder Transaktionspartner selbst zurechnen und keine Partei muss eine Überwachung oder Anweisung durch andere Individuen dulden

---

[1] Vgl. *Picot, A.,* Transaktionskostenansatz, 1982, S. 269.
[2] Vgl. *Erlei, M./Jost, P.-J.,* Grundlagen, 2001, S. 37. Ähnlich vgl. *Laux, H./Liermann, F.,* Organisation, 2003, S. 6-9.
[3] Dies ist unter den Annahmen des Transaktionskostenansatzes wegen der Möglichkeit des Opportunismus im Gegensatz zur Neoklassik nicht zwangsläufig der Fall, vgl. *Erlei, M./Jost, P.-J.,* Grundlagen, 2001, S. 37.
[4] Vgl. *Williamson, O. E.,* Development, 2000, S. 95; *Williamson, O. E.,* Contract, 2003, S. 921; *Williamson, O. E.,* Economics, 2004, S. 70.
[5] Vgl. *Williamson, O. E.,* Relations, 1979, S. 235; *Williamson, O. E.,* Organization, 1991, S. 269; *Williamson, O. E.,* Economics, 2004, S. 67. Ähnlich vgl. *Cyert, R. M./March, J. G.,* Introduction, 1963, S. 1 f.
[6] Vgl. Kapitel 1.1, S. 2.
[7] Vgl. *Picot, A.,* Transaktionskostenansatz, 1982, S. 273.
[8] Vgl. Kapitel 1.1, S. 2. Unter Autonomie versteht man im ökonomischen Kontext Unabhängigkeit und Entscheidungsfreiheit, vgl. *Kappler, E.,* Autonomie, 1992, Sp. 272.

oder hat ein privilegiertes Recht zur Änderung der Organisationsform.[1] Vertragliche Anpassungen erfolgen regelmäßig nur durch Abschluss eines neuen Vertrags und sind damit nur bei gegenseitigem Einverständnis möglich.

Die Koordination und Motivation innerhalb einer Unternehmung erfolgt hingegen nicht autonom durch den Preismechanismus, sondern hierarchisch.[2] Eine Unternehmung wird damit weder als Produktionsfunktion[3] noch als neutraler *nexus of contracts*,[4] sondern als Organisationsform mit dem Governance-Mechanismus der Hierarchie angesehen.[5] Im Gegensatz zum Markt erfolgt die Governance in einer Hierarchie durch bestimmte Individuen geplant, bewusst und zielgerichtet.[6] Anders als bei einem Marktvertrag, bei dem die Ressourcenverwendung und Gewinnverteilung explizit und im Detail für jede einzelne Transaktion vereinbart wird,[7] wird bei einem Unternehmungsvertrag unilateral geregelt, wer über die

---

[1] Vgl. *Picot, A.*, Transaktionskostenansatz, 1982, S. 273; *Alchian, A A./Woodward, S.*, Firm, 1988, S. 66. Ähnlich vgl. *Strohm, A.*, Theorie, 1988, S. 15; *Demsetz, H.*, Firm, 1988, S. 142.

[2] Vgl. Kapitel 1.1, S. 2. Unter einer Hierarchie wird allgemein eine vertikal abgestufte Ordnung von Elementen und somit eine Über- und Unterordnung von Elementen verstanden, vgl. *Krüger, W.*, Hierarchie, 1985, S. 293. Ähnlich vgl. *Laske, S./Weiskopf, R.*, Hierarchie, 1992, Sp. 797. In diesen Fällen spricht man auch von fehlender vertikaler Autonomie, vgl. *Kappler, E.*, Autonomie, 1992, Sp. 273. Im ökonomischen Kontext der Governance bezieht sich Hierarchie auf das Verhältnis menschlicher Handlungen.

[3] Vgl. Kapitel 3.2.1.2, S. 46.

[4] Vgl. Kapitel 3.2.2.1.3, S. 56 f.

[5] Vgl. *Williamson, O. E.*, Economic, 1991, S. 29-31; *Williamson, O. E.*, Organization, 1994, S. 164; *Williamson, O. E.*, Power, 1996, S. 32; *Williamson, O. E.*, Development, 2000, S. 94 f.; *Williamson, O. E.*, Ahead, 2000, S. 602; *Williamson, O. E.*, Contract, 2003, S. 917, 921 f. ; sowie auch *Riordan, M. H./Williamson, O. E.*, Organization, 1985, S. 366; *Williamson, O. E./Bercovitz, J.*, Corporation, 1996, S. 327, 331; *Werder, A. v.*, Organisationsstruktur, 1986, S. 12; *Moe, T. M.*, Institutions, 1990, S. 217; *Moe, T. M.*, Theory, 1990, S. 121; *Picot, A./Dietl, H.*, Transaktionskostentheorie, 1990, S. 180.

[6] *Barnard* bezeichnet hierarchische Kooperation als "formal organization (…) that is conscious, deliberate, purposeful", *Barnard, C. I.*, Executive, 1938, S. 4. Ausführlicher vgl. *Williamson, O. E.*, Lens, 2002, S. 441. Die „unsichtbare Hand" des Marktes wird durch eine „sichtbare Hand des Managements" ersetzt, vgl. *Chandler, A. D.*, Hand, 1978, S. 1; *Wenz, M.*, Unternehmensmischformen, 1999, S. 2.

[7] Vgl. *Jost, P.-J.*, Unternehmenskontext, 2001, S. 24; *Erlei, M./Jost, P.-J.*, Grundlagen, 2001, S. 47.

5.2 Integration bei Ausblendung des Steuerrechts

Koordination der Ressourcen bestimmt,[1] wie Risiko und Residualgewinne verteilt werden sowie wer Änderungen der Organisationsform vornehmen darf.[2] Die Hierarchie einer Unternehmung zeichnet sich damit durch einseitige Weisungsbefugnisse (*fiat*) aus.[3] Die Koordination wird bestimmten Parteien durch die Zuweisung des Weisungsrechtes in einem bestimmten Umfang übertragen, wodurch festgelegt wird, welche Partei in nicht vertraglich geregelten Situationen handeln kann und welcher Handlungsspielraum dabei zur Verfügung steht.[4] Damit werden lediglich Ziele der zukünftigen Zusammenarbeit sowie Rahmen-Vertragsbestimmungen festgelegt und die expliziten Vereinbarungen klassischer Verträge weitgehend durch implizite ersetzt.[5] Auch wenn die Hierarchie einer Unternehmung selbst in der Regel durch Vertragsabschlüsse entsteht, die ihrerseits teilweise durch Märkte, wie z. B. den Arbeits- oder Kapitalmarkt, koordiniert werden, stellt die hierarchische Koordination keine Fortsetzung von Marktmechanismen dar.[6] Vielmehr wird durch derartige Verträge ein Koordinationsinstrument geschaffen, um Transaktionen anders als über den Preismechanismus koordinieren zu können.[7]

---

[1] Vgl. *Williamson, O. E./Bercovitz, J.*, Corporation, 1996, S. 331; *Schildbach, T. u. a.*, Konzernabschluss, 1996, S. 4; *Jost, P.-J.*, Unternehmenskontext, 2001, S. 24 f. Ähnlich vgl. *Werder, A. v.*, Organisationsstruktur, 1986, S. 12.

[2] Ähnlich vgl. *Nell-Breuning, O. v.*, Unternehmensverfassung, 1967, S. 56-63.

[3] Vgl. *Williamson, O. E.*, Power, 1996, S. 32; sowie auch *Bössmann, E.*, Unternehmungen, 1983, S. 106; *Alchian, A A./Woodward, S.*, Firm, 1988, S. 66; *Schildbach, T.*, Grundlagen, 1989, S. 158. Ähnlich vgl. *Strohm, A.*, Theorie, 1988, S. 16; *Moe, T. M.*, Theory, 1990, S. 121.

[4] Vgl. *Schildbach, T. u. a.*, Konzernabschluss, 1996, S. 4 f.; *Erlei, M./Jost, P.-J.*, Grundlagen, 2001, S. 48.

[5] Vgl. *Erlei, M./Jost, P.-J.*, Grundlagen, 2001, S. 48; *Picot, A./Reichwald, R./Wigand, R. T.*, Unternehmung, 2003, S. 43.

[6] Vgl. *Williamson, O. E.*, Governance, 1996, S. 147. A. A. vgl. *Michaelis, E.*, Transaktionskosten, 1985, S. 183 f., die allerdings auch auf einen anderen Transaktionsbegriff abstellt, vgl. *Michaelis, E.*, Transaktionskosten, 1985, S. 75.

[7] Vgl. *Williamson, O. E.*, Governance, 1996, S. 148. Beispielsweise regelt der Arbeitsmarkt zwar, wie viel ein Arbeitnehmer an Gehalt erhält, nicht jedoch, wie die Ressource der Arbeitskraft unternehmungsintern eingesetzt wird. Vielmehr erfolgt die unternehmungsinterne Ressourcenallokation der Arbeitskraft nicht durch den Preismechanismus, sondern durch hierarchische Weisungen, vgl. *Werder, A. v.*, Organisationsstruktur, 1986, S. 186-189; *Werder, A. v.*, Organisation, 1988, S. 108. A. A. vgl. *Schneider, D.*, Markt, 1985, S. 1241; *Ott, J.*, Holding, 1996, S. 139.

Im Transaktionskostenansatz wird somit eine Abgrenzung der Unternehmung vom Markt nach der Reichweite ihrer jeweiligen Governance-Mechanismen vorgenommen. Diese Abgrenzung ist auch damit vereinbar, dass eine Unternehmung in der Realität oft aus einem System rechtlicher Gremien besteht, die mit unterschiedlicher Intensität auf die Unternehmensführung und deren Überwachung einwirken.[1] Zwar können diese Gremien selbst, wie z. B. der Gesamtvorstand einer AG, auch durch gleichberechtigte Individuen und damit nicht hierarchisch organisiert sein.[2] Die in der Realität teilweise anzutreffende Gremienstruktur an der Spitze einer Unternehmung kann im Transaktionskostenansatz jedoch durch die Analyse der Unternehmensfinanzierung als vertragliches Sicherungsinstrument der Eigenkapitalfinanzierung erklärt werden.[3] Da derartige Gremien damit weniger als Instrument zur Koordination der unternehmungsinternen Ressourcenallokation, sondern vielmehr als Instrument zur Kontrolle der Entscheidungsträger anzusehen sind,[4] wird zur Diskussion der vertikalen Integration oft vereinfachend von einer Unternehmensleitung ausgegangen, bei der eine Entscheidungseinheit monostrukturell an der Spitze der Hierarchie einer Unternehmung steht. Soweit nicht gesondert gekennzeichnet, wird auch in der vorliegenden Analyse von dieser Vereinfachung ausgegangen, die an der Spitze stehende Entscheidungseinheit wird dabei als Management bzw. bei mehreren Management-Ebenen als Top-Management bezeichnet.

Die bipolare Unterteilung aller Organisationsformen in Markt- und Unternehmenslösungen stellt eine weitere Vereinfachung dar, da in der Realität zwischen

---

[1] Vgl. *Werder, A. v.*, Organisation, 1988, S. 106. Ähnlich vgl. *Laux, H./Liermann, F.*, Organisation, 2003, S. 118.

[2] Siehe § 77 Abs. 1 AktG; vgl. *Seidel, E.*, Recht, 1977, S. 444; *Werder, A. v.*, Konzernstruktur, 1986, S. 592; *Werder, A. v.*, Organisationsstruktur, 1986, S. 183 f.; *Werder, A. v.*, Organisation, 1988, S. 107 f.; *Hefermehl, W./Semler, J.*, Leitung, 2004, S. 63.

[3] Vgl. *Williamson, O. E.*, Finance, 1988, S. 571, 580; *Williamson, O. E.*, Economics, 2004, S. 82.

[4] Analog zum amerikanischen *board of directors* vgl. *Williamson, O. E.*, Finance, 1988, S. 571. Ebenso wird in der positiven Agency-Theorie zwischen *decision management* und *decision control* unterschieden und das *board of directors* nicht als *executive committee*, sondern als *instrument of the residual claimates* angesehen, vgl. *Fama, E. F./Jensen, M. C.*, Ownership, 1983, S. 304, 313-315.

5.2 Integration bei Ausblendung des Steuerrechts

diesen gegensätzlichen Polen ein Kontinuum an Zwischenformen existiert.[1] Diese hybriden Zwischenformen bewahren in Teilbereichen – ebenso wie der Markt – die Autonomie, gewährleisten in anderen Bereichen jedoch – ebenso wie Hierarchien – durch unterschiedliche Sicherheitsmechanismen glaubhafte Versprechungen und adaptive Anpassung.[2] *Williamson* betrachtet daher regelmäßig auch eine dritte typisierte Klasse, die Hybride.[3] Zu ihnen gehören z. B. Langzeitverträge, reziproke Verträge, Regulierung und Franchising,[4] sie können aber z. B. auch aus einer reinen Finanzholding bestehen.[5]

5.2.1.1.3 Klassifizierung in dieser Untersuchung

Zur Diskussion des Einflusses der Besteuerung auf die Integration von Produktionsschritten soll im Gegensatz zu *Williamson* nur eine zweiwertige Klassifizierung der Organisationsformen in Markt und Unternehmung vorgenommen werden.[6] Diese Vereinfachung ist möglich, da sich die Besteuerung de lege lata im Wesentlichen nur zwischen der Organisationsform einer Unternehmung und den Organisationsformen Markt oder Hybrid und in der Regel nicht zwischen Markt und Hybrid unterscheidet.[7] Allerdings spricht grundsätzlich gegen eine

---

[1] Vgl. *Williamson, O. E.*, Capitalism, 1985, S. 83 f.; *Schildbach, T.*, Grundlagen, 1989, S. 158; *Williamson, O. E.*, Organization, 1991, S. 280; *Richter, R.*, Theorie, 1991, S. 412.

[2] Vgl. *Williamson, O. E.*, Governance, 2002, S. 181.

[3] Vgl. *Williamson, O. E.*, Organization, 1991, S. 280.

[4] Vgl. *Williamson, O. E.*, Organization, 1991, S. 269, 280.

[5] Ein diversifizierter Konzern kann beispielsweise in Form einer Finanzholding vorliegen, wenn in der Hierarchie hinreichende Autonomie zur Führung der Untereinheiten vorgesehen ist. „Die Finanzholding ... hält und verwaltet Beteiligungen, nimmt aber keine Führungsfunktionen i. e. S. wahr." *Theisen, M. R.*, Konzern, 2000, S. 177; ähnlich vgl. *Keller, T.*, Unternehmungsführung, 1993, S. 35. Zwar erfolgt eine Überwachungstätigkeit zur Sicherung des gemeinsamen Zwecks, in deren Mittelpunkt steht jedoch das „kontrollierende Moment und nicht das eigenständig planende, aktive, strategische Element wie bei der Führungsholding", *Theisen, M. R.*, Konzern, 2000, S. 178; ähnlich vgl. *Lutter, M.*, Begriff, 2004, S. 14. Strategische und operative Aufgaben werden dabei von den Tochtergesellschaften und nicht von der Holding wahrgenommen, vgl. *Theisen, M. R.*, Konzern, 2000, S. 178; *Werdich, H.*, Organisation, 1993, S. 45; *Naumann, J.-P.*, Holding, 1994, S. 9 f. Eine solche Finanzholding wird in dieser Untersuchung daher im Gegensatz zum hierarchischen Konzern nicht unter dem Begriff der Unternehmung diskutiert.

[6] Vgl. *Williamson, O. E.*, Organization, 1991. In früheren Arbeiten verwendete *Williamson* dagegen ebenfalls eine weiter vereinfachte, zweiwertige Klassifizierung in Markt und Hierarchie, vgl. *Williamson, O. E.*, Approach, 1981, S. 549.

[7] Vgl. Kapitel 2.

derartige Ausblendung der Hybride, dass Zusammenschlüsse von gleichberechtigten Individuen ohne eine hierarchische Rangfolge[1] (so genannte *peer groups*[2]) im Steuerrecht de lege lata als Unternehmen behandelt werden,[3] während sie nach der ökonomischen Qualifikation des Transaktionskostenansatzes aufgrund der fehlenden Hierarchie keine Unternehmung, sondern hybride Organisationsformen darstellen.[4] Im Vergleich zum Preismechanismus und zur Hierarchie sind die ökonomischen Einsatzmöglichkeiten von derartigen *peer groups* insbesondere mit zunehmender Größe des Koordinationsproblems jedoch sehr begrenzt,[5] sodass ihre Berücksichtigung in dieser Analyse zugunsten einer nur zweiwertigen Klassifizierung vernachlässigt werden kann.

Zur Analyse des Einflusses der Besteuerung auf die Integration von Produktionsschritten ist weiter von Bedeutung, dass die ökonomische Einheit einer Unternehmung de lege lata wahlweise in der rechtlichen Form einer Einheitsunter-

---

[1] Eine derartige Governanceform ergibt sich de lege lata z. B. bei einer OHG, bei der die Weisungsrechte nicht durch Gesellschaftsvertrag abweichend geregelt werden.

[2] Vgl. *Williamson, O. E.*, Markets, 1975, S. 41.

[3] Werden verschiedene vor- und nachgelagerte Produktionsschritte z. B. in einer OHG von verschiedenen Gesellschaftern als *peer group* durchgeführt, kommt es im Vergleich zur Marktkoordination nicht zur Besteuerung von Gewinnen auf Zwischenprodukte. Zudem werden auch Verluste aus einem Produktionsschritt mit Gewinnen aus anderen Produktionsschritten innerhalb der OHG verrechnet, vgl. Kapitel 2.3.1.2, S. 24-26.

[4] Es liegt ein Hybrid vor, da zwar keine Hierarchie gegeben ist, die Organisationsform der *peer group* jedoch im Vergleich zu Marktverträgen teilweise *safeguards* gegen Opportunismus aufweist, vgl. ausführlich *Williamson, O. E.*, Markets, 1975, S. 41-45.

[5] Vgl. *Williamson, O. E.*, Markets, 1975, S. 45; *Williamson, O. E.*, Governance, 1996, S. 245; *Laux, H./Liermann, F.*, Organisation, 2003, S. 100-118. Diese Organisationsform ist wegen der Möglichkeit des Opportunismus sehr anfällig für die Gefahr des *freerider* Problems, d. h. insbesondere bei Messproblemen des Einsatzes der Individuen besteht wegen der Möglichkeit des Opportunismus die Gefahr, dass sich manche Individuen nur unzureichend am gemeinsamen Ziel beteiligen. Dies birgt wiederum die Gefahr von Adverse-Selection Problemen bei der *peer group*-Bildung, vgl. *Williamson, O. E.*, Markets, 1975, S. 47-49; zur Adverse-Selection vgl. *Akerlof, G. A.*, Lemons, 1970. Zudem sind die kollektive Kommunikation, die kollektive Koordination sowie eventuell erforderliche kollektive Vertragsanpassungen im Vergleich zur Hierarchie aufgrund der beschränkten Rationalität der Individuen in der Regel sehr kostspielig. Bei gemeinsamer kollektiver Entscheidung muss alles mit jedem in einem *all-channel network* kommuniziert werden. Da die Anzahl der Kommunikationswege in einem derartigen *all-channel network* und daher auch die damit verbundenen Transaktionskosten quadratisch steigen, ist die Größe derartiger *peer groups* zwangsläufig sehr begrenzt, vgl. *Williamson, O. E.*, Markets, 1975, S. 46. Ähnlich vgl. *Williamson, O. E.*, Control, 1970, S. 20.

5.2 Integration bei Ausblendung des Steuerrechts

nehmung oder einer konzernierten Unternehmung errichtet werden kann.[1] Die Integration von Produktionsschritten kann daher grundsätzlich sowohl durch eine unterschiedliche Besteuerung von Markt und Einheitsunternehmung als auch durch eine unterschiedliche Besteuerung von Markt und Konzernunternehmung beeinflusst werden. Bei der Analyse der Besteuerung de lege lata wurde aufgezeigt, dass die Einheitsunternehmung sowohl im Vergleich zu weniger integrierten Organisationsformen als auch im Vergleich zur Konzernunternehmung steuerlich unterschiedlich behandelt wird.[2] Zwischen der Koordination eines Produktionsschrittes über den Markt oder in einer eigenen rechtlichen Einheit in einer Konzernunternehmung konnten de lege lata hingegen keine wesentlichen Belastungsunterschiede bestimmt werden.[3] Entsprechend ist ein Einfluss der Besteuerung auf die Integration vor allem aus der unterschiedlichen Besteuerung bei der Marktkooperation und bei der Organisation in eine Einheitsunternehmung zu erwarten. Zur Analyse der Folgen der Besteuerung auf die Integration von Produktionsschritten soll daher unter Ausblendung der Organisationsform des Konzerns die Unternehmung mit der Einheitsunternehmung gleichgesetzt und mit dem Markt verglichen werden.

5.2.1.2 Schlüsseldimension: Spezifität

Die ökonomischen Auswirkungen der Governance-Mechanismen Markt und Hierarchie werden nach dem Analyseschema des Transaktionskostenansatzes in Abhängigkeit der Dimensionen Spezifität, Unsicherheit und Häufigkeit der zu koordinierenden Transaktionen untersucht.[4] Die Dimensionen Häufigkeit und Unsicherheit haben dabei regelmäßig eine nur verstärkende und unterstützende Funktion, sie werden in der vorliegenden Analyse daher zur Vereinfachung konstant gehalten: Indem in dieser Untersuchung pauschal von einer bei vor- und nachgelagerten Produktionsschritten typischerweise hohen Transaktionshäufigkeit

---

[1] Vgl. Kapitel 1.1, S. 5.
[2] Vgl. Kapitel 2.3, S. 21-35.
[3] Beide Formen führen regelmäßig zur Realisation von Zwischengewinnen und zumindest bei fehlender Organschaft auch zur Unmöglichkeit der übergreifenden Verlustverrechnung. Zur relativ geringen Bedeutung der Organschaft in der Praxis vgl. Kapitel 2.3.2.4, S. 33 und Kapitel 6.3.2, S. 217 f.
[4] Vgl. Kapitel 4.3.1.1, S. 85 f.

ausgegangen wird,[1] lohnt es sich in spezialisierte transaktionskostensenkende Organisationsformen zu investieren, selbst wenn bei ihrer Errichtung Kosten entstehen.[2] Dabei wird grundsätzlich auch vom Vorliegen vieler potenzieller Transaktionspartner ausgegangen,[3] wodurch opportunistisch handelnden Vertragspartnern grundsätzlich durch neue Vertragsabschlüsse mit anderen Kooperationspartnern ausgewichen werden kann.[4] Unsicherheit führt zu nicht vorhersehbaren Störungen des Transaktionsumfelds und somit zur Notwendigkeit von Vertragsanpassungen;[5] im Folgenden wird pauschal von einer Unsicherheit ausgegangen, die zumindest groß genug ist, um die Notwendigkeit von Vertragsanpassungen wahrscheinlich zu machen.[6] Durch diese Annahmen eines Mindestmaßes an Häufigkeit und Unsicherheit wird die Anpassung der Vertragsbeziehungen zu einem zentralen Problem der analysierten ökonomischen Organisation.[7]

Die entscheidende Rolle kommt bei der Analyse der vertikalen Integration jedoch der Dimension der Spezifität zu,[8] die daher als Schlüsseldimension und damit als variabler Faktor verwendet wird. Die Untersuchung der Auswirkungen der vertikalen Integration muss folglich jeweils durch einen Vergleich der Kooperations-

---

[1] Vgl. *Göbel, E.*, Institutionenökonomik, 2002, S. 142.
[2] Die Häufigkeit der Transaktionen ist insbesondere dafür verantwortlich, ob sich beim Vorliegen von Spezifität die Errichtung einer Unternehmung lohnt, vgl. *Williamson, O. E.*, Relations, 1979, S. 246; *Williamson, O. E.*, Capitalism, 1985, S. 60; *Williamson, O. E.*, Governance, 1984, S. 206; *Williamson, O. E.*, Contract, 2003, S. 923; sowie auch *Fischer, M.*, Integration, 1992, S. 17.
[3] Diese Situation kann sich allerdings ex post durch die fundamentale Transformation verändern, vgl. Kapitel 5.2.1.4.1, S. 136 f.
[4] Vgl. *Williamson, O. E.*, Markets, 1975, S. 27.
[5] Vgl. *Williamson, O. E.*, Contract, 2003, S. 923.
[6] Ähnlich vgl. *Williamson, O. E.*, Capitalism, 1985, S. 72; *Göbel, E.*, Institutionenökonomik, 2002, S. 143. Der Einfluss der Unsicherheit auf die Höhe der Transaktionskosten ist davon abhängig, ob Spezifität vorliegt. Ohne Spezifität hat Unsicherheit wenig Einfluss, mit zunehmender Spezifität verstärkt Unsicherheit hingegen die *hold up* Gefahr, vgl. *Williamson, O. E.*, Capitalism, 1985, S. 59 f. Zur *hold up* Gefahr vgl. Kapitel 5.2.1.4.3, S. 140.
[7] Ähnlich vgl. *Williamson, O. E.*, Contract, 2003, S. 924.
[8] Vgl. *Williamson, O. E.*, Capitalism, 1985, S. 52, 56; *Riordan, M. H./Williamson, O. E.*, Organization, 1985, S. 366 f.; *Williamson, O. E.*, Finance, 1988, S. 571; *Williamson, O. E.*, Organization, 1991, S. 281; *Williamson, O. E.*, Organization, 1994, S. 166; *Göbel, E.*, Institutionenökonomik, 2002, S. 137; *Williamson, O. E.*, Contract, 2003, S. 926. Ähnlich vgl. *Klein, B./Crawford, R. G./Alchian, A. A.*, Integration, 1978, S. 298; *Picot, A.*, Organisation, 2005, S. 55.

5.2 Integration bei Ausblendung des Steuerrechts

gewinne der Organisationsformen Markt und Unternehmung bei zwei typisierten Transaktionstypen erfolgen: Transaktionen mit niedriger Spezifität versus Transaktionen mit hoher Spezifität; anschließend werden die dabei gefundenen Ergebnisse zur Hypothesengewinnung einander gegenübergestellt (vgl. Darst. 20).

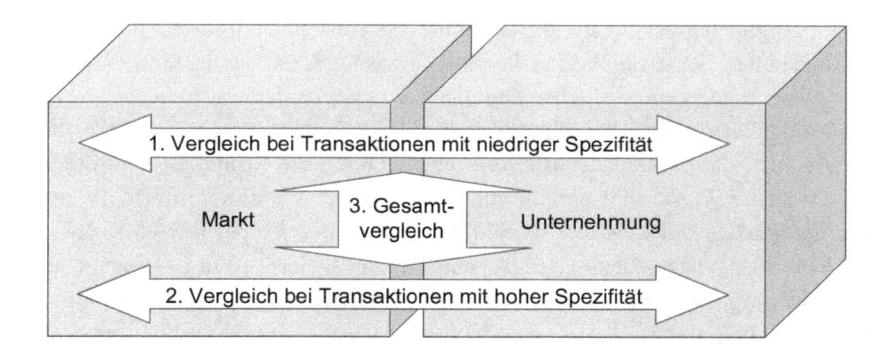

Darst. 20: Vergleichspaare zur Analyse der vertikalen Integration

5.2.1.3 Niedrige Spezifität

Das erste Vergleichspaar bildet die Koordination durch den Preismechanismus (Marktlösung) und durch die Hierarchie (Unternehmung) bei Transaktionen ohne oder mit sehr geringer Spezifität. Derartige Transaktionen liegen beispielsweise bei der Produktion mit sehr variabel einsetzbaren Produktionsanlagen vor.[1] Dabei sollen vorerst am Markt und in der Unternehmung gleiche technische Produktionsmöglichkeiten und -kosten unterstellt werden, sodass in der Tradition des Transaktionskostenansatzes anstelle eines Vergleiches der Kooperationsgewinne vereinfachend nur ein Partialvergleich der Transaktionskosten vorgenommen werden kann.[2]

---

[1] Vgl. *Göbel, E.*, Institutionenökonomik, 2002, S. 143.
[2] Vgl. Kapitel 4.3.1.5, S. 92 f.

5.2.1.3.1 Transaktionskosten der Marktlösung

Die Koordination der Arbeitsteilung von vor- und nachgelagerten Produktionsschritten erfolgt bei der Marktlösung durch den Abschluss von Verträgen, die Austauschbedingungen zwischen Leistung und Gegenleistung ex ante exakt und weitgehend vollständig bestimmen. Derartige *spot market* Verträge sind regelmäßig gegenwartsbezogene und einfache Tauschhandlungen;[1] wegen ihrer weitgehenden Vollständigkeit stellen sie klassische Verträge im Sinne *Macneils* dar.[2] Sie enthalten keine eigenen Durchsetzungsmechanismen, vielmehr wird ein institutioneller Rahmen benötigt, der sowohl die Definition von Eigentumsrechten als auch das Austauschverfahren regelt. Durch die formellen Institutionen des Staates (z. B. Gerichtsbarkeit und Staatsgewalt) und durch informelle Institutionen (z. B. Ethik) werden sowohl die getauschten Property-Rights als auch die Einhaltung des vereinbarten Austausches gesichert.[3] Wie aufgezeigt werden wird, ergeben sich durch diese Vertragsgestaltung Auswirkungen auf die Höhe der Durchsetzungskosten, der Informations- und Koordinationskosten sowie der Anpassungskosten.

Die Vergegenwärtigung der klassischen Verträge führt ex ante zu einer weitgehend abschließenden vertraglichen Regelung aller möglichen Umweltzustände.[4] Streitfälle können daher vollständig durch die Durchsetzung der gewollten Vereinbarung geregelt werden. Dabei treten wegen der exakten Vertragsspezifikation kaum Auslegungsprobleme auf,[5] sodass die Durchsetzung auch von einer dritten Partei und damit auch im Rechtsweg gewährleistet werden kann.[6] Zwar ist auch die Durchsetzung im Rechtsweg grundsätzlich nicht kostenlos, doch führt die Möglichkeit einer zuverlässigen staatlichen Durchsetzung dazu, dass durch opportunistischen Vertragsbruch nahezu kein eigener Vorteil erlangt werden kann.[7]

---

[1] Vgl. *Erlei, M./Jost, P.-J.*, Grundlagen, 2001, S. 47.
[2] Vgl. Kapitel 5.2.1.1.1, S. 115.
[3] Vgl. *Williamson, O. E.*, Governance, 2002, S. 177.
[4] Vgl. Kapitel 5.2.1.1.1, S. 115 f.
[5] Vgl. *Williamson, O. E./Bercovitz, J.*, Corporation, 1996, S. 340; *Erlei, M./Jost, P.-J.*, Grundlagen, 2001, S. 47; *Picot, A./Reichwald, R./Wigand, R. T.*, Unternehmung, 2003, S. 43.
[6] Vgl. *Williamson, O. E./Bercovitz, J.*, Corporation, 1996, S. 340; *Erlei, M./Jost, P.-J.*, Grundlagen, 2001, S. 41; *Picot, A./Reichwald, R./Wigand, R. T.*, Unternehmung, 2003, S. 43. Ähnlich vgl. *Williamson, O. E.*, Relations, 1979, S. 248.
[7] Vgl. *Galanter, M.*, Law, 1981, S. 10.

5.2 Integration bei Ausblendung des Steuerrechts

Zudem kann bei opportunistischem Verhalten für künftige Transaktionen ein anderer Transaktionspartner gewählt werden, sodass der Wettbewerbsdruck bei der unterstellten Vielzahl an möglichen Vertragspartnern ebenfalls zur Durchsetzung der Verträge beiträgt.[1] Staatliche Durchsetzung ist daher in der Regel nicht notwendig.[2] Entsprechend sind die Durchsetzungskosten von Marktverträgen bei den unterstellten Transaktionen regelmäßig als gering anzusehen.

Weiter ergeben sich Auswirkungen auf die Informations- und Koordinationskosten. Unter neoklassischen Annahmen werden bei perfekt funktionierenden Marktmechanismen die Informationen über die Kosten der Produktionsschritte vollständig im Preis abgebildet und die Koordination der Produktionsschritte durch die „unsichtbare Hand" des Preismechanismus pareto-optimal koordiniert.[3] Im Gegensatz dazu entsprechen die Preise unter der vorliegenden Annahme beschränkter Rationalität zwar auch unter dem Wettbewerbsdruck des Marktes nicht den Grenzkosten, doch werden durch die Institutionen der Märkte Informationen über mögliche Transaktionen zur Verfügung gestellt. Vor allem werden die Transaktionen dabei durch die Verdichtung sämtlicher relevanten Informationen auf den Preis erheblich vereinfacht[4] und den Individuen so auch bei beschränkter Informationsverarbeitungskapazität ausreichend Information für ökonomische Entscheidungen kostengünstig bereitgestellt.[5] Zudem besteht infolge der Konkurrenz ein hoher Anreiz, Innovationen umzusetzen und die Preise zu senken, auch wenn der Vertragspartner die tatsächlichen Produktionskosten wegen der fehlenden Identität von Preis und Grenzkosten nicht exakt kennt.[6] Der autonome Prozess des Preismechanismus reduziert damit als „unsichtbare Hand" den Bedarf an

---

[1] Vgl. *Macneil, I. R.*, Futures, 1974, S. 718; *Teece, D. J.*, Integration, 1976, S. 8. Ähnlich vgl. *Williamson, O. E.*, Relations, 1979, S. 249.

[2] Vgl. *Galanter, M.*, Law, 1981, S. 2; *Williamson, O. E.*, Finance, 1988, S. 573.

[3] Vgl. Kapitel 4.2.2, S. 79 f.

[4] Vgl. *Simon, H. A.*, Reason, 1983, S. 88; *Williamson, O. E.*, Markets, 1975, S. 25; *Teece, D. J.*, Integration, 1976, S. 7.

[5] Vgl. *Hayek, F. A. v.*, Knowledge, 1945, S. 526 f.; *Simon, H. A.*, Reason, 1983, S. 89. Ähnlich vgl. *Teece, D. J.*, Integration, 1976, S. 7; *Picot, A./Dietl, H.*, Transaktionskostentheorie, 1990, S. 181; *Fischer, M.*, Integration, 1992, S. 21; *Göbel, E.*, Institutionenökonomik, 2002, S. 137. Infolge dieser Informationsverdichtung wird der Beitrag verschiedener Anbieter einfach vergleichbar, ohne viel über die Anbieter wissen zu müssen, vgl. *Simon, H. A.*, Reason, 1983, S. 88.

[6] Vgl. *Erlei, M./Jost, P.-J.*, Grundlagen, 2001, S. 50.

nicht unbeschränkt zur Verfügung stehenden Informationsverarbeitungsmechanismen und es müssen keine zusätzlichen Ressourcen zur Koordination eingesetzt werden.[1] So können tolerierbare Lösungen gefunden werden, auch wenn sich wegen der Annahme beschränkter Rationalität kein Pareto-Optimum ergibt.[2]

Die Governance durch den Preismechanismus hat zudem auch Auswirkungen auf die Höhe der Anpassungskosten. Infolge der unterstellten Unsicherheit werden regelmäßig Situationen auftreten, die wegen der Annahme beschränkter Rationalität und unvollständiger Information in den bisher abgeschlossenen Verträgen nicht geregelt wurden. Da die klassischen Verträge kurzfristig und vergegenwärtigt sind und dadurch ständig neu abgeschlossen werden müssen, kann eine Vertragsanpassung sehr einfach bei Neuabschluss erfolgen.[3] Sich verändernde Preise stellen Informationen für die Kooperationspartner bereit, welche Anpassungen jeweils erforderlich sind.[4] Opportunistisches Verhalten und die Gefahr von Abhängigkeiten werden auch bei der Neuverhandlung durch die Möglichkeit des Wechsels des Vertragspartners wirksam unterdrückt.[5] Man bezeichnet diesen Anpassungsprozess als autonome Anpassungsfähigkeit von Märkten,[6] seine Bedeutung wurde vor allem von *v. Hayek* betont.[7] Der große Vorteil dieses Anpassungsprozesses liegt in den geringen Transaktionskosten: Die Individuen benötigen für die Anpassungen wenig Informationen und müssen kaum Entscheidungen über Anpassungen treffen, da diese vom autonomen Mechanismus des Marktes

---

[1] Vgl. *Williamson, O. E.*, Markets, 1975, S. 25.
[2] Vgl. *Simon, H. A.*, Reason, 1983, S. 89.
[3] Vgl. *Erlei, M./Jost, P.-J.*, Grundlagen, 2001, S. 51.
[4] Vgl. *Williamson, O. E.*, Organization, 1991, S. 278. Ähnlich vgl. *Williamson, O. E.*, Relations, 1979, S. 248; *Williamson, O. E.*, Economics, 2004, S. 65.
[5] Vgl. *Williamson, O. E.*, Markets, 1975, S. 27; *Williamson, O. E.*, Relations, 1979, S. 239; *Williamson, O. E.*, Capitalism, 1985, S. 74; *Picot, A./Dietl, H.*, Transaktionskostentheorie, 1990, S. 180; *Williamson, O. E.*, Governance, 1996, S. 332; *Erlei, M./Jost, P.-J.*, Grundlagen, 2001, S. 50; *Göbel, E.*, Institutionenökonomik, 2002, S. 135, 143.
[6] Vgl. *Williamson, O. E.*, Economic, 1991, S. 19; *Williamson, O. E.*, Carnegie, 1996, S. 153; *Williamson, O. E.*, Governance, 1996, S. 327; *Williamson, O. E.*, Contract, 2003, S. 925.
[7] Vgl. *Hayek, F. A. v.*, Knowledge, 1945, S. 526 f.; *Williamson, O. E.*, Organization, 1991, S. 277; *Williamson, O. E.*, Economic, 1991, S. 18 f.; *Williamson, O. E.*, Carnegie, 1996, S. 153; *Williamson, O. E.*, Contract, 2003, S. 924; *Williamson, O. E.*, Economics, 2004, S. 65.

koordiniert werden.[1] Jeder Marktteilnehmer prüft die Marktpreise im Verhältnis zu den eigenen Möglichkeiten und reagiert auf sich ergebende Möglichkeiten auch ohne eine zentrale und bewusst geregelte Koordination.[2]

5.2.1.3.2 Transaktionskosten der Unternehmung

Wird die Koordination der vor- und nachgelagerten Produktionsschritte nicht durch den Markt, sondern in einer Unternehmung integriert koordiniert, wird die Bestimmung von Input und Produktionsablauf und somit die Allokation innerhalb der Hierarchie nicht durch den Preismechanismus, sondern durch geplante und zielgerichtete Weisungen bestimmt.[3] Es liegen unvollständige relationale Verträge im Sinne *Macneils* vor,[4] die durch die einseitige Vergabe des Weisungsrechts mit einem unilateralen Verfahren zur Regelung von Vertragslücken ausgestaltet sind.[5] Wie im Folgenden aufgezeigt wird, ergeben sich auch durch den Governance-Mechanismus der Hierarchie Auswirkungen auf die Höhe der Durchsetzungskosten, der Informations- und Koordinationskosten sowie der Anpassungskosten.

Die Vertragseinhaltung und Durchsetzung der relationalen Unternehmungsverträge kann in Streitfällen nur schwer auf Dritte wie Gerichte und die Staatsgewalt übertragen werden, da nur die Beteiligten das Wissen zur Erarbeitung von geeigneten Lösungsmöglichkeiten besitzen.[6] Stattdessen werden Streitfälle über die Ressourcenallokation in einer Hierarchie durch die einseitige Vergabe der Weisungsrechte im Rahmen des relationalen Vertrags gelöst.[7] Entsprechend

---

[1] Vgl. *Williamson, O. E.*, Governance, 1996, S. 148; *Williamson, O. E.*, Governance, 2002, S. 175.
[2] Vgl. *Williamson, O. E.*, Governance, 1996, S. 149.
[3] Vgl. *Williamson, O. E.*, Ahead, 2000, S. 603.
[4] Vgl. Kapitel 5.2.1.1.1, S. 117 f.
[5] Vgl. *Erlei, M./Jost, P.-J.*, Grundlagen, 2001, S. 49.
[6] Vgl. *Klein, B.*, Arrangements, 1980, S. 356; *Galanter, M.*, Law, 1981, S. 4; *Williamson, O. E.*, Economic, 1991, S. 30 f.; *Williamson, O. E.*, Organization, 1991, S. 276; *Dietl, H.*, Institutionen, 1993, S. 114; *Williamson, O. E.*, Governance, 1996, S. 150; *Williamson, O. E.*, Power, 1996, S. 33. Empirisch bestätigend vgl. *Macaulay, S.*, Relations, 1963, S. 61.
[7] Vgl. *Williamson, O. E.*, Governance, 2002, S. 178. Eine gerichtliche Annahme derartiger Streitfälle würde zudem den Wirkungsmechanismus der Hierarchie untergraben, vgl. *Williamson, O. E.*, Economic, 1991, S. 31; *Williamson, O. E.*, Organization, 1991, S. 276; *Williamson, O. E.*, Governance, 1996, S. 150.

unterscheidet sich auch das Vertragsrecht für Unternehmungen von dem für Märkte:[1] Fragen hinsichtlich des Ressourceneinsatzes in Abteilung A oder B werden nicht von den Gerichten angenommen,[2] sondern müssen intern geregelt werden.[3] Im Gegensatz zur Marktlösung müssen zur Motivation und Durchsetzung daher Ressourcen aufgewendet werden, z. B. zur Beurteilung der Leistung und Kontrolle der Mitarbeiter durch ihre Vorgesetzten. Zwar führt auch die indirekte Partizipation der Arbeitnehmer am gesamten Kooperationsergebnis zum gemeinsamen Interesse,[4] doch ist die Anreizintensität in einer Hierarchie regelmäßig geringer als am Markt, da Veränderungen des eigenen Einsatzes in der Regel nur eine wesentlich geringere oder gar keine Kompensation erfahren.[5] Kosten zur Motivation und Kosten infolge von Schäden aus einer unzureichenden Kontrolle durch „Drückebergerei" oder infolge fehlender Weisungsbefolgung stellen ebenfalls Transaktionskosten dar.[6] Im Vergleich zur konfliktfreien Marktlösung fallen bei den unterstellten Transaktionen in einer Hierarchie damit höherer Durchsetzungskosten an.

---

[1] Vgl. *Williamson, O. E.*, Governance, 1996, S. 150; *Williamson, O. E.*, Governance, 2002, S. 178.

[2] Vgl. *Williamson, O. E.*, Capitalism, 1985, S. 21; *Williamson, O. E.*, Economic, 1991, S. 30 f.; *Göbel, E.*, Institutionenökonomik, 2002, S. 136; *Williamson, O. E.*, Economics, 2004, S. 71. Das Gesellschaftsrecht zeichnet sich daher durch Nachsicht aus, der Staat überwacht nur die Durchsetzung des Rahmenvertrags; die unternehmungsinterne Governance wird nur insoweit überwacht als Betrug und offensichtlicher Vertragsbruch vorliegen, vgl. *Williamson, O. E.*, Lens, 2002, S. 441.

[3] Vgl. *Williamson, O. E.*, Governance, 1996, S. 150; *Williamson, O. E.*, Power, 1996, S. 33; *Williamson, O. E.*, Governance, 2002, S. 178; *Williamson, O. E.*, Lens, 2002, S. 441. Durch die Verbindung mit dem zugrunde liegenden Vertragsrecht entspricht die Abgrenzung zwischen Markt und Unternehmung weitgehend auch einer Abgrenzung aus juristischer Sicht hinsichtlich der Frage, „who resolves disputes?",. *Gilson, R. J.*, Firm, 1996, S. 81 f. Das Recht wirkt für die Hierarchie dabei teilweise unterstützend, indem es z. B. bei einem Arbeitsvertrag das arbeitsvertragliche Direktionsrecht und damit die Weisungsbefugnis dem Arbeitgeber oder dem Vorstand einer AG die Vorstandsautonomie zuordnet, vgl. *Werder, A. v.*, Organisation, 1988, S. 106-108.

[4] Vgl. *Göbel, E.*, Institutionenökonomik, 2002, S. 144.

[5] Vgl. *Williamson, O. E.*, Capitalism, 1985, S. 140-142; *Williamson, O. E.*, Organization, 1991, S. 275; *Williamson, O. E.*, Ahead, 2000, S. 603; *Whinston, M. D.*, Scope, 2001, S. 184; *Williamson, O. E.*, Governance, 2002, S. 180; *Göbel, E.*, Institutionenökonomik, 2002, S. 148.

[6] Vgl. *Erlei, M./Jost, P.-J.*, Grundlagen, 2001, S. 41. Dabei handelt es sich um Opportunitätskosten im Vergleich zur Marktlösung, vgl. zum Referenzpunkt dieser Kosten 4.3.1.5, S. 92 f.

5.2 Integration bei Ausblendung des Steuerrechts

Weiter führt die unternehmungsinterne Koordination der Transaktionen zu Informations- und Koordinationskosten, die auch als Administrations- und Bürokratiekosten bezeichnet werden.[1] Zur hierarchischen Koordination der vor- und nachgelagerten Produktionsschritte müssen die Entscheidungsträger z. B. Informationen sowohl über die laufende Produktion als auch über alternative Produktionsmöglichkeiten einholen und diese verarbeiten. Im Gegensatz zur Marktlösung werden die Kosten der Produktionsschritte nicht durch Preise dargestellt, vielmehr müssen sie durch geeignete Informations- und Kommunikationssysteme ermittelt werden, wodurch Koordinationskosten entstehen.[2] Jedes derartige System, wie z. B. eine unternehmungsinterne Kosten- und Leistungsrechnung, versorgt zwar das Management mit Informationen, führt aber auch zu erheblichen Bewertungsspielräumen und damit zu Potenzial für opportunistischen Missbrauch.[3] Bestimmte Abteilungen oder Individuen können, z. B. durch eine Verzerrung der Verrechnungspreise, den Erfolg ihrer eigenen Abteilung künstlich erhöhen.[4] Aus dieser Möglichkeit ergeben sich zum einen eine Abschwächung der Leistungsanreize im Vergleich zur Marktentlohnung und zum anderen qualitativ schlechtere Entscheidungen des Managements aufgrund der verzerrten Information.[5]

Das Management entscheidet auf Basis dieser Daten über den Einsatz und die Verwendung der verfügbaren Ressourcen. Aufgrund der Annahme beschränkter Rationalität ist auch die Informationsverarbeitungskapazität des Managements beschränkt.[6] Entsprechend nimmt die Qualität der Entscheidungen eines Individuums mit zunehmender Informationsquantität und steigender Anzahl an Zuständigkeitsbereichen ab. Dieses Phänomen wird auch als *control loss* bezeichnet.[7] Die Informationsverarbeitungskapazität des Managements kann allerdings insbe-

---

[1] Vgl. *Coase, R. H.*, Problem, 1960, S. 16; *Williamson, O. E.*, Capitalism, 1985, S. 148; *Göbel, E.*, Institutionenökonomik, 2002, S. 130.

[2] Vgl. *Erlei, M./Jost, P.-J.*, Grundlagen, 2001, S. 40.

[3] Vgl. *Williamson, O. E.*, Organization, 1991, S. 279; *Erlei, M./Leschke, M./Sauerland, D.*, Institutionenökonomik, 1999, S. 185. Ähnlich vgl. *Williamson, O. E.*, Size, 1967, S. 135; *Ballwieser, W.*, Theorie, 1991, S. 105-109.

[4] Vgl. *Erlei, M./Leschke, M./Sauerland, D.*, Institutionenökonomik, 1999, S. 185.

[5] Vgl. *Williamson, O. E.*, Organization, 1991, S. 279; *Erlei, M./Leschke, M./Sauerland, D.*, Institutionenökonomik, 1999, S. 185. Ähnlich vgl. *Teece, D. J.*, Integration, 1976, S. 19.

[6] Vgl. *Teece, D. J.*, Integration, 1976, S. 20.

[7] Vgl. *Williamson, O. E.*, Control, 1970, S. 10.

sondere durch Arbeitsteilung erhöht werden, indem zusätzliche Hierarchiestufen eingesetzt werden.[1] Die Einschaltung zusätzlicher Hierarchiestufen führt dazu, dass Individuen auf mittleren Hierarchiestufen für Teilbereiche die Aufgabe der Informationsbeschaffung übernehmen und diese Informationen an das Top-Management übermittelt werden müssen.[2] Da das Top-Management in seiner Informationsverarbeitungskapazität beschränkt ist, können die von der zwischengeschalteten Ebene gesammelten Information nur dann verarbeitet werden, wenn die Informationen insgesamt verdichtet werden, d. h. auf unteren Ebenen eine Vorselektion der Informationen vorgenommen wird.[3] Letztlich entscheidet das Top-Management mit zunehmender Unternehmensgröße auf Basis von mehr und mehr verdichteten Informationen, die von einer steigenden Anzahl an zwischengeschalteten Ebenen mit entsprechend steigenden Informationskosten gesammelt und gefiltert werden. Durch die Filterung kommt es mit zunehmender Anzahl der Ebenen zu steigenden Filterfehlern; die Quantität und die Qualität der Informationen nimmt damit letztlich auch bei Einschaltung von Hierarchiestufen mit zunehmender Unternehmensgröße ab.[4] Mit zunehmender Unternehmensgröße kommt es daher stets zu höheren Informationskosten und damit trotz der Einschaltung zusätzlicher Hierarchiestufen zu einem immer höheren *control loss* sowie zu Kosten aus den Folgen qualitativ schlechterer Entscheidungen.[5]

Der Governance-Mechanismus der Hierarchie führt zudem zu Auswirkungen auf die Höhe der Anpassungskosten. Entsteht infolge sich ändernder Umweltzustände ein Anpassungsbedarf, erfolgt die Anpassung innerhalb einer Hierarchie nicht durch neue Vertragsverhandlungen, sondern ebenfalls durch hierarchische Weisung.[6] Dieser von *Barnard*[7] betonte kooperative Anpassungsprozess erfolgt nicht automatisch durch sich verändernde relative Preise am Markt, sondern durch be-

---

[1] Vgl. *Teece, D. J.*, Integration, 1976, S. 20; sowie auch *Williamson, O. E.*, Size, 1967, S. 127.
[2] Vgl. *Williamson, O. E.*, Size, 1967, S. 126. Ähnlich vgl. *Ouchi, W. G.*, Control, 1978, S. 173.
[3] Vgl. *Williamson, O. E.*, Size, 1967, S. 127.
[4] Vgl. *Williamson, O. E.*, Size, 1967, S. 127. Ähnlich vgl. *Ouchi, W. G.*, Control, 1978, S. 191.
[5] Vgl. *Williamson, O. E.*, Ahead, 2000, S. 603; *Whinston, M. D.*, Scope, 2001, S. 184.
[6] Vgl. *Williamson, O. E.*, Governance, 1996, S. 149; *Williamson, O. E.*, Contract, 2003, S. 924.
[7] Vgl. *Barnard, C. I.*, Executive, 1938, S. 286; *Williamson, O. E.*, Organization, 1991, S. 277 f.; *Williamson, O. E.*, Economic, 1991, S. 18; *Williamson, O. E.*, Carnegie, 1996, S. 153; *Williamson, O. E.*, Governance, 1996, S. 149, 327.

wusste und zielgerichtete Überlegungen des Managements.[1] Im Vergleich zur autonomen Anpassung am Markt müssen dazu Ressourcen aufgewendet werden; die Transaktionskosten der Anpassung sind bei den unterstellten Transaktionen daher höher als die komplikationslose autonome Anpassung des Marktmechanismus.

5.2.1.3.3 Vergleich bei niedriger Spezifität

Der Vergleich der beiden Kooperationsformen Markt und Unternehmung zeigt deutlich, dass bei fehlender Spezifität regelmäßig von einer Vorteilhaftigkeit der Marktlösung auszugehen ist:[2] Der Abschluss kurzfristiger klassischer Verträge verursacht wesentlich geringere Errichtungskosten, die Durchsetzung dieser Verträge wird kostengünstig vom staatlichen institutionellen Rahmen übernommen. Informationen über die bisherigen Produktionskosten werden günstig durch den Preismechanismus bereitgestellt, zu ihrer Einholung und zur Koordination ihres optimalen Einsatzes müssen keine Ressourcen aufgewendet werden. Es liegen ein höherer Anreiz und eine höhere Motivation vor und Vertragsanpassungen erfolgen durch Neuabschluss günstiger und einfacher als in einer Unternehmung.[3] Damit stellen Marktverträge zur Koordination derartiger Transaktionen die komparativ effiziente Organisationsform dar (vgl. Darst. 21).

---

[1] Vgl. *Williamson, O. E.*, Organization, 1991, S. 279; *Williamson, O. E.*, Economic, 1991, S. 19; *Williamson, O. E.*, Contract, 2003, S. 924. *Barnard* bezeichnet hierarchische Kooperation als "formal organization (...) that is conscious, deliberate, purposeful", *Barnard, C. I.*, Executive, 1938, S. 4. Ausführlicher vgl. *Williamson, O. E.*, Lens, 2002, S. 441; *Williamson, O. E.*, Economics, 2004, S. 66.

[2] Vgl. *Williamson, O. E.*, Organization, 1991, S. 282; *Williamson, O. E./Bercovitz, J.*, Corporation, 1996, S. 340; *Picot, A.*, Organisation, 2005, S. 58. Ähnlich vgl. *Klein, B./ Crawford, R. G./Alchian, A. A.*, Integration, 1978, S. 307; *Williamson, O. E./Ouchi, W. G.*, Perspectives, 1981, S. 355; *Riordan, M. H./Williamson, O. E.*, Organization, 1985, S. 367; *Strohm, A.*, Theorie, 1988, S. 30; *Picot, A./Dietl, H.*, Transaktionskostentheorie, 1990, S. 180; *Schenk, G.*, Konzernbildung, 1997, S. 54; *Williamson, O. E.*, Contract, 2003, S. 923, 926.

[3] Vgl. *Williamson, O. E.*, Capitalism, 1985, S. 74, 91; *Williamson, O. E.*, Institutions, 1998, S. 76.

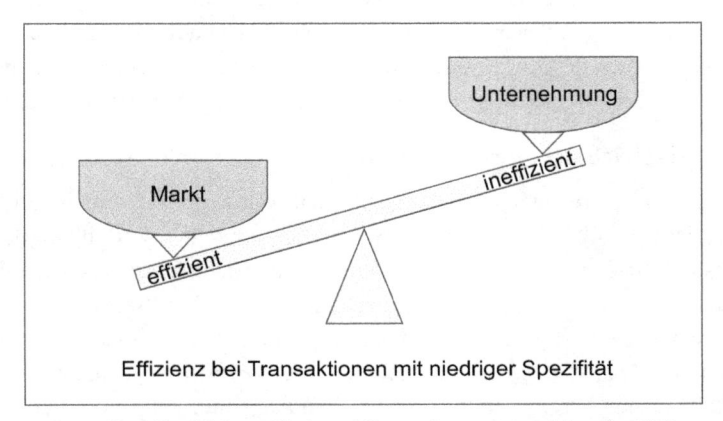

Darst. 21: Vergleich von Markt und Unternehmung bei niedriger Spezifität

5.2.1.4 Hohe Spezifität

Im zweiten Fall sollen vor- und nachgelagerte Produktionsschritte koordiniert werden, wobei die verwendete Technologie annahmegemäß Investitionen mit hoher Spezifität verlangt. Bei diesem Vergleich wird zuerst der Vorgang der fundamentalen Transformation dargestellt, der das Umfeld von spezifischen Transaktionen entscheidend verändern kann, bevor ein Vergleich der bei Markt- versus Unternehmungskoordination erzielbaren Kooperationsgewinne anhand einer Gegenüberstellung der jeweiligen Transaktionskosten erfolgt.[1] Aufgrund der damit vorgenommenen Partialanalyse müssen zunächst wiederum gleiche technische Produktionsmöglichkeiten und -kosten unterstellt werden.[2]

5.2.1.4.1 Prozess der fundamentalen Transformation

Aufgrund der beim vorliegenden Vergleich unterstellten Vielzahl von möglichen Vertragspartnern[3] liegt bei erstmaligem Vertragsabschluss immer eine Wettbewerbssituation vor, bei der zwischen verschiedenen Kooperationspartnern ausge-

---

[1] Vgl. Kapitel 4.3.1.5, S. 92 f.
[2] Erst bei der Gegenüberstellung der Transaktionen mit niedriger und mit hoher Spezifität sollen auch Unterschiede bei den Produktionskosten mit berücksichtigt werden.
[3] Vgl. Kapitel 5.2.1.2, S. 125 f.

5.2 Integration bei Ausblendung des Steuerrechts

wählt werden kann.[1] Kommt es hingegen zum Vertragsabschluss, tätigt ein bestimmter Kooperationspartner die Investitionen mit den wegen der unterstellten Spezifität hohen Quasi-Renten.[2] Infolge dieser idiosynkratischen Investition verändert sich das Umfeld der Vertragsbeziehung.[3] Diese Veränderung wird von *Williamson* fundamentale Transformation genannt.[4] Für den Investor besteht ein großes Interesse, die Vertragsbeziehung langfristig beizubehalten, da die getätigte Investition andernfalls nur unter Verlust der Quasi-Rente genutzt werden kann.[5] Damit entsteht auf der Nachfrageseite ein Abhängigkeitsverhältnis von der Person des Vertragspartners.[6] Auf der anderen Seite besteht auch auf der Angebotsseite keine Konkurrenz mehr:[7] Im Vergleich zu anderen potenziellen Anbietern wurden von dem Vertragspartner die *sunk costs* bereits investiert. Folglich kann er viel billigere Angebote abgeben und wird den potenziellen Markteintritt von Mitbewerbern durch Unterbieten verhindern.[8] Durch den Prozess der fundamentalen Transformation entsteht somit ein bilaterales Abhängigkeitsverhältnis (*bilateral dependency*).[9] Die Identität der Vertragspartner ist nicht mehr irrelevant, da beide

---

[1] Vgl. *Williamson, O. E.*, Relations, 1979, S. 240.

[2] Vgl. Kapitel 4.3.1.1, S. 85 f.

[3] Vgl. *Erlei, M./Leschke, M./Sauerland, D.*, Institutionenökonomik, 1999, S. 183. Ähnlich vgl. *Teece, D. J.*, Integration, 1976, S. 9.

[4] Vgl. *Williamson, O. E.*, Capitalism, 1985, S. 61; *Picot, A./Dietl, H.*, Transaktionskostentheorie, 1990, S. 180; *Erlei, M./Leschke, M./Sauerland, D.*, Institutionenökonomik, 1999, S. 182; *Williamson, O. E.*, Governance, 2002, S. 176; *Picot, A.*, Organisation, 2005, S. 55.

[5] Vgl. *Williamson, O. E./Bercovitz, J.*, Corporation, 1996, S. 440; *Williamson, O. E.*, Power, 1996, S. 20. Ähnlich vgl. *Erlei, M./Jost, P.-J.*, Grundlagen, 2001, S. 41.

[6] Vgl. *Williamson, O. E.*, Capitalism, 1985, S. 62; *Williamson, O. E.*, Governance, 2002, S. 176; *Williamson, O. E.*, Contract, 2003, S. 923; sowie auch *Erlei, M./Jost, P.-J.*, Grundlagen, 2001, S. 41.

[7] Vgl. *Williamson, O. E.*, Governance, 2002, S. 176.

[8] Ähnlich vgl. *Williamson, O. E.*, Relations, 1979, S. 240; *Williamson, O. E.*, Logic, 1988, S. 77; *Williamson, O. E.*, Contract, 2003, S. 923.

[9] Vgl. *Williamson, O. E.*, Relations, 1979, S. 241; *Williamson, O. E.*, Logic, 1988, S. 71; *Williamson, O. E.*, Organization, 1994, S. 172; *Williamson, O. E.*, Power, 1996, S. 20; sowie auch *Bössmann, E.*, Unternehmungen, 1983, S. 109; *Löffler, E.*, Konzern, 1989, S. 2; *Moe, T. M.*, Theory, 1990, S. 123. Dieses bilaterale Abhängigkeitsverhältnis aufgrund der Spezifität hat intertemporale, vertragsbedingte Ursachen und tritt unabhängig von technologischen Abhängigkeiten auf, vgl. *Williamson, O. E.*, Carnegie, 1996, S. 152.

Seiten ein Interesse an der Aufrechterhaltung der Vertragsbeziehung bekommen.[1] Aus der ursprünglichen Wettbewerbssituation mit vielen Anbietern wird durch die Spezifität eine bilaterale Geschäftsbeziehung.[2]

5.2.1.4.2 Transaktionskosten der Marktlösung

Durch die im Wege der fundamentalen Transformation verringerte Anzahl an möglichen Kooperationspartnern werden der Anreiz und die Motivation für die Vertragspartner geringer, da sie keinem Wettbewerbsdruck mehr unterliegen; daneben erhöhen sich die Mess- und Informationsprobleme über den persönlichen Einsatz der jeweiligen Vertragspartner, da vom Markt keine Vergleichspreise mehr bereitgestellt werden können.[3]

Zudem entsteht durch die fundamentale Transformation für beide Vertragsseiten ein Interesse an einer langfristigen Aufrechterhaltung der Vertragsbeziehung. Aufgrund der unvollständigen Verträge können jedoch nicht alle möglichen künftigen Umweltsituationen langfristig ex ante geregelt werden; aufgrund des Opportunismus sind ex post Konflikte bei der Regelung derartiger Vertragslücken vorprogrammiert.[4] Derartige Konflikte werden bei der Governance am Markt in der Regel durch den autonomen Anpassungsprozess des Marktes, d. h. durch Vertragsneuabschluss gelöst.[5] Liegt jedoch eine hohe Spezifität der Transaktionen vor, sind die Kooperationspartner an die Aufrechterhaltung ihrer Leistungsbeziehung mit dem identischen Kooperationspartner gebunden[6] und die Konflikte

---

[1] Vgl. *Williamson, O. E.*, Relations, 1979, S. 240, 242; *Williamson, O. E.*, Capitalism, 1985, S. 62; *Riordan, M. H./Williamson, O. E.*, Organization, 1985, S. 367; *Picot, A./Dietl, H.*, Transaktionskostentheorie, 1990, S. 179; *Williamson, O. E.*, Organization, 1994, S. 173; *Williamson, O. E.*, Power, 1996, S. 20; *Williamson, O. E./Bercovitz, J.*, Corporation, 1996, S. 340.

[2] Vgl. *Williamson, O. E.*, Finance, 1988, S. 574.

[3] Vgl. *Göbel, E.*, Institutionenökonomik, 2002, S. 137.

[4] Vgl. *Williamson, O. E.*, Relations, 1979, S. 241; *Dietl, H.*, Institutionen, 1993, S. 111.

[5] Beide Vertragsseiten werden sich dabei aufgrund des Wettbewerbsdrucks nicht opportunistisch verhalten, da Verträge sonst mit anderen Vertragspartnern abgeschlossen werden. Verträge müssen umso öfter angepasst werden, je größer die Unsicherheit der Transaktionen ist, vgl. *Göbel, E.*, Institutionenökonomik, 2002, S. 142.

[6] Vgl. *Dietl, H.*, Institutionen, 1993, S. 111; *Göbel, E.*, Institutionenökonomik, 2002, S. 141.

5.2 Integration bei Ausblendung des Steuerrechts

können nicht mehr durch Abwanderung gelöst werden.[1] Der von v. *Hayek* betonte autonome Anpassungsmechanismus des Marktes wird von Abhängigkeiten zerstört.[2] Im Gegensatz zu den vor allem im Principal-Agent-Ansatz diskutierten, ex ante bekannten Informationsasymmetrien[3] entsteht diese Unsicherheit ex post und ist nicht hinreichend konkret vorhersehbar, um durch Vertragsklauseln beseitigt werden zu können. Eine von staatlichen Institutionen wie Gerichten durchsetzbare Vertragsgestaltung wird damit kostspielig oder gar unmöglich.[4]

Die Vertragsanpassung und Durchsetzung muss daher von den Vertragsparteien selbst durchgeführt werden.[5] Unvollständige Verträge sind zwar Versprechungen zur Kooperation im gemeinsamen Interesse, bei fehlendem Durchsetzungsmechanismus aber nicht sich selbst durchsetzend,[6] sodass ein hohes Restrisiko hinsichtlich des Verhaltens der Gegenseite verbleibt. Infolge der fehlenden alternativen Transaktionspartner und der fehlenden gerichtlichen Durchsetzbarkeit können die beiden wesentlichen Mechanismen zur Durchsetzung von Marktverträgen – *fire or sue* – nicht greifen.[7] Derartige Situationen werden daher als *lock in*-Situationen bezeichnet,[8] die zur Gefahr eines *hold up*, d. h. eines „Raubüberfalls" der jeweiligen Gegenseite, führen kann.[9] Die jeweilige Gegenseite kann versuchen, die Abhängigkeit des Vertragspartners auszunut-

---

[1] Vgl. *Dietl, H.*, Institutionen, 1993, S. 111. Der bei sequentiellen Kooperationen durch die Abwanderung entstehende Wettbewerbsdruck fehlt bei hoher Spezifität, vgl. *Hirschman, A. O.*, Abwanderung, 1974, S. 17-24.

[2] Vgl. *Williamson, O. E.*, Firm, 1981, S. 677. Ähnlich vgl. *Riordan, M. H./Williamson, O. E.*, Organization, 1985, S. 367.

[3] Vgl. *Williamson, O. E.*, Ahead, 2000, S. 599.

[4] Vgl. *Williamson, O. E.*, Ahead, 2000, S. 599; *Göbel, E.*, Institutionenökonomik, 2002, S. 138.

[5] Vgl. *Williamson, O. E.*, Governance, 1984, S. 209; *Williamson, O. E.*, Ahead, 2000, S. 599.

[6] Vgl. *Williamson, O. E.*, Ahead, 2000, S. 601. Ähnlich vgl. *Williamson, O. E.*, Relations, 1979, S. 241; *Williamson, O. E.*, Organization, 1994, S. 166; *Williamson, O. E.*, Carnegie, 1996, S. 153.

[7] Vgl. *Alchian, A. A./Demsetz, H.*, Organization, 1972, S. 777. Ähnlich vgl. *Göbel, E.*, Institutionenökonomik, 2002, S. 138.

[8] Vgl. *Williamson, O. E.*, Markets, 1975, S. 104; *Klein, B./Crawford, R. G./Alchian, A. A.*, Integration, 1978, S. 301; *Williamson, O. E.*, Relations, 1979, S. 240; *Williamson, O. E./Ouchi, W. G.*, Perspectives, 1981, S. 353; *Williamson, O. E.*, Capitalism, 1985, S. 53; *Löffler, E.*, Konzern, 1989, S. 2; *Fischer, M.*, Integration, 1992, S. 14.

[9] Vgl. *Williamson, O. E.*, Markets, 1975, S. 104; *Klein, B.*, Arrangements, 1980, S. 357; *Erlei, M./Jost, P.-J.*, Grundlagen, 2001, S. 41 f.; *Göbel, E.*, Institutionenökonomik, 2002, S. 137.

zen, indem sie die Durchführung weiterer Transaktionen aus strategischen Gründen in Frage stellt, um die Preise zu ihren Gunsten zu verändern.[1] Damit steht die Quasi-Rente des Investors zur Disposition und beide Seiten können versuchen, sich einen Teil dieser Quasi-Rente durch Umverteilung anzueignen.[2] Dieser zur Gefahr des *hold up* führende Zusammenhang ist ein einfach vorhersehbares vertragliches Risiko.[3] Auch beschränkt rationale Individuen werden daher in der Lage sein, diese Gefahr vorausschauend zu erkennen.[4] Wird die Kooperation von Transaktionen mit hoher Spezifität über Marktverträge koordiniert, verhindert die Gefahr eines *hold up* daher die Kooperation: viele Transaktionen werden wegen der hohen Risiken hinsichtlich des menschlichen Verhaltens nicht zustande kommen bzw. es wird nicht in Technologien mit hoher Spezifität investiert.[5] Durch die Abstandnahme von der Kooperation und die Unterinvestition in spezifische Güter werden damit auch technologisch bekannte Kooperationsgewinne nicht realisiert.[6] Wie noch gezeigt wird, können viele dieser Kooperationsgewinne bei der Koordination in einer Unternehmung realisiert werden.[7] Bei dem vorliegenden Partialvergleich der Transaktionskosten[8] müssen derartige Opportunitätskosten zu den Transaktionskosten der Marktlösung gerechnet werden, um einen vollständigen Vergleich der Kooperationsge-

---

[1] Vgl. *Löffler, E.*, Konzern, 1989, S. 2; *Erlei, M./Leschke, M./Sauerland, D.*, Institutionenökonomik, 1999, S. 183; *Picot, A./Reichwald, R./Wigand, R. T.*, Unternehmung, 2003, S. 51.
[2] Vgl. *Williamson, O. E.*, Relations, 1979, S. 242; *Löffler, E.*, Konzern, 1989, S. 2; *Fischer, M.*, Integration, 1992, S. 15; *Williamson, O. E.*, Organization, 1994, S. 172; *Erlei, M./Leschke, M./Sauerland, D.*, Institutionenökonomik, 1999, S. 183. Die bilaterale Abhängigkeit macht beide Vertragsseiten durch die Gefahr des *hold up* verwundbar, vgl. *Williamson, O. E.*, Markets, 1975, S. 95; *Williamson, O. E.*, Institutions, 1998, S. 76; *Williamson, O. E.*, Governance, 2002, S. 176.
[3] Vgl. *Erlei, M./Leschke, M./Sauerland, D.*, Institutionenökonomik, 1999, S. 183.
[4] Vgl. Kapitel 3.2.2.2.1, S. 59; *Williamson, O. E./Bercovitz, J.*, Corporation, 1996, S. 330; *Williamson, O. E.*, Institutions, 1998, S. 76; *Williamson, O. E.*, Development, 2000, S. 95; *Williamson, O. E.*, Ahead, 2000, S. 601; sowie auch *Erlei, M./Leschke, M./Sauerland, D.*, Institutionenökonomik, 1999, S. 183. Ähnlich vgl. *Fischer, M.*, Integration, 1992, S. 14.
[5] Vgl. *Erlei, M./Leschke, M./Sauerland, D.*, Institutionenökonomik, 1999, S. 183; *Göbel, E.*, Institutionenökonomik, 2002, S. 141.
[6] Es liegt daher nicht nur eine Umverteilung des Kooperationsgewinns auf die Individuen vor, vgl. *Klein, B./Crawford, R. G./Alchian, A. A.*, Integration, 1978, S. 301.
[7] Vgl. Kapitel 5.2.1.4.3, S. 141 f.
[8] Vgl. Kapitel 5.2.1.3, S. 127; Kapitel 5.2.1.4, S. 136.

winne abbilden zu können.[1] Entsprechend liegen bei spezifischen Transaktionen hohe Transaktionskosten der Marktlösung vor.

5.2.1.4.3 Transaktionskosten der Unternehmung

Werden Transaktionen mit hoher Spezifität nicht durch den Preismechanismus, sondern durch eine Hierarchie koordiniert, indem die vor- und nachgelagerten Produktionsschritte in eine Unternehmung integriert werden, wird die Gefahr eines *hold up* weitgehend vermieden.[2] Ursache für die Minderung der Gefahr eines *hold up* sind vor allem die folgenden drei Vorteile der integrierten Organisation gegenüber dem Markt.

Erstens haben die hierarchisch untergebenen Individuen weniger Anreize zu opportunistischem Verhalten, da ihre Vorteile daraus wegen der fehlenden direkten Partizipation am Kooperationsgewinn wesentlich geringer ausfallen. Die Individuen sind daher wesentlich leichter zur Kooperation zu bewegen, insbesondere da aufgrund der Hierarchie die Anreizsysteme bei Bedarf einfach von der Hierarchiespitze verändert werden können.[3]

Zweitens kann das Entstehen von Opportunismus unternehmungsintern besser überwacht werden. Unternehmungsexterne Kooperationspartner sind bei der Überwachung regelmäßig mit wesentlich beschränkteren Befugnissen zur Kontrolle ausgestattet und erhalten als Vertreter der Gegenseite kaum Informationen, während interne Revisoren als Teil der Unternehmung infolge hierarchischer Befugnisse regelmäßig wesentlich bessere Einsichtmöglichkeiten haben.[4]

Drittens hat die Hierarchie im Falle einer *bilateralen dependency* Vorteile durch den Anpassungsmechanismus im Sinne *Barnards*.[5] In einer Hierarchie wird die

---

[1] Vgl. *Schoppe, S. G.*, Grundlagen, 1995, S. 150; *Erlei, M./Leschke, M./Sauerland, D.*, Institutionenökonomik, 1999, S. 183; *Whinston, M. D.*, Scope, 2001, S. 184; *Erlei, M./ Jost, P.-J.*, Grundlagen, 2001, S. 51. Zur Transaktionskostendefinition beim Partialvergleich vgl. ausführlich Kapitel 4.3.1.5, S. 92 f.

[2] Vgl. *Williamson, O. E./Bercovitz, J.*, Corporation, 1996, S. 341; *Erlei, M./Leschke, M./ Sauerland, D.*, Institutionenökonomik, 1999, S. 183; *Williamson, O. E.*, Governance, 2002, S. 176.

[3] Vgl. *Williamson, O. E.*, Markets, 1975, S. 29.

[4] Vgl. *Williamson, O. E.*, Markets, 1975, S. 29 f.

[5] Vgl. Kapitel 5.2.1.3.2, S. 134 f.

Ressourcenallokation gerade nicht freiwillig über den Preismechanismus, sondern hierarchisch durch Weisungen koordiniert.[1] Streitigkeiten können unternehmungsintern daher einfach geregelt und durchgesetzt werden. Eine Unternehmung ist für interne Probleme ihr eigenes „Gericht" und ihr eigener Durchsetzungsmechanismus.[2] Eventuelle Anpassungserfordernisse erfolgen daher ohne *hold up*-Gefahr.[3] Die Anpassung in einer Unternehmung ist damit bei hoher Spezifität kostengünstiger und führt auch dann schnell zu einer Lösung, wenn im bilateralen Anpassungsprozess keine Lösung oder langwierige Verhandlungen zustande kommen würden.[4]

5.2.1.4.4 Vergleich bei hoher Spezifität

Der Vergleich der Transaktionskosten zeigt, dass mit zunehmender Spezifität der grundsätzliche Nachteil der Hierarchie[5] insbesondere durch geringere Kosten wegen nicht existenter *hold up*-Probleme in Form eines *trade off*[6] überkompensiert wird.[7] Bei Berücksichtigung des Kontinuums an Organisationsformen zwischen Markt und Hierarchie werden folglich mit steigender Spezifität ausgehend

---

[1] Vgl. *Riordan, M. H./Williamson, O. E.*, Organization, 1985, S. 368; *Williamson, O. E.*, Carnegie, 1996, S. 153; *Williamson, O. E.*, Governance, 1996, S. 149.

[2] Vgl. *Williamson, O. E.*, Markets, 1975 S. 30; *Williamson, O. E.*, Carnegie, 1996, S. 153; *Williamson, O. E.*, Governance, 1996, S. 150. In diesen Fällen können die Betroffenen eher zufriedenstellende Lösungen durch Selbsthilfe erreichen, als es Dritte auf der Basis von allgemein Regeln und beschränktem Wissen über den Sachverhalt vermögen, vgl. *Galanter, M.*, Law, 1981, S. 4; *Williamson, O. E.*, Governance, 1984, S. 209.

[3] Vgl. *Williamson, O. E.*, Markets, 1975, S. 30.

[4] Vgl. *Williamson, O. E.*, Marktes, 1975, S. 101; *Williamson, O. E.*, Capitalism, 1985, S. 78; *Erlei, M./Jost, P.-J.*, Grundlagen, 2001, S. 52. Ähnlich vgl. *Picot, A./Dietl, H.*, Transaktionskostentheorie, 1990, S. 181; *Williamson, O. E.*, Governance, 1996, S. 149. Insbesondere der im Vergleich zum Markt geringe Anreiz für Veränderungen aus Eigeninitiative sichert ein Funktionieren der Hierarchie, da ein Widerspruch gegen hierarchische Anweisungen in einer Hierarchie regelmäßig nicht positiv als eigener Einsatz, sondern negativ als fehlende Kooperationsbereitschaft gewertet wird, vgl. *Williamson, O. E.*, Organization, 1991, S. 275.

[5] Vgl. Kapitel 5.2.1.3.3, S. 135.

[6] Vgl. *Williamson, O. E.*, Governance, 1996, S. 6, 249.

[7] Vgl. *Klein, B./Crawford, R. G./Alchian, A. A.*, Integration, 1978, S. 298, 307; *Teece, D. J.*, Integration, 1976, S. 17, 20 f.; *Williamson, O. E.*, Capitalism, 1985, S. 78, 91; *Williamson, O. E.*, Comparison, 1990, S. 68; *Williamson, O. E.*, Organization, 1991, S. 282; *Williamson, O. E.*, Economic, 1991, S. 20-23; *Williamson, O. E.*, Institutions, 1998, S. 76; sowie auch *Strohm, A.*, Theorie, 1988, S. 30 f.; *Schenk, G.*, Konzernbildung, 1997, S. 54; *Erlei, M./Leschke, M./Sauerland, D.*, Institutionenökonomik, 1999, S. 189.

5.2 Integration bei Ausblendung des Steuerrechts

vom Markt zuerst hybride Zwischenformen mit Sicherungsmechanismen gegen die Gefahr des *hold up* effizient;[1] diese Formen werden in der Betrachtung jedoch ausgeblendet.[2] Mit weiter zunehmender Spezifität wird ein Punkt erreicht, ab dem die Effizienz der Organisation durch Marktverträge von der Organisation innerhalb einer Unternehmung verdrängt wird (vgl. Darst. 22).[3] Durch die fundamentale Transformation entsteht ein bilaterales Abhängigkeitsverhältnis, sodass die Marktlösung beständig zu hohen Anpassungskosten führt und beide Vertragsseiten von der Organisationsform der Hierarchie profitieren können.[4]

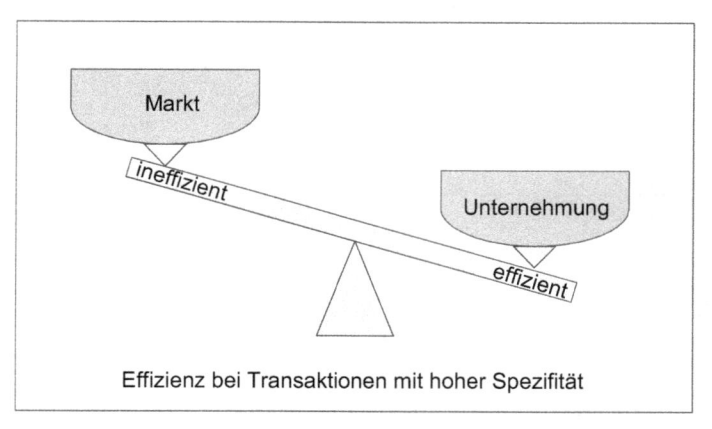

Darst. 22: **Vergleich von Markt und Unternehmung bei hoher Spezifität**

---

[1] Vgl. *Williamson, O. E.*, Governance, 1996, S. 151, 237, 330; *Williamson, O. E.*, Power, 1996, S. 25; *Williamson, O. E./Bercovitz, J.*, Corporation, 1996, S. 340 f.; *Williamson, O. E.*, Contract, 2003, S. 926. Ähnlich vgl. *Klein, B./Crawford, R. G./Alchian, A. A.*, Integration, 1978, S. 302; *Klein, B.*, Arrangements, 1980, S. 362; *Löffler, E.*, Konzern, 1989, S. 2.

[2] Vgl. Kapitel 5.2.1.1.3, S. 123-125.

[3] Vgl. *Williamson, O. E.*, Capitalism, 1985, S. 78; *Williamson, O. E.*, Power, 1996, S. 25; *Williamson, O. E.*, Governance, 1996, S. 237, 330; *Williamson, O. E./Bercovitz, J.*, Corporation, 1996, S. 341; *Williamson, O. E.*, Ahead, 2000, S. 603; sowie auch *Picot, A /Dietl, H.*, Transaktionskostentheorie, 1990, S. 181. Ähnlich vgl. *Teece, D. J.*, Integration, 1976, S. 21; *Riordan, M. H./Williamson, O. E.*, Organization, 1985, S. 367; *Löffler, E.*, Konzern, 1989, S. 2 f.; *Williamson, O. E.*, Contract, 2003, S. 926.

[4] Vgl. *Williamson, O. E.*, Capitalism, 1985, S. 63.

5.2.1.5 Gesamtvergleich

5.2.1.5.1 Effizienz der Organisationsform

Der sich in Abhängigkeit der jeweiligen Spezifität ergebende *trade off* der Transaktionskosten zur Erreichung eines konstanten Outputs wird in Darst. 23 graphisch veranschaulicht, wobei die Kostenkurven der Transaktionskosten für die beiden betrachteten Organisationsformen ceteris paribus abgebildet werden. Anhand der Kostenkurven lässt sich die jeweils effiziente Organisationsform in Abhängigkeit der Spezifität ablesen. Ceteris paribus niedrigere Kosten entstehen bei der zur jeweils tiefer liegenden Kurve gehörenden Organisationsform: Bei niedriger Spezifität ist dies der Markt, bei hoher Spezifität die Unternehmung.

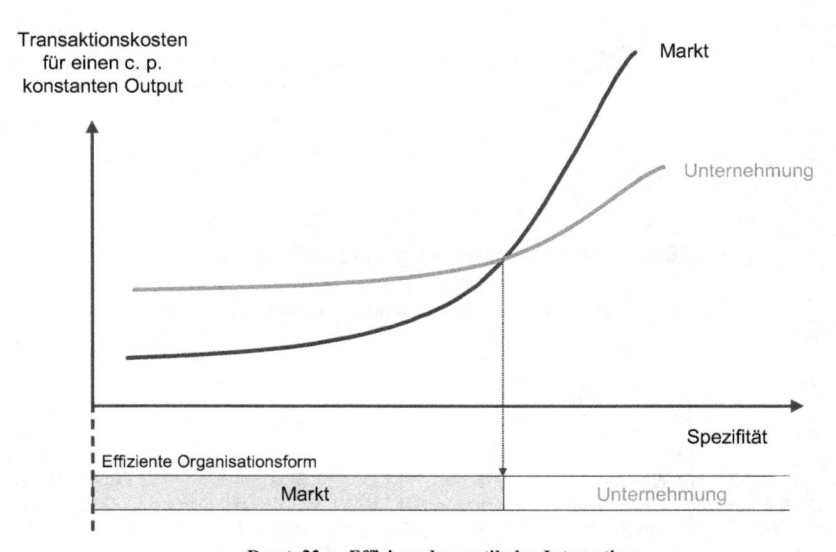

Darst. 23: Effizienz der vertikalen Integration

5.2.1.5.2 Effizienz bei Berücksichtigung der Produktionskosten

Beim Vergleich der Transaktionskosten von Markt und Unternehmung wurde bisher bei niedriger und bei hoher Spezifität jeweils von ceteris paribus glei-

5.2 Integration bei Ausblendung des Steuerrechts

chen Produktionskosten ausgegangen.[1] Dabei zeigt sich, dass bei hoher Spezifität selbst bei der bei diesen Transaktionen vergleichsweise günstigeren Organisationsform einer Unternehmung höhere Transaktionskosten als bei Transaktionen mit einer niedrigen Spezifität anfallen, da die Bürokratie- und Administrationskosten einer Unternehmung immer größer als die Kosten an einem problemlos funktionierenden Markt sind.[2] In der Regel können zur Produktion verschiedene Technologien mit unterschiedlicher Spezifität eingesetzt werden.[3] Wären die Produktionsmöglichkeiten und -kosten bei geringer und bei hoher Spezifität in der Realität konstant, wäre unklar, warum überhaupt Investitionen mit hoher Spezifität getätigt werden.[4]

Unabhängig davon, ob die Koordination der Produktion hierarchisch in einer Unternehmung oder autonom durch den Markt erfolgt, lassen sich durch erhöhte Arbeitsteilung und die damit verbundene stärkere Spezialisierung regelmäßig Produktionskostenvorteile erzielen.[5] Die Spezialisierung erfordert in der Regel auch Investitionen in Spezialmaschinen und Spezialwissen, sodass sich die Kostenvorteile der Arbeitsteilung regelmäßig nicht ohne Investitionen mit hoher Spezifität realisieren lassen.[6] Transaktionen mit höherer Spezifität führen daher regelmäßig zu geringeren Produktionskosten.

Die Entscheidung über Investitionen mit hoher Spezifität muss daher sowohl sinkende Produktionskosten aus der höheren Spezialisierung, als auch bei derartigen Investitionen generell steigende Transaktionskosten berücksichtigen.[7] Folglich kann je nach Situation die Investition mit hoher Spezifität trotz der damit verbundenen, aufgrund bilateraler Abhängigkeiten steigenden Trans-

---

[1] Vgl. Kapitel 5.2.1.3, S. 127; Kapitel 5.2.1.4, S. 136.
[2] Vgl. Kapitel 5.2.1.3.3, S. 135.
[3] Vgl. *Williamson, O. E.,* Capitalism, 1985, S. 54.
[4] Ähnlich vgl. *Williamson, O. E.,* Power, 1996, S. 25.
[5] Vgl. *Smith, A.,* Wealth, 1776; *Thieme, J. H.,* Wirtschaftssysteme, 2003, S. 3. Ähnlich vgl. *Neus, W.,* Betriebswirtschaftslehre, 2005, S. 59-65.
[6] Vgl. *Williamson, O. E.,* Capitalism, 1985, S. 54; *Riordan, M. H./Williamson, O. E.,* Organization, 1985, S. 369; *Williamson, O. E.,* Governance, 2002, S. 181.
[7] Vgl. Kapitel 3.2.2.2.2, S. 62.

aktionskosten in einer Gesamtbetrachtung günstiger als eine Investition mit niedriger Spezifität sein.[1]

5.2.1.5.3 Grenzen der Unternehmung

Bei der Analyse der Transaktionskosten der Unternehmung wurde aufgezeigt, dass mit steigender Unternehmensgröße aufgrund des *control loss* immer weiter steigende Kommunikations- und Koordinationskosten zu erwarten sind.[2] Damit kann auch erklärt werden, dass bei Transaktionen mit hoher Spezifität eine vollständige Integration aller Produktionsschritte in eine einzige Unternehmung nicht die effiziente Lösung sein kann.[3] Mit zunehmender Unternehmensgröße werden diese Kosten immer höher,[4] sodass der *trade off* zwischen den Transaktionskosten der Koordination am Markt und derjenigen in einer Unternehmung von der Größe der jeweils zum Vergleich herangezogenen Unternehmung abhängen. Der Zusammenhang wird in Darst. 24 graphisch veranschaulicht: Bei Transaktionen mit der Spezifität x entstehen bei der Koordination eines betrachteten Produktionsschritts in der Unternehmung (klein) Kosten in Höhe von a, bei der Koordination dieses Produktionsschritts am Markt hingegen Kosten in Höhe von a+b, sodass die Unternehmung vergleichsweise die effiziente Organisationsform darstellt. Wird der betrachtete Produktionsschritt nun in diese Unternehmung integriert, verändert sich auch die Größe der betrachteten Unternehmung. In der nun größeren Unternehmung steigt der *control loss* und damit steigen auch die Transaktionskosten für die Koordination von weiteren Produktionsschritten innerhalb dieser Unternehmung (groß). Folglich ergeben sich in der Unternehmung nun Transaktionskosten in Höhe von a+b+c, während am Markt weiterhin Kosten in Höhe von nur a+b anfallen, sodass für die Integration eines weiteren Produktionsschrittes bei der Spezifität x nicht mehr diese Unternehmung, sondern der Markt die effiziente Organisationsform darstellt.[5]

---

[1] Vgl. *Riordan, M. H./Williamson, O. E.*, Organization, 1985, S. 375; *Williamson, O. E.*, Power, 1996, S. 25.
[2] Vgl. Kapitel 5.2.1.3.2, S. 133.
[3] Ähnlich vgl. *Coase, R. H.*, Firm, 1937, S. 397; *Williamson, O. E.*, Markets, 1975, S. 117; *Teece, D. J.*, Integration, 1976, S. 18; *Williamson, O. E.*, Logic, 1988, S. 78; *Richter, R.*, Theorie, 1991, S. 412; *Williamson, O. E.*, Development, 2000, S. 102.
[4] Vgl. Kapitel 5.2.1.3.2, S. 133 f. Ähnlich vgl. *Kallfass, H. H.*, Konzernbildung, 1991, S. 28.
[5] Vgl. *Williamson, O. E.*, Markets, 1975, S. 117 f.; *Strohm, A.*, Theorie, 1988, S. 34.

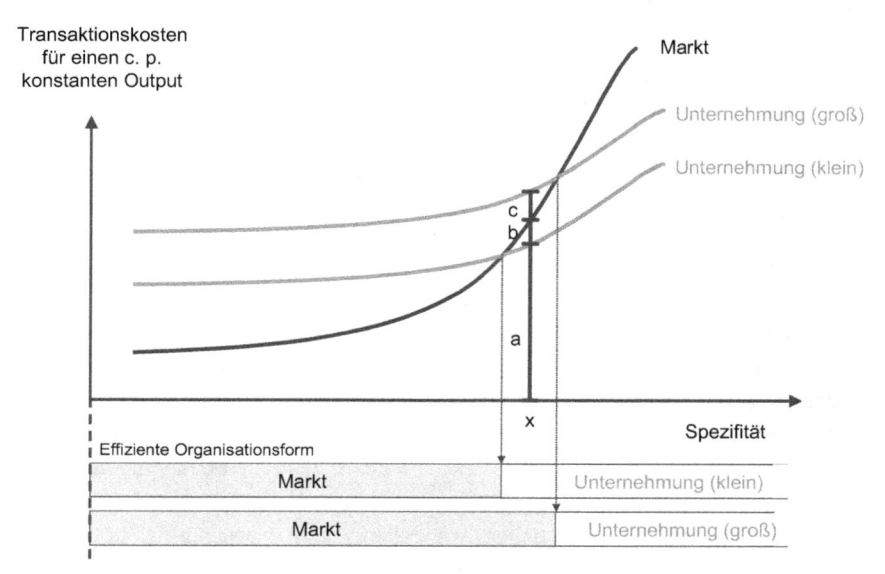

5.2 Integration bei Ausblendung des Steuerrechts 147

Darst. 24: **Interdependenz von Effizienz und Unternehmungsgröße**

Die Kosten der Koordination eines Produktionsschritts in einer Unternehmung hängen damit auch von der Größe der Unternehmung ab, die zur Integration des jeweiligen Produktionsschritts betrachtet wird. Entsprechend ist der aufgezeigte *trade off* jeweils relativ zur Anzahl der Produktionsschritte zu verstehen, die bereits in die in Frage kommende Unternehmung integriert sind.

5.2.1.5.4 Hypothese der Unmöglichkeit der selektiven Intervention

Bei der bisherigen Diskussion wurde implizit von *Williamsons* Hypothese über die Unmöglichkeit der selektiven Intervention ausgegangen. Ansonsten wäre es z. B. möglich, zwei zuvor eigenständige Unternehmungen durch eine Hierarchie zu einer einzigen Unternehmung zu verbinden, wobei beide wie zuvor – und damit auch zu den gleichen Kosten wie zuvor – agieren und nur die Fälle eines *hold up* von der übergeordneten Hierarchie geregelt werden.[1] Ein derartiger Me-

---

[1] Vgl. *Williamson, O. E.*, Logic, 1988, S. 78; *Williamson, O. E.*, Governance, 1996, S. 17; *Erlei, M./Leschke, M./Sauerland, D.*, Institutionenökonomik, 1999, S. 184.

chanismus zur selektiven Intervention wäre im Vergleich zur autonomen Marktkoordination immer effizient, da dieses Konstrukt nie schlechter, aber in den Fällen des *hold up* besser als die freie Marktlösung wäre.[1] Folglich ergäbe sich kein *trade off*, sondern eine absolute Vorteilhaftigkeit der hierarchischen Koordination und es müsste davon ausgegangen werden, dass zur Koordination von vor- und nachgelagerten Produktionsschritten in der Realität jeweils nur eine einzige große, auf selektiver Intervention basierende Unternehmung beobachtbar wäre.[2]

Eine derartige, auf selektiver Intervention basierende Organisationsform ist jedoch in der Realität nicht umsetzbar.[3] Ursache hierfür ist vor allem, dass die Möglichkeit zur Intervention nicht nur zur Verhinderung des *hold up*, sondern immer auch zur opportunistischen Verfolgung eigener Ziele durch den Intervenierenden eingesetzt werden kann.[4] Ansprüche auf den Kooperationsgewinn sind daher, auch wenn vertraglich zugesagt, innerhalb der Hierarchie einer Unternehmung immer schwächer als am Markt.[5] Werden Unternehmungen, die zuvor eigenständig über den Markt kooperieren, in eine andere, übergeordnete Unternehmung integriert, führt dies daher zwangsläufig zum Versagen des hohen Anreizes des Preismechanismus.[6] Versprechungen, sich anders zu verhalten, setzen sich ohne einen internen Kontroll- und Durchsetzungsmechanismus nicht selbst durch und sind damit nicht glaubwürdig.[7] Daher kann auch ein „Quasi-Markt" innerhalb einer Unternehmung niemals ohne Administrations- und Bürokratiekosten bestehen und eine selektive Intervention ist in der Realität nicht umsetzbar.[8]

---

[1] Vgl. *Williamson, O. E.*, Logic, 1988, S. 78; *Williamson, O. E.*, Power, 1996, S. 20; *Williamson, O. E.*, Governance, 1996, S. 17, 150.
[2] Vgl. *Coase, R. H.*, Firm, 1937, S. 394; *Williamson, O. E.*, Governance, 1996, S. 17, 150, 356.
[3] Vgl. *Williamson, O. E.*, Governance, 1996, S. 150; *Williamson, O. E.*, Power, 1996, S. 20.
[4] Vgl. *Williamson, O. E.*, Logic, 1988, S. 80; *Williamson, O. E.*, Governance, 1996, S. 150 f.; *Erlei, M./Leschke, M./Sauerland, D.*, Institutionenökonomik, 1999, S. 186 f.
[5] Vgl. *Williamson, O. E.*, Governance, 1996, S. 151.
[6] Vgl. *Williamson, O. E.*, Governance, 1996, S. 18. Entsprechend kommt es zu Verlusten aus der Vergeudung von Ressourcen, vgl. *Williamson, O. E.*, Logic, 1988, S. 80; *Williamson, O. E.*, Governance, 1996, S. 150.
[7] Vgl. *Williamson, O. E.*, Logic, 1988, S. 80; *Williamson, O. E.*, Power, 1996, S. 20; *Williamson, O. E.*, Governance, 1996, S. 18.
[8] Vgl. *Williamson, O. E.*, Logic, 1988, S. 81; *Williamson, O. E.*, Governance, 1996, S. 150 f.

Markt und Hierarchie und auch die in dieser Untersuchung nicht näher betrachteten Hybride unterscheiden sich daher nach der Hypothese der Unmöglichkeit der selektiven Intervention nicht substituierbar in ihren Stärken und Schwächen.[1] Je nach den Eigenschaften der zu koordinierenden Transaktionen kann im einen Fall der Markt und im anderen Fall die Unternehmung die effiziente Organisationsform sein.

5.2.2 Horizontale Integration

5.2.2.1 Schlüsseldimensionen

Bei horizontaler Integration werden im Gegensatz zur vertikalen Integration nicht vor- und nachgelagerte Produktionsschritte desselben Produktes, sondern Produktionsschritte zur Erstellung unterschiedlicher Produkte in eine Unternehmung integriert. *Teece* zeigt auf, dass der Erklärungsansatz von *Williamson* zur Erklärung vertikaler Integration auch zur Erklärung von horizontaler Integration verwendet werden kann, indem andere Schlüsseldimensionen der Transaktionen in die Analyse integriert werden.[2] Diese Schlüsseldimensionen sind insbesondere Transaktionen, bei denen bestimmte Informationen, Know-how oder unteilbare und spezialisierte Investitionsgüter, die zur Produktion mehrerer Produkte verwendet werden können, benötigt werden.[3]

5.2.2.1.1 Proprietäre Informationen

Durch die Annahme von beschränkter Rationalität werden Informationen über Produktions- und Kooperationsmöglichkeiten zu einem ökonomischen Gut,[4] soweit die Informationen nicht kostenlos und frei verfügbar sind, sondern erforscht

---

[1] Vgl. *Williamson, O. E.*, Governance, 1996, S. 151; *Williamson, O. E.*, Power, 1996, S. 21; *Williamson, O. E.*, Institutions, 1998, S. 75; *Williamson, O. E.*, Governance, 2002, S. 175.

[2] Vgl. *Teece, D. J.*, Scope, 1980; *Teece, D. J.*, Multiproduct, 1982; *Dow, G. K.*, Authority, 1987, S. 15.

[3] Für den Vergleich der Transaktionskosten in Abhängigkeit der Ausprägung dieser Schlüsseldimensionen werden die Organisationsformen von *Teece*, wie bei der in dieser Untersuchung vorgenommenen Klassifizierung bei der Diskussion der vertikalen Integration, in Markt und Unternehmung unterteilt, vgl. *Teece, D. J.*, Scope, 1980, S. 223 f. Zur in dieser Untersuchung vorgenommenen Klassifizierung bei der Diskussion der vertikalen Integration vorgenommenen Klassifizierung vgl. Kapitel 5.2.1.1.3, S. 123-125.

[4] Vgl. *Arrow, J. K.*, Essays, 1971, S. 150.

oder erkauft werden müssen.[1] Einmal erlangte derartige proprietäre Informationen stellen hingegen ein für verschiedene Produktions- und Organisationsprobleme kostengünstig oder kostenlos einsetzbares Gut dar.[2] Damit sind die Kosten für die Erstellung von Informationen regelmäßig um ein Vielfaches höher als die Kosten, um bereits vorhandene Informationen für andere Aufgaben einzusetzen.[3]

Die Property-Rights an Informationen sind oft nur unzureichend spezifiziert und durchsetzbar.[4] Bei vielen Formen von Informationen werden Property-Rights überhaupt nicht von staatlichen Institutionen geschützt und sind aufgrund ihrer fehlenden Greifbarkeit auch regelmäßig nicht von staatlichen Institutionen schützbar.[5] Das Eigentum an derartigen Informationen kann daher nur durch Geheimhaltung gesichert werden.[6] Infolge dieser nur sehr beschränkt spezifizierten Property-Rights entstehen beim Handel derartiger proprietärer Informationen einige transaktionshemmende Besonderheiten:[7] Um vorhandene Informationen am Markt anbieten zu können, müssen die potenziellen Kooperationspartner darüber informiert werden. Diese können den Wert der Informationen regelmäßig aber erst dann abschätzen und einen Kaufvertrag über diese Informationen abschließen, wenn sie ihnen vollständig bekannt sind. Sind sie ihnen jedoch bekannt, brauchen die potenziellen Käufer nach *Arrows fundamental paradoxon* dafür nicht mehr zu bezahlen, vielmehr hat der Käufer die Informationen kostenlos erworben.[8] Transaktionen, bei denen derartige Informationen benötigt wer-

---

[1] Vgl. *Radner, R.,* Markets, 1970, S. 457; *Teece, D. J.,* Integration, 1976, S. 12. Insbesondere innovative Informationen können durch Forschung und Entwicklung erzeugt werden, ihre Produktionskosten sind dabei regelmäßig hoch und der Erfolg ist mit hoher Unsicherheit behaftet.
[2] Vgl. *Radner, R.,* Markets, 1970, S. 457; *Williamson, O. E.,* Markets, 1975, S. 42.
[3] Vgl. *Teece, D. J.,* Integration, 1976, S. 12; *Teece, D. J.,* Scope, 1980, S. 226; *Teece, D. J.,* Multiproduct, 1982, S. 49.
[4] Zwar existieren z. B. mit dem Patentrecht einige staatliche Institutionen zum Schutz von nicht frei verfügbarem innovativen Wissen, der dadurch erzielte Schutz betrifft aber nur bestimmte Informationen; zudem verursacht der Patentschutz seinerseits oft hohe Kosten.
[5] Vgl. *Arrow, J. K.,* Essays, 1971, S. 151.
[6] Vgl. *Teece, D. J.,* Multiproduct, 1982, S. 50; *Teece, D. J.,* Scope, 1980, S. 227.
[7] Vgl. *Teece, D. J.,* Scope, 1980, S. 227.
[8] Vgl. *Arrow, J. K.,* Essays, 1971, S. 151; *Teece, D. J.,* Scope, 1980, S. 228; *Teece, D. J.,* Multiproduct, 1982, S. 51; *Picot, A.,* Transaktionskostenansatz, 1982, S. 272.

5.2 Integration bei Ausblendung des Steuerrechts

den, stellen die erste von *Teece* aufgezeigte Schlüsseldimension für die transaktionskostenökonomische Erklärung der horizontalen Integration dar.

5.2.2.1.2 Know-how

Eine andere Schlüsseldimension sind Transaktionen von Know-how mit hohem Learning-by-Doing-Charakter. Derartiges Know-how wird vor allem durch Learning by Doing als Beiprodukt anderer ökonomischer Aktivitäten erlernt.[1] Der Transfer von einer Unternehmung zu einer anderen kann daher regelmäßig nur durch längerfristiges Anlernen erfolgen.[2] Transaktionen zum Transfer von Know-how sind damit nicht zeitpunkt-, sondern zeitraumbezogen; zudem liegt eine hohe Unsicherheit über den Erfolg und eine schlechte Messbarkeit des Beitrags und der Motivation der anlernenden Individuen vor. Entsprechend können nur unvollständige Verträge über diese Form der Kooperation abgeschlossen werden.[3] Transaktionen, bei denen derartiges Know-how benötigt wird, stellen die zweite von *Teece* aufgezeigte Schlüsseldimension zur transaktionskostenökonomischen Erklärung der horizontalen Integration dar.

5.2.2.1.3 Unteilbare Investitionsgüter

Werden zur Erstellung verschiedener Produkte dieselben technisch unteilbaren Investitionsgüter benötigt, ergeben sich durch die gemeinsame Verwendung dieser Investitionsgüter Produktionskostenvorteile.[4] Liegt zudem eine hohe Spezifität dieser Investitionsgüter vor, führt auch der Erwerb eines solchen Gutes zur fundamentalen Transformation und damit zu einem bilateralen Abhängigkeitsverhältnis.[5] Der Investor bekommt durch die bei fehlender gemeinsamer Produktion nicht realisierbare Quasi-Rente ein starkes Interesse an einer langfristigen Zusammenarbeit; auf der anderen Seite besteht keine Konkurrenz auf der Angebotsseite mehr, da der Investor den potenziellen Markteintritt von Mitbewerbern infolge der bereits investierten *sunk costs* durch Unterbieten verhindern kann.[6]

---

[1] Vgl. *Arrow, J. K.,* Essays, 1971, S. 150.
[2] Vgl. *Teece, D. J.,* Multiproduct, 1982, S. 51.
[3] Vgl. *Teece, D. J.,* Scope, 1980, S. 228; *Teece, D. J.,* Multiproduct, 1982, S. 51.
[4] Vgl. *Williamson, O. E.,* Markets, 1975, S. 42; *Teece, D. J.,* Scope, 1980, S. 230 f.
[5] Vgl. *Teece, D. J.,* Scope, 1980, S. 232; *Teece, D. J.,* Multiproduct, 1982, S. 49. Zur fundamentalen Transformation vgl. Kapitel 5.2.1.4.1, S. 136-138.
[6] Vgl. Kapitel 5.2.1.4.1, S. 137.

Transaktionen bei gemeinsamer Nutzung von unteilbaren und spezifischen Investitionsgütern sind die dritte von *Teece* zur transaktionskostenökonomischen Erklärung der horizontalen Integration aufgezeigte Schlüsseldimension.

5.2.2.2 Transaktionskosten der Marktlösung

Das *fundamental paradoxon* der Information führt beim Transfer von proprietären Informationen durch Markttransaktionen zu einem hohen Risiko, da der Käufer die Informationen bereits bei detaillierter Angebotsabgabe erlangt hat und diese damit auch ohne Vertragsabschluss opportunistisch nutzen kann. Infolge dieses Risikos wird der Verkäufer vor Vertragsabschluss möglichst wenig über die angebotenen Informationen bekannt geben, wodurch der Käufer den Wert der Informationen aber vor Vertragsabschluss nur schwer einschätzen kann. Viele potenzielle Kooperationsmöglichkeiten werden daher beiden Vertragsseiten nicht bekannt sein und die zugehörigen potenziell möglichen Kooperationsgewinne unrealisiert bleiben.[1]

Bei Marktverträgen über die Weitergabe von durch Learning by Doing gekennzeichnetem Know-how besteht das Problem, dass die langfristige Zusammenarbeit ex ante nur sehr unvollständig vertraglich spezifiziert werden kann.[2] Dadurch kann sowohl der Käufer das erworbene Know-how opportunistisch ausnutzen, indem er es anders als vertraglich angedacht einsetzt,[3] als auch der Verkäufer die Unvollständigkeit des Vertrags opportunistisch nutzen und dem Käufer mehr Leistung oder Kosteneinsparpotenzial sowie mehr Unterstützung durch das neue Know-how versprechen, als der Käufer ex post tatsächlich erhält.[4] Insbesondere beim Verkauf von innovativem Know-how liegt wegen fehlenden Erfahrungswerten eine besonders hohe Unsicherheit vor, sodass besonders wenige der möglicherweise entstehenden Probleme ex ante spezifiziert werden können.[5]

---

[1] Vgl. *Kirzner, I. M.*, Competition, 1973, S. 215.
[2] Vgl. *Teece, D. J.*, Scope, 1980, S. 228.
[3] Vgl. *Teece, D. J.*, Multiproduct, 1982, S. 51. Beispielsweise kann der Käufer das erworbene Know-how selbst am Markt anbieten und somit zum Konkurrenten des Verkäufers werden, vgl. *Teece, D. J.*, Scope, 1980, S. 229; *Teece, D. J.*, Multiproduct, 1982, S. 52.
[4] Vgl. *Teece, D. J.*, Multiproduct, 1982, S. 52.
[5] Vgl. *Teece, D. J.*, Scope, 1980, S. 229.

5.2 Integration bei Ausblendung des Steuerrechts

Können unteilbare Investitionsgüter zur Produktion mehrerer Produkte eingesetzt werden, kann ihre gemeinsame Verwendung grundsätzlich kostengünstig über den Marktmechanismus koordiniert werden.[1] Sind diese Investitionsgüter jedoch nicht nur unteilbar, sondern zudem von hoher Spezifität, kommt es wie bei der vertikalen Integration zur Situation des *lock in* und damit zur Gefahr eines *hold up* durch den jeweiligen Kooperationspartner.[2]

Die aufgezeigten Risiken, die beim Vorliegen von Transaktionen mit einer der drei Schlüsseldimensionen entstehen können, sind auch von vorausschauenden, beschränkt rationalen Individuen erkennbar. Daher werden Verträge, auch wenn diese grundsätzlich zu Kooperationsgewinnen führen, in der Regel nur abgeschlossen, wenn die Risiken durch geeignete vertragliche Maßnahmen begrenzt werden können. Derartige Maßnahmen sowie die wegen der vertraglichen Risiken nicht realisierten Kooperationsgewinne führen zu hohen Transaktionskosten bei der Marktkoordination, sobald Transaktionen mit zumindest einer der drei vorgestellten Schlüsseldimensionen vorliegen.[3]

5.2.2.3 Transaktionskosten der Unternehmung

Im Gegensatz zu Transaktionen am Markt entstehen durch das *fundamental paradoxon* der Information bei der Weitergabe von Informationen innerhalb einer Unternehmung viel geringere Probleme. Für einzelne Individuen oder Abteilungen innerhalb einer Hierarchie besteht weniger opportunistisch ausnutzbarer Spielraum, ob sie nach Erhalt von Informationen für diese bezahlen wollen, da die unternehmungsinterne Allokation nicht durch den Preismechanismus, sondern hierarchisch erfolgt.[4]

Ebenso führt ein Transfer von durch Learning by Doing gekennzeichnetem Know-how sowie auch die gemeinsame Nutzung von unteilbaren spezifischen Investitionsgütern zur Erstellung unterschiedlicher Produkte nicht zur Gefahr

---

[1] Vgl. Kapitel 5.2.1.3.3, S. 135; *Williamson, O. E.,* Markets, 1975, S. 42; *Teece, D. J.,* Scope, 1980, S. 231 f.; *Teece, D. J.,* Multiproduct, 1982, S. 48.
[2] Vgl. *Teece, D. J.,* Multiproduct, 1982, S. 49. Zur *lock in*-Situation bei vertikaler Integration vgl. Kapitel 5.2.1.4.2, S. 139.
[3] Zur entsprechenden Transaktionskostendefinition vgl. ausführlich Kapitel 4.3.1.5, S. 92 f.
[4] Vgl. *Teece, D. J.,* Multiproduct, 1982, S. 52.

eines *hold up*, sodass im Gegensatz zur Marktlösung der Transfer von Knowhow ebenso wie der gemeinsame Einsatz von spezifischen und unteilbaren Investitionsgütern zur Erstellung unterschiedlicher Produkte innerhalb einer Unternehmung zu geringeren Transaktionskosten möglich sind; innerhalb einer Unternehmung bestehen keine vertraglichen Unsicherheiten, aufgrund derer potenzielle Kooperationsgewinne unrealisiert bleiben.[1]

5.2.2.4 Gesamtvergleich

Wie schon bei der Diskussion der vertikalen Integration ist auch bei der Frage der horizontalen Integration grundsätzlich von der komparativen Vorteilhaftigkeit der Marktlösung auszugehen.[2] Sind zur Produktion unterschiedlicher Produkte aber die gleichen proprietären Informationen, das gleiche erlernbare Know-how oder die gleichen unteilbaren spezifischen Investitionsgüter erforderlich, wird der sich aus hohen Informations- und Koordinationskosten grundsätzlich ergebende Transaktionskostennachteil der Hierarchie durch Vorteile aufgrund geringerer Vertragsrisiken und fehlender Gefahren des *hold up* überkompensiert.[3] Wiederum werden bei Berücksichtigung des Kontinuums zwischen Markt und Hierarchie zuerst hybride Zwischenformen effizient, die Sicherheitsvorkehrungen gegen die Möglichkeit des Opportunismus vorsehen,[4] in der vorliegenden Betrachtung aber ausgeblendet werden.[5] Mit zunehmender Ausprägung der Schlüsseldimensionen wird jedoch auch bei der horizontalen Integration ein Punkt erreicht, ab dem die Effizienz der Organisation durch Marktverträge von der Organisation innerhalb einer Unternehmung verdrängt wird (vgl. Darst. 25).[6]

---

[1] Vgl. *Teece, D. J.*, Multiproduct, 1982, S. 49, 52. Ähnlich vgl. *Williamson, O. E.*, Relations, 1979, S. 240, 250-253.
[2] Vgl. Kapitel 5.2.1.3.3, S. 135.
[3] Vgl. *Teece, D. J.*, Scope, 1980, S. 229. Ähnlich vgl. *Williamson, O. E.*, Markets, 1975, S. 43; *Teece, D. J.*, Integration, 1976, S. 17; *Willing, R. D.*, Structure, 1979, S. 346.
[4] Vgl. *Teece, D. J.*, Scope, 1980, S. 229; *Teece, D. J.*, Multiproduct, 1982, S. 52.
[5] Vgl. Kapitel 5.2.1.1.3, S. 123-125.
[6] Vgl. *Teece, D. J.*, Multiproduct, 1982, S. 52. Ähnlich vgl. *Teece, D. J.*, Scope, 1980, S. 229. Analog dazu bei vertikaler Integration vgl. Kapitel 5.2.1.4.4, S. 142 f.

5.2 Integration bei Ausblendung des Steuerrechts

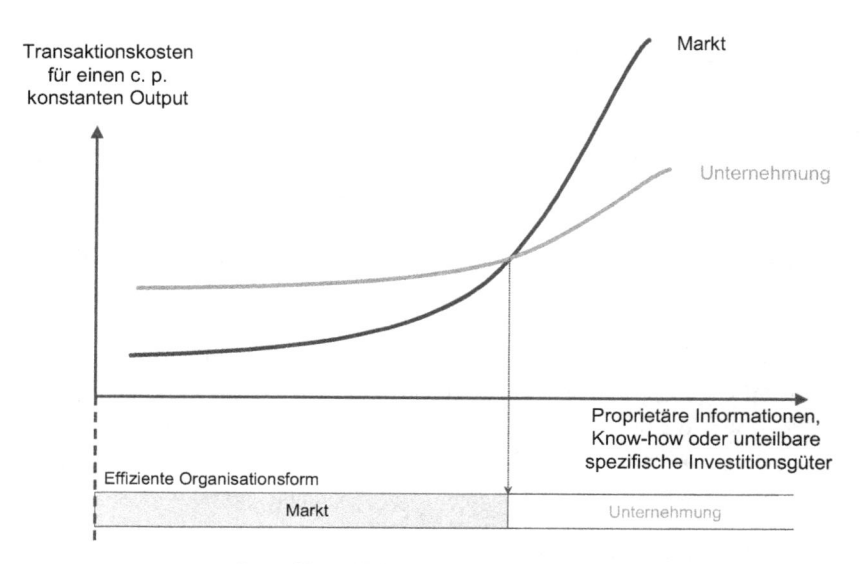

Darst. 25: Effizienz der horizontalen Integration

Ebenso wie bei der vertikalen Integration sind aufgrund des mit der Unternehmungsgröße steigenden *control loss* die Transaktionskosten, die bei der Koordination eines Produktionsschrittes in eine Unternehmung entstehen, davon abhängig, wie viele Produktionsschritte bereits in diese Unternehmung integriert sind.[1] Mit zunehmender Unternehmensgröße steigen damit wiederum die Transaktionskosten der zum jeweiligen Vergleich herangezogenen Unternehmung, sodass die Effizienz der Anzahl der horizontal integrierten Produkte in einer Unternehmung auch bei der horizontalen Integration im *trade off* mit dem steigenden *control loss* ihre ökonomische Grenze findet.[2]

---

[1] Analog dazu bei vertikaler Integration vgl. ausführlich Kapitel 5.2.1.5.3, S. 146 f.
[2] Ähnlich vgl. *Teece, D. J.*, Multiproduct, 1982, S. 53.

5.3 Integration unter Berücksichtigung des Steuerrechts

5.3.1 Vorgehensweise

Die Analyse der Effizienz unterschiedlicher Organisationsformen erfolgte in der Untersuchung bisher unter Ausblendung des Steuerrechts.[1] Nach der im Transaktionskostenansatz vertretenen Hypothese der langfristigen Evolution sind in der Realität zumindest langfristig vornehmlich effiziente Organisationsformen beobachtbar.[2] Der dieser Hypothese zugrunde liegende Effizienzbegriff berücksichtigt alle Einflussfaktoren auf die Höhe der Kooperationsgewinne. Entsprechend kann aus der bisher in einer Partialanalyse unter Ausblendung des Steuerrechts bestimmten Effizienz von Organisationsformen noch keine Hypothese über die in der Realität beobachtbare Organisationsform abgeleitet werden. Vielmehr sind die ökonomischen Auswirkungen der Organisationsformen unter Berücksichtigung des gesamten *institutional environment* zu untersuchen.[3] Im Folgenden sollen die bisherigen Überlegungen daher um das Steuerrecht erweitert werden, wobei die ökonomische Organisationsform der Unternehmung weiterhin mit der rechtlichen Form der Einheitsunternehmung gleichgesetzt wird.[4]

5.3.2 Einfluss des Steuerrechts auf die Organisationsformwahl

Bei der Diskussion der Steuerwirkungen de lege lata wurde gezeigt, dass sich vor allem infolge unterschiedlich vieler Anknüpfungsobjekte aus der Gewinnermittlung und der Verlustnutzung unterschiedliche Auswirkungen auf die Höhe und den Zeitpunkt der Steuerbelastung ergeben. Insbesondere wurden bei vertikaler und horizontaler Integration steuerliche Unterschiede aufgrund der nur bei der Einheitsunternehmung gegebenen Saldierung von Gewinnen und Verlusten aus einzelnen Produktionsschritten festgestellt.[5] Bei vertikaler Integration in eine Einheitsunternehmung kommt es bei längerfristigen Produktionszyklen

---

[1] Vgl. Kapitel 5.1, S. 114.
[2] Vgl. Kapitel 4.3.1.7, S. 95-98.
[3] Vgl. Kapitel 4.3.2.2, S. 101-106.
[4] Vgl. Kapitel 5.2.1.1.3, S. 125.
[5] Vgl. Kapitel 2.3.1.2, S. 24-26.

5.3 Integration unter Berücksichtigung des Steuerrechts

zusätzlich zu einer zeitlich späteren Besteuerung des Erfolgs aus den einzelnen Zwischenprodukten.[1]

Die zeitlich nach hinten verschobenen Steuerzahlungen führen auch unter den Annahmen des Transaktionskostenansatzes zu einem Zinseffekt.[2] Infolge des unter diesen Annahmen zwingend unvollkommenen Kapitalmarkts beläuft sich der Effekt anders als unter den Annahmen der Neoklassik nicht auf die Höhe eines einheitlichen risikolosen Kapitalmarktzinssatzes,[3] sondern ist von der alternativen Mittelverwendung abhängig,[4] die je nach konkreter Situation höchst unterschiedlich ausfallen kann. Die sich aus den zeitlich nach hinten verschobenen Steuerzahlungen ergebende alternative Anlagemöglichkeit führt jedoch regelmäßig zu einer Rendite; die zeitlich nach hinten verschobenen Steuerzahlungen führen damit in der Regel zu höheren Kooperationsgewinnen. Durch die zeitlichen Unterschiede beim Anfall der Steuerbelastung und aufgrund der zum Teil auch absolut geringeren Steuerbelastung[5] kann es dadurch bei mehrperiodischer Betrachtung bei der Organisationsform einer Einheitsunternehmung im Vergleich zur Organisationsform des Marktes zu einer erheblich geringeren Steuerbelastung kommen.

Zusätzlich kann unter den Annahmen des Transaktionskostenansatzes durch die bei der Organisationsform der Einheitsunternehmung zeitlich nach hinten verschobenen Steuerzahlungen ein über den Zinseffekt hinausgehender Liquiditätseffekt entstehen.[6] Der Effekt ergibt sich infolge der de lege lata bestehenden staatlichen Institutionen, da zahlungsunfähigen Unternehmungen die Li-

---

[1] Vgl. Kapitel 2.3.1.1, S. 21-24.
[2] In Bezug auf die Verlustverrechnung im Ergebnis ähnlich vgl. *Stein, H.-G.*, Verlustausgleich, 1983, S. 31 f.; *Scheffler, W.*, Besteuerung, 2004, S. 119; *Schreiber, U.*, Besteuerung, 2005, S. 54.
[3] Zum Zinseffekt unter den Annahmen der Neoklassik vgl. Kapitel 4.2.1, S. 74.
[4] Ähnlich vgl. *Drukarczyk, J.*, Investitionstheorie, 1970, S. 20; *Moxter, A.*, Grundsätze, 1983, S. 124; *Schmidt, R. H./Terberger, E.*, Finanzierungstheorie, 1997, S. 122; *König, R.*, Besteuerung, 1997, S. 61; *Ballwieser, W.*, Unternehmensbewertung, 2004, S. 14; *Wagner, F. W.*, Besteuerung, 2005, S. 454; *Bitz, M.*, Investition, 2005, S. 111.
[5] Vgl. Kapitel 2.3.1.2, S. 26.
[6] Bei der Diskussion der Verlustverrechnung ebenfalls auf einen Liquiditätseffekt hinweisend vgl. *Stein, H.-G.*, Verlustausgleich, 1983, S. 32; *Scheffler, W.*, Besteuerung, 2004, S. 119; *Schreiber, U.*, Besteuerung, 2005, S. 54.

quidation droht.[1] Zahlungsmittel können aufgrund des Fehlens eines vollkommenen Kapitalmarkts ohne die Gewährung von Sicherheiten nicht unbeschränkt zur Sicherung der Liquidität aufgenommen werden.[2] Entsprechend können die zeitlich nach hinten verschobenen Steuerzahlungen eventuellen Liquiditätsproblemen entgegenwirken und damit eine möglicherweise drohende Liquidation verhindern. Demgegenüber kann sich bei zeitlich früher fälligen Steuerzahlungen aufgrund dieser Liquiditätsprobleme die Liquidation eines oder mehrerer Kooperationspartner ergeben. Nach dem Selektionsmechanismus, der der Hypothese der langfristigen Evolution zugrunde liegt, kann damit bei zeitlich nach hinten verschobenen Steuerzahlungen ein über den Zinseffekt hinausgehender Liquiditätseffekt entstehen.[3]

Mit dieser ungleichmäßigen Belastung führt die Besteuerung de lege lata nicht nur zu einer Minderung der mit der jeweiligen Organisationsform erzielbaren Kooperationsgewinne durch Steuerzahlungen, sondern darüber hinaus auch zu einer Veränderung des *trade off* zwischen der Organisationsform einer Einheitsunternehmung und der des Marktes: Durch die relativ günstigere Besteuerung der Einheitsunternehmung wird diese bereits bei geringerer Ausprägung der jeweiligen Schlüsseldimensionen (Spezifität, proprietäre Informationen, Know-how oder unteilbare spezifische Investitionsgüter) die effiziente Organisationsform sein. In Darst. 26 wird dieser Bereich durch das Intervall i veranschaulicht: Im offenen Intervall i fallen ohne Berücksichtigung der Besteuerung bei der Marktlösung komparativ geringere Kosten an, bei Berücksichtigung der Besteuerung hingegen bei der Unternehmung. Die transaktionskostenökonomische Beurteilung der Effizienz kann daher nicht unter Ausblendung der Besteuerung erfolgen, vielmehr muss die Steuerbelastung, wie in Darst. 26 dargestellt, zu den Transaktionskosten gezählt werden.

---

[1] Siehe z. B. §§ 16-19 InsO; § 92 Abs. 2 AktG; § 64 Abs. 1 GmbHG.
[2] Vgl. *Schneider, D.,* Investition, 1992, S. 9 f.; *Schmidt, R. H./Terberger, E.,* Finanzierungstheorie, 1997, S. 16; *Franke, G./Hax, H.,* Finanzwirtschaft, 2004, S. 16; *Perridon, L./Steiner, M.,* Finanzwirtschaft, 2004, S. 6.
[3] Vgl. Kapitel 4.3.1.7, S. 96.

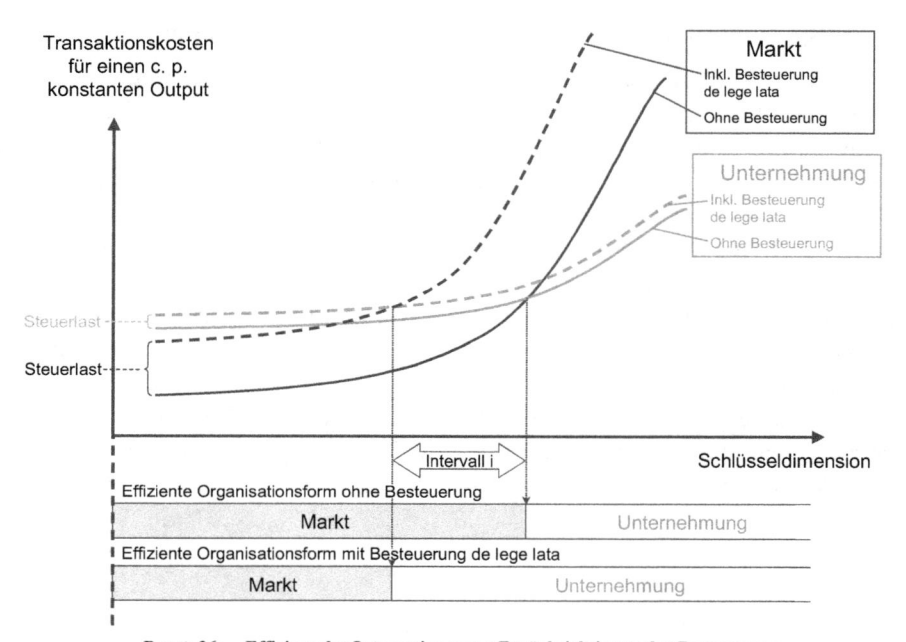

5.3 Integration unter Berücksichtigung des Steuerrechts

Darst. 26: Effizienz der Integration unter Berücksichtigung der Besteuerung

5.3.3 Hypothese über die Organisationsformwahl in der Realität

Nach der im Transaktionskostenansatz vertretenen Hypothese der langfristigen Evolution werden aufgrund der Besteuerung de lege lata zumindest langfristig mehr Koordinationsprobleme in der Organisationsform einer Einheitsunternehmung durchgeführt, als dies ohne die Besteuerung der Kooperationsgewinne der Fall wäre.[1] Damit kann gemäß dem zweiten Teil der Zielsetzung dieser Arbeit eine Hypothese über die in der Realität beobachtbare Integration von Produktionsschritten in Abhängigkeit von der Besteuerung erstellt werden:[2] Die steuerliche Begünstigung der Einheitsunternehmung de lege lata führt im Intervall i zur Veränderung des *trade off* und damit zur Wahl der Einheitsunternehmung statt der Marktkoordination. Die nach der Hypothese der langfristigen Evolution unter dem Steuersystem de lege lata in der Realität beobachtbaren Organisationsformen sind in Darst. 27 in Abhängigkeit von der Schlüsseldimension graphisch hervorgehoben.[3]

---

[1] Zur Hypothese der langfristigen Evolution vgl. Kapitel 4.3.1.7, S. 95-98.
[2] Zur Zielsetzung dieser Untersuchung vgl. Kapitel 1.2, S. 9.
[3] Bei der Darstellung handelt es sich jeweils um die Entscheidung, eine weitere Einheit vertikal oder horizontal zu integrieren. Die Grafik ist relativ in Abhängigkeit der Unternehmensgröße zu verstehen, da – wie in Kapitel 5.2.1.5.3, S. 146-128, diskutiert wurde – insbesondere die Bürokratie- und Administrationskosten der Unternehmung mit zunehmender Unternehmensgröße weiter steigen. D. h. die Kostenkurve der Unternehmung ist zusätzlich von der weiteren Dimension der jeweiligen Unternehmensgröße abhängig, die in dieser Darstellung ceteris paribus konstant gehalten wurde.

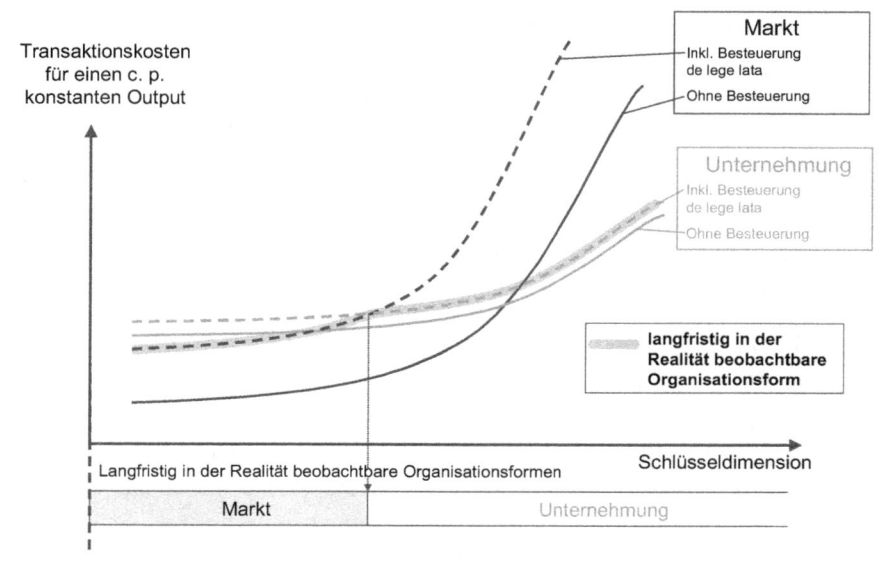

Darst. 27: Hypothese über die langfristig beobachtbaren Organisationsformen

5.4 Effizienzwirkungen der steuerinduzierten Organisationsformwahl

5.4.1 Vorgehensweise

Nach dem dritten Teil der Zielsetzung dieser Untersuchung soll die Effizienz der Besteuerung de lege lata beurteilt werden.[1] Eine derartige Beurteilung kann in der Tradition des Transaktionskostenansatzes nur komparativ durch eine Gegenüberstellung mit einem alternativen Steuerrecht erfolgen.[2] Veränderungen der Besteuerung führen regelmäßig zu vielfältigen Auswirkungen: Ein alternatives Steuerrecht kann *erstens* die Steuerbelastung der einzelnen Individuen im Verhältnis zueinander unterschiedlich verändern und damit die gesamtgesellschaftliche Verteilung der erzielten Kooperationsgewinne beeinflussen. Die veränderte Steuerbelastung kann *zweitens* zum steuerinduzierten Wechsel bestimmter Organisationsformen führen und damit bei den betroffenen Kooperationen die Transaktionskosten verändern. Als Folgewirkung eines derartigen Wechsels der

---

[1] Zur Zielsetzung dieser Untersuchung vgl. Kapitel 1.2, S. 9.
[2] Vgl. Kapitel 4.3.2.3, S. 106 f.

Organisationsform kann sich *drittens* aufgrund der dabei regelmäßig veränderten Verteilung von Property-Rights an den Kooperationsgewinnen eine Veränderung der Verteilung der Kooperationsgewinne auf die Individuen ergeben. *Viertens* kann eine Veränderung der Besteuerung auch die Höhe der durch die Besteuerung insgesamt erzielten Staatseinnahmen beeinflussen.

Bei einer ökonomischen Analyse der Besteuerung könnte nun versucht werden, sämtliche zum Teil interdependenten Auswirkungen von Steuerrechtsänderungen zu modellieren und in die Beurteilung der Besteuerung mit einzubeziehen. Im Gegensatz dazu bleiben hier zum einen Veränderungen der Verteilung auf die Individuen in der Tradition des Transaktionskostenansatzes unberücksichtigt[1] – und zwar sowohl hinsichtlich der Steuerbelastung (*erste* Auswirkung) als auch hinsichtlich der Property-Rights an den Kooperationsgewinnen (*dritte* Auswirkung). Zum anderen werden die aus der Besteuerung erzielten Staatseinnahmen (*vierte* Auswirkung) durch eine ceteris-paribus-Annahme konstant gehalten, sodass eine Beurteilung der Besteuerung nur auf Basis der *zweiten* Auswirkung, d. h. durch Vergleich der Summe der sich jeweils ergebenden Kooperationsgewinne, ermöglicht wird.

Die ceteris-paribus-Annahme von unveränderten Staatseinnahmen wird in der vorliegenden Untersuchung vorgenommen, da die Höhe der gesamten Besteuerung implizit immer auch die Staatsquote verändert.[2] Eine Veränderung der Staatsquote stellt jedoch eine politische Entscheidung dar, die einen erheblichen Einfluss auf die Möglichkeiten zur Verwirklichung von Sozialzielen ausübt. Ihre Beurteilung nur auf Basis der Effizienz würde wegen den Interdependenzen zu anderen Staatszielen zu kurz greifen;[3] auf ihre Beurteilung soll in dieser auf

---

[1] Vgl. Kapitel 4.3.2.3, S. 107.
[2] Die Höhe der Staatseinnahmen determiniert zumindest langfristig die Möglichkeit der Staatsausgaben und damit die Höhe der Staatsquote, vgl. *Wöhe, G.*, Unternehmensbesteuerung, 1984, S. 383. Die Staatsquote ergibt sich aus dem Verhältnis der Staatsausgaben zum Bruttoinlandsprodukt, vgl. *Brümmerhoff, D.*, Finanzwissenschaft, 2000, S. 41; *Wigger, B. U.*, Finanzwissenschaft, 2004, S. 8; *Homburg, S.*, Steuerlehre, 2005, S. 22. Zum Teil wird bei der Berechnung der Staatsquote statt des Inlandsprodukts auch das Sozialprodukt als Basis verwendet, vgl. *Peffekoven, R.*, Staatsquote, 1977, S. 208 f.; *Peters, H.-R.*, Wirtschaftspolitik, 2000, S. 57, 285; *Blankart, C. B.*, Finanzen, 2003, S. 146.
[3] Vgl. Kapitel 4.3.2.4, S. 110 f. Ähnlich vgl. *Theisen, M. R.*, Unternehmungsführung, 1987, S. 189 f.

5.4 Effizienzwirkungen der steuerinduzierten Organisationsformwahl

einem effizienzorientierten Modell basierenden Untersuchung daher bewusst verzichtet werden.[1] Das Steuerrecht de lege lata wird daher mit einem Steuerrecht verglichen, das sich nur in seiner Integrationsabhängigkeit von diesem unterscheidet. Effekte aus der Möglichkeit der grenzüberschreitenden Kooperation und der Möglichkeit der Zu- oder Abwanderung von Steuerpflichtigen in andere Steuerhoheiten wurden in dieser Untersuchung bereits bei der Darstellung der Zielsetzung durch die auf die nationale Ebene beschränkte Betrachtung vollständig ausgeblendet.[2] Ebenso sollen die Möglichkeiten, Staatseinnahmen statt durch eine Besteuerung der Kooperation durch andere Quellen, wie beispielsweise durch Staatsunternehmen, Beiträge oder Gebühren zu substituieren, vollständig ausgeblendet werden. Damit werden in dieser Untersuchung nicht nur die Staatseinnahmen insgesamt, sondern auch die Staatseinnahmen aus der Besteuerung der Kooperationsgewinne konstant gehalten.

Auf dieser Basis kann entsprechend dem Analyseschema des Transaktionskostenansatzes die Effizienz des Steuerrechts de lege lata ceteris paribus anhand eines Vergleichs der Summe aller in diesem Staat erwirtschafteten Kooperationsgewinne beurteilt werden. Die Besteuerung de lege lata ist im Sinne des Transaktionskostenansatzes als ineffizient zu bezeichnen, wenn eine praktisch und politisch umsetzbare Besteuerungsform gefunden wird, die in Summe zu höheren Nettokooperationsgewinnen führt.[3]

5.4.2 Vergleich mit einer von der Integration unabhängigen Besteuerung

5.4.2.1 Komparative Bestimmung der Effizienz

Zur Beurteilung der Effizienz des Steuerrechts de lege lata werden in einem ersten Schritt die langfristig unter diesem Steuerrecht durch die kooperierenden Individuen erzielten Kooperationsgewinne mit denen verglichen, die langfristig unter einem vollständig vom Grad der Integration unabhängigen „integrations-

---

[1] Zur Bedeutung der Effizienz für die Aussagen des Transaktionskostenansatzes vgl. Kapitel 4.3.1.7, S. 95-98.
[2] Vgl. Kapitel 1.2, S. 9.
[3] Vgl. Kapitel 4.3.2.3, S. 106-110.

neutralen" Steuersystem realisiert werden.[1] Das zum Vergleich herangezogene Steuersystem führt immer zu einer in der Höhe und ihrem zeitlichen Anfall gleichen Besteuerung bei der Organisationsform der Einheitsunternehmung und der des Marktes. Folglich führt die integrationsneutrale Besteuerung aufgrund der Existenz einer Steuerbelastung im Vergleich zu einer Situation ganz ohne Besteuerung zu niedrigeren Kooperationsgewinnen, nicht jedoch zu einer Veränderung des *trade off* der Transaktionskosten. Damit werden nach der Hypothese der langfristigen Evolution unter einem solchen Steuersystem bei identischer Ausprägung der Schlüsseldimensionen jeweils die gleichen Organisationsformen wie im Fall ohne Besteuerung umgesetzt werden.

Die Höhe der bei integrationsneutraler Besteuerung von den Individuen realisierten Kooperationsgewinne unterscheidet sich von den bei der Besteuerung de lege lata realisierten Kooperationsgewinnen in zweierlei Hinsicht. *Erstens* führt die Veränderung von der die Organisationsform ungleich besteuernden Situation de lege lata zu einer organisationsformneutralen Besteuerung zu einer Umverteilung: Es ergibt sich eine im Verhältnis stärkere Belastung der in einer Einheitsunternehmung organisierten Kooperationen und eine Entlastung der Marktkooperationen. Wie bereits in Kapitel 5.4.1 diskutiert, ist dies für den Effizienzvergleich des Transaktionskostenansatzes jedoch regelmäßig ohne Bedeutung.[2]

Zweitens ergibt sich bei den beiden Vergleichspartnern im graphisch in Darst. 28 als offenes Intervall i dargestellten Bereich ein anderer *trade off* der Transaktionskosten und damit unterschiedlich hohe Kooperationsgewinne. Bei einer vollständig vom Grad der Integration der Produktionsschritte unabhängigen Besteuerung sind die jeweils gleichen Organisationsformen wie bei der Situation ohne die Berücksichtigung der Besteuerung effizient. Beim Steuerrecht de lege lata kann in diesem Bereich hingegen ein Vorteil durch eine Ausweichhandlung in Form einer Anpassung der Organisationsform an die steuerlich günstigere Einheitsunternehmung erreicht werden. Damit muss in diesem Intervall nach der Hypothese des

---

[1] Dabei wird die Hypothese der langfristigen Evolution auf einen abstrakten Vergleich der Vorteilhaftigkeit von Organisationsformen angewandt, da ein konkreter Vergleich inklusive der damit verbundenen Berücksichtigung bestehender Pfadabhängigkeiten nicht durchführbar ist; zum konkreten und abstrakten Vergleich vgl. Kapitel 4.3.1.4, S. 91 f.
[2] Vgl. Kapitel 5.4.1, S. 161-163.

5.4 Effizienzwirkungen der steuerinduzierten Organisationsformwahl

Transaktionskostenansatzes bei der Besteuerung de lege lata im Vergleich zu einer integrationsneutralen Besteuerung – ebenso wie beim in Kapitel 5.3.3 aufgezeigten Vergleich mit der Situation ohne eine Besteuerung – eine steuerinduzierte Wahl der Organisationsform erwartet werden (vgl. Darst. 28).[1]

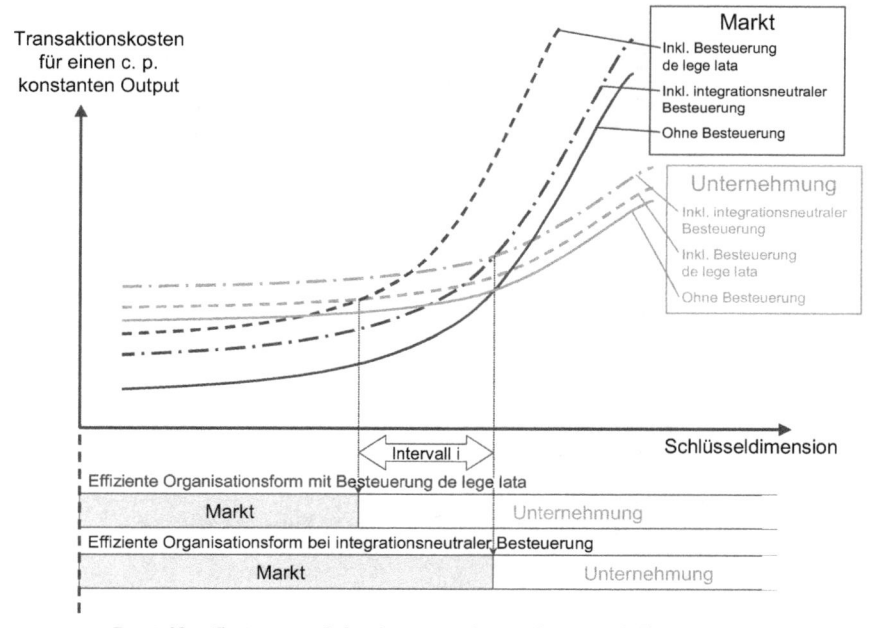

Darst. 28: **Besteuerung de lege lata versus integrationsneutrale Besteuerung**

Mit jedem derartigen steuerinduzierten Wechsel zur Organisationsform der Einheitsunternehmung ergibt sich ein Effizienzverlust. Wie in Darst. 29 am Beispiel eines beliebigen Punktes x innerhalb des Intervalls i dargestellt, wäre bei integrationsneutraler Besteuerung im offenen Intervall i der Markt die effiziente Organisationsform (Fall 1), bei der Kosten in Höhe von a zuzüglich der Besteuerung b anfallen würden. Unter Berücksichtigung des Steuerrechts de lege lata ist in diesem Bereich hingegen die Einheitsunternehmung effizient (Fall 2). Hierbei entstehen Kosten in Höhe von a zuzüglich der Besteuerung d zuzüglich der „Mehr-

---

[1] Vgl. Kapitel 5.3.3, S. 160.

kosten" aus der Ausweichhandlung in Höhe von b+c. Bereinigt man die Kosten um den Teil, dem Steuereinnahmen des Staates gegenüberstehen,[1] ergeben sich im Fall 1 Kosten in Höhe von a und im Fall 2 Kosten in Höhe von a+b+c. Dies führt zu einer Differenz zum integrationsneutralen Steuersystem in Höhe von b+c.

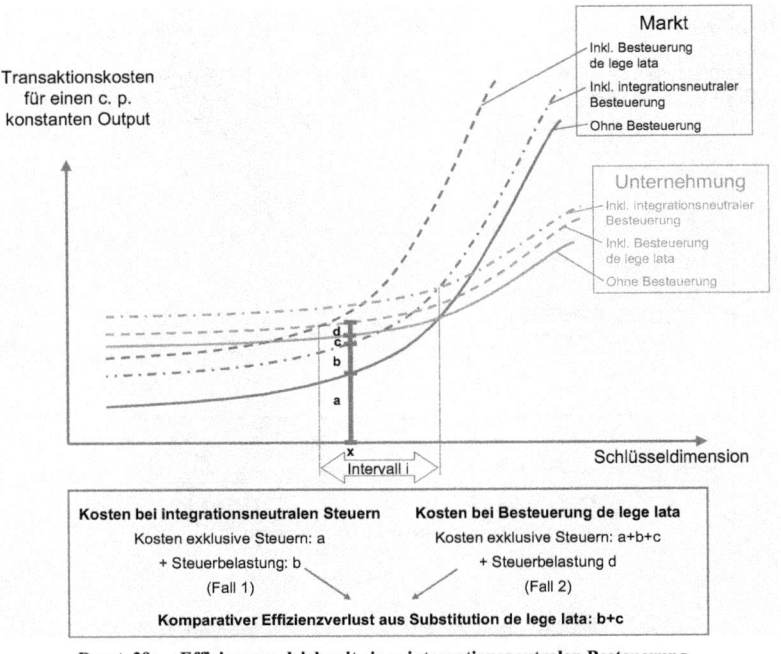

Darst. 29: Effizienzvergleich mit einer integrationsneutralen Besteuerung

Der Vergleich der Effizienz des Steuerrechts de lege lata bedingt nun eine Addition aller Kooperationsergebnisse.[2] Da die Summe der Steuereinnahmen des Staates annahmegemäß identisch gesetzt wurde,[3] ergibt sich ein Unterschied in Höhe der Summe aller „Mehrkosten" (in Darst. 29 jeweils b+c), die sich in

---

[1] Die Bereinigung ist zur Beurteilung der Effizienz der Besteuerung notwendig, da die Höhe der Staatseinnahmen in Summe unter beiden Steuersystemen identisch gesetzt wurde und Umverteilungen der Steuerlast bei dem Vergleich nicht berücksichtigt werden sollen.
[2] Vgl. Kapitel 5.4.1, S. 161-163.
[3] Vgl. Kapitel 5.4.1, S. 162.

diesem Staat aus der steuerinduzierten Organisationsformwahl bei Transaktionen mit Schlüsseldimensionen im Intervall i ergeben. Ob die Besteuerung de lege lata aufgrund dieses Ergebnisses als ineffizient bezeichnet werden kann, hängt davon ab, ob eine integrationsneutrale Besteuerung eine praktisch und politisch umsetzbare Alternative darstellt, weshalb im Folgenden die Umsetzbarkeit einer derartigen Alternative überprüft werden soll.

5.4.2.2 Umsetzbarkeit de lege ferenda

Eine vollständig integrationsneutrale Besteuerung könnte entweder durch den gänzlichen Verzicht auf eine Besteuerung der Kooperationsgewinne oder durch eine Angleichung von Markt- und Unternehmungsbesteuerung erreicht werden. Der vollständige Verzicht auf eine Besteuerung der Kooperationsergebnisse bedingt, dass die Staatsfinanzierung ausschließlich an nicht vom wirtschaftlichen Erfolg abhängigen Merkmalen anknüpft. Eine derartige Besteuerung würde z. B. durch eine Kopfsteuer erreicht;[1] eine Kopfsteuer führt jedoch zu gravierenden Verstößen gegen die bestehenden Gerechtigkeitsvorstellungen, nach denen die Besteuerung am wirtschaftlichen Erfolg anzuknüpfen hat.[2] Sie ist damit politisch nicht durchsetzbar,[3] führt zu einem Verstoß gegen das *remediableness*-Kriterium[4] und kann folglich nicht als Alternative zur komparativen Beurteilung der Effizienz der Besteuerung de lege lata herangezogen werden.

Die vollständige Angleichung der Marktbesteuerung an die Besteuerung der Einheitsunternehmung würde einen Verzicht auf die Besteuerung von am Markt realisierten Gewinnen aus Zwischenprodukten bei vor- und nachgelagerten Produktionsschritten und damit eine Verschiebung des Zeitpunkts der Besteuerung auf den Konsum der erstellten Güter durch den Endverbraucher erfordern. Eine

---

[1] Ebenso wäre der Einsatz von anderen so genannten *lump sum*-Steuern, wie beispielsweise persönlich differenzierenden Pauschalsteuern, möglich. In der Realität scheitern derartige Steuern jedoch am Vorliegen unvollständiger Information, vgl. *Homburg, S.*, Steuerlehre, 2005, S. 169.

[2] Vgl. *Schneider, D.*, Steuerwirkung, 2002, S. 254; *Tipke, K.*, Steuerrechtsordnung, 2000, S. 482.

[3] Vgl. *Wagner, F. W.*, Steuervereinfachung, 2005, S. 98; *Lang, J.*, Ordnung, 2005, S. 85; *Homburg, S.*, Wohnsitzprinzip, 2005, S. 19; *Tipke, K.*, Steuerrechtsordnung, 2000, S. 475; *Scheuchzer, M.*, Konzernbesteuerung, 1994, S. 32 f.

[4] Vgl. Kapitel 4.3.2.3, S. 109.

derartige Stundung der Besteuerung bis zum Endverbrauch sowie eine Bestimmung des Zeitpunkts des Endverbrauchs ließen sich durch einen Wechsel zur ausschließlich indirekten Besteuerung durch die Umsatzsteuer realisieren;[1] ein derartiger Wechsel scheitert jedoch politisch, da bei einer ausschließlich indirekten Besteuerung z. B. keine Berücksichtigung der persönlichen Verhältnisse der Steuerpflichtigen möglich ist. Eine derartige Berücksichtigung entspricht jedoch den derzeitigen allgemeinen Gerechtigkeitsvorstellungen.[2]

Der alternative Versuch, die Besteuerung der Unternehmung vollständig an die des Marktes anzugleichen, könnte durch eine Marktwertbewertung der Zwischenprodukte in der Steuerbilanz sowie die Besteuerung der damit ermittelten, noch nicht realisierten Gewinne erfolgen. Durch eine derartige Besteuerung würden Gewinne aus Zwischenprodukten bei vor- und nachgelagerten Produktionsschritten nicht nur am Markt, sondern auch in der Einheitsunternehmung besteuert, sodass aufgrund von Gewinnen aus Zwischenprodukten keine vom Grad der Integration abhängigen Belastungsunterschiede mehr vorhanden wären. Dazu müssten insbesondere das Realisationsprinzip und das Anschaffungskostenprinzip in der Steuerbilanz aufgegeben werden. Gegen eine Durchbrechung von Realisations- und Anschaffungskostenprinzip wird ein Verstoß gegen derzeitige Gerechtigkeitsvorstellungen aufgrund von Steuerzahlungen vor Gewinnrealisation vorgebracht.[3] Zudem müssen sich derartige Vorschläge im Transaktionskostenansatz an ihrer tatsächlichen Durchführbarkeit und damit vor allem an der Möglichkeit einer ausreichenden Objektivierbarkeit der steuerlichen Bemessungsgrundlage messen lassen.[4] Die Marktwertbewertung scheitert jedoch insbesondere an der regelmäßig fehlenden Objektivierbarkeit von unrealisierten Wertsteigerungen, da bei unternehmungsinternen Transaktionen keine den Verkehrswert objektivieren-

---

[1] Zu den Auswirkungen der Umsatzsteuer vgl. Kapitel 2.3.1.1, S. 23 f.; Kapitel 2.3.1.2, S. 26.
[2] Vgl. *Lang, J.*, Ordnung, 2005, S. 82-85, 94.
[3] Vgl. *Herzig, N./Bär, M.*, Gewinnermittlung, 2003, S. 5; *Schneider, D.*, Steuerbilanzen, 1978, S. 54 f., 57. Ähnlich vgl. *Lang, J.*, Ordnung, 2005, S. 92 f.
[4] Vgl. Kapitel 4.3.2.3, S. 109 f.

5.4 Effizienzwirkungen der steuerinduzierten Organisationsformwahl

den Marktverträge bestehen, sodass auch eine derartige Besteuerung aufgrund von unvollständigen Informationen in der Realität nicht umsetzbar ist.[1]

Neben diesen Möglichkeiten würde auch eine Besteuerung, die dem Idealbild einer entscheidungsneutralen Ertragsbesteuerung entspricht, zur Integrationsneutralität der Besteuerung führen. Einkünfte können dabei grundsätzlich durch einen Vermögensvergleich oder durch eine Zahlungsüberschussrechnung ermittelt werden,[2] wobei für beide Möglichkeiten in der Betriebswirtschaftlichen Steuerlehre entsprechende Idealbilder diskutiert werden: die Besteuerung nach dem Konzept des so genannten ökonomischen Gewinns sowie eine so genannte Cashflow-Besteuerung.

Die Gewinnermittlung in Form des ökonomischen Gewinns[3] würde wie die bereits diskutierte Marktwertbewertung der Zwischenprodukte in der Steuerbilanz zu einer Eliminierung von Belastungsunterschieden bei Gewinnen aus vor- und nachgelagerten Produktionsschritten führen. Auch eine derartige Gewinnermittlung benötigt jedoch Ertragswerte; sie scheitert damit ebenfalls an der fehlenden praktischen Ermittelbarkeit und der damit verbundenen fehlenden Objektivierbarkeit von Ertragswerten aufgrund der in der Realität unvollständigen Informationen.[4]

---

[1] Zum Erfordernis der Gesetzesbestimmtheit und der Tatbestandsmäßigkeit der Besteuerung vgl. *Lang, J.*, Ordnung, 2005, S. 107 f.; *Tipke, K.*, Steuerrechtsordnung, 2000, S. 137; *Herzig, N.*, Rechnungslegung, 2000, S. 113. Ähnlich vgl. *Schneider, D.*, Steuerbilanzen, 1978, S. 31.

[2] Vgl. *Zeller, F.*, Besteuerung, 2005, S. 210; *Herzig, N./Gellrich, K. M./Jensen-Nissen, L.*, Gewinnermittlung, 2004, S. 551; *Wagner, F. W.*, Abgeltungssteuer, 1999, S. 1523; *Jacobs, O. H.*, Harmonisierung, 1997, S. 215 f.; *König, R.*, Besteuerung, 1997, S. 42; *Wenger, E.*, Besteuerung, 1983, S. 207.

[3] Zum Konzept der Besteuerung des ökonomischen Gewinns siehe grundlegend am Beispiel diskreter Zahlungsströme *Johansson, S.-E.*, Taxes, 1969, S. 104-110, sowie am Beispiel stetiger Zahlungsströme *Samuelson, P. A.*, Depreciation, 1964, S. 604-606. Das Idealbild des ökonomischen Gewinns wird auch in der Betriebswirtschaftlichen Steuerlehre diskutiert, vgl. *Schreiber, U.*, Besteuerung, 2005, S. 513-520; *Jacobs, O. H.*, Harmonisierung, 1997, S. 216 f.; *Schneider, D.*, Investition, 1992, S. 218-229; *Schreiber, U.*, Forderungen, 1991, S. 62; *Elschen, R./Hüchtebrock, M.*, Steuerneutralität, 1983, S. 270-274; *Wagner, F. W./Dirrigl, H.*, Steuerplanung, 1980, S. 37; *Schneider, D.*, Besteuerung, 1969, S. 303.

[4] Vgl. *Zeller, F.*, Besteuerung, 2005, S. 210 f.; *Wagner, F. W.*, Abgeltungssteuer, 1999, S. 1523; *Jacobs, O. H.*, Harmonisierung, 1997, S. 219; *Wagner, F. W.*, Leistungsfähigkeit, 1989, S. 268. Ähnlich vgl. *Wagner, F. W.*, Steuervereinfachung, 2005, S. 101; *Schneider, D.*, Steuerbilanzen, 1978, S. 67.

Ebenso würde die Cashflow-Besteuerung[1] zu einer Beseitigung der Belastungsunterschiede aus der Besteuerung von Gewinnen aus Zwischenprodukten bei vor- und nachgelagerten Produktionsschritten führen: Bei dieser Form der Besteuerung würden derartige Gewinne zwar am Markt beim Zulieferer besteuert, der Abnehmer könnte den gesamten Betrag jedoch steuermindernd geltend machen, sodass sich in Summe keine Belastungsunterschiede im Vergleich zur Koordination in einer Einheitsunternehmung ergeben würden.[2] Die Umsetzung einer Cashflow-Besteuerung auf Unternehmungsebene bedarf jedoch einer grundlegenden und damit politisch schwierig durchsetzbaren Reform der Besteuerung; vor allem, da sie steuersystematisch nur mit einer konsumorientierten Besteuerung der Anleger vereinbar ist.[3] Die Umstellung würde darüber hinaus zumindest kurzfristig zu erheblichen Ausfällen hinsichtlich des Steueraufkommens führen,[4] was ebenfalls gegen eine politische Durchsetzbarkeit spricht.[5]

---

[1] Zum Konzept der Cashflow-Besteuerung siehe grundlegend *Brown, C.*, Taxation, 1948, S. 309 f. Die Cashflow-Besteuerung wird auch in der Betriebswirtschaftlichen Steuerlehre diskutiert, vgl. *Schreiber, U.*, Besteuerung, 2005, S. 521-525; *Jacobs, O. H.*, Harmonisierung, 1997, S. 217-219; *Wagner, F. W.*, Leistungsfähigkeit, 1989, S. 270-273; *Elschen, R./Hüchtebrock, M.*, Steuerneutralität, 1983, S. 268-269.

[2] Zum Teil wird als drittes Ideal eine zinsbereinigte Einkommensteuer diskutiert, die unter der Annahme eines vollkommenen Kapitalmarktes in die Cashflow-Besteuerung transformiert werden kann, vgl. *Homburg, S.*, Steuerlehre, 2005, S. 345; *Schreiber, U.*, Besteuerung, 2005, S. 527-529; *Zeller, F.*, Besteuerung, 2005, S. 217 f.; *Wagner, F. W.*, Abgeltungssteuer, 1999, S. 1523; *Jacobs, O. H.*, Harmonisierung, 1997, S. 220-222. Unter den Annahmen des Transaktionskostenansatzes scheitert diese Transformation jedoch am Fehlen von Marktgleichgewichten und einem vollkommenen Kapitalmarkt, vgl. *Jacobs, O. H.*, Harmonisierung, 1997, S. 222. Ähnlich vgl. *Huber, B.*, Neutralität, 1992, S. 453.

[3] Vgl. *Homburg, S.*, Steuerlehre, 2005, S. 345. Ähnlich vgl. *Bradford, D. F.*, Income, 1999, S. 119, 128 f., 218 f. Zu Neutralitätsbedingungen bei Berücksichtigung der Besteuerung auf Unternehmungs- und auf Anlegerebene siehe grundlegend *Boadway, R. W./Bruce, N.*, Deductions, 1979, S. 94-103.

[4] Vgl. *Jacobs, O. H.*, Harmonisierung, 1997, S. 219.

[5] Erweitert man die Betrachtung auf in dieser Untersuchung grundsätzlich ausgeblendete internationale Aspekte, führt ein derartiger Systemwechsel zudem auch zu Konflikten mit den bestehenden internationalen Steuerbeziehungen und wäre z. B. nicht mit dem bestehenden Netz an Doppelbesteuerungsabkommen kompatibel, vgl. *Lang, J.*, Ordnung, 2005, S. 95 f.; *Naust, H.*, Steuerreform, 1992, S. 532; *Joseph, S./Vollrath, H. J.*, Doppelbesteuerungsabkommen, 1991, S. 84, 87. Ähnlich vgl. *Zeller, F.*, Besteuerung, 2005, S. 217; *Wagner, F. W.*, Korrektur, 2000, S. 438; *Jacobs, O. H.*, Harmonisierung, 1997, S. 220.

5.4 Effizienzwirkungen der steuerinduzierten Organisationsformwahl

Neben dem unterschiedlichen Zeitpunkt der Gewinnrealisation führt die Besteuerung der Kooperation am Markt und in der Einheitsunternehmung auch zu Unterschieden bei den Verlustnutzungsmöglichkeiten.[1] Die bei der Marktkoordination de lege lata nicht gegebenen Verrechnung von Gewinnen und Verlusten aus einzelnen Produktionsschritten könnte durch die Einführung eines vollständigen Verlustausgleichs ermöglicht werden, d. h. der Fiskus würde bei Verlusten eine sofortige Steuererstattung gewähren.[2] Im Ergebnis ähnlich wäre alternativ auch die Möglichkeit des Handels von steuerlichen Verlustvorträgen, z. B. durch übertragbare Verlustverrechnungsgutscheine.[3] Beide Vorschläge führen jedoch zu erhöhten Missbrauchsmöglichkeiten, da sich der Staat als eine Art unbeschränkt haftender Partner ohne Mitspracherecht an jedem Investitionsprojekt beteiligen würde und auch einen Teil von endgültigen Vermögensverlusten übernimmt.[4] Damit wird es für den Steuerpflichtigen interessanter, den Staat an nicht steuerbaren Projekten der Einkommensverwendung durch das opportunistische Vortäuschen einer Einkommenserzielungsabsicht zu beteiligen.[5] Zudem würden sich bei einer derartigen direkten Partizipation des Staates an den Verlusten stärkere konjunkturabhängige Schwankungen der Staatseinnahmen ergeben, die ebenfalls gegen eine politische Durchsetzbarkeit sprechen.[6] Die Vorschläge eines vollständigen Verlustausgleichs oder von handelbaren Verlustverrechnungsgutscheinen scheitern daher insbesondere an sich eröffnenden Missbrauchsmöglich-

---

[1] Vgl. Kapitel 2.3.1.2, S. 24-26.
[2] Vgl. *Schreiber, U.*, Besteuerung, 2005, S. 557; *König, R./Wosnitza, M.*, Steuerwirkungslehre, 2004, S. 91; *Schneider, D.*, Einschränkung, 1988, S. 1226. In der Literatur wird dazu alternativ ein zugunsten des Steuerpflichtigen verzinslicher Verlustvortrag diskutiert, vgl. *Schreiber, U.*, Besteuerung, 2005, S. 557; *Schreiber, U.*, Forderungen, 1991, S. 66. Dieser ist der Verluststattung unter den Annahmen des Transaktionskostenansatzes aber aufgrund des fehlenden vollkommen Kapitalmarkts nicht gleichwertig, vgl. *Cansier, D.*, Steuerlehre, 2004, S. 105 f.
[3] Vgl. *Schreiber, U.*, Forderungen, 1991, S. 67; *Schneider, D.*, Einschränkung, 1988, S. 1229.
[4] Vgl. *Schneider, D.*, Investition, 1992, S. 779; *Schreiber, U.*, Forderungen, 1991, S. 66.
[5] Vgl. *Brown, C.*, Taxation, 1948, S. 314. Damit werden bereits de lege lata bestehende Abgrenzungsprobleme verschärft, zu derartigen Abgrenzungsfragen zwischen der Einkommenserzielung und Einkommensverwendung siehe *Theisen, M. R.*, Liebhaberei, 1999, S. 255, 258-263; ähnlich zur Konkretisierung der Einkommenserzielungsabsicht siehe *Theisen, M. R.*, Gewinnerzielungsabsicht, 1985, S. 40-45.
[6] Vgl. *Herzig, N./Bär, M.*, Gewinnermittlung, 2003, S. 6.

keiten sowie an den mit diesen Vorschlägen verbundenen konjunkturabhängigen Schwankungen der Staatseinnahmen.[1]

Eine integrationsneutrale Besteuerung ist daher in der Realität weder praktisch noch politisch umsetzbar. Die Beurteilung der Effizienz des Steuerrechts de lege lata durch den Vergleich mit einem integrationsneutralen Steuerrecht würde daher im Sinne von *Demsetz* einen nicht zulässigen Nirvana-Approach darstellen,[2] da die angebliche Effizienz des Systems durch einen für die Realität nicht relevanten Vergleich mit einem nicht umsetzbaren System beurteilt würde. In der Tradition des Transaktionskostenansatzes liegt damit ein Verstoß gegen das *remediableness*-Kriterium vor,[3] sodass diesem Vorgehen zur Beurteilung der Effizienz der Besteuerung nicht gefolgt werden kann. Für eine derartige Beurteilung muss das Steuersystem de lege lata stattdessen mit einem praktisch und politisch umsetzbaren alternativen Besteuerungssystem verglichen werden.[4]

5.4.3 Vergleich mit einer weniger integrationsabhängigen Besteuerung

5.4.3.1 Komparative Bestimmung der Effizienz

Statt des Vergleichs mit einer integrationsneutralen Besteuerung soll im Folgenden ein Vergleich mit einer weniger von der Integration abhängigen Besteuerung vorgenommen werden. Ein derartiges Steuerrecht unterscheidet sich vom Steuerrecht de lege lata nur dadurch, dass sich weniger Unterschiede in der Höhe und dem zeitlichen Anfall der Steuerzahlungen zwischen der Organisation am Markt und derjenigen in einer Einheitsunternehmung ergeben. Vorerst soll zur Analyse der Auswirkungen einer derartigen Besteuerung pauschal unterstellt werden, dass ein solches System umsetzbar ist, bevor die tatsächliche Umsetzbarkeit beispielhaft durch das Aufzeigen einiger konkreter Änderungsmöglichkeiten de lege ferenda überprüft wird.[5]

---

[1] Vgl. *Brown, C.*, Taxation, 1948, S. 314; *Herzig, N./Bär, M.*, Gewinnermittlung, 2003, S. 6.
[2] Vgl. *Demsetz, H.*, Efficiency, 1969, S. 1
[3] Vgl. Kapitel 4.3.2.3, S. 109.
[4] Vgl. Kapitel 4.3.2.3, S. 106-110.
[5] Zur Überprüfung vgl. Kapitel 5.4.3.2, S. 174 f.

5.4 Effizienzwirkungen der steuerinduzierten Organisationsformwahl

Beim Vergleich der Besteuerung de lege lata mit einer weniger vom Grad der Integration der Produktionsschritte abhängigen Besteuerung existiert wiederum ein offenes Intervall (i'), in dem es bei der Besteuerung de lege lata zu einer rein steuerinduzierten Wahl der Einheitsunternehmung kommt. Wie in Darst. 30 gezeigt, ist dieser Bereich jedoch um das Intervall i* kleiner als beim Vergleich der Besteuerung de lege lata mit einer integrationsneutralen Besteuerung. Entsprechend führt nach der Hypothese der langfristigen Evolution auch ein weniger vom Grad der Integration der Produktionsschritte abhängiges Steuersystem im Vergleich zur Besteuerung de lege lata zu einem Vorteil in Höhe der Summe der jeweiligen „Mehrkosten" (in Darst. 29 jeweils b+c) über alle nur de lege lata steuerinduzierten Organisationsformwahlen, dies allerdings nur im Intervall i'.[1]

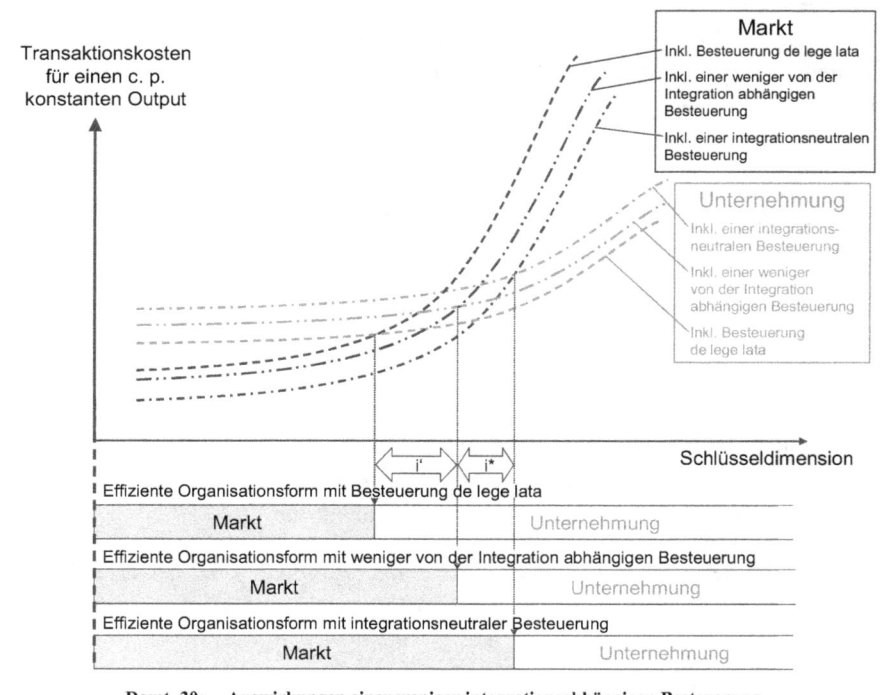

Darst. 30: Auswirkungen einer weniger integrationsabhängigen Besteuerung

---

[1] Zur Hypothese der langfristigen Evolution vgl. Kapitel 4.3.1.7, S. 95-98.

5.4.3.2 Umsetzbarkeit de lege ferenda

Im Folgenden wird die praktische sowie politische Umsetzbarkeit einer weniger von der Integration der Produktionsschritte abhängigen Besteuerung überprüft, indem Möglichkeiten für eine derartige Entwicklung des Steuerrechts de lege ferenda beispielhaft skizziert werden. Als Maßstab für die praktische Umsetzbarkeit wurde in dieser Untersuchung dabei die reale Ermittelbarkeit der Bemessungsgrundlage gewählt. Als politisch durchsetzbar wurden Maßnahmen identifiziert, die weder zu hohen Steuerausfällen des Staates noch zu Verstößen gegen das Grundgesetz oder allgemein anerkannte steuerliche Prinzipien, wie z. B. eine fehlende Objektivierbarkeit der Bemessungsgrundlage, führen.[1]

Nachdem bei der Darstellung der Steuerwirkungen de lege lata als wesentliche Unterschiede die aufgrund der derzeitigen Gewinnermittlung zeitlich späteren Steuerzahlungen in der Einheitsunternehmung sowie die nur innerhalb der Einheitsunternehmung gegebene Verrechnung von Gewinnen und Verlusten aus verschiedenen Produktionsschritten ermittelt wurden,[2] muss die Umsetzung einer weniger vom Grad der Integration der Produktionsschritte abhängigen Besteuerung an diesen beiden Aspekten ansetzen. Die Besteuerung de lege lata ließe sich hinsichtlich des Zeitpunkts der Gewinnrealisation merklich einer weniger von der Integration abhängigen Besteuerung anpassen, sofern partiell eine Substitution der derzeitigen direkten Ertragsbesteuerung durch eine indirekten Erhebung durch die Umsatzsteuer vorgenommen würde.[3] Auch wenn ein vollständiger Wechsel in Kapitel 5.4.2.2 als unrealistisch angesehen wurde,[4] zeigt der europäische Vergleich, dass Deutschland eine Umsatzsteuer mit relativ geringem Umsatzsteuersatz erhebt, sodass eine Veränderung der Gewichtung zwischen Ertrags- und Umsatzbesteuerung durch eine Erhöhung der Umsatzsteuer auch praktisch und politisch umsetzbar sein dürfte.[5]

Hinsichtlich der Verlustnutzungsmöglichkeiten würde ein z. B. bei Liquidation zulässiger Handel mit steuerlichen Verlustmänteln zu weniger organisationsform-

---

[1] Vgl. Kapitel 4.3.2.3, S. 109 f.
[2] Vgl. Kapitel 2.3.1, S. 21-26.
[3] Vgl. Kapitel 5.4.2.2, S. 168.
[4] Vgl. Kapitel 5.4.2.2, S. 168.
[5] Vgl. *BMF*, Monatsbericht, 2005, S. 50.

5.4 Effizienzwirkungen der steuerinduzierten Organisationsformwahl

abhängigen Unterschieden führen, da so die auf Ebene einzelner Produktionsschritte erlittenen Verluste auch bei der Marktkooperation zumindest nicht endgültig verloren gehen. Nach der in dieser Untersuchung aufgestellten Hypothese würden aber auch schon kleinere Maßnahmen, wie z. B. die Erweiterung der Verlustrücktragsmöglichkeiten oder zumindest die Aufhebung der einen Verlustvortrag beschränkenden Mindestbesteuerung, im Vergleich zur Besteuerung de lege lata zu höheren Kooperationsgewinnen führen.

5.4.4 Hypothese zur Effizienz des Steuerrechts

Nachdem gezeigt werden konnte, dass sowohl praktisch als auch politisch umsetzbare Möglichkeiten de lege ferenda bestehen, die zu einer weniger von der Integration der Produktionsschritte abhängigen Besteuerung führen, kann die Besteuerung de lege lata im Sinne des Transaktionskostenansatzes als ineffizient bezeichnet werden. Aus dieser Ursache-Wirkungs-Hypothese lässt sich folgende quasi-normative Ziel-Mittel-Relation ableiten und damit gemäß dem dritten Teil der Zielsetzung dieser Untersuchung hinsichtlich der Auswirkungen auf die Integration von Produktionsschritten eine Hypothese über die Effizienz der Besteuerung de lege lata erstellen:[1] Zur Erhöhung der Summe der Nettokooperationsgewinne sollte die Besteuerung weniger von der Integration der Produktionsschritte abhängig gestaltet werden.

---

[1] Vgl. Kapitel 4.3.2.4, S. 110 f.

Kapitel 6 Analyse der Steuerwirkungen auf die Konzernierung

6.1 Vorgehensweise der komparativen Analyse

Im letzten Kapitel wurde die Hypothese abgeleitet, dass bei bestimmten Transaktionen die hierarchische Koordination im Vergleich zur Marktlösung zu höheren Kooperationsgewinnen führt. Diese Hypothese basiert auf den unterschiedlichen ökonomischen Auswirkungen der Governance durch den Preismechanismus am Markt gegenüber der Hierarchie in einer Unternehmung. Die Hierarchie in einer Unternehmung kann ihrerseits je nach Struktur der Entscheidungs-, Weisungs- und Kontrollbefugnisse unterschiedlich ausgestaltet werden.[1] Im Transaktionskostenansatz können aber nicht nur der Preismechanismus und die Hierarchie als Alternativen, sondern zudem auch die ökonomischen Stärken und Schwächen verschiedener Strukturen einer Hierarchie in Abhängigkeit bestimmter Eigenschaften der zu koordinierenden Transaktionen diskutiert werden.[2] Auf Basis dieser Überlegungen sollen nachfolgend Steuerwirkungen auf den in der Realität beobachtbaren Grad der Konzernierung abgeleitet werden.

6.1.1 Vorüberlegungen von *Williamson*: M-Form-Hypothese

6.1.1.1 Klassifizierung der Organisationsformen

Die Struktur einer Hierarchie kann vor allem in die Gegenpole der zentralisierten und dezentralisierten Form unterteilt werden.[3] Bei der zentralisierten Form ist die Hierarchie regelmäßig linienförmig organisiert und die Leitungskompetenzen sind auf die oberste Führungsebene in der Unternehmung konzentriert.[4] Sie wird

---

[1] Vgl. *Williamson, O. E.*, Power, 1996, S. 21; *Göbel, E.*, Institutionenökonomik, 2002, S. 240.
[2] Vgl. *Williamson, O. E.*, Finance, 1988, S. 573; *Williamson, O. E.*, Governance, 2002, S. 178; *Williamson, O. E.*, Economics, 2004, S. 72.
[3] Vgl. *Williamson, O. E.*, Power, 1996, S. 21. Der Begriff der Zentralisation bzw. Dezentralisation stellt dabei auf die Verteilung von Entscheidungsaufgaben ab, vgl. *Hungenberg, H.*, Zentralisation, 1995, S. 47.
[4] Vgl. *Göbel, E.*, Institutionenökonomik, 2002, S. 240.

daher auch als *unitary* oder U-Form bezeichnet.[1] Diese funktional gegliederte Bereichsorganisation stellt die „klassische" Form der Hierarchie in einer Unternehmung dar.[2] Dabei werden die organisatorischen Untereinheiten der Unternehmung nach dem Verdichtungsprinzip gemäß ihrem Zweck- oder Funktionsbereich, z. B. in Produktion, Finanzierung, Einkauf und Vertrieb, unterteilt.[3]

Bei der dezentralen Form werden hingegen operative Entscheidungsbefugnisse auf die untergeordneten Divisionen verteilt, wodurch diese weniger als bei der U-Form durch Weisungen eingeschränkt sind.[4] Liegt zudem eine Trennung von strategischen und operativen Entscheidungen vor,[5] wird die Organisationsform als *multidivisional* oder M-Form bezeichnet.[6] Dazu werden die organisatorischen Bereiche gemäß dem Objektprinzip nach Produktions- und Marktaspekten oder nach geographischen Erwägungen gegliedert, d. h. beispielsweise nach Produkten, Märkten oder Kundengruppen in Sparten und Geschäftsbereiche unterteilt.[7] Die einzelnen Divisionen erhalten hinsichtlich der operativen Ent-

---

[1] Vgl. *Williamson, O. E.*, Control, 1970, S. 109; *Williamson, O. E.*, Capitalism, 1985, S. 280; *Williamson, O. E.*, Power, 1996, S. 21; sowie auch *Palmer, D.* u. a., Economics, 1987, S. 25; *Voss, T.*, Evolution, 1991, S. 303; *Bühner, R.*, Praxis, 1993, S. 285; *Bühner, R.*, Management-Holding, 1993, S. 158; *Bühner, R.*, Aktienmarkt, 1996, S. 6; *Göbel, E.*, Institutionenökonomik, 2002, S. 245; *Yingyi Q./Gérard, R./Chenggang, X.*, Coordinating, 2003, S. 2 f.

[2] Vgl. *Williamson, O. E.*, Control, 1970, S. 110; *Williamson, O. E.*, Markets, 1975, S. 133; *Williamson, O. E.*, Capitalism, 1985, S. 280; *Voss, T.*, Evolution, 1991, S. 303. Ähnlich vgl. *Lutter, M.*, Begriff, 2004, S. 5.

[3] Vgl. *Williamson, O. E.*, Markets, 1975, S. 133; *Meiser, M.*, Konzern, 1984, S. 1; *Palmer, D.* u. a., Economics, 1987, S. 25; *Picot, A.*, Organisation, 2005, S. 81. Ähnlich vgl. *Schulte, C.*, Holding, 1992, S. 25.

[4] Vgl. *Göbel, E.*, Institutionenökonomik, 2002, S. 240.

[5] Vgl. *Williamson, O. E./Bhargava, N.*, Structure, 1972, S. 127; *Williamson, O. E.*, Markets, 1975, S. 152; *Meiser, M.*, Konzern, 1984, S. 2; *Williamson, O. E.*, Capitalism, 1985, S. 284; *Theisen, M. R.*, Konzern, 2000, S. 170. Ähnlich vgl. *Löffler, E.*, Konzern, 1989, S. 95; *Voss, T.*, Evolution, 1991, S. 305; *Kieser, A./Walgenbach, P.*, Organisation, 2003, S. 249.

[6] Vgl. *Williamson, O. E.*, Control, 1970, S. 109; *Williamson, O. E.*, Capitalism, 1985, S. 280; *Williamson, O. E.*, Power, 1996, S. 21; sowie auch *Palmer, D.* u. a., Economics, 1987, S. 25; *Voss, T.*, Evolution, 1991, S. 304; *Bühner, R.*, Praxis, 1993, S. 285; *Bühner, R.*, Aktienmarkt, 1996, S. 6; *Kieser, A./Walgenbach, P.*, Organisation, 2003, S. 249; *Yingyi Q./Gérard, R./Chenggang, X.*, Coordinating, 2003, S. 2.

[7] Vgl. *Williamson, O. E.*, Capitalism, 1985, S. 279, 281; *Palmer, D.* u. a., Economics, 1987, S. 25; *Fischer, M.*, Integration, 1992, S. 30; *Theisen, M. R.*, Konzern, 2000, S. 170. Ähnlich vgl. *Williamson, O. E.*, Markets, 1975, S. 136; *Schulte, C.*, Holding, 1992, S. 26; *Picot, A.*, Organisation, 2005, S. 87.

6.1 Vorgehensweise der komparativen Analyse

scheidungen einen quasi-autonomen Status: Sie führen die operative Planung, Kontrolle und Überwachung selbst durch und bekommen die jeweils erwirtschafteten Überschüsse als so genannte *profit center* zugerechnet.[1] Im Gegensatz zur operativen Verantwortung wird die strategische Verantwortung hingegen nicht den Divisionen überlassen, sondern in einer hierarchisch übergeordneten Zentrale durch das Top-Management ausgeübt.[2] Strategische Entscheidungen umfassen dabei vor allem die nachhaltige und im Wettbewerb zukunftsorientierte Strukturierung der gesamten Unternehmung.[3] Zu ihnen zählen langfristige Entscheidungen, wie die langfristige unternehmungsinterne Ressourcenallokation,[4] die unternehmungsinterne Organisation[5] sowie die Fragen der Veränderung der Unternehmungsgröße, z. B. durch Akquisition oder Desinvestition.[6] Zur Wahrung der strategischen Verantwortung muss die Zentrale die strategische Planung durchführen, die Leistung der einzelnen Abteilungen überwachen und die in der Unternehmung vorhandenen Ressourcen auf die einzelnen Divisionen aufteilen.[7] Um die strategische Verantwortung auch tatsächlich umsetzen zu können, hat das Top-Management daher einen internen Kontrollapparat zur Messung der Leistungsfähigkeit der Divisionen zu etablieren. Dieses System stellt

---

[1] Vgl. *Chandler, A. D.*, Structure, 1962, S. 9; *Williamson, O. E.*, Control, 1970, S. 115; *Williamson, O. E.*, Markets, 1975, S. 136 f.; *Meiser, M.*, Konzern, 1984, S. 3; *Williamson, O. E.*, Capitalism, 1985, S. 280 f.; *Faulí-Oller, R./Giralt, M.*, Multidivisional, 1995, S. 78; *Williamson, O. E.*, Governance, 1996, S. 361.

[2] Vgl. *Williamson, O. E.*, Control, 1970, S. 120; *Williamson, O. E./Bhargava, N.*, Structure, 1972, S. 127; *Williamson, O. E.*, Capitalism, 1985, S. 281; *Faulí-Oller, R./Giralt, M.*, Multidivisional, 1995, S. 78; *Theisen, M. R.*, Konzern, 2000, S. 170. Ähnlich vgl. *Meiser, M.*, Konzern, 1984, S. 2 f.

[3] Vgl. *Chandler, A. D.*, Structure, 1962, S. 383; *Theisen, M. R.*, Konzern, 2000, S. 212. Ähnlich vgl. *Werder, A. v.*, Organisationsstruktur, 1986, S. 79 f.; *Hungenberg, H.*, Zentralisation, 1995, S. 58; *Hahn, D.*, Planung, 1999, S. 2; *Keller, T.*, Führung, 2004, S. 148 f.

[4] Vgl. *Williamson, O. E.*, Capitalism, 1985, S. 283. Ähnlich vgl. *Hahn, D.*, Grundkonzept, 1999, S. 35.

[5] Vgl. *Theisen, M. R.*, Konzern, 2000, S. 179. Ähnlich vgl. *Hahn, D.*, Planung, 1999, S. 3, 16-23; *Hahn, D.*, Grundkonzept, 1999, S. 35; *Scheffler, E.*, Konzernmanagement, 2004, S. 76 f.

[6] Vgl. *Chandler, A. D.*, Structure, 1962, S. 383; *Meiser, M.*, Konzern, 1984, S. 115; *Williamson, O. E.*, Capitalism, 1985, S. 284; *Palmer, D. u. a.*, Economics, 1987, S. 25; *Hahn, D.*, Grundkonzept, 1999, S. 39.

[7] Vgl. *Chandler, A. D.*, Structure, 1962, S. 9; *Williamson, O. E.*, Markets, 1975, S. 137; *Williamson, O. E.*, Capitalism, 1985, S. 280.

Informationen über den jeweiligen Erfolgsbeitrag der Divisionen bereit, anhand derer die interne Ressourcenverwendung vorgenommen wird.[1]

Die Entscheidungskompetenz ist bei der M-Form jedoch – anders als beim Markt – nie völlig dezentralisiert, vielmehr gibt es immer eine hierarchische Möglichkeit der Befehlsanweisung durch das Top-Management.[2] *Kuhn* bezeichnet diese Form der Autonomie daher zutreffend als „Quasi-Autonomie".[3] Fehlt es an internen Weisungsmöglichkeiten und einem derartigen internen Kontrollsystem, liegt nach der Klassifizierung *Williamsons* keine M-Form, sondern eine Holding und damit eine H-Form vor.[4] Diese zeichnet sich ebenfalls durch divisionalisierte Einheiten aus. Im Gegensatz zur M-Form liegt der Zweck der H-Form in Finanzierungsüberlegungen oder der längerfristigen Beteiligung und Portfolio-Bildung und nicht in der Übernahme strategischer Funktionen.[5] Die Aufgaben der Spitzeneinheit sind bei der H-Form daher regelmäßig auf die Aggregation von Einnahmen, die Finanzierung der einzelnen Gesellschaften, Cash-Pooling und Clearingfunktionen beschränkt.[6] Die H-Form bietet damit zwar – wie die M-Form auch – Vorteile aus der Dezentralisierung,[7] wegen des Fehlens von hierarchischen Weisungsbefugnissen ist jedoch kaum Schutz gegen unter-

---

[1] Vgl. *Williamson, O. E./Bhargava, N.*, Structure, 1972, S. 127, 136 f.; *Williamson, O. E.*, Capitalism, 1985, S. 284; *Williamson, O. E.*, Governance, 1996, S. 361; sowie auch *Meiser, M.*, Konzern, 1984, S. 2, 115, 175.

[2] Vgl. *Göbel, E.*, Institutionenökonomik, 2002, S. 241. Derartige Institutionen führen wie eine Einheitsunternehmung zu der Governance-Struktur einer Hierarchie, sie müssen daher als alternative Unternehmungsformen und nicht als Alternative zur Unternehmung selbst angesehen werden, ähnlich vgl. *Williamson, O. E.*, Approach, 1981, S. 549; *Theisen, M. R.*, Konzern, 2000, S. 24.

[3] Vgl. *Kuhn, K.*, Führungsstrukturen, 1987, S. 458.

[4] Vgl. *Williamson, O. E.*, Markets, 1975, S. 143 f., 152; *Williamson, O. E.*, Capitalism, 1985, S. 283.

[5] Vgl. *Williamson, O. E.*, Markets, 1975, S. 144.

[6] Vgl. *Williamson, O. E./Bhargava, N.*, Structure, 1972, S. 133; *Williamson, O. E.*, Markets, 1975, S. 144. Zur Finanzierungs- und Clearing-Funktion siehe auch *Holtmann, M.*, Konzern, 1998, S. 1279; zum Finanz-Pooling siehe *Theisen, M. R.*, Finanzwirtschaft, 2004, S. 485-490.

[7] Vgl. *Williamson, O. E.*, Capitalism, 1985, S. 283.

6.1 Vorgehensweise der komparativen Analyse

nehmungsinternen Opportunismus gegeben (vgl. Darst. 31).[1] Entsprechend stellt die H-Form wegen des Fehlens einer Hierarchie im Sinne der Klassifizierung des Transaktionskostenansatzes keine Unternehmung, sondern eine in dieser Untersuchung nicht weiter verfolgte hybride Organisationsform dar.[2]

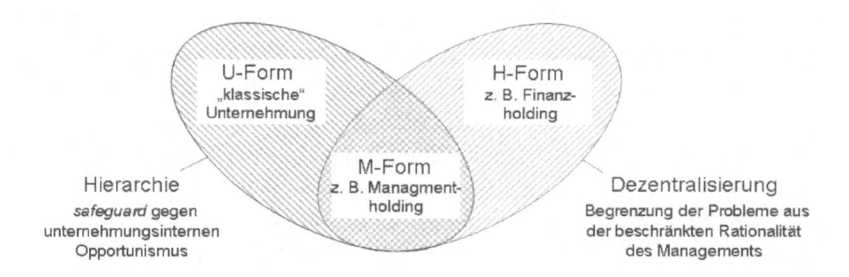

```
         U-Form                H-Form
       „klassische"            z. B. Finanz-
       Unternehmung            holding

                    M-Form
Hierarchie        z. B. Managment-     Dezentralisierung
safeguard gegen      holding           Begrenzung der Probleme aus
unternehmungsinternen                  der beschränkten Rationalität
Opportunismus                          des Managements
```

Darst. 31: **Vergleich von U-Form, M-Form und H-Form**

Bei der nachfolgend dargestellten M-Form-Hypothese werden die Auswirkungen der U-Form mit denen der M-Form verglichen. Ebenso wie die Klassifizierung in Markt und Unternehmung stellt diese Betrachtung nur auf polarisierte Extreme ab,[3] ermöglicht aber durch die damit verbundene Vereinfachung eine komparative Analyse der internen Struktur einer Hierarchie.[4]

---

[1] Vgl. *Williamson, O. E.*, Capitalism, 1985, S. 285. Dadurch können die selbstständigen Divisionen z. B. opportunistisch ihre eigenen Ziele verfolgen, unabhängig von der eigenen Performance in die eigene Division als in andere Divisionen reinvestieren sowie die eigene Performance verschleiern und damit die Interessen der Gesamtunternehmung vernachlässigen, vgl. *Williamson, O. E.*, Capitalism, 1985, S. 283; *Göbel, E.*, Institutionenökonomik, 2002, S. 245.

[2] Vgl. Kapitel 5.2.1.1.3, S. 123-125; *Williamson, O. E.*, Markets, 1975, S. 152.

[3] Vgl. *Williamson, O. E.*, Capitalism, 1985, S. 296. Im Transaktionskostenansatz werden auch andere Organisationsformen der Unternehmung diskutiert, wie z. B. die *transitional form* (M'-Form), die *corrupted multidivisonal form* ($\overline{\text{M}}$-Form), die *mixed form* (X-Form), die *temporary form* (T-Form) und die *japanese form* (J-Form), vgl. *Williamson, O. E./Bhargava, N.*, Structure, 1972, S. 140-142; *Williamson, O. E.*, Markets, 1975, S. 152-154; *Aoki, M.*, Model, 1990; *Williamson, O. E.*, Power, 1996, S. 21 f.

[4] Vgl. *Fischer, M.*, Integration, 1992, S. 30.

In der deutschsprachigen Literatur wird der Begriff der Holding weiter als im Transaktionskostenansatz verwendet, da sowohl Finanz- als auch Führungs- und Managementholdinggesellschaften zum Begriff der Holding gezählt werden.[1] Im Gegensatz zur Definition des Transaktionskostenansatzes bezieht sich der deutsche Begriff der Holding aber nicht nur auf die ökonomische Organisationsform, sondern setzt zudem die Organisation der Leistungserstellung in Form von rechtlich selbstständigen Einheiten eines Konzerns voraus.[2] Die H-Form nach *Williamson* muss nicht aus rechtlich selbständigen Tochtergesellschaften bestehen.[3] Nur eine Finanzholding, die sich nach ihrer Definition ausschließlich auf finanzielle Aspekte konzentriert, keine Führungsfunktionen im engeren Sinne ausübt, sowohl die strategische als auch die operative Verantwortung den Tochterunternehmen überlässt und keinen internen Kontrollapparat besitzt,[4] entspricht der H-Form im Sinne der Klassifizierung von *Williamson* und damit einer in dieser Untersuchung ausgeblendeten hybriden Organisationsform. Eine Führungsholding[5] sowie ihre Unterform, die Management-Holding, nimmt hingegen nicht nur Finanzierungsaufgaben wahr, sondern übt gegenüber den

---

[1] Vgl. *Keller, T.*, Unternehmungsführung, 1993, S. 32-38; *Bernhardt, W./Witt, P.*, Holding, 1995, S. 1343; *Holtmann, M.*, Konzern, 1998, S. 1278; *Theisen, M. R.*, Konzern, 2000, S. 174-187. Nur vereinzelt wird eine reine Finanzholding in der deutschsprachigen Literatur nicht zu den Holdinggesellschaften gezählt, vgl. *Everling, W.*, Holdinggesellschaft, 1981, S. 2549.

[2] Vgl. *Bühner, R.*, Management-Holding, 1987, S. 41; *Bühner, R.*, Erfahrungsbericht, 1991, S. 141; *Schulte, C.*, Holding, 1992, S. 30; *Keller, T.*, Unternehmungsführung, 1993, S. 32; *Bernhardt, W./Witt, P.*, Holding, 1995, S. 1342; *Theisen, M. R.*, Management-Holding, 1997, S. 429; *Holtmann, M.*, Konzern, 1998, S. 1278; *Schreyögg, G./Kliesch, M./ Lührmann, T.*, Management-Holding, 2003, S. 721; *Hüllmann, U.*, Management-Holding, 2003, S. 31; *Lutter, M.*, Begriff, 2004, S. 9; *Scheffler, E.*, Holding, 2004, S. 30; *Scheffler, E.*, Konzernorganisation, 2004, Sp. 685.

[3] Vgl. *Williamson, O. E.*, Markets, 1975, S. 152.

[4] Vgl. *Werdich, H.*, Organisation, 1993, S. 45; *Bühner, R.*, Praxis, 1993, S. 285; *Keller, T.*, Unternehmungsführung, 1993, S. 35; *Naumann, J.-P.*, Holding, 1994, S. 9 f.; *Bernhardt, W./Witt, P.*, Holding, 1995, S. 1343; *Holtmann, M.*, Konzern, 1998, S. 1278; *Theisen, M. R.*, Konzern, 2000, S. 177 f., 181. Zwar kann die Finanzholding ihre Rechte als Gesellschafterin der Beteiligungsunternehmen ausüben, doch ergibt sich daraus keine aktive Führungsmöglichkeit, sondern nur eine ex post bestehende Kontrollmöglichkeit, ähnlich vgl. *Scheffler, E.*, Konzern, 1992, S. 245; *Schulte, C.*, Holding, 1992, S. 32; *Theisen, M. R.*, Konzern, 2000, S. 178; *Scheffler, E.*, Holding, 2004, S. 30 f.

[5] Eine derartige Holding wird auch strategische oder geschäftsleitende Holding genannt, vgl. *Theisen, M. R.*, Konzern, 2000, S. 179.

Beteiligungsgesellschaften auch die strategische Verantwortung und Führung aus.[1] Diese Konzernformen bestehen daher aus einer Hierarchie und müssen nach der Klassifizierung in dieser Untersuchung anderes als die Finanzholding nicht den Hybriden, sondern der Unternehmung zugeordnet werden.[2]

Im Folgenden wird zuerst die von der rechtlichen Form unabhängige Betrachtung *Williamsons* dargestellt, bevor diese mit der vor allem in der deutschsprachigen Literatur erfolgten Untersuchung der rechtlichen Ausgestaltung der Unternehmung kombiniert wird.

6.1.1.2 Schlüsseldimension: Komplexität

Ein wesentlicher Teil der Transaktionskosten bei der Organisationsform einer Unternehmung entsteht durch Bürokratie- und Administrationskosten.[3] Wie bereits bei der Diskussion der Grenzen einer Unternehmung diskutiert,[4] sind diese erheblich von der Komplexität der innerhalb der Unternehmung zu koordinierenden Transaktionen abhängig. Die Komplexität der zu koordinierenden Transaktionen steigt grundsätzlich mit der Zahl der Transaktionen und damit mit der Unternehmungsgröße, kann aber sehr stark in Abhängigkeit von der Zusammensetzung und den Interdependenzen zwischen den zu koordinierenden Transaktionen

---

[1] Vgl. *Bühner, R.,* Management-Holding, 1987, S. 41 f.; *Bühner, R.,* Erfahrungsbericht, 1991, S. 141; *Bühner, R.,* Management-Holding, 1992, S. 13 f., 33 f.; *Scheffler, E.,* Konzern, 1992, S. 245; *Werdich, H.,* Organisation, 1993, S. 43 f.; *Keller, T.,* Unternehmungsführung, 1993, S. 36; *Naumann, J.-P.,* Holding, 1994, S. 9; *Bernhardt, W./Witt, P.,* Holding, 1995, S. 1343; *Bühner, R.,* Aktienmarkt, 1996, S. 7; *Theisen, M. R.,* Management-Holding, 1997, S. 429; *Theisen, M. R.,* Konzern, 2000, S. 179; *Lutter, M.,* Begriff, 2004, S. 12; *Scheffler, E.,* Holding, 2004, S. 31.

[2] A. A. vgl. *Schildbach, T.,* Grundlagen, 1989, S. 159; *Hungenberg, H.,* Zentralisation, 1995, S. 89; *Schildbach, T.* u. a., Konzernabschluss, 1996, S. 8; *Schenk, G.,* Konzernbildung, 1997, S. 54-57.

[3] Vgl. Kapitel 5.2.1.3.2, S. 133 f.

[4] Vgl. Kapitel 5.2.1.5.3, S. 146 f.

variieren.[1] Insbesondere heterogene Aktivitäten, wie z. B. bei horizontaler Integration, als auch heterogene Umwelten führen zu höherer Komplexität.[2]

Mit zunehmender Komplexität macht sich die beschränkte Rationalität des Top-Managements und damit das *control loss*-Phänomen[3] verstärkt bemerkbar, wodurch sich steigende Bürokratie- und Administrationskosten ergeben. Die Höhe des *control loss* variiert jedoch bei unterschiedlichen Formen der Hierarchie. Die Höhe der Transaktionskosten bei der U-Form und der M-Form sind wesentlich von der Schlüsseldimension der Komplexität abhängig,[4] wie durch einen Vergleich der Kooperationsgewinne aufgezeigt wird. Dazu erfolgt zuerst eine Darstellung der sich unter der U- und M-Form bei unterschiedlicher Komplexität ergebenden Transaktionskosten, bevor diese bei Erweiterung der Betrachtung um die Produktionskosten in einem Vergleich einander gegenübergestellt werden.

6.1.1.3 Transaktionskosten der U-Form

Bei der U-Form ist das Top-Management sowohl für die Koordination von langfristigen strategischen Aufgaben als auch von kurzfristigen operativen Aufgaben verantwortlich. Bei geringer Komplexität der Transaktionen können die einzelnen Unternehmensbereiche der funktional gegliederten Unternehmung vom Top-Management sowohl im operativen Bereich als auch im strategischen Bereich wirksam koordiniert und kontrolliert werden.[5] Entsprechend fallen bei niedriger Komplexität geringe Transaktionskosten an.

Bei steigender Komplexität der Transaktionen ergeben sich infolge der gemeinsamen Koordination von strategischen und operativen Aufgaben aus einer Hand jedoch *diseconomies* der Anhäufung:[6] Da das Top-Management nicht nur für

---

[1] Beispielsweise führt eine hinsichtlich des Umsatzes sehr große Unternehmung, die ausschließlich ein einfaches Massengut produziert, zu weniger komplexen Transaktionen als eine kleinere Unternehmung, die viele verschiedene Produkte im High-Tech-Bereich produziert.

[2] Vgl. *Chandler, A. D.*, Structure, 1962, S. 44. Ähnlich vgl. *Kallfass, H. H.*, Konzernbildung, 1991, S. 28. Heterogene Umwelten liegen z. B. bei multinationalen Unternehmungen vor.

[3] Vgl. *Williamson, O. E.*, Control, 1970, S. 10.

[4] Vgl. *Williamson, O. E.*, Markets, 1975, S. 132.

[5] Ähnlich vgl. *Williamson, O. E.*, Markets, 1975, S. 133; *Strohm, A.*, Theorie, 1988, S. 35.

[6] Vgl. *Williamson, O. E./Ouchi, W. G.*, Perspectives, 1981, S. 359.

strategische, sondern auch für operative Aufgaben verantwortlich ist, kann es sich aufgrund der beschränkten Rationalität weniger strategischen Fragen zuwenden.[1] Durch die funktionsbezogene Strukturierung ist zudem jeder Produktionsschritt regelmäßig von mehreren Abteilungen (z. B. Produktion, Finanzierung, Einkauf, Vertrieb) betroffen, wodurch ein hoher Abstimmungsbedarf zwischen den Bereichen entsteht.[2] Die Grenzen der Rationalität des Top-Managements werden bei der U-Form mit steigender Komplexität der Transaktionen daher vor allem durch einen *communication overload* und damit durch eine Informationsüberlastung erreicht.[3]

Mit zunehmender Komplexität müssen in der U-Form daher zur Bewältigung der beschränkten Rationalität immer mehr Hierarchieebenen errichtet werden.[4] Mehrere Hierarchieebenen führen zu längeren Informationswegen. Dadurch werden Informationen verdichtet und es entstehen Filterfehler.[5] Damit kommen verzerrte Informationen beim Top-Management an und die Anweisungen des Top-Managements werden aufgrund der längeren Informationswege schlechter auf den unteren Ebenen ausgeführt.[6] Da das Top-Management bei mehreren Hierarchieebenen immer weniger Kenntnis von den Vorgängen auf jeder nachgeordneten Ebene hat[7] und die Ebenen bei der U-Form operativ interdependent zusammenhängen, wird die Kontrolle des Middle-Managements immer schwieriger und es werden dem Middle-Management dadurch immer mehr opportunistisch ausnutzbare Spielräume eröffnet.[8] Die Verflechtungen zwischen den Bereichen erschweren die eindeutige Erfolgszurechnung und verhindern damit den

---

[1] Vgl. *Williamson, O. E.*, Control, 1970, S. 111; *Williamson, O. E.*, Markets, 1975, S. 135; *Meiser, M.*, Konzern, 1984, S. 2; *Voss, T.*, Evolution, 1991, S. 306; *Picot, A.*, Ansätze, 1991, S. 159; *Fischer, M.*, Integration, 1992, S. 31; *Schenk, G.*, Konzernbildung, 1997, S. 59.

[2] Ähnlich vgl. *Picot, A.*, Organisation, 2005, S. 81 f.

[3] Vgl. *Williamson, O. E.*, Capitalism, 1985, S. 280 f.; *Williamson, O. E.*, Logic, 1988, S. 85; *Williamson, O. E.*, Governance, 1996, S. 82.

[4] Vgl. *Williamson, O. E.*, Control, 1970, S. 110; *Williamson, O. E.*, Markets, 1975, S. 134; *Strohm, A.*, Theorie, 1988, S. 35; *Löffler, E.*, Konzern, 1989, S. 95.

[5] Vgl. Kapitel 5.2.1.3.2, S. 134.

[6] Vgl. *Williamson, O. E.*, Markets, 1975, S. 134. Ähnlich vgl. *Arrow, J. K.*, Limits, 1974, S. 53-55; *Strohm, A.*, Theorie, 1988, S. 35; *Bühner, R.*, Management-Holding, 1992, S. 29.

[7] Vgl. Kapitel 5.2.1.3.2, S. 133 f.

[8] Vgl. *Williamson, O. E.*, Control, 1970, S. 110; *Strohm, A.*, Theorie, 1988, S. 34; *Fischer, M.*, Integration, 1992, S. 31.

Einsatz von leistungsbezogenen Anreizen für das Middle-Management.[1] Die Leiter von Funktionsbereichen können daher opportunistisch eigene Ziele oder Ziele für ihren Funktionsbereich verfolgen, statt die Interessen der gesamten Unternehmung zu berücksichtigen.[2]

Zusammengefasst ist das Top-Management bei der U-Form bei Transaktionen mit hoher Komplexität aufgrund der beschränkten Rationalität schnell mit der Koordination der gesamten Unternehmung überfordert und wird dadurch qualitativ schlechtere Entscheidungen treffen.[3] Es kommt daher mit steigender Komplexität zu einem immer größeren *control loss*.[4] Zudem fördert die U-Form mit zunehmender Komplexität auf opportunistisches Verhalten zurückzuführendes Bereichsdenken des Middle-Managements, wodurch erhöhte Kontrollaufwendungen notwendig werden.[5] Die U-Form führt bei hoher Komplexität daher regelmäßig zu hohen Transaktionskosten.[6]

6.1.1.4 Transaktionskosten der M-Form

Die M-Form dient vor allem der Komplexitätsbewältigung.[7] Wird sie zur Koordination von Transaktionen mit geringer Komplexität eingesetzt, kann sie ihre Vorteile nicht ausspielen. Stattdessen führt die Dezentralisierung in diesem Fall zu einem im Vergleich zur U-Form unnötigen Kommunikations- und Abstimmungsbedarf, da Aufgaben verteilt werden, die auch gut vom Top-Management alleine bewerkstelligt werden könnten. Entsprechend führt die M-Form bei der Koordination von Transaktionen mit geringer Komplexität zu vergleichsweise hohen Transaktionskosten.

---

[1] Vgl. *Göbel, E.*, Institutionenökonomik, 2002, S. 245.
[2] Vgl. *Williamson, O. E.*, Markets, 1975, S. 134; *Williamson, O. E.*, Capitalism, 1985, S. 280 f.; sowie auch *Meiser, M.*, Konzern, 1984, S. 2; *Löffler, E.*, Konzern, 1989, S. 95; *Picot, A.*, Ansätze, 1991, S. 159; *Göbel, E.*, Institutionenökonomik, 2002, S. 245.
[3] Vgl. *Williamson, O. E.*, Capitalism, 1985, S. 280; *Göbel, E.*, Institutionenökonomik, 2002, S. 245.
[4] Vgl. *Williamson, O. E.*, Markets, 1975, S. 133; *Strohm, A.*, Theorie, 1988, S. 34; *Voss, T.*, Evolution, 1991, S. 306. Ähnlich vgl. *Ouchi, W. G.*, Control, 1978, S. 190; *Bühner, R.*, Management-Holding, 1993, S. 158.
[5] Vgl. *Williamson, O. E.*, Markets, 1975, S. 133; *Strohm, A.*, Theorie, 1988, S. 34; *Fischer, M.*, Integration, 1992, S. 30 f.; *Schenk, G.*, Konzernbildung, 1997, S. 59.
[6] Vgl. *Williamson, O. E./Ouchi, W. G.*, Perspectives, 1981, S. 359.
[7] Vgl. *Chandler, A. D.*, Structure, 1962, S. 393 f.; *Löffler, E.*, Konzern, 1989, S. 96.

6.1 Vorgehensweise der komparativen Analyse

Bei der Koordination von Transaktionen mit hoher Komplexität weist die M-Form hingegen erhebliche Vorteile auf. Die Trennung der operativen von der strategischen Entscheidungsebene und die Spartenorganisation entlasten das Top-Management.[1] Insbesondere führen die Trennung der Ebenen zu einer Autonomie des Middle-Managements bei operativen Aufgaben und die Spartenorganisation zu einer Verringerung von Interdependenzen aufgrund innerbetrieblicher Leistungsverflechtungen zwischen den Organisationseinheiten.[2] Aufgrund dieser Komplexitätsreduktion kann sich das Top-Management mit seiner beschränkten Informationsverarbeitungskapazität verstärkt auf strategische Probleme konzentrieren.[3]

Durch die Ermittlung des Erfolgsbeitrags der einzelnen Divisionen kann bei der M-Form im Vergleich zur U-Form zudem eine bessere Übersicht und Kontrolle umgesetzt werden.[4] Die Allokation der unternehmungsinternen Ressourcen anhand der von den jeweiligen Divisionen erwirtschafteten Überschüsse führt aufgrund der dabei entstehenden Anreiz- und Motivationswirkungen zu einem Quasi-Kapitalmarkt innerhalb der Unternehmung.[5] Insbesondere in den drei im Folgenden dargestellten Aspekten ähnelt die M-Form daher einem Kapitalmarkt.[6]

---

[1] Vgl. *Fischer, M.*, Integration, 1992, S. 31; *Göbel, E.*, Institutionenökonomik, 2002, S. 246. Ähnlich vgl. *Picot, A.*, Ansätze, 1991, S. 159; *Keller, T.*, Unternehmenssteuerung, 1992, S. 15; *Salzberger, W.*, Konzernunternehmung, 1994, S. 15; *Schenk, G.*, Konzernbildung, 1997, S. 59.

[2] Vgl. *Werder, A. v.*, Organisationsstruktur, 1986, S. 71, 85.

[3] Vgl. *Williamson, O. E.*, Governance, 1996, S. 82; sowie auch *Löffler, E.*, Konzern, 1989, S. 95. Ähnlich vgl. *Bühner, R.*, Management-Holding, 1987, S. 42; *Kuhn, K.*, Führungsstrukturen, 1987, S. 458; *Kieser, A./Walgenbach, P.*, Organisation, 2003, S. 244.

[4] Vgl. *Williamson, O. E.*, Governance, 1996, S. 361.

[5] Ähnlich vgl. *Schildbach, T. u. a.*, Konzernabschluss, 1996, S. 7. Durch die renditeorientierte Allokation der unternehmungsinternen Ressourcen übernimmt die zentrale Führung Funktionen wie ein Kapitalmarkt, vgl. *Williamson, O. E./Ouchi, W. G.*, Perspectives, 1981, S. 360. Ähnlich vgl. *Löffler, E.*, Konzern, 1989, S. 96; *Schenk, G.*, Konzernbildung, 1997, S. 59. Für die Vorteile der M-Form ist es daher von großer Bedeutung, marktähnliche Zustände zwischen den Divisionen zu erreichen, vgl. *Williamson, O. E./Bhargava, N.*, Structure, 1972, S. 130.

[6] Vgl. *Williamson, O. E.*, Control, 1970, S. 143; *Williamson, O. E.*, Markets, 1975, S. 145; *Williamson, O. E.*, Capitalism, 1985, S. 281; *Williamson, O. E.*, Logic, 1988, S. 86; *Williamson, O. E.*, Governance, 1996, S. 361; sowie auch *Strohm, A.*, Theorie, 1988, S. 37; *Voss, T.*, Evolution, 1991, S. 294.

Erstens werden durch die Ermittlung der Erfolgsbeiträge pro Division mit dem jeweiligen Überschuss ebenso wie beim Preismechanismus am Markt alle für das Management zur Entscheidung notwendigen Informationen auf eine finanzielle Größe verdichtet. Durch diese Komprimierung wird das Entscheidungsproblem erheblich vereinfacht und das Management kann trotz seiner beschränkten Rationalität qualitativ bessere Entscheidungen treffen.[1] Der *communication overload* der U-Form kann so vermieden werden,[2] zudem wird es dem Top-Management einfacher möglich sein, Ressourcen in den Divisionen mit der höchsten Produktivität einzusetzen.[3]

Zweitens wird durch die Ermittlung des Erfolgsbeitrags der jeweiligen Division die Möglichkeit eröffnet, finanzielle Anreize wie auf einem Markt zu schaffen. Zum einen führt die vom Erfolg der Divisionen abhängige unternehmungsinterne Ressourcenallokation zu Anreizwirkungen für die Divisionsleiter, da sie nur bei einem Erfolg der eigenen Division eigene Ziele innerhalb der Unternehmung, wie z. B. Macht und Prestige, erreichen können.[4] Zum anderen ermöglicht die Ermittlung des Erfolgbeitrags auch, die Leiter der jeweiligen Divisionen erfolgsabhängig zu entlohnen und damit von der opportunistischen Verfolgung eigener Ziele abzuhalten.[5] Dadurch können ähnlich wie bei der direkten Erfolgszurechnung am Markt hohe Anreize und Motivationswirkungen erzielt werden.[6] Im Gegensatz zum Markt kann es sich dabei aber nicht nur um monetäre Vergütungen, wie durch eine erfolgsabhängige Gehaltszahlung, sondern auch um nichtmonetäre

---

[1] Es ist unerheblich, dass zur Koordination der zukünftigen Unternehmungsentwicklung auf vergangenheitsorientierte Daten zurückgegriffen wird, da z. B. eine ex ante zugesicherte unternehmungsinterne Ressourcenverteilung oder Entlohnung des Middle-Managements anhand von ex post ermittelten und damit vergangenheitsorientierten Daten auch im aktuellen Geschäftsbetrieb zu den bei der M-Form gewünschten Anreiz- und Motivationswirkungen führt.

[2] Vgl. *Williamson, O. E.*, Logic, 1988, S. 85.

[3] Vgl. *Williamson, O. E.*, Markets, 1975, S. 147; *Williamson, O. E.*, Capitalism, 1985, S. 284.

[4] Zu den mehrdimensionalen Zielen der Individuen unter den Annahmen des Transaktionskostenansatzes vgl. Kapitel 3.2.2.2.1, S. 57 f.; Kapitel 3.2.2.1.1, S. 51 f.

[5] Vgl. *Williamson, O. E./Bhargava, N.*, Structure, 1972, S. 135; *Williamson, O. E.*, Markets, 1975, S. 145; sowie auch *Meiser, M.*, Konzern, 1984, S. 114; *Kieser, A./Walgenbach, P.*, Organisation, 2003, S. 250. Ähnlich vgl. *Göbel, E.*, Institutionenökonomik, 2002, S. 246 f.

[6] Vgl. *Strohm, A.*, Theorie, 1988, S. 36. Ähnlich vgl. *Meiser, M.*, Konzern, 1984, S. 97; *Kuhn, K.*, Führungsstrukturen, 1987, S. 458; *Salzberger, W.*, Konzernunternehmung, 1994, S. 15 f.; *Theisen, M. R.*, Konzern, 2000, S. 171.

Anreize, wie z. B. eine interne Statuserhöhung, handeln.[1] Dadurch können in der M-Form durch die *profit center*-Organisation die opportunistischen Handlungsspielräume der untergeordneten Ebenen begrenzt werden.[2]

Drittens führt die unternehmungsinterne Allokation der Ressourcen anhand der jeweiligen Erfolgsbeiträge der Divisionen zu einem Selektionsmechanismus ähnlich wie durch den Wettbewerb am Markt.[3] Langfristig unrentable Divisionen können vergleichsweise einfacher identifiziert und verändert oder aufgegeben werden.[4] Da das Top-Management in der Zentrale durch die strikte Trennung von der operativen Verantwortung einzelnen Abteilungen weniger persönlich verbunden ist,[5] werden derartige Desinvestitionen auch eher als bei fehlender Trennung von operativer und strategischer Verantwortung tatsächlich durchgeführt.

Trotz dieser marktähnlichen Wirkungen unterscheidet sich die M-Form jedoch erheblich vom Preismechanismus am Markt: Der Vergleich der internen Leistung erfolgt aufgrund der fehlenden vollständigen Autonomie der Abteilungen nicht autonom durch Marktpreise, sondern muss zielgerichtet geschätzt werden.[6] Ein Kontroll- und Anreizsystem muss etabliert werden.[7] Die M-Form erzeugt daher als Quasi-Markt zwar ähnliche Anreize und Motivationswirkungen wie der

---

[1] Vgl. *Williamson, O. E./Bhargava, N.,* Structure, 1972, S. 135; *Williamson, O. E.,* Markets, 1975, S. 145.

[2] Vgl. *Williamson, O. E.,* Logic, 1988, S. 85; *Picot, A.,* Ansätze, 1991, S. 159; *Fischer, M.,* Integration, 1992, S. 31; *Schenk, G.,* Konzernbildung, 1997, S. 59.

[3] Ähnlich vgl. *Williamson, O. E.,* Markets, 1975, S. 147.

[4] Vgl. *Williamson, O. E.,* Logic, 1988, S. 86; *Williamson, O. E.,* Governance, 1996, S. 83; *Theisen, M. R.,* Konzern, 2000, S. 171.

[5] Vgl. *Williamson, O. E.,* Markets, 1975, S. 137; *Williamson, O. E.,* Governance, 1996, S. 82.

[6] Vgl. *Williamson, O. E./Bhargava, N.,* Structure, 1972, S. 137; *Göbel, E.,* Institutionenökonomik, 2002, S. 248.

[7] Teilweise bestehen dabei auch Vorteile gegenüber dem Markt, da das Top-Management dank der Hierarchie tiefere Einblicke in die Daten der Abteilung als ein unternehmungsexterner Vertragspartner hat, vgl. *Williamson, O. E.,* Markets, 1975, S. 146 f.

Markt, ein autonom funktionierender Preismechanismus lässt sich in einer Unternehmung jedoch nicht nachahmen.[1]

Zusammenfassend zählt zu den Eigenschaften der M-Form, dass durch die Dezentralisierung der beschränkten Rationalität des Managements Rechnung getragen wird und das interne Kontrollsystem sowie der interne Quasi-Kapitalmarkt opportunistischem Verhalten des Middle-Managements entgegenwirken.[2] Diese Überlegung führt zu *Williamsons* M-Form-Hypothese: Die M-Form führt bei hoher Komplexität zur besseren Zielverfolgung und zu einem besseren Kostenminimierungsverhalten in der gesamten Unternehmung. Eine Unternehmung in M-Form kommt der neoklassischen Gewinnmaximierungsthese damit näher als eine Unternehmung in U-Form.[3]

6.1.1.5 Vergleich unter Berücksichtigung der Produktionskosten

Der Vergleich der Transaktionskosten bei der U-Form und der M-Form zeigt, dass bei niedriger Komplexität der Transaktionen die U-Form aufgrund von geringerem Koordinations- und Abstimmungsbedarf die effiziente Organisationsform ist. Insbesondere bei einer Erweiterung des Vergleichs auch auf die Produktionskosten wird deutlich, dass bei geringerer Komplexität die M-Form zu erheblichen Nachteilen führt, da in jeder Division eigenständige Einheiten z. B. mit Beschaffung, Entwicklung, Produktion oder Absatz beschäftigt sind.[4] Dadurch kommt es im Vergleich zur U-Form zu einer Vervielfältigung von

---

[1] Ähnlich vgl. *Löffler, E.*, Konzern, 1989, S. 97; *Kallfass, H. H.*, Konzernbildung, 1991, S. 27. A. A. im Kontext des Konzerns wohl *Kirchner*, vgl. *Kirchner, C.*, Konzernrecht, 1985, S. 225 f., 230.

[2] Vgl. *Williamson, O. E.*, Markets, 1975, S. 137 f. Ähnlich vgl. *Williamson, O. E./Bhargava, N.*, Structure, 1972, S. 140; *Löffler, E.*, Konzern, 1989, S. 95.

[3] Vgl. *Williamson, O. E.*, Control, 1970, S. 134; *Williamson, O. E.*, Markets, 1975, S. 150; *Williamson, O. E.*, Governance, 1996, S. 361. Aufgrund der Annahme beschränkter Rationalität impliziert dies allerdings nicht, dass tatsächlich eine Maximierung des Gewinns erreicht wird, vgl. *Williamson, O. E.*, Governance, 1996, S. 361.

[4] Vgl. *Kuhn, K.*, Führungsstrukturen, 1987, S. 459.

6.1 Vorgehensweise der komparativen Analyse 191

Aufgaben und zur fehlenden Realisierung von Größenvorteilen und damit zu höheren Produktionskosten.[1]

Mit steigender Komplexität sinken jedoch die Nachteile der M-Form aufgrund von Größeneffekten bei den skalenabhängigen Produktionskosten, da aufgrund von den bei hoher Komplexität in der Regel größeren Divisionen die Größenvorteile auch in den Divisionen erreicht werden können. Dabei wird der Vorteil der U-Form durch einen geringeren Anstieg der Bürokratiekosten bei der M-Form überkompensiert.[2] Durch diesen *trade off* wird die multidivisional organisierte Unternehmung nach der so genannten M-Form-Hypothese mit zunehmender Komplexität der zu koordinierenden Transaktionen komparativ effizient.[3] Kleine spezialisierte Unternehmungen werden daher effizient durch die U-Form nach funktionalen Linien geführt, größere heterogene hingegen multidivisional in der M-Form (vgl. Darst. 32).[4]

---

[1] Vgl. *Yingyi Q./Gérard, R./Chenggang, X.*, Coordinating, 2003, S. 3. Ähnlich vgl. *Schulte, C.*, Holding, 1992, S. 25; *Kußmaul, H.*, Konzern, 1994, S. 188; *Schreyögg, G./Kliesch, M./ Lührmann, T.*, Management-Holding, 2003, S. 724.

[2] Vgl. *Teece, D. J.*, Scope, 1980, S. 233; *Williamson, O. E.*, Capitalism, 1985, S. 132. Ähnlich vgl. *Chandler, A. D.*, Structure, 1962, S. 382; *Yingyi Q./Gérard, R./Chenggang, X.*, Coordinating, 2003, S. 3.

[3] Vgl. *Williamson, O. E.*, Markets, 1975, S. 150; *Strohm, A.*, Theorie, 1988, S. 38; *Fischer, M.*, Integration, 1992, S. 30; *Schenk, G.*, Konzernbildung, 1997, S. 59; *Göbel, E.*, Institutionenökonomik, 2002, S. 245.

[4] Vgl. *Williamson, O. E./Bhargava, N.*, Structure, 1972, S. 128.

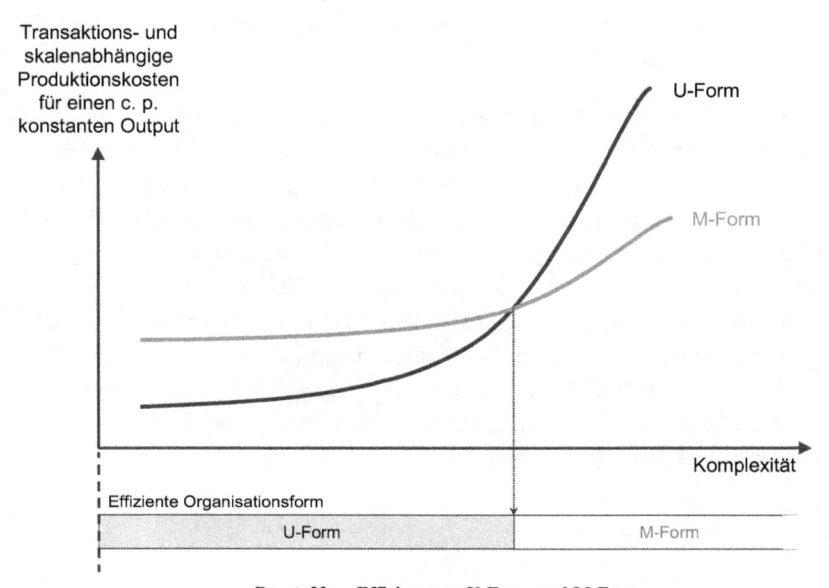

Darst. 32:   Effizienz von U-Form und M-Form

Bei der Diskussion der Integration von Produktionsschritten wurde untersucht, warum überhaupt Investitionen mit hoher Spezifität getätigt werden.[1] Analog stellt sich auch beim vorliegenden Vergleich von U- und M-Form die Frage, warum überhaupt Transaktionen mit hoher Komplexität durchgeführt werden, da bei niedriger Komplexität immer niedrigere Transaktionskosten als bei hoher Komplexität anfallen. Zur Produktion können oft unterschiedliche Technologien eingesetzt werden, die sich in der Regel nicht nur hinsichtlich der Spezifität der Investitionen, sondern auch hinsichtlich der Komplexität unterscheiden.[2] Insbesondere hoch spezialisierte Technologien führen regelmäßig zu höherer Komplexität als einfache Technologien, in der Regel aber auch zu Kostenvorteilen. Insoweit sind bei der Entscheidung über die Technologie nicht nur der aufgezeigte *trade off* der Transaktions- und der skalenabhängigen Produktionskosten,

---

[1] Vgl. Kapitel 5.2.1.5.2, S. 144 f.
[2] Zu den Unterschieden hinsichtlich der Spezifität vgl. Kapitel 5.2.1.5.2, S. 145 f.

sondern auch die mit zunehmender Komplexität in der Regel sinkenden technologieabhängigen Produktionskosten zu berücksichtigen.

Darüber hinaus besteht auch ein interdependenter Zusammenhang zur in dieser Untersuchung zur Vereinfachung isoliert diskutierten Integration von Produktionsschritten: Erweist sich die Integration von vielen Produktionsschritten als vorteilhaft, steigt damit die Unternehmungsgröße. Insbesondere bei horizontaler Integration von heterogenen Produktionsschritten erhöht sich dadurch immer auch die Komplexität. Damit ist die Komplexität der Transaktionen nicht nur von der Technologie abhängig, sondern wird auch von der Anzahl der in die betrachtete Unternehmung integrierten Produktionsschritte mitbestimmt.

6.1.2 Die M-Form als Basis für die Analyse der Konzernierung

Im Gegensatz zur Wahl zwischen Markt und Unternehmung führt eine in M-Form organisierte Unternehmung de lege lata nicht per se zu einem anderen Vertragsrecht als z. B. eine funktional organisierte Unternehmung.[1] Vielmehr ist frei wählbar, ob die Unternehmung in der rechtlichen Form einer Einheitsunternehmung oder eines Konzerns errichtet wird und damit auch, welche juristischen Folgen sich für die Organisationsform ergeben.[2] Folglich stehen für eine Unternehmung in M-Form zwei alternative rechtliche Formen zur Verfügung, die sich darin unterscheiden, ob die Unternehmensteile nicht nur ökonomisch, sondern auch rechtlich unselbstständig sind.[3] Zur Analyse der ökonomischen Auswirkungen der Konzernierung werden diese beiden Alternativen für eine multidivisional organisierte Unternehmung verglichen. Auf einen Vergleich von Einheitsunternehmung und Konzern für eine funktional organisierte Unternehmung wird hingegen verzichtet, da bei einer funktional gegliederten Organisati-

---

[1] Zu den unterschiedlichen Rechtsfolgen eines Markt- und eines Unternehmungsvertrags vgl. Kapitel 5.1, S. 113.
[2] Vgl. *Kuhn, K.*, Führungsstrukturen, 1987, S. 462; *Rose, G./Glorius-Rose, C.*, Unternehmen, 2001, S. 148. Ähnlich vgl. *Schulte, C.*, Holding, 1992, S. 29; *Werder, A. v.*, Organisationsstruktur, 1986, S. 10; *Kieser, A./Walgenbach, P.*, Organisation, 2003, S. 257.
[3] Vgl. *Kallfass, H. H.*, Konzernbildung, 1991, S. 19.

on aufgrund der geringeren Bedeutung der Divisionalisierung weniger organisatorische Vorteile der Konzernunternehmung zu erwarten sind.[1]

Bei diesem Vergleich soll aufgezeigt werden, inwieweit die Regelungen des institutionellen Rahmens für Einheitsunternehmungen und Konzerne de lege lata zu einer unterschiedlichen Unterstützung der Wirkungsmechanismen von U- und M-Form und damit zu Auswirkungen auf die Höhe der Kooperationsgewinne führen. Zur Ausblendung von Problemen mit Minderheitsgesellschaftern im Konzern soll die Konzernmutter im durchgeführten Vergleich jeweils vollständig an den Tochterunternehmen beteiligt sein. Andere Vor- und Nachteile der Konzernierung, die nicht die Unterscheidung in U- und M-Form betreffen – z. B. aus eventuell abweichenden Finanzierungsmöglichkeiten – sollen mit Ausnahme des Steuerrechts zur Vereinfachung ceteris paribus ausgeblendet werden.[2]

Das Steuerrecht führt de lege lata zu einer von der Konzernierung abhängigen Auswirkung auf das Kooperationsergebnis.[3] Um die Steuerwirkungen unterschiedlicher Steuersysteme auf die Konzernierung analysieren zu können, werden Rechtsordnungen komparativ gegenübergestellt, die sich nur hinsichtlich des Steuerrechts unterscheiden. In einem ersten Schritt erfolgt dazu vorerst wiederum eine vollständig vom Steuerrecht abstrahierende Analyse, um die nichtsteuerlichen Auswirkungen der Konzernierung isoliert untersuchen zu können. Erst in einem zweiten Schritt wird die Betrachtung um das Steuersystem de lege lata erweitert und gemäß dem zweiten Teil der Zielsetzung der vorliegenden Arbeit eine Hypothese über die in der Realität zu erwartenden Organisationsformen erstellt.[4] Anschließend werden die Auswirkungen der

---

[1] Dieses Vergleichspaar stellt damit kein *discriminating match* im Sinne des Transaktionskostenansatzes dar; zum *discriminating match* vgl. Kapitel 4.3.1.2, S. 86 f.

[2] Daneben können sich auch aus anderen als Regelungen des institutionellen Rahmens unterschiedliche Auswirkungen auf die Kooperationsgewinne ergeben. Beispielsweise werden von *Binder* Unterschiede bei Marktzutrittsbeschränkungen, beim tarifvertraglichen Geltungsbereich, bei öffentlichen Beihilfen und Fördermitteln sowie bei der Unternehmensmitbestimmung und den Publizitätspflichten diskutiert, vgl. *Binder, C. U.*, Konzernunternehmung, 1994, S. 41-49. Derartige Unterschiede sollen aufgrund der Zielsetzung der Untersuchung ausgeblendet werden, sie ließen sich nach dem Analyseschema des Transaktionskostenansatzes aber ebenfalls auf ihre Effizienz untersuchen.

[3] Vgl. Kapitel 2.3.2, S. 27-35.

[4] Zur Zielsetzung dieser Arbeit vgl. Kapitel 1.2, S. 9.

Besteuerung de lege lata mit denen bei einem alternativen, weniger von der Konzernierung abhängigen Steuerrecht verglichen, damit gemäß dem dritten Teil der Zielsetzung dieser Untersuchung eine Hypothese über die Effizienz der verglichenen Besteuerungsformen abgeleitet werden kann.

6.2 Konzernierung bei Ausblendung des Steuerrechts

6.2.1 Klassifizierung der Organisationsformen

Zur Diskussion der Konzernierung wird ein Vergleich einer M-Form-Unternehmung in der rechtlichen Form einer Einheitsunternehmung und in der rechtlichen Form einer Konzernunternehmung vorgenommen. Als Rechtsform der Einheitsunternehmung soll von einer Aktiengesellschaft (AG) oder einer Gesellschaft mit beschränkter Haftung (GmbH) ausgegangen werden, da beide in der Realität oft beobachtbar sind und beide nach dem Gesellschaftsrecht de lege lata sowohl eine zentralisierte als auch eine dezentralisierte Führung zulassen und somit die Errichtung einer M-Form ermöglichen.[1]

Bei einer Konzernunternehmung in Form einer so genannten Management-Holding liegt idealtypisch eine Übereinstimmung von operativ autonomen Entscheidungsstrukturen und rechtlichen Konzernstrukturen vor.[2] Die rechtliche

---

[1] Bei einer AG ist sowohl der Vorstand einer Einheitsunternehmung als auch der Vorstand der Muttergesellschaft einer Konzernunternehmung im Rahmen seiner Verantwortung zur Delegation von Aufgaben ermächtigt, vgl. *Werder, A. v.*, Organisationsstruktur, 1986, S. 223, 242; *Werder, A. v.*, Delegation, 1989, S. 414; *Mertens, H.-J.*, Leitung, 1996, S. 40 f.; *Werder, A. v.*, Konzern, 2001, S. 156. Gleiches gilt für die Geschäftsführer einer GmbH, vgl. *Hommelhoff, P./Kleindiek, D.*, Haftung, 2004, S. 819.

[2] Vgl. *Theisen, M. R.*, Management-Holding, 1997, S. 431; *Theisen, M. R.*, Konzern, 2000, S. 185; sowie auch *Bühner, R.*, Aspekte, 1990, S. 300 f.; *Bühner, R.*, Management-Holding, 1993, S. 158; *Kußmaul, H.*, Konzern, 1994, S. 188 f. Die Management-Holding stellt eine Unterform der Führungsholding dar, die operative Aufgaben in rechtlich verselbstständigten sowie betriebswirtschaftlich selbst erfolgsverantwortlichen Geschäftsbereichen und strategische Aufgaben in der rechtlich selbstständigen Holding-Obergesellschaft ausübt; die Tochtergesellschaften operieren dabei als *profit center*, ihr Erfolgsbeitrag wird zur strategischen Koordination herangezogen, vgl. *Bühner, R.*, Management-Holding, 1987, S. 41 f.; *Bühner, R.*, Erfahrungsbericht, 1991, S. 141; *Bühner, R.*, Management-Holding, 1992, S. 13 f., 39-41; *Bühner, R.*, Aktienmarkt, 1996, S. 7; *Theisen, M. R.*, Management-Holding, 1997, S. 429; *Holtmann, M.*, Konzern, 1998, S. 1278.

Struktur ist dadurch mit der Organisationsstruktur teilbereichskongruent[1] und die Grenzen der organisatorischen und juristischen Subsysteme sind deckungsgleich.[2] Die Management-Holding stellt somit zugleich eine Holding im Sinne des deutschen Sprachgebrauchs mit rechtlich verselbstständigten Divisionen[3] als auch eine idealtypische M-Form nach deren rein ökonomisch orientierten Definition im Transaktionskostenansatz dar.[4] Eine Konzernunternehmung in Form einer Management-Holding wird daher eventuelle Unterschiede zwischen der konzernierten Unternehmung und der Einheitsunternehmung am stärksten ausgeprägt hervortreten lassen, weshalb bei der transaktionskostenökonomischen Analyse der Konzernierung das typisierte Vergleichspaar der Einheitsunternehmung und der Management-Holding als *discriminating match* verwendet werden soll.[5]

Da bei der Management-Holding die rechtliche Struktur mit der organisatorischen Struktur der M-Form idealtypisch übereinstimmt, ist die Anzahl der Tochterunternehmen und damit auch der Grad der Konzernierung beim Vergleichspartner einer idealtypischen Management-Holding konstant und exogen vorgegeben. In der Realität sind jedoch auch andere Formen möglich. Ein höherer Grad der Konzernierung, d. h. mehr rechtlich selbstständige Tochterunternehmen als bei der M-Form autonome Einheiten bestehen, kann jedoch zu keiner weiteren Steigerung der aufgezeigten ökonomischen Vorteile führen. Werden hingegen nicht alle als autonome Divisionen organisierten Geschäftsbereiche rechtlich verselbstständigt, ist ein geringerer Grad der Konzernierung der Unternehmung gegeben; dadurch fallen sowohl die aufgezeigten ökonomischen Unterschiede aus den Wirkungsmechanismen von U- und M-Form als auch die Unterschiede in der Besteuerung zwischen Einheits- und Konzernunternehmung geringer aus. Ein von der idealtypischen Management-Holding abweichender Grad der Konzernierung kann damit

---

[1] Vgl. *Bühner, R.*, Management-Holding, 1992, S. 33; *Bühner, R.*, Management-Holding, 1987, S. 41. Ähnlich vgl. *Bühner, R.*, Management-Holding, 1993, S. 158; *Hüllmann, U.*, Management-Holding, 2003, S. 31.
[2] Vgl. *Werder, A. v.*, Konzernstruktur, 1986, S. 589.
[3] Vgl. Kapitel 6.1.1.1, S. 183.
[4] Ähnlich vgl. *Theisen, M. R.*, Management-Holding, 1997, S. 429; *Theisen, M. R.*, Konzern, 2000, S. 181.
[5] Zum *discriminating match* vgl. Kapitel 4.3.1.2, S. 86 f.

6.2 Konzernierung bei Ausblendung des Steuerrechts

nur zur Abschwächung der aufgezeigten Ergebnisse führen und soll daher bei der vorliegenden Analyse zur Vereinfachung vernachlässigt werden.

Als Rechtsform der Obergesellschaft soll bei der Management-Holding wie bei der zum jeweiligen Vergleich herangezogenen Einheitsunternehmung von einer AG oder einer GmbH ausgegangen werden. Um die ökonomischen Anforderungen einer idealtypischen M-Form erfüllen zu können, muss die rechtliche Ausgestaltung der Beziehungen zu den Tochterunternehmen sowohl die Delegation der Verantwortung und der Entscheidungsbefugnisse im operativen Bereich als auch die Durchführung, Kontrolle und Verantwortung im strategischen Bereich durch die Obergesellschaft ermöglichen. Werden die Tochterunternehmen in der Rechtsform der AG geführt, ist eine Beherrschung nur durch Mehrheitsbeteiligung – wie im faktischen Konzern[1] – hierfür nicht ausreichend, da das Top-Management in diesem Fall nur indirekt über die Hauptversammlung oder den Aufsichtsrat[2] auf die Führung der Tochtergesellschaft einwirken kann.[3] Die Hauptversammlung hat vor allem die Möglichkeit, die Entscheidungsautonomie des Vorstands durch den in der Satzung festgelegten Gegenstand und Zweck der Unternehmung zu begrenzen sowie auf die Kapitalausstattung der Tochter-AG Einfluss zu nehmen; zudem stehen ihr Kontrollmöglichkeiten, z. B. durch Ver-

---

[1] Ein faktischer Konzern liegt vor, wenn die Unternehmen in einem Konzern weder vertraglich verbunden noch eingegliedert sind, ein Abhängigkeitsverhältnis im Sinne des § 17 AktG gegeben ist, die abhängigen Unternehmen in der Rechtsform einer AG, KGaA oder GmbH organisiert sind sowie ein Einflusspotenzial des herrschenden Unternehmens auf das abhängige Unternehmen gegeben ist, vgl. *Theisen, M. R.,* Konzern, 2000, S. 52; *Potthoff, E./Trescher, K./Theisen, M. R.,* Aufsichtsratsmitglied, 2003, S. 74 f.

[2] Der Aufsichtsrat wird nach § 101 Abs. 1 AktG von der Hauptversammlung gewählt, soweit nicht ein Teil seiner Mitglieder durch Regelungen in der Satzung von bestimmten Aktionären entsendet oder als Arbeitnehmervertreter von den Arbeitnehmern gewählt werden. Bei einer Management-Holding besteht daher die Möglichkeit der Entsendung oder Wahl von Mitgliedern des Vorstands der Muttergesellschaft in den Aufsichtsrat der Tochtergesellschaft, vgl. *Bernhardt, W./Witt, P.,* Holding, 1995, S. 1349. Auf diesem Weg kann die Obergesellschaft über den Aufsichtsrat im Rahmen dessen Kompetenzen indirekt auf die Tochtergesellschaft Einfluss ausüben. Die Grenzen der rechtlichen Zulässigkeit von derartigen Personalverflechtungen sind allerdings umstritten, zur Diskussion siehe *Theisen, M. R.,* Grundsätze, 2002, S. 12.

[3] Vgl. *Bühner, R.,* Aspekte, 1990, S. 304; *Bühner, R.,* Management-Holding, 1992, S. 206 f.; *Bernhardt, W./Witt, P.,* Holding, 1995, S. 1349; *Keller, T.,* Führung, 2004, S. 127 f.

trauensentzug oder Entlastung des Vorstands zur Verfügung.[1] Über Fragen der Geschäftsführung kann die Hauptversammlung hingegen nur auf Verlangen des Vorstands entscheiden.[2] Die rechtlich in § 76 Abs. 1 AktG verankerte Eigenverantwortung des Vorstands einer AG schirmt die Möglichkeiten zur strategischen Führung im Sinne einer M-Form damit zu stark ab.[3] Zudem wird eine zur strategischen Führung notwendige Kontrolle behindert, da zwar eine Auskunftspflicht einer Tochter-AG gegenüber den Gesellschaftern besteht, jedoch auch ein begrenztes Auskunftsverweigerungsrecht des Vorstands der Tochter-AG gegeben ist.[4] Die strategische Führung der Tochtergesellschaft kann bei der M-Form auch nicht durch eine personelle Verflechtung in Form eines Vorstandsdoppelmandats von Mutter- und Tochtergesellschaft gesichert werden,[5] da eine derartige Konstruktion der Anforderung der M-Form nach einer personellen Trennung von operativer und strategischer Verantwortung widerspricht.[6]

Die Möglichkeit zur strategischen Führung bedarf bei Tochterunternehmen in der Rechtsform einer AG daher zusätzlicher Organisationseinrichtungen.[7] Dies

---

[1] Siehe §§ 84 Abs. 3; 119 Abs. 1 Nr. 3; 120 Abs. 1 AktG. Vgl. *Werder, A. v.*, Organisationsstruktur, 1986, S. 101-121, 152 f., 201. Der Aufsichtrat kann einen Vorstand, dem das Vertrauen entzogen wurde, abberufen, ist aber nicht an das Misstrauensvotum der Hauptversammlung gebunden, vgl. *Bühner, R.*, Aspekte, 1990, S. 304; *Bühner, R.*, Management-Holding, 1992, S. 207.

[2] Siehe § 119 Abs. 2 AktG.

[3] Der Vorstand einer Tochter-AG im faktischen Konzern hat diese in eigener Führungsverantwortung zu leiten, d. h. er ist im Rahmen seiner Befugnisse nicht verpflichtet, den Weisungen des in der Muttergesellschaft angesiedelten Top-Managements Folge zu leisten, siehe § 76 Abs. 1 AktG, vgl. *Meiser, M.*, Konzern, 1984, S. 165; *Bühner, R.*, Führung, 1986, S. 2344; *Werder, A. v.*, Organisationsstruktur, 1986, S. 169, 195, 203 f.; *Werder, A. v.*, Delegation, 1989, S. 4107; *Binder, C. U.*, Konzernunternehmung, 1994, S. 29; *Keller, T.*, Führung, 2004, S. 127; *Scheffler, E.*, Konzernmanagement, 2004, S. 9.

[4] Siehe § 131 Abs. 3 AktG; vgl. *Meiser, M.*, Konzern, 1984, S. 116-118; *Scheffler, E.*, Konzernmanagement, 2004, S. 105.

[5] Zum Vorstandsdoppelmandat vgl. *Bühner, R.*, Führung, 1986, S. 2344; *Hoffmann, F.*, Anmerkungen, 1987, S. 232 f.; *Scheffler, E.*, Konzern, 1992, S. 260 f.; *Bernhardt, W./ Witt, P.*, Holding, 1995, S. 1349, 1352; ähnlich vgl. *Werder, A. v.*, Organisationsstruktur, 1986, S. 195 f.

[6] Vgl. *Williamson, O. E.*, Markets, 1975, S. 149; *Meiser, M.*, Konzern, 1984, S. 50, 67. Ähnlich vgl. *Bühner, R.*, Management-Holding, 1993, S. 160 f.; *Bernhardt, W./Witt, P.*, Holding, 1995, S. 1357.

[7] Ähnlich vgl. *Theisen, M. R.*, Management-Holding, 1997, S. 431; *Theisen, M. R.*, Konzern, 2000, S. 185 f.

6.2 Konzernierung bei Ausblendung des Steuerrechts

kann bei Tochtergesellschaften in der Rechtsform einer AG z. B. durch einen Vertragskonzern,[1] d. h. durch den Abschluss von Beherrschungsverträgen zwischen der Obergesellschaft und den Tochtergesellschaften gemäß § 291 Abs. 1 AktG oder durch Eingliederungen nach § 319 AktG erreicht werden. Dadurch hat der jeweilige Vorstand des Tochterunternehmens dieses zwar weiterhin eigenverantwortlich zu leiten. Das in der Muttergesellschaft angesiedelte Top-Management kann[2] ihm jedoch Weisungen bei der Geschäftsführung erteilen, zumindest soweit diesen nicht zwingende gesetzliche Vorschriften oder die Satzung entgegenstehen; zudem hat der Vorstand der Obergesellschaft ein uneingeschränktes Auskunftsrecht.[3]

Alternativ können die Tochterunternehmen auch in der Rechtsform einer GmbH errichtet werden. Bei der GmbH sind die Geschäftsführer grundsätzlich auch ohne den Abschluss eines Beherrschungsvertrags nach § 37 Abs. 1 GmbHG an die Weisungen durch Beschlüsse der Gesellschafter gebunden;[4] die Gesellschaf-

---

[1] Vgl. *Meiser, M.,* Konzern, 1984, S. 170; *Schenk, G.,* Konzernbildung, 1997, S. 17; *Scheffler, E.,* Konzernmanagement, 2004, S. 6.

[2] Der Abschluss eines Beherrschungsvertrages führt nicht zur Konzernleitungspflicht, sodass der Vorstand der Obergesellschaft auch ohne besondere Klauseln im Beherrschungsvertrags die Tochtergesellschaft dezentral leiten kann, vgl. *Mertens, H.-J.,* Leitung, 1996, S. 44 f.; *Koppensteiner, H.-G.,* Vorbemerkung, 2004, S. 309; *Hefermehl, W./Semler, J.,* Leitung, 2004, S. 75 f.; *Hüffer, U.,* Aktiengesetz, 2004, S. 390. A. A. vgl. *Hommelhoff, P.,* Konzernleitungspflicht, 1982, S. 344.

[3] Siehe §§ 308 Abs. 1 und 2, 323 Abs. 1 AktG, vgl. *Knoblau, J.,* Leitungsmacht, 1968, S. 39, 54; *Wörn, H.-J.,* Konzernorganisation, 1985, S. 18; *Werder, A. v.,* Organisationsstruktur, 1986, S. 207-211; *Bühner, R.,* Management-Holding, 1987, S. 44; *Bleicher, K.,* Konzipierung, 1988, S. 63; *Bühner, R.,* Management-Holding, 1992, S. 50; *Scheffler, E.,* Konzernorganisation, 2004, Sp. 682; *Scheffler, E.,* Konzernmanagement, 2004, S. 7; *Koppensteiner, H.-G.,* Leitungsmacht, 2004, S. 921; *Emmerich, V.,* Leitungsmacht, 2005, S. 437 f. Bei der Eingliederung wird darüber hinaus auch ein Zugriff auf das Vermögen der Tochter ermöglicht, siehe § 323 Abs. 2 AktG, vgl. *Scheffler, E.,* Konzernorganisation, 2004, Sp. 683.

[4] Vgl. *Altmeppen, H.,* Geschäftsführung, 2003, S. 545; *Altmeppen, H.,* Konzernrecht, 2003, S. 257; *Lutter, M./Hommelhoff, P.,* Unternehmen, 2004, S. 310; *Lutter, M./Hommelhoff, P.,* Geschäftsführungsbefugnis, 2004, S. 652; *Habersack, M.,* Einführung, 2005, S. 414. Das Weisungsrecht besteht, solange die Weisungen nicht gesetzes- oder sittenwidrig sind oder die Überlebensfähigkeit der Gesellschaft gefährden und nicht der Satzung widersprechen, *Bernhardt, W./Witt, P.,* Holding, 1995, S. 1349; *Keller, T.,* Führung, 2004, S. 128. Da im vorliegenden Vergleich vom Fehlen von Minderheitsgesellschaftern ausgegangen wird, bestehen auch keine gesellschaftlichen Treuepflichten gegenüber der GmbH, durch die das Weisungsrecht eingeschränkt werden könnte, vgl. *Lutter, M./Hommelhoff, P.,* Unternehmen, 2004, S. 317; *Habersack, M.,* Abhängigkeit, 2005, S. 420 f.

ter haben zudem ein weitgehendes Auskunftsrecht über die Angelegenheiten der Gesellschaft.[1] Beim vorliegenden Vergleich soll daher von einer Management-Holding mit Tochterunternehmen entweder in der Rechtsform einer AG mit Beherrschungsvertrag bzw. Eingliederung oder in der Rechtsform einer GmbH ausgegangen werden.

6.2.2 Schlüsseldimension: Komplexität

Ebenso wie bei der Diskussion von *Williamsons* M-Form-Hypothese soll zur Analyse der ökonomischen Auswirkungen der Konzernierung die Komplexität der Transaktionen als Schlüsseldimension herangezogen werden.[2] Damit ist nach dem Vorgehen des Transaktionskostenansatzes ein Vergleich einer M-Form-Unternehmung in der rechtlichen Form einer Einheitsunternehmung und in der Form einer Konzernunternehmung (Management-Holding) bei niedriger sowie bei hoher Komplexität vorzunehmen (vgl. Darst. 33).

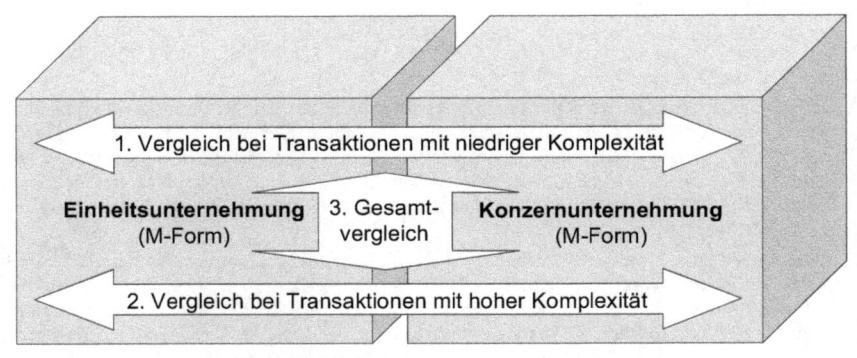

Darst. 33: **Vergleichspaare zur Analyse der Konzernierung**

6.2.3 Niedrige Komplexität

Die M-Form-Unternehmung in der Form einer Einheitsunternehmung und die M-Form-Unternehmung in der Form einer Management-Holding unterscheiden

---

[1] Siehe § 51a Abs. 1 GmbHG; vgl. *Scheffler, E.*, Konzernmanagement, 2004, S. 105; *Lutter, M./Hommelhoff, P.*, Unternehmen, 2004, S. 310; *Habersack, M.*, Einführung, 2005, S. 415.

[2] Vgl. Kapitel 6.1.1.2, S. 183 f.

6.2 Konzernierung bei Ausblendung des Steuerrechts

sich vor allem durch die Anzahl an rechtlich selbstständigen Einheiten. Die Errichtung einer rechtlich selbstständigen Einheit durch Gründung einer Kapitalgesellschaft verursacht de lege lata Kosten, da beispielsweise Gesellschaftsverträge ausgearbeitet und notariell beurkundet werden müssen.[1] Infolge der rechtlichen Vielfalt eines Konzerns fallen diese Setup-Kosten bei der Management-Holding im Vergleich zur Einheitsunternehmung mehrfach an.[2] Neben den Errichtungskosten führt auch die Existenz jeder Kapitalgesellschaft regelmäßig zu gesetzlich vorgeschriebenen Formerfordernissen; ihre Erfüllung kann zu nicht unerheblichen Kosten führen, zum Beispiel müssen auch für jede Tochtergesellschaft Jahresabschlüsse erstellt, veröffentlicht sowie gegebenenfalls auch geprüft und testiert werden.[3] Zudem können je nach Rechtsform und Größe der Tochterunternehmen z. B. auch mehrere Aufsichtsräte und Betriebsräte erforderlich werden.[4] Da diese Erfordernisse im Konzern im Vergleich zur Einheitsunternehmung aufgrund der rechtlichen Vielfalt mehrfach anfallen, führt die Management-Holding immer zu wesentlich höheren „formellen Betriebskosten".[5]

Wie bereits bei der Diskussion von *Williamsons* M-Form-Hypothese gezeigt wurde, kann die M-Form-Unternehmung bei niedriger Komplexität ihre Vorteile nicht ausspielen, sondern führt im Vergleich zur U-Form zu erhöhtem Kommunikations- und Abstimmungsbedarf.[6] Entsprechend sind bei Transaktionen mit niedriger Komplexität weder von einer M-Form-Unternehmung in Form einer Einheitsunternehmung noch in Form einer Management-Holding Vorteile gegenüber der U-Form zu erwarten. Beide Organisationsformen sind zur Koordination von Transaktionen mit geringer Komplexität im Vergleich zur U-Form nicht effizient; beim vorliegenden isolierten Vergleich zwischen diesen beiden M-Formen untereinander fallen nur bei der Konzernunternehmung zusätzlich höhere

---

[1] Siehe § 23 Abs. 1 AktG; § 2 Abs. 1 GmbHG.
[2] Vgl. *Salzberger, W.,* Konzernunternehmung, 1994, S. 22. Ähnlich vgl. *Kiser, B.,* Gründung, 1987, S. 42; *Holtmann, M.,* Überlegungen, 1990, S. 18.
[3] Vgl. *Bernhardt, W./Witt, P.,* Holding, 1995, S. 1355; *Rose, G./Glorius-Rose, C.,* Unternehmen, 2001, S. 149. Ähnlich vgl. *Everling, W.,* Betriebsabteilung, 1977, S. 285; *Salzberger, W.,* Konzernunternehmung, 1994, S. 22; *Kußmaul, H.,* Konzern, 1994, S. 188.
[4] Vgl. *Bernhardt, W./Witt, P.,* Holding, 1995, S. 1355.
[5] Vgl. *Salzberger, W.,* Konzernunternehmung, 1994, S. 22. Ähnlich vgl. *Kiser, B.,* Gründung, 1987, S. 42; *Schulte, C.,* Holding, 1992, S. 29.
[6] Vgl. Kapitel 6.1.1.4, S. 186.

„formelle Betriebskosten" an, sodass die Einheitsunternehmung komparativ als effiziente Organisationsform bezeichnet werden kann (vgl. Darst. 34).

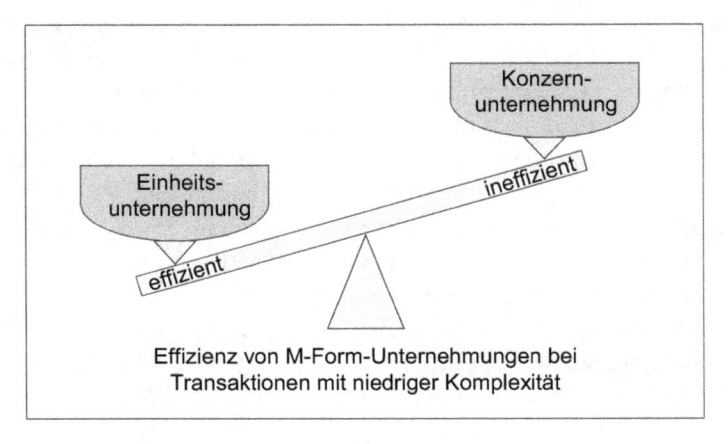

Darst. 34: **Einheits- versus Konzernunternehmung bei niedriger Komplexität**

6.2.4 Hohe Komplexität

6.2.4.1 Transaktionskosten der Einheitsunternehmung

Nach *Williamsons* M-Form-Hypothese führt die M-Form bei hoher Komplexität insbesondere durch die Trennung von operativen und strategischen Aufgaben zu Vorteilen, da das Top-Management von den operativen Entscheidungen entlastet wird.[1] Dazu ist es sowohl notwendig, dass das Top-Management den Leitern der Divisionen (Middle-Management) die operative Verantwortung überlässt, als auch, dass die Verantwortung von den Leitern der Divisionen wahrgenommen wird, d. h. diese ihre Entscheidungsbefugnisse nicht opportunistisch zur Erreichung eigener Ziele ausnutzen.[2] Wird eine Unternehmung in M-Form als rechtliche Einheitsunternehmung geführt, bleiben die einzelnen Divisionen rechtlich unselbstständig. Innerhalb der Einheitsunternehmung

---

[1] Vgl. Kapitel 6.1.1.4, S. 187.
[2] Ansonsten liegt eine so genannte *corrupted M-Form* ($\overline{M}$-Form) vor, mit der die Vorteile der M-Form unterlaufen werden, vgl. *Williamson, O. E./Bhargava, N.*, Structure, 1972, S. 139.

6.2 Konzernierung bei Ausblendung des Steuerrechts

tragen staatliche Institutionen nur wenig zur Sanktionierung und Durchsetzung der operativen Eigenverantwortung und zum Schutz vor opportunistischem Verhalten des Middle-Managements bei, da sich für die Leiter der Divisionen eine Haftung gegenüber der Gesellschaft regelmäßig nur durch eine Pflichtverletzung nach § 280 Abs. 1 BGB ergibt,[1] welche im Arbeitsverhältnis nur bei grober Fahrlässigkeit und nur eingeschränkt bei mittlerer Fahrlässigkeit gegeben ist.[2] Vielmehr liegt in einer Einheitsunternehmung eine rein unternehmungsinterne Delegation vor, bei der die Kontrolle der Wahrnehmung sowie die Sanktionierung der delegierten Verantwortung vor allem unternehmungsintern durch das Top-Management erfolgen muss.[3]

Mit steigender Komplexität der Transaktionen ergeben sich nach der M-Form-Hypothese darüber hinaus Vorteile aus der M-Form, wenn zur Reduktion von opportunistischem Verhalten des Middle-Managements Anreiz- und Motivationswirkungen eines Kapitalmarkts unternehmungsintern nachgebaut werden.[4] Innerhalb der Einheitsunternehmung erfolgt aber auch bei diesen Funktionen keine Unterstützung durch staatliche Institutionen, wie anhand der Diskussion der einzelnen Vorteile des Quasi-Kapitalmarkts im Folgenden dargestellt wird.

Erstens soll die M-Form zu einer Komplexitätsreduktion für das Management führen, indem die für strategische Entscheidungen relevanten Informationen auf den Erfolgsbeitrag der Divisionen verdichtet werden.[5] Die Ausrichtung der strategischen Entscheidungen an dieser verdichteten Information ist allerdings nur dann ökonomisch vorteilhaft, wenn das Top-Management in der Lage ist, den Erfolgsbeitrag der einzelnen operativen Divisionen zum Gesamterfolg der Unternehmung zuverlässig zu beurteilen.[6] In der Einheitsunternehmung kann dies nur durch einen unternehmungsinternen Kontrollapparat wie eine Kosten- und Leistungs-

---

[1] Die Vorschrift des § 280 Abs. 1 BGB kodifiziert den Anspruch aus der so genannten positiven Vertragsverletzung.
[2] Vgl. *Werder, A. v.*, Organisationsstruktur, 1986, S. 262; *Blomeyer, W.*, Haftung, 2000, S. 1149, 1164-1166; *Linck, R.*, Schlechtleistung, 2005, S. 429 f., 437.
[3] Vgl. Kapitel 5.2.1.3.2, S. 131 f.
[4] Vgl. Kapitel 6.1.1.4, S. 187 f. Ähnlich vgl. *Bühner, R.*, Management-Holding, 1993, S. 161.
[5] Vgl. Kapitel 6.1.1.4, S. 188.
[6] Vgl. *Williamson, O. E./Ouchi, W. G.*, Perspectives, 1981, S. 360.

rechnung umgesetzt werden.[1] Die Qualität der Daten einer Kosten- und Leistungsrechnung wird weder von gesetzlichen Institutionen vorgeschrieben noch durch Pflichtprüfungen in ihrer Qualität überprüft. Zudem besteht keine unternehmungsexterne rechtliche Bindungswirkung, durch die Manipulationen der Daten von staatlichen Institutionen sanktioniert werden könnten. Wie bereits bei der Diskussion der Integration von Produktionsschritten dargestellt,[2] birgt jedes derartige System daher erhebliche Bewertungsspielräume und damit Potenzial für opportunistischen Missbrauch.[3] Beispielsweise können bestimmte Abteilungen oder Individuen durch eine Verzerrung der Verrechnungspreise den Erfolg ihrer eigenen Abteilung künstlich erhöhen.[4] Die Errichtung eines zuverlässigen internen Kontrollapparats zur Messung der Leistungsfähigkeit der Divisionen ist in der Einheitsunternehmung daher immer mit Schwierigkeiten der Qualitätssicherung und der Verhinderung von Manipulationen verbunden; aufgrund verfälschter Daten können Fehlentscheidungen des Top-Managements entstehen.

Zweitens soll die M-Form zu Anreizwirkungen für das Middle-Management führen, die einem Kapitalmarkt nachempfunden sind.[5] Dazu muss das Top-Management über hinreichende und zutreffende Informationen über den Erfolgsbeitrag der einzelnen Divisionen verfügen sowie glaubhaft versichern können, die Unternehmungsführung nach diesen Zahlen auszurichten und nicht selbst in die operativen Geschäfte einzugreifen. Nur so können die vom Erfolgsbeitrag der Divisionen abhängende unternehmungsinterne Ressourcenallokation sowie erfolgsabhängige Vergütungen wirksam zur Motivationssteigerung eingesetzt werden. Die Problematik der Errichtung eines zuverlässigen internen Kontrollapparats zur Messung des Erfolgbeitrags der Divisionen wurde bereits diskutiert. Zusätzlich bereitet es insbesondere in der Einheitsunternehmung Probleme, die Ausrichtung der Unternehmungsführung an diesen Daten glaubhaft zuzusichern. In der Einheitsunternehmung unterliegen die Divisionen rechtlich uneingeschränkt der hierarchischen Weisungsbefugnis des Top-Managements. Glaubhafte Versprechen

---

[1] Vgl. Kapitel 5.2.1.3.2, S. 133.
[2] Vgl. Kapitel 5.2.1.3.2, S. 133.
[3] Vgl. *Williamson, O. E.*, Organization, 1991, S. 279; *Erlei, M./Leschke, M./Sauerland, D.*, Institutionenökonomik, 1999, S. 185. Ähnlich vgl. *Williamson, O. E.*, Size, 1967, S. 135.
[4] Vgl. *Erlei, M./Leschke, M./Sauerland, D.*, Institutionenökonomik, 1999, S. 185.
[5] Vgl. Kapitel 6.1.1.4, S. 188 f.

6.2 Konzernierung bei Ausblendung des Steuerrechts

gegenüber dem Middle-Management (*credible commitments*) sind innerhalb einer Einheitsunternehmung daher schwierig, da die Möglichkeit zur uneingeschränkten Intervention durch das Top-Management immer auch zur Verfolgung eigener Ziele der Intervenierenden eingesetzt werden kann.[1] Die für den Wirkungsmechanismus der M-Form notwendige Autonomie der Divisionen im operativen Bereich wird in der Einheitsunternehmung nicht von staatlichen Institutionen unterstützt, da sie regelmäßig nicht unternehmungsextern durchgesetzt werden kann.[2] Die M-Form als Einheitsunternehmung läuft daher Gefahr, dass die Trennung von operativen und strategischen Bereichen und damit die Autonomie der Divisionen von der Führung nicht respektiert wird, wodurch Probleme der Demotivation der Divisionsleiter, der Aufgabenüberlastung der Führung und unternehmungsinterner Unsicherheit entstehen.[3] Mischt sich das Top-Management trotz M-Form in operative Angelegenheiten ein, liegt eine so genannte *corrupted M-Form* ($\overline{M}$-Form) vor, mit der die Vorteile der M-Form untergraben werden.[4]

Drittens bedingt auch die Wirksamkeit des bei der M-Form dem Kapitalmarkt nachempfundenen Selektionsmechanismus[5] zuverlässige Daten über die Leistungsfähigkeit der einzelnen Divisionen zu generieren. Zudem führt dieser Mechanismus nur dann zur Motivations- und Anreizsteigerung der Divisionsleiter, wenn unrentable Divisionen langfristig auch tatsächlich aufgegeben werden. In der Einheitsunternehmung ist ein Verkauf einer derartigen Division mit relativ hohen Kosten verbunden, da aufgrund der fehlenden rechtlichen Trennung der Division von der restlichen Unternehmung nur ein *asset deal* erfolgen kann, bei dem regelmäßig langwierigere Verkaufsverhandlungen notwendig sind. Durch die damit relativ hohen Veräußerungskosten wird die Veräußerung oft unrentabel und unwahrscheinlich. Der dem Kapitalmarkt nachempfundene Selektions-

---

[1] Ähnlich in Bezug auf die Frage, warum die Vorteile von Markt und Hierarchie nicht kombinierbar sind, vgl. *Williamson, O. E.*, Logic, 1988, S. 80; *Williamson, O. E.*, Governance, 1996, S. 150 f.; *Williamson, O. E.*, Development, 2000, S. 102; sowie in Bezug auf die Frage, warum die Vorteile von Eigen- und Fremdkapital nicht kombinierbar sind, vgl. *Williamson, O. E.*, Finance, 1988, S. 582.
[2] Vgl. *Williamson, O. E.*, Logic, 1988, S. 81.
[3] Ähnlich, allerdings im Kontext einer Holding, vgl. *Bernhardt, W./Witt, P.*, Holding, 1995, S. 1354; *Scheffler, E.*, Holding, 2004, S. 42.
[4] Vgl. *Williamson, O. E./Bhargava, N.*, Structure, 1972, S. 139.
[5] Vgl. Kapitel 6.1.1.4, S. 189.

mechanismus ist damit wenig wirksam und führt nur zu geringen Motivations- und Anreizsteigerungen für das Middle-Management.

6.2.4.2 Transaktionskosten der Konzernunternehmung

Im Gegensatz zur M-Form als Einheitsunternehmung zeichnet sich die M-Form als Management-Holding durch die Übereinstimmung von rechtlicher Struktur und ökonomischer Organisationsform aus.[1] Dadurch wird die Übernahme der operativen Verantwortung durch die Leiter der Divisionen (Middle-Management) von ihren Rechten und Pflichten als Vorstand oder Geschäftsführer einer eigenen Kapitalgesellschaft unterstützt. Die opportunistische Ausnutzung dieser Entscheidungsbefugnisse wird durch die eigene Rechtsnatur der Untergesellschaften eingeschränkt, da diese ihren jeweiligen Leitungen als Organ einer Gesellschaft auch gesellschaftsrechtlich eine besondere Verantwortung auferlegt.[2] Der Vorstand einer Tochtergesellschaft haftet nach § 93 Abs. 2 Satz 1 AktG gesamtschuldnerisch gegenüber der Gesellschaft für Vorstandsentscheidungen, welche die Gesellschaft schädigen und der Sorgfalt eines ordentlichen und gewissenhaften Geschäftsleiters widersprechen.[3] Im Vergleich zu einem Divisionsleiter innerhalb einer Einheitsunternehmung, der nur bei grober und in bestimmten Fällen bei mittlerer Fahrlässigkeit rechtlich sanktioniert werden kann,[4] ergibt sich damit in der Management-Holding eine höhere rechtliche Eigenverantwortung des Middle-Managements. Zwar mindert sich im Vertragskonzern beim Vorliegen von Weisungen die Haftung der Vorstände der Tochter-Aktiengesellschaften aufgrund der damit verbundenen Kompetenzverlagerung auf die Muttergesellschaft,[5] für die autonom vom Vorstand einer Tochter-Aktiengesellschaft selbst getroffenen Entscheidungen steht dieser aber gem.

---

[1] Vgl. *Theisen, M. R.*, Management-Holding, 1997, S. 429; *Theisen, M. R.*, Konzern, 2000, S. 181.
[2] Vgl. *Everling, W.*, Beteiligungen, 1980, S. 121; *Binder, C. U.*, Konzernunternehmung, 1994, S. 39. Ähnlich vgl. *Kirchner, C.*, Analyse, 1984, S. 244; *Rühli, E.*, Konzernführung, 1990, S. 314; *Scheffler, E.*, Konzernorganisation, 2004, Sp. 681.
[3] Vgl. *Werder, A. v.*, Organisationsstruktur, 1986, S. 250; *Hüffer, U.*, Aktiengesetz, 2004, S. 475, 478.
[4] Vgl. Kapitel 6.2.4.1, S. 203.
[5] Vgl. *Werder, A. v.*, Organisationsstruktur, 1986, S. 276.

6.2 Konzernierung bei Ausblendung des Steuerrechts

§ 93 Abs. 2 Satz 1 AktG gegenüber der Tochtergesellschaft ein,[1] während den Vorstand oder die Geschäftsführung der Muttergesellschaft in der Regel weder gegenüber der Mutter- noch gegenüber der Tochtergesellschaft eine Verantwortung trifft.[2] Ähnliches gilt für die Geschäftsführer einer Tochtergesellschaft in Form einer GmbH, die für nicht von den Gesellschaftern angewiesene Entscheidungen ebenfalls gegenüber der Gesellschaft verantwortlich sind.[3]

Die Schaffung von rechtlichen Einheiten erleichtert somit die Delegation der operativen Verantwortung, da die operative Leitung der Divisionen bei der Management-Holding auch rechtlich in der Verantwortung der Divisionsleiter liegt, während bei einer Einheitsunternehmung das Top-Management gesetzlich die Verantwortung für den operativen Bereich trifft.[4] Zudem wird die Division als rechtliche Einheit rechts- und haftungsfähig und das Middle-Management erhält eine Vertretungsbefugnis im Außenverhältnis.[5] Somit ergeben sich klare Zuständigkeits- und Verantwortungsverhältnisse gegenüber Dritten;[6] die Quasi-Autonomie der M-Form erfährt im Konzern eine rechtlich-statutarische Verankerung.[7] Die bei der Management-Holding vorliegende Kongruenz von formaler Aufgabenstellung und rechtlicher Verantwortung[8] führt dadurch zur besseren

---

[1] Vgl. *Knoblau, J.*, Leitungsmacht, 1968, S. 80, 98; *Meiser, M.*, Konzern, 1984, S. 21; *Werder, A. v.*, Organisationsstruktur, 1986, S. 282; *Koppensteiner, H.-G.*, Leitungsmacht, 2004, S. 924; *Hüffer, U.*, Aktiengesetz, 2004, S. 1531; *Emmerich, V.*, Leitungsmacht, 2005, S. 452.

[2] Vgl. *Knoblau, J.*, Leitungsmacht, 1968, S. 83, 98; *Hommelhoff, P.*, Konzernleitungspflicht, 1982, S. 231 f.; *Werder, A. v.*, Organisationsstruktur, 1986, S. 282. A. A. *Debus, C.*, Konzernrecht, 1990, S. 170, der in der Praxis von Beweisproblemen über das Fehlen einer Weisung ausgeht.

[3] Vgl. *Altmeppen, H.*, Haftung, 2003, S. 628 f.; *Hommelhoff, P./Kleindiek, D.*, Haftung, 2004, S. 811, 821 f.

[4] Vgl. *Bühner, R.*, Führung, 1986, S. 2342.

[5] Vgl. *Binder, C. U.*, Konzernunternehmung, 1994, S. 39; *Scheffler, E.*, Konzernorganisation, 2004, Sp. 681.

[6] Vgl. *Scheffler, E.*, Konzern, 1992, S. 247; *Schulte, C.*, Holding, 1992, S. 29; *Kußmaul, H.*, Konzern, 1994, S. 188; *Theisen, M. R.*, Konzern, 2000, S. 167.

[7] Vgl. *Kuhn, K.*, Führungsstrukturen, 1987, S. 462.

[8] Vgl. *Schulte, C.*, Holding, 1992, S. 29; *Theisen, M. R.*, Konzern, 2000, S. 167.

und klaren Definition und Zuordnung der Zuständigkeiten.[1] Durch die gesetzliche Haftung wird die Zuordnung der Verantwortung verstärkt, da durch die Möglichkeit des Rückgriffs auf externe Gerichte Anreize geschaffen werden, wodurch die Motivation des Middle-Managements weiter erhöht werden kann.[2]

Für die Leiter der Divisionen wird es im Konzern infolge ihrer rechtlichen Verantwortung zumindest im Vergleich zur Einheitsunternehmung auch leichter, sich im operativen Bereich gegen Einflüsse der Muttergesellschaft zu stellen;[3] dies gilt selbst bei Vorliegen eines Beherrschungsvertrags.[4] Insbesondere bei Existenz eines mit Vertretern der Banken oder der Arbeitnehmer besetzten Aufsichtsrats der Tochterunternehmen wird diese Selbstständigkeit zusätzlich von der Überwachungsfunktion des Aufsichtsrats unterstützt.[5] Zudem kann durch die Satzung einer Tochtergesellschaft der operative Aufgabenbereich einer Division bestimmt und begrenzt werden,[6] wodurch sich ebenfalls eine deutlichere Kompetenzzuteilung als bei der Divisionalisierung in der Einheitsunternehmung ergibt.[7] Die

---

[1] Vgl. *Bühner, R.*, Führung, 1986, S. 2343; *Holtmann, M.*, Konzern, 1998, S. 1278; *Scheffler, E.*, Holding, 2004, S. 39. *Theisen* bezeichnet den Aufbau der Management-Holding daher sogar als Voraussetzung für die organisatorisch bei der M-Form angestrebte Trennung zwischen operativer und strategischer Verantwortung, vgl. *Theisen, M. R.*, Management-Holding, 1997, S. 429. Ähnlich vgl. *Theisen, M. R.*, Konzern, 2000, S. 182.

[2] Vgl. *Kallfass, H. H.*, Konzernbildung, 1991, S. 29. Ähnlich vgl. *Bühner, R.*, Aspekte, 1990, S. 301.

[3] Vgl. *Grochla, E.*, Betriebsverbindungen, 1969, S. 216; *Everling, W.*, Beteiligungen, 1980, S. 121; *Hommelhoff, P.*, Konzernleitungspflicht, 1982, S. 228-233. Ähnlich vgl. *Poensgen, O. H.*, Geschäftsbereichorganisation, 1973, S. 97; *Kuhn, K.*, Führungsstrukturen, 1987, S. 462; *Holtmann, M.*, Überlegungen, 1990, S. 17.

[4] Vgl. *Bleicher, K.*, Restrukturierung, 1982, S. 316; *Meiser, M.*, Konzern, 1984, S. 92 f.; *Kuhn, K.*, Führungsstrukturen, 1987, S. 463; *Werder, A. v.*, Delegation, 1989, S. 421 f.

[5] Vgl. *Meiser, M.*, Konzern, 1984, S. 98. Ähnlich vgl. *Grochla, E.*, Betriebsverbindungen, 1969, S. 216. Zur Überwachungsfunktion des Aufsichtsrats bei einer beherrschten Gesellschaft siehe *Semler, J.*, Überwachung, 1996, S. 271-273; *Theisen, M. R.*, Konzern, 2000, S. 287 f.; *Theisen, M. R.*, Grundsätze, 2002, S. 206 f.

[6] Vgl. *Bühner, R.*, Management-Holding, 1993, S. 160. Dabei kann es sich sowohl um eine Begrenzung auf bestimmte Produkte als auch auf bestimmte Regionen handeln, vgl. *Meiser, M.*, Konzern, 1984, S. 119-121.

[7] Vgl. *Bühner, R.*, Management-Holding, 1987, S. 42; *Salzberger, W.*, Konzernunternehmung, 1994, S. 15; *Bühner, R.*, Aktienmarkt, 1996, S. 8; *Theisen, M. R.*, Management-Holding, 1997, S. 430; *Theisen, M. R.*, Konzern, 2000, S. 182. Ähnlich vgl. *Blaschka, B.*, Form, 1982, S. 399.

6.2 Konzernierung bei Ausblendung des Steuerrechts

rechtsformkongruente Struktur ermöglicht somit eine klare Kompetenzzuteilung[1] und sichert die Selbstständigkeit der divisionalen Untergliederungen.[2] Grundsätzlich können derartige Strukturen vom Top-Management auch wieder verändert werden. Die Errichtung ebenso wie die Veränderung dieser Strukturen führt jedoch anders als bei einer Division in einer Einheitsunternehmung nicht nur zu organisatorischem, sondern auch zu formalem Aufwand. Aufgrund der damit höheren Errichtungs- und Veränderungskosten ergibt sich im Konzern eine glaubhaftere Selbstbindung des Top-Managements, wodurch in der M-Form *credible commitments* an das Middle-Management erleichtert werden.[3]

Zusätzlich zu diesen Vorteilen der M-Form aus der Trennung von operativen und strategischen Aufgaben werden durch die bei der Management-Holding vorliegende Kongruenz von rechtlicher Struktur und ökonomischer Organisationsform auch die Vorteile der Errichtung eines internen Quasi-Kapitalmarkts von staatlichen Institutionen unterstützt. Dies soll für die einzelnen Wirkungsmechanismen des unternehmungsinternen Quasi-Kapitalmarkts dargestellt werden, die bei der Management-Holding durch die M-Form entstehen.

Erstens soll durch den Quasi-Kapitalmarkt eine Komplexitätsreduktion für das Top-Management durch eine Verdichtung der strategisch relevanten Informationen auf den Erfolgsbeitrag der Divisionen erfolgen,[4] wozu jedoch ein zuverlässiges Kontrollsystem zur Messung des Erfolgbeitrags der Divisionen erforderlich ist. Die rechtliche Untergliederung der Management-Holding führt dazu, dass die Führung der Tochtergesellschaften eine eigene Verantwortlichkeit und Haftung für die Ermittlung eines handelsrechtlichen Jahresabschlusses hat.[5] Die handelsrechtliche Rechnungslegung ist gesetzlich vorgeschrieben und oft wesentlich umfangreicher und detaillierter als interne Kosten- und Leistungsrech-

---

[1] Vgl. *Bühner, R.*, Management-Holding, 1992, S. 49; *Salzberger, W.*, Konzernunternehmung, 1994, S. 15. Ähnlich vgl. *Keller, T.*, Unternehmenssteuerung, 1992, S. 16.

[2] Vgl. *Theisen, M. R.*, Management-Holding, 1997, S. 431; *Theisen, M. R.*, Konzern, 2000, S. 185 f. Ähnlich vgl. *Everling, W.*, Betriebsabteilung, 1977, S. 286; *Kallfass, H. H.*, Konzernbildung, 1991, S. 28.

[3] Vgl. *Kallfass, H. H.*, Konzernbildung, 1991, S. 28 f.

[4] Vgl. Kapitel 6.1.1.4, S. 188.

[5] Vgl. *Bühner, R.*, Führung, 1986, S. 2343; *Binder, C. U.*, Konzernunternehmung, 1994, S. 39. Ähnlich vgl. *Scheffler, E.*, Konzern, 1992, S. 247.

nungen.[1] Bei einer Management-Holding liegt eine Kongruenz von bilanzieller und ökonomischer Zurechnungseinheit vor,[2] sodass staatliche Institutionen zur Durchsetzung und Kontrolle einer zuverlässigen Ergebnisermittlung der einzelnen Divisionen beitragen können. Insbesondere bei – im Sinne des HGB – großen und mittelgroßen Tochterunternehmen besteht zudem eine gesetzlich vorgeschriebene Prüfungspflicht,[3] infolge derer die Möglichkeiten zur opportunistischen Verzerrung der Rechnungslegung nochmals erheblich eingeschränkt werden. Der gesetzlich vorgeschriebene Jahresabschluss weist daher regelmäßig eine höhere Glaubwürdigkeit als rein interne Unternehmungsrechnungen auf.[4] Die rechtliche Eigenständigkeit der Divisionen führt damit regelmäßig zu einer einfacheren und besseren Ergebniszurechnung zu den Divisionen als in der Einheitsunternehmung,[5] sodass das Top-Management auf Basis dieser Daten besser strategische Entscheidungen treffen kann.

Zweitens sollen bei der M-Form Anreizwirkungen für das Middle-Management geschaffen werden, die dem Kapitalmarkt nachempfunden sind.[6] Dies bedingt allerdings, dass das Top-Management über hinreichende Informationen über den Erfolgsbeitrag der einzelnen Divisionen verfügt sowie glaubhaft versichern kann, die Unternehmungsführung nach diesen Zahlen auszurichten und nicht selbst in die operativen Geschäfte einzugreifen.[7] Da durch die gesetzliche Rechnungslegungspflicht bei der Management-Holding zuverlässigere Informationen über den Erfolgsbeitrag der Divisionen als in der Einheitsunternehmung vorliegen, kann die interne Ressourcenallokation besser und glaubwürdiger am jeweiligen Erfolg ausgerichtet werden.[8] Aufgrund der konsequenten operativen Entscheidungsdezentralisation ist der Erfolg der Divisionen in der Management-Holding im Vergleich zur Einheitsunternehmung auch tatsächlich wesentlich mehr vom Verhal-

---

[1] Vgl. *Bühner, R.*, Führung, 1986, S. 2343.
[2] Vgl. *Theisen, M. R.*, Konzern, 2000, S. 167.
[3] Siehe §§ 267, 316 Abs. 1 HGB.
[4] Vgl. *Bühner, R.*, Management-Holding, 1992, S. 52.
[5] Vgl. *Blaschka, B.*, Form, 1982, S. 400 f.; *Binder, C. U.*, Konzernunternehmung, 1994, S. 52-54; *Bernhardt, W./Witt, P.*, Holding, 1995, S. 1346; *Holtmann, M.*, Konzern, 1998, S. 1278. A. A. vgl. *Drumm, H. J.*, Geschäftsbereiche, 1982, S. 406.
[6] Vgl. Kapitel 6.1.1.4, S. 188 f.
[7] Vgl. Kapitel 6.2.4.1, S. 204 f.
[8] Vgl. *Bühner, R.*, Führung, 1986, S. 2343.

ten des Middle-Managements abhängig. Die als *profit center* organisierte Division wird in der Management-Holding damit zu einem Teilsystem, dessen Leitung für den jeweiligen Erfolgsbeitrag verantwortlich gemacht werden kann.[1] Das Middle-Management kann dadurch auch einfacher am Erfolg beteiligt werden,[2] wodurch die Motivation sowie die Innovations- und Risikobereitschaft in den Divisionen steigt.[3] Zudem bestehen in der Management-Holding erweiterte Möglichkeiten, dem Prestigebedürfnis und der damit verbundenen Motivation leitender Mitarbeiter Rechnung zu tragen,[4] da diese nicht „nur" Bereichsleiter, sondern Geschäftsführer oder Vorstand einer eigenen Gesellschaft sind.[5]

Drittens soll bei der M-Form ein Selektionsmechanismus wie am Kapitalmarkt nachgebaut werden.[6] Durch die zuverlässigere Ergebnisermittlung werden innerbetriebliche Subventionen transparent,[7] sodass unrentable Divisionen leichter identifiziert werden können. Zudem ermöglicht die rechtliche Selbstständigkeit der Divisionen in der Management-Holding eine einfache und kos-

---

[1] Vgl. *Everling, W.*, Beteiligungen, 1980, S. 121. Ähnlich vgl. *Blaschka, B.*, Form, 1982, S. 401; *Schreyögg, G./Kliesch, M./Lührmann, T.*, Management-Holding, 2003, S. 721; *Kieser, A./Walgenbach, P.*, Organisation, 2003, S. 258.

[2] Vgl. *Blaschka, B.*, Form, 1982, S. 401; *Kiser, B.*, Gründung, 1987, S. 42; *Kallfass, H. H.*, Konzernbildung, 1991, S. 29; *Bühner, R.*, Management-Holding, 1992, S. 49, 51; *Bühner, R.*, Aktienmarkt, 1996, S. 8.

[3] Vgl. *Kallfass, H. H.*, Konzernbildung, 1991, S. 29; *Salzberger, W.*, Konzernunternehmung, 1994, S. 15.

[4] Vgl. *Kiser, B.*, Gründung, 1987, S. 42; *Werder, A. v.*, Delegation, 1989, S. 410, 422; *Schulte, C.*, Holding, 1992, S. 29; *Kußmaul, H.*, Konzern, 1994, S. 188; *Bernhardt, W./Witt, P.*, Holding, 1995, S. 1346; *Bühner, R.*, Aktienmarkt, 1996, S. 8; *Theisen, M. R.*, Konzern, 2000, S. 167.

[5] Vgl. *Burghard, H.*, Motivation, 1973, S. 415; *Bühner, R.*, Management-Holding, 1992, S. 49, 51; *Keller, T.*, Unternehmungsführung, 1993, S. 243; *Salzberger, W.*, Konzernunternehmung, 1994, S. 16. Damit kann z. B. ein Teil des Gehalts des Middle-Managements kostengünstig durch Titel substituiert werden.

[6] Vgl. Kapitel 6.1.1.4, S. 189.

[7] Vgl. *Bühner, R.*, Führung, 1986, S. 2343. Ähnlich vgl. *Blaschka, B.*, Form, 1982, S. 402.

tengünstige Desinvestition.[1] Beim Verkauf einer Tochter sind die rechtlichen Zugehörigkeiten infolge der eigenen Rechtsform bereits bestimmt, leicht vertraglich fixierbar und damit im Wege eines *share deals* auch leicht veräußerbar.[2] Damit wird die tatsächliche Desinvestition in der Management-Holding glaubhafter und die Selektionsfunktion des internen Quasi-Kapitalmarkts wesentlich realistischer als in der Einheitsunternehmung.

6.2.4.3 Vergleich bei hoher Komplexität

Wie bei der Darstellung von *Williamsons* M-Form-Hypothese aufgezeigt wurde, führt die Struktur der M-Form bei hoher Komplexität der Transaktionen grundsätzlich zu organisatorischen Vorteilen.[3] In der rechtlichen Form einer Einheitsunternehmung sind diese Vorteile jedoch vor allem zwei Gefahren ausgesetzt. Die Anfälligkeit der internen Kostenrechnung gegenüber Manipulationen sowie die fehlende Möglichkeit für eine glaubwürdige Selbstbindung des Top-Managements führen zu Unsicherheiten über die tatsächliche Delegation und über die angestrebte quasi-marktähnliche Koordination. Zudem muss die Trennung von operativer und strategischer Verantwortung vollständig unternehmungsintern geregelt und durchgesetzt werden. In einer Einheitsunternehmung liegen damit trotz einer M-Form regelmäßig hohe Transaktionskosten durch ineffiziente unternehmungsinterne Koordination und fehlende Motivation vor.

Im Gegensatz dazu werden die für die M-Form notwendigen Mechanismen bei der Management-Holding von staatlichen Institutionen unterstützt. Insbesondere werden eine glaubhafte Trennung von operativer und strategischer Verantwortung, eine auch rechtliche Verantwortung des Middle-Managements und eine zuverlässige Erfolgsermittlung der Divisionen ermöglicht. Aus der recht-

---

[1] Vgl. *Hoffmann, F.*, Anmerkungen, 1987, S. 233; *Schulte, C.*, Holding, 1992, S. 57; *Bühner, R.*, Management-Holding, 1992, S. 45; *Scheffler, E.*, Konzern, 1992, S. 246; *Kußmaul, H.*, Konzern, 1994, S. 148; *Bernhardt, W./Witt, P.*, Holding, 1995, S. 1346; *Bühner, R.*, Aktienmarkt, 1996, S. 8; *Holtmann, M.*, Konzern, 1998, S. 1278; *Theisen, M. R.*, Konzern, 2000, S. 185; *Rose, G./Glorius-Rose, C.*, Unternehmen, 2001, S. 149. Ähnlich vgl. *Bühner, R.*, Management-Holding, 1993, S. 159; *Schreyögg, G./Kliesch, M./Lührmann, T.*, Management-Holding, 2003, S. 721.

[2] Vgl. *Bühner, R.*, Führung, 1986, S. 2342; *Kieser, A./Walgenbach, P.*, Organisation, 2003, S. 258. Ähnlich vgl. *Meiser, M.*, Konzern, 1984, S. 97.

[3] Vgl. Kapitel 6.1.1.5, S. 190 f.

6.2 Konzernierung bei Ausblendung des Steuerrechts 213

lichen Selbstständigkeit ergibt sich im Vergleich zur Einheitsunternehmung ein höherer Autonomiegrad der Divisionen und damit eine konsequente Dezentralisation,[1] wodurch Motivation und Verantwortung des Middle-Managements gesteigert werden.[2] Die höheren „formellen Betriebskosten" der Konzernunternehmung[3] werden durch diese Vorteile in einem *trade off* überkompensiert. Bei Transaktionen mit hoher Komplexität ist die konzernierte Management-Holding daher im Vergleich zur Einheitsunternehmung die effiziente Organisationsform (vgl. Darst. 35).[4]

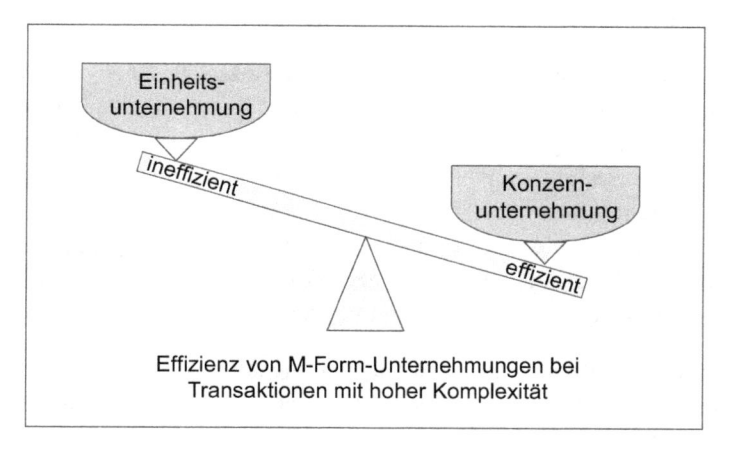

Darst. 35: **Einheits- versus Konzernunternehmung bei hoher Komplexität**

---

[1] Vgl. *Grochla, E.*, Betriebsverbindungen, 1969, S. 216; *Everling, W.*, Beteiligungen, 1980, S. 121; *Bleicher, K.*, Restrukturierung, 1982, S. 316; *Kuhn, K.*, Führungsstrukturen, 1987, S. 462; *Binder, C. U.*, Konzernunternehmung, 1994, S. 39 f. Ähnlich vgl. *Debus, C.*, Konzernrecht, 1990, S. 169; *Kußmaul, H.*, Konzern, 1994, S. 148.
[2] Vgl. *Bühner, R.*, Management-Holding, 1987, S. 44; *Bühner, R.*, Management-Holding, 1992, S. 50.
[3] Vgl. Kapitel 6.2.3, S. 201.
[4] Ähnlich vgl. *Kallfass, H. H.*, Konzernbildung, 1991, S. 28.

6.2.5 Gesamtvergleich

Bei niedriger Komplexität führt die Errichtung einer Konzernunternehmung zu höheren „formellen Betriebskosten", denen keine Vorteile aus der M-Form gegenüberstehen. Bei einem isolierten Vergleich von M-Form als Einheits- und als Konzernunternehmung stellt die Einheitsunternehmung daher bei niedriger Komplexität die komparativ effiziente Lösung dar. Mit steigender Komplexität der zu koordinierenden Transaktionen werden diese Nachteile von den Vorteilen aus der nur bei der rechtsformkongruenten Organisation gegebenen Unterstützung der Wirkungsmechanismen der M-Form überkompensiert, sodass die Konzernorganisation die effiziente Organisationsform wird (vgl. Darst. 36).

In der betriebswirtschaftlichen Literatur wird vereinzelt die These der organisatorischen Irrelevanz der Konzernierung vertreten.[1] Besonders deutlich wird dies bei *Drumm*: „Die Frage, ob Geschäftsbereiche aus organisatorischen Gründen mit eigener Rechtsform geführt werden sollten oder müßten, kann verneint werden. Keine der wählbaren Rechtsformen prägt die Organisationsstruktur – und umgekehrt."[2] In dieser Untersuchung konnte diese These jedoch unter den Annahmen des Transaktionskostenansatzes durch die in diesem Kapitel aufgezeigten Unterschiede deduktiv widerlegt werden.

Erweitert man die Betrachtung zusätzlich um die Alternative der U-Form in der Rechtsform der Einheitsunternehmung, so zeigt sich, dass bei niedriger Komplexität weder die M-Form als Einheitsunternehmung noch als Konzernunternehmung die effiziente Organisationsform darstellt. Vielmehr können bei der U-Form insbesondere aufgrund von skalenabhängigen Produktionskostenvorteilen die höchsten Kooperationsgewinne erzielt werden.[3] Möglicherweise führt die M-Form in Form der Einheitsunternehmung in einem Zwischenbereich mit mittlerer Komplexität – wie in Darst. 36 angedeutet – zu den höchsten Kooperationsgewinnen, da zwar bereits Vorteile der M-Form-Organisation zum Tragen kommen, aber keine mit der Konzernunternehmung verbundenen höheren „formellen Betriebskosten" anfallen. Ob diese These in der Realität zutrifft, oder ob

---

[1] Vgl. dazu *Debus, C.*, Konzernrecht, 1990, S. 167.
[2] *Drumm, H. J.*, Geschäftsbereiche, 1982, S. 404. Kritisch vgl. *Kirchner, C.*, Analyse, 1984, S. 226 f. A. A. vgl. *Theisen, M. R.*, Konzernunternehmungslehre, 2001, S. 44.
[3] Vgl. Kapitel 6.1.1.5, S. 190 f.

6.2 Konzernierung bei Ausblendung des Steuerrechts

die M-Form-Einheitsunternehmung immer zu höheren Kosten als die U-Form oder die M-Form als Konzernunternehmung führt, kann mit der vorliegenden qualitativen Analyse nicht beantwortet werden. Hierzu wäre vielmehr eine empirische Untersuchung notwendig.

Da bei Substitution der Management-Holdung durch eine Einheitsunternehmung in U-Form statt durch eine Einheitsunternehmung in M-Form[1] ebenfalls die Konzernunternehmung durch die Einheitsunternehmung ersetzt wird, würde sich durch die Berücksichtigung auch der U-Form keine Veränderung der Aussagen hinsichtlich des Grades der Konzernierung ergeben. Für das weitere Vorgehen in dieser Untersuchung kann die U-Form daher weiterhin zur Vereinfachung vernachlässigt werden. Eine Berücksichtigung der U-Form würde nur die Komplexität der Untersuchung erhöhen, aber keine Veränderung der Gesamtaussage zur Effizienz der Besteuerung hinsichtlich ihres Einflusses auf den Grad der Konzernierung ergeben.

---

[1] Zur steuerinduzierten Wahl der Organisationsform vgl. Kapitel 6.3, S. 216-220.

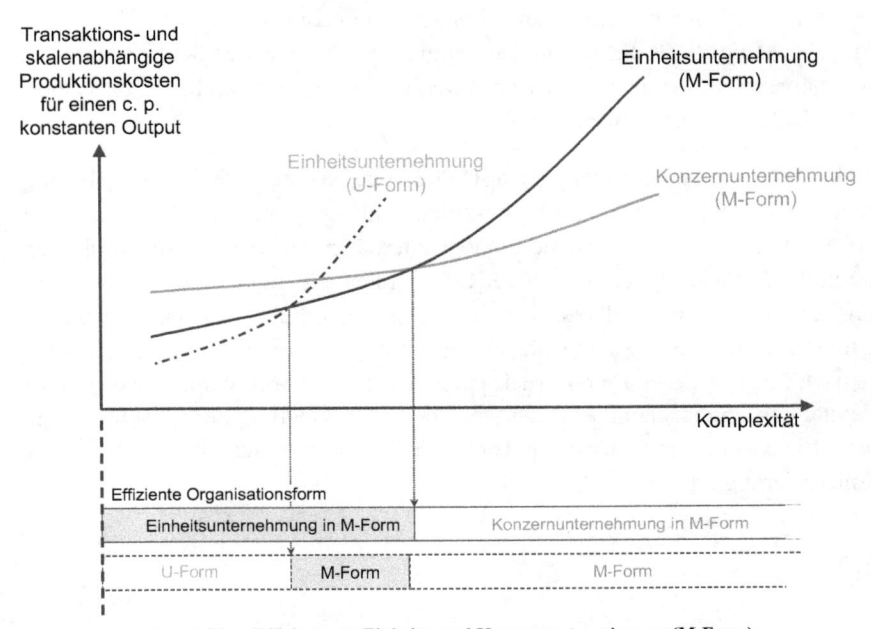

Darst. 36: **Effizienz von Einheits- und Konzernunternehmung (M-Form)**

6.3 Konzernierung unter Berücksichtigung des Steuerrechts

6.3.1 Vorgehensweise

Im Gegensatz zur bisherigen Partialanalyse unter Ausblendung des Steuerrechts sind in der Realität nach der im Transaktionskostenansatz unterstellten Hypothese der langfristigen Evolution zumindest langfristig die Organisationsformen beobachtbar, die unter Berücksichtigung aller Einflussfaktoren zu den höchsten Kooperationsgewinnen führen.[1] Da jedoch auch die Besteuerung die Höhe der Kooperationsgewinne beeinflussen kann, kann aus der bisher unter Ausblendung des Steuerrechts bestimmten Effizienz von Organisationsformen keine Hypothese über den in der Realität beobachtbaren Grad der Konzernierung abgeleitet

---

[1] Vgl. Kapitel 4.3.1.7, S. 95-98.

werden. Im Folgenden sollen die bisherigen Überlegungen daher um die Berücksichtigung der Besteuerung erweitert werden.[1]

6.3.2 Einfluss des Steuerrechts de lege lata auf die Organisationsformwahl

Bei der Darstellung der Steuereffekte de lege lata in Kapitel 2 wurde gezeigt, dass infolge unterschiedlich vieler Anknüpfungsobjekte die Gewinnermittlung und Verlustverrechnung in der Einheitsunternehmung im Vergleich zur Konzernunternehmung zu einem zeitlich späteren Anfall der Steuerbelastung führt.[2] Wie bereits in Kapitel 5 aufgezeigt wurde, führt dies unter den Annahmen des Transaktionskostenansatzes zu einem ökonomischen Vorteil in Form eines Zins- und Liquiditätseffekts.[3] Insbesondere aus den nur bei der Konzernunternehmung beschränkten Verrechnungsmöglichkeiten von Gewinnen und Verlusten der einzelnen Divisionen können sich zudem auch absolut niedrigere Steuerzahlungen in der Einheitsunternehmung ergeben.[4] Weiterhin führen die pauschal nicht abziehbaren Aufwendungen bei konzernunternehmungsinternen Gewinnausschüttungen sowie die nur in der Konzernunternehmung entstehende Grunderwerbsteuer bei unternehmungsinternen Grundstückstransaktionen zu einer höheren Steuerbelastung der Konzernunternehmung.[5]

Der Abschluss eines Ergebnisabführungsvertrags zur Erreichung einer ertragsteuerlichen Organschaft kann dabei zwar zumindest teilweise zu einer Minderung der organisationsformspezifischen Unterschiede führen,[6] ist nach empirischen Erhebungen aber in der Realität nur vereinzelt anzutreffen.[7] Ursache hierfür könnte sein, dass die Voraussetzung für eine steuerliche Organschaft in Form eines Ergebnisabführungsvertrags in der Realität oft unerwünscht ist, beispielsweise weil sie im Spannungsfeld zu einer sehr dezentralen Führung der Konzerntochter-

---

[1] Zum analogen Vorgehen in Kapitel 5 vgl. Kapitel 5.3.1, S. 156.
[2] Vgl. Kapitel 2.3.2.1, S. 27 f.; Kapitel 2.3.2.2, S. 28 f.
[3] Vgl. Kapitel 5.3.2, S. 157 f. Im Ergebnis ähnlich vgl. *Senger, T.*, Reform, 1997, S. 81; *Komarek, H.*, Konzern, 1998, S. 71; *Wartin, C./Sievert, E./Strohm, C.*, Reform, 2004, S. 2; *Jochum, H.*, Organschaft, 2005, S. 577.
[4] Vgl. Kapitel 2.3.2.2, S. 28 f.
[5] Vgl. Kapitel 2.3.2.3, S. 29-31; Kapitel 2.3.2.5, S. 35.
[6] Vgl. Kapitel 2.3.2.4, S. 32 f.
[7] Vgl. Kapitel 2.3.2.4, S. 33.

gesellschaft steht oder weil der damit verbundene Verlustausgleich für das Tochterunternehmen eine Art Kapitalversicherung darstellt, wodurch die unternehmerische Eigenverantwortung eingeschränkt sowie Anreize und Motivation der Leitung des Tochterunternehmens gesenkt werden.[1] Zudem führt eine ertragsteuerliche Organschaft de lege lata nur zur Minderung, nicht aber zur Beseitigung der steuerlichen Belastungsunterschiede.[2] Damit kann mit und ohne Organschaft eine erheblich geringere Steuerbelastung bei der Organisationsform einer Einheitsunternehmung im Vergleich zur Koordination durch einen Konzern entstehen.

Die Besteuerung führt damit de lege lata nicht nur zu einer Minderung der mit der jeweiligen Organisationsform erzielbaren Kooperationsgewinne durch Steuerzahlungen, sondern darüber hinaus auch zu einer Veränderung des *trade off* zwischen der Organisationsform einer Einheitsunternehmung und einer Konzernunternehmung: Durch die relativ günstigere Besteuerung der Einheitsunternehmung wird diese im Intervall i (vgl. Darst. 37) trotz höherer Komplexität noch die effiziente Organisationsform sein: Im Intervall i fallen ohne Berücksichtigung der Besteuerung bei der Konzernunternehmung geringere Kosten an, bei Berücksichtigung der Besteuerung hingegen bei der Einheitsunternehmung.

---

[1] Vgl. *Weber, A.*, Besteuerung, 1979, S. 147; *Krebühl, H.-H.*, Organschaft, 1995, S. 744; *Grotherr, S.*, Abschluss, 1995, S. 10; *Borggräfe, J.*, Konzernbesteuerung, 1995, S. 132; *Theisen, M. R.*, Konzern, 2000, S. 581; *Wartin, C./Sievert, E./Strohm, C.*, Reform, 2004, S. 2. Bei der in dieser Untersuchung betrachteten Management-Holding ist dieses Argument allerdings nur für Tochterunternehmen in der Rechtsform einer GmbH zutreffend; bei Tochterunternehmen in der Rechtform einer AG mit Beherrschungsvertrag oder Eingliederung ist die Obergesellschaft hingegen gemäß § 302 Abs. 1 AktG bzw. § 324 Abs. 3 AktG verpflichtet, Verluste der Tochter auszugleichen, vgl. *Schenk, G.*, Konzernbildung, 1997, S. 18 f.; *Scheffler, E.*, Konzernorganisation, 2004, Sp. 683; *Scheffler, E.*, Konzernmanagement, 2004, S. 7 f.

[2] Vgl. Kapitel 2.3.2.4, S. 32 f.

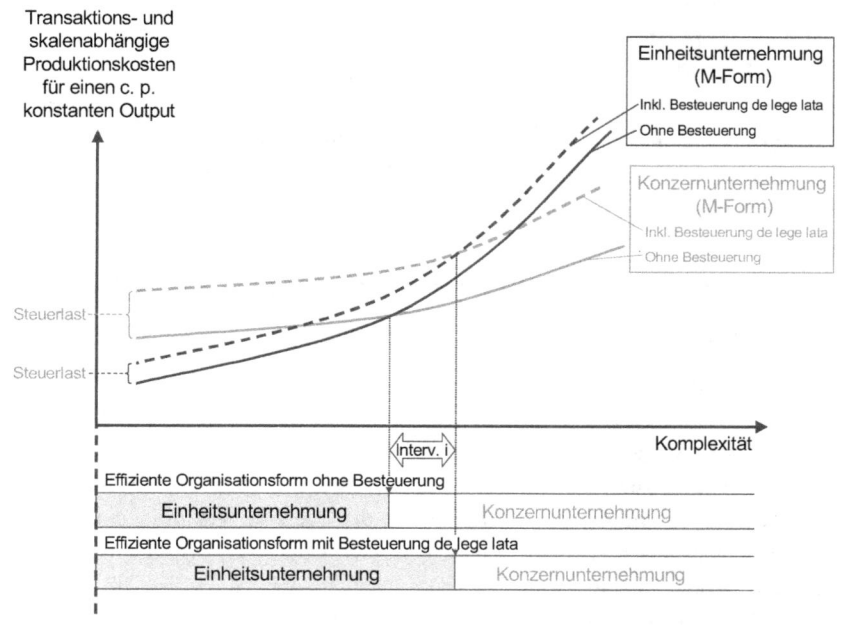

Darst. 37: **Effizienz der Konzernierung unter Berücksichtigung der Besteuerung**

6.3.3 Hypothese über die Organisationsformwahl in der Realität

Nach der im Transaktionskostenansatz vertretenen Hypothese der langfristigen Evolution werden bei Transaktionen mit hoher Komplexität zumindest langfristig mehr Koordinationsprobleme in der Organisationsform einer Einheitsunternehmung beobachtbar sein, als dies ohne Besteuerung der Kooperationsgewinne der Fall wäre.[1] Damit kann gemäß dem zweiten Teil der Zielsetzung dieser Untersuchung[2] eine Hypothese über die in der Realität beobachtbaren Organisa-

---

[1] Zur Hypothese der langfristigen Evolution vgl. Kapitel 4.3.1.7, S. 95-98.
[2] Vgl. Kapitel 1.2, S. 9.

tionsformen hinsichtlich des Grades der Konzernierung abgeleitet werden:[1] Die steuerliche Begünstigung der Einheitsunternehmung de lege lata führt im Intervall i zur Veränderung des *trade offs* der Transaktions- sowie der skalenabhängigen Produktionskosten und damit langfristig zur Wahl der Einheitsunternehmung statt der Konzernunternehmung. Im Vergleich zur fehlenden Berücksichtigung der Besteuerung führt dies zu einer Verringerung des Grads der Konzernierung der Unternehmungen.

6.4 Effizienzwirkungen der steuerinduzierten Organisationsformwahl

6.4.1 Vorgehensweise

Wie bei der Analyse der Auswirkungen der Besteuerung auf die Integration soll auch bei der Analyse der Auswirkungen auf die Konzernierung auf die Beurteilung der Höhe der gesamten Besteuerung und damit implizit insbesondere auch der Staatsquote bewusst verzichtet und stattdessen von konstanten Staatseinnahmen ausgegangen werden.[2] Das Steuerrecht de lege lata wird daher mit einem Steuerrecht verglichen, das sich nur in seiner Abhängigkeit von der Konzernierung, jedoch nicht in der Höhe der insgesamt erzielten Staatseinnahmen unterscheidet. Ebenso werden Effekte aus der Möglichkeit der grenzüberschreitenden Kooperation, der Möglichkeit der Zu- oder Abwanderung in andere Steuerhoheiten sowie der Möglichkeit, Staatseinnahmen statt durch eine Besteuerung der Kooperation durch andere Quellen zu substituieren, vollständig ausgeblendet.[3] Wie bei der Analyse der Integration soll auf dieser Basis die Effizienz des Steuerrechts de lege lata ceteris paribus anhand eines Vergleichs der Höhe der Summe aller in diesem Staat jeweils erwirtschafteten Kooperationsgewinne beurteilt werden.

---

[1] Eine Erweiterung der Analyse auf die U-Form würde zu keiner Veränderung der Hypothese hinsichtlich des in der Realität beobachtbaren Grades der Konzernierung führen, da in diesem Fall bei niedriger Komplexität zwar statt der M-Form-Einheitsunternehmung möglicherweise die U-Form-Einheitsunternehmung anzutreffen ist, im Intervall i sich jedoch auf jeden Fall ein Wechsel von der Konzernunternehmung zur Einheitsunternehmung (U- oder M-Form) ergibt, vgl. Kapitel 6.2.5, S. 214 f.
[2] Vgl. Kapitel 5.4.1, S. 162 f.
[3] Vgl, Kapitel 5.4.1, S. 163.

6.4.2 Vergleich mit einer von der Konzernierung unabhängigen Besteuerung

6.4.2.1 Komparative Bestimmung der Effizienz

Analog zur Analyse der Auswirkungen auf die Integration sollen zur Analyse der Auswirkungen auf die Konzernierung in einem ersten Schritt die unter dem Steuerrecht de lege lata langfristig durch die kooperierenden Individuen realisierten Kooperationsgewinne mit denen unter einer von der Konzernierung unabhängigen „konzernierungsneutralen" Besteuerung verglichen werden.[1] Dieses alternative Steuerrecht führt damit zwar im Vergleich zur Ausblendung der Besteuerung zu niedrigeren Kooperationsgewinnen, nicht jedoch zu einer Veränderung des *trade offs* der Transaktions- sowie der skalenabhängigen Produktionskosten, womit bei identischer Ausprägung der Komplexität nach der Hypothese der langfristigen Evolution langfristig jeweils die gleichen Organisationsformen wie bei Ausblendung der Besteuerung umgesetzt werden.[2]

Bei den beiden Vergleichspartnern ergibt sich in dem graphisch als Intervall i in Darst. 38 dargestellten Bereich ein anderer *trade off* der Kosten und damit auch veränderte Kooperationsgewinne. Während bei einer konzernierungsneutralen Besteuerung die gleichen Organisationsformen wie ohne Besteuerung komparativ günstiger sind, kann beim Steuersystem de lege lata in diesem Bereich ein Vorteil durch die Ausweichhandlung der Anpassung der Organisationsform an die steuerlich günstigere Einheitsunternehmung erreicht werden. Damit ist nach der Hypothese des Transaktionskostenansatzes in diesem Intervall langfristig eine steuerinduzierte Wahl der Einheitsunternehmung zu erwarten.

---

[1] D. h. das alternative Steuersystem soll immer zu einer in der Höhe und ihrem zeitlichen Anfall gleichen Besteuerung der Einheitsunternehmung und der Konzernunternehmung führen. Dabei wird die Hypothese der langfristigen Evolution wiederum auf einen abstrakten Vergleich der Vorteilhaftigkeit von Organisationsformen angewandt, da ein konkreter Vergleich inklusive der damit verbundenen Berücksichtigung bestehender Pfadabhängigkeiten nicht durchführbar ist. Zum konkreten und abstrakten Vergleich, vgl. Kapitel 4.3.1.4, S. 91 f.

[2] Sich aus der Organisationsformwahl ergebende Umverteilungen sollen aufgrund der rein effizienzorientierten Tradition des Transaktionskostenansatzes unberücksichtigt bleiben, vgl. Kapitel 4.3.2.3, S. 107.

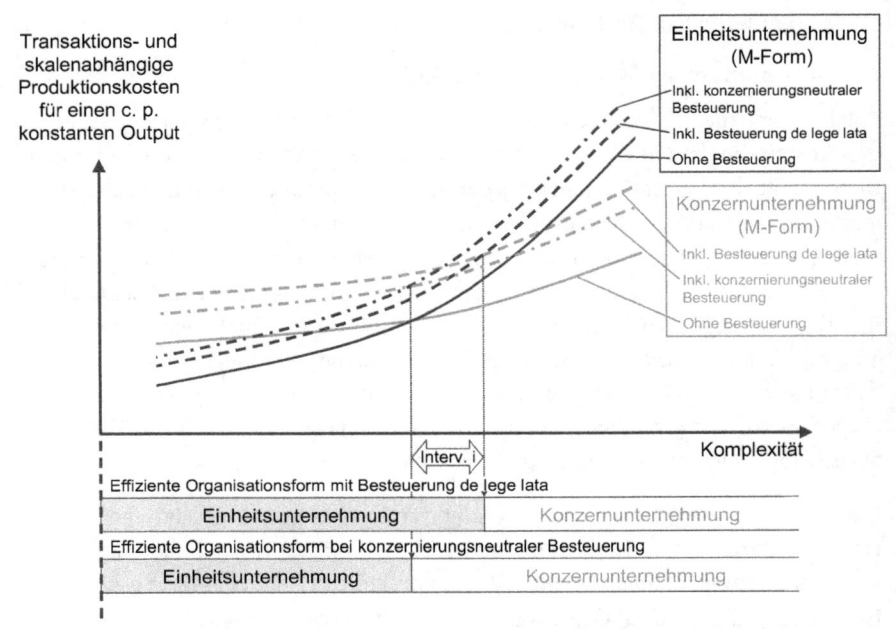

Darst. 38: Besteuerung de lege lata versus konzernierungsneutrale Besteuerung

Mit jedem steuerinduzierten Wechsel hin zur Alternative der Einheitsunternehmung ergibt sich analog wie bei der Diskussion der Integration ein Effizienzverlust. Wie in Darst. 39 gezeigt, wäre bei konzernierungsneutraler Besteuerung im Intervall i die Konzernunternehmung die effiziente Organisationsform. Dabei würden Kosten in Höhe von a zuzüglich der Besteuerung b+c anfallen. Demgegenüber ist beim Steuerrecht de lege lata die Einheitsunternehmung effizient, wobei Kosten in Höhe von a zuzüglich der Besteuerung c+d sowie der „Mehrkosten" aus der Ausweichhandlung in Höhe von b entstehen. Im Gegensatz zum konzernierungsneutralen Steuersystem stehen der Größe b bei der Besteuerung de lege lata dabei keine Staatseinnahmen gegenüber.

6.4 Effizienzwirkungen der steuerinduzierten Organisationsformwahl

Der Vergleich der Effizienz des Steuerrechts de lege lata bedingt nun eine Addition aller Kooperationsergebnisse.[1] Da die Summe der Steuerlast annahmegemäß identisch gesetzt wurde,[2] ergibt sich ein Unterschied aus der Summe aller in diesem Staat bei der Organisationsformwahl von Transaktionen mit den Schlüsseldimensionen im Intervall i entstehenden „Mehrkosten" (in Darst. 39 jeweils b).

Ob die Besteuerung de lege lata aufgrund dieses Ergebnisses als ineffizient bezeichnet werden kann, hängt davon ab, ob eine konzernierungsneutrale Besteuerung eine praktisch und politisch umsetzbare Alternative darstellt, weshalb im Folgenden die Umsetzbarkeit einer derartigen Besteuerung überprüft werden soll.

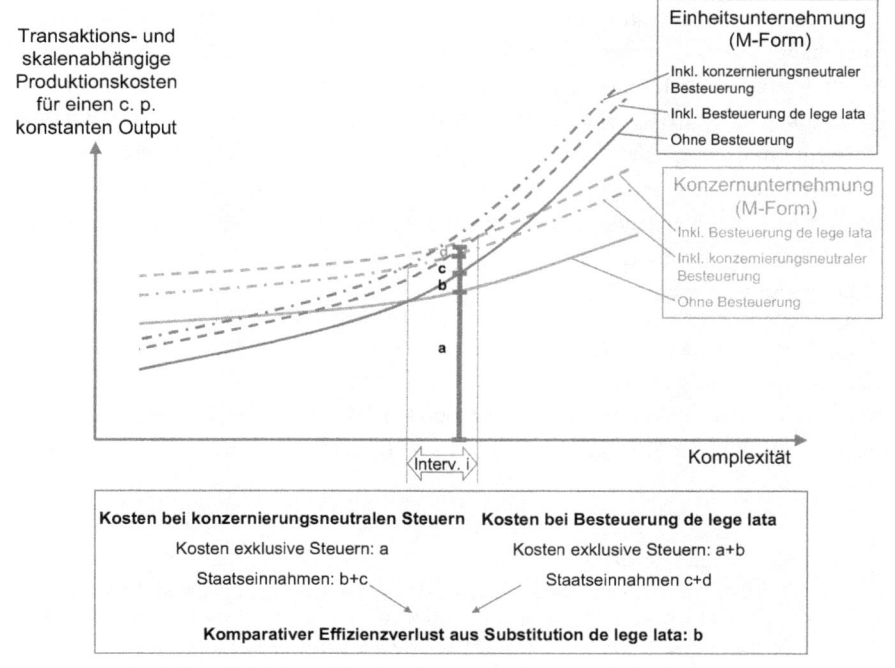

Darst. 39: **Effizienzvergleich mit einer konzernierungsneutralen Besteuerung**

---

[1] Vgl. Kapitel 6.4.1, S. 220.
[2] Vgl. Kapitel 6.4.1, S. 220.

6.4.2.2 Umsetzbarkeit de lege ferenda

Der bisher vorgenommene Vergleich der Besteuerung de lege lata mit einer von der Konzernierung unabhängigen Besteuerung bedingt in der Tradition des Transaktionskostenansatzes, dass eine derartige Alternative praktisch und politisch umsetzbar ist.[1] Eine vom Grad der Konzernierung unabhängige Besteuerung könnte grundsätzlich durch eine Angleichung von Markt- und Unternehmungsbesteuerung erfolgen,[2] die Unmöglichkeit der praktisch und politisch umsetzbaren, vollständigen Angleichung von Markt- und Unternehmungsbesteuerung wurde jedoch bereits bei der Diskussion der Steuerwirkungen der Integration von Produktionsschritten dargestellt.[3]

Eine andere Möglichkeit zur Erreichung einer vom Grad der Konzernierung unabhängigen Besteuerung besteht darin, die Besteuerung der Konzernunternehmung de lege ferenda an die Besteuerung der Einheitsunternehmung anzugleichen. Sind in der Realität auch Beteiligungsverhältnisse von unter hundert Prozent anzutreffen, führt eine derartige Angleichung der Besteuerung der Konzernunternehmung an die der Einheitsunternehmung allerdings immer zum Problem der Abgrenzung ihres Anwendungsbereiches;[4] nur bei den in dieser Untersuchung betrachteten hundertprozentigen Beteiligungen sind derartige Abgrenzungsprobleme nicht gegeben.

Um eine derartige Angleichung zu erreichen, ist eine konzerndimensionale Besteuerung notwendig, wie sie in der Betriebswirtschaftlichen Steuerlehre bereits intensiv diskutiert wurde.[5] Dabei wird zum einen eine Steuersubjekteigenschaft nur der Konzernmuttergesellschaft, verbunden mit der Steuerbemes-

---

[1] Vgl. Kapitel 4.3.2.3, S. 109.

[2] In diesem Fall würde die rechtliche Vielfalt des Konzerns auch bei der steuerlichen Anknüpfung an den einzelnen rechtlichen Einheiten im Konzern nicht mehr zu Belastungsunterschieden zwischen Konzern- und Einheitsunternehmung führen.

[3] Vgl. Kapitel 5.4.2.2, S. 167-172.

[4] Zur Abgrenzung siehe *Baetge, J./Beermann, T.*, Konzernbesteuerung, 1998, S. 277; *Senger, T.*, Reform, 1997, S. 140-151; *Probst, A.*, Konzernunternehmung, 1997, S. 172, 191 f.; *Salzberger, W.*, Konzernunternehmung, 1994, S. 230-240; *Scheuchzer, M.*, Konzernbesteuerung, 1994, S. 239-244; *Küting, K.*, Einheitsbesteuerung, 1990, S. 496; *Bauer, K.*, Besteuerung, 1987, S. 211-216; *Rupp, R.*, Ertragsbesteuerung, 1983, S. 219-243.

[5] Vgl. dazu Kapitel 1.3, S. 11 f.

sungsgrundlage einer konsolidierten Konzernsteuerbilanz, vorgeschlagen.[1] Ein derartiges Vorgehen würde aus Sicht des Konzerns zu einer von der Konzernierung unabhängigen Besteuerung führen, da implizit ein Verlustausgleich innerhalb des Konzerns, eine Vermeidung von Mehrfacherfassungen bei konzerninternen Gewinnausschüttungen und eine Neutralisierung von Zwischengewinnen erfolgt.[2] Dieses Vorgehen ist zwar unter der in diesem Kapitel getroffenen Annahme des Ausschlusses von Minderheitsgesellschaftern[3] unproblematisch, beim Vorliegen von Minderheitsgesellschaftern und Fehlen eines Ergebnisabführungsvertrags muss zur zutreffenden Aufwandszuordnung jedoch eine unternehmungsinterne Konzernsteuerumlage erfolgen. Eine derartige Umlage beeinflusst unmittelbar das Ergebnis der Handelsbilanzen der Tochtergesellschaften und damit die Gewinnansprüche der Minderheitsgesellschafter.[4] Da in der betriebswirtschaftlichen Literatur bisher kein dem Schutzbedürfnis der Minderheitsgesellschafter entsprechendes Aufteilungsverfahren erarbeitet werden konnte,[5] widerspricht diese Lösung zumindest im faktischen Konzern gängigen Gerechtigkeitsvorstellungen[6] und ist damit im Sinne dieser Untersuchung als poli-

---

[1] Vgl. *Krebühl, H.-H.*, Konzernbesteuerung, 2003, S. 603-609; *Grotherr, S.*, Organschaft, 1995, S. 150; *Salzberger, W.*, Konzernbesteuerung, 1994, S. 154-181; *Scheuchzer, M.*, Konzernbesteuerung, 1994, S. 37; *Küting, K.*, Einheitsbesteuerung, 1990, S. 489 f.; *Bauer, K.*, Besteuerung, 1987, S. 210; *Mühlschlegel, G.*, Konzerne, 1971, S. 102-171.

[2] Vgl. *Theisen, M. R.*, Konzern, 2000, S. 582 f.; *Baetge, J./Beermann, T.*, Konzernbesteuerung, 1998, S. 276; *Probst, A.*, Konzernunternehmung, 1997, S. 171 f.; *Scheuchzer, M.*, Konzernbesteuerung, 1994, S. 39; *Küting, K.*, Einheitsbesteuerung, 1990, S. 490. Ähnlich vgl. *Krebühl, H.-H.*, Konzernbesteuerung, 2003, S. 604-606.

[3] Vgl. Kapitel 6.1.2, S. 194.

[4] Vgl. *Theisen, M. R.*, Konzern, 2000, S. 583 f.; *Baetge, J./Beermann, T.*, Konzernbesteuerung, 1998, S. 276, 279. Ähnlich vgl. *Weber, A.*, Besteuerung, 1979, S. 150.

[5] Vgl. *Theisen, M. R.*, Konzern, 2000, S. 584; *Baetge, J./Beermann, T.*, Konzernbesteuerung, 1998, S. 279; *Probst, A.*, Konzernunternehmung, 1997, S. 172-191. Ähnlich vgl. *Prüschenk, F.*, Ertragsbesteuerung, 2004, S. 191 f.; *Salzberger, W.*, Konzernunternehmung, 1994, S. 182 f. A. A. vgl. *Krebühl, H.-H.*, Konzernbesteuerung, 2003, S. 609; *Senger, T.*, Reform, 1997, S. 138.

[6] Im Vertragskonzern wird der Minderheitenschutz hingegen durch die aktienrechtlichen Schutzvorschriften der Muttergesellschaft sichergestellt, vgl. *Theisen, M. R.*, Konzern, 2000, S. 583. Zu den Schutzvorschriften siehe *Theisen, M. R.*, Konzern, 2000, S. 49-51.

tisch nicht umsetzbar anzusehen.[1] Eine derartige Besteuerung kann damit im Sinne des Transaktionskostenansatzes nicht als Alternative zur Beurteilung der Effizienz der Besteuerung de lege lata herangezogen werden.

Alternativ wird in der Betriebswirtschaftlichen Steuerlehre de lege ferenda eine Erweiterung der ertragsteuerlichen Organschaft um eine Zwischengewinneliminierung vorgeschlagen, bei der auf das Erfordernis eines Ergebnisabführungsvertrags verzichtet wird.[2] Bei diesem Vorgehen werden innerbetriebliche Zwischengewinne in den Steuerbilanzen der jeweiligen Konzerngesellschaften als realisiert behandelt und die getrennt ermittelten Ergebnisse gemäß der Zurechnungstheorie der Muttergesellschaft zugerechnet. Die derart ermittelte steuerliche Bemessungsgrundlage des Konzerns wird anschließend um die innerhalb des Konzerns realisierten Zwischengewinne bereinigt.[3] Damit wird der Minderheitenschutz im Konzern im Vergleich zur Situation de lege lata zumindest nicht verschlechtert[4] und eine aus Sicht des Konzerns vom Grad der Konzernierung unabhängige Ertragsbesteuerung erreicht.[5] Wird zusätzlich bei der Grunderwerbsteuer auf eine Besteuerung von konzerninternen Grundstückstransaktionen

---

[1] Vgl. Kapitel 4.3.2.3, S. 109 f. Darüber hinaus führt die Vollkonsolidierung zu einer aus Sicht der Minderheitsgesellschafter unzutreffenden Neutralisierung des gesamten, d. h. auch des auf die Minderheitsgesellschafter entfallenden Anteils am konzerninternen Leistungsaustausch, vgl. *Probst, A.,* Konzernunternehmung, 1997, S. 177-179; *Scheffler, W.,* Konzerne, 1991, S. 712.

[2] Vgl. *Prüschenk, F.,* Ertragsbesteuerung, 2004, S. 192-205; *Herzig, N.,* Einführung, 2003, S. 27 f.; *Probst, A.,* Konzernunternehmung, 1997, S. 191-208; *Senger, T.,* Reform, 1997, S. 112 f., 194-196; *Salzberger, W.,* Konzernunternehmung, 1994, S. 238-243; *Scheffler, W.,* Konzerne, 1991, S. 713; *Rupp, R.,* Ertragsbesteuerung, 1983, S. 240-243. Ebenfalls für eine Zwischengewinneliminierung, aber hinsichtlich des Erfordernisses eines Ergebnisabführungsvertrages differenzierter, vgl. *Grotherr, S.,* Konzernbesteuerungssysteme, 1996, S. 378.

[3] Vgl. *Probst, A.,* Konzernunternehmung, 1997, S. 197-200; *Senger, T.,* Reform, 1997, S. 207; *Salzberger, W.,* Konzernunternehmung, 1994, S. 240; *Scheuchzer, M.,* Konzernbesteuerung, 1994, S. 247-257; *Scheffler, W.,* Konzerne, 1991, S. 712 f.; *Rupp, R.,* Ertragsbesteuerung, 1983, S. 213. Die in der Literatur vorgeschlagenen Ansätze unterscheiden sich dabei insoweit, als die Zwischenergebnisse innerhalb oder außerhalb der Bilanz und quotal oder vollständig eliminiert werden, vgl. *Theisen, M. R.,* Konzern, 2000, S. 585. *Probst* differenziert zusätzlich nach *upstream-* und *downstream-*Lieferungen, vgl. *Probst, A.,* Konzernunternehmung, 1997, S. 198 f.

[4] D. h. die Zurechnungsproblematik verbleibt damit wie bei der Situation de lege lata beim Bewertungsproblem der konzerninternen Verrechnungspreise, vgl. *Theisen, M. R.,* Konzern, 2000, S. 585.

[5] Vgl. *Theisen, M. R.,* Konzern, 2000, S. 585.

6.4 Effizienzwirkungen der steuerinduzierten Organisationsformwahl

verzichtet, könnte eine weitgehend vom Grad der Konzernierung unabhängige Besteuerung erreicht werden.[1]

Anders als bei der Diskussion des Grades der Integration von Produktionsschritten kann damit anhand des Vergleichs mit einer von der Konzernierung unabhängigen Besteuerung das Steuerrecht de lege lata im Sinne des Transaktionskostenansatzes als ineffizient bezeichnet werden. Da Steuerrechtsänderungen in der Politik allerdings in der Regel leichter in kleinen Schritten als durch große Reformen umgesetzt werden, wird im nächsten Kapitel weiter geprüft, ob auch die Umsetzung eines nur weniger vom Grad der Konzernierung abhängigen Steuerrechts zu höheren Kooperationsgewinnen führen würde.

6.4.3 Vergleich mit einer weniger konzernierungsabhängigen Besteuerung

6.4.3.1 Komparative Bestimmung der Effizienz

Im Folgenden soll analog zur Diskussion der Integration von Produktionsschritten statt des Vergleichs der Besteuerung de lege lata mit einer neutralen Besteuerung ein Vergleich mit einem weniger von der Konzernierung abhängigen Steuersystem vorgenommen werden. Eine derartige Besteuerungsform unterscheidet sich von der Besteuerung de lege lata nur dadurch, dass sich weniger Unterschiede in Höhe und zeitlichem Anfall der Steuerzahlungen zwischen der Koordination in einer Einheitsunternehmung und einer Konzernunternehmung ergeben.

Beim Vergleich der Besteuerung de lege lata mit einem weniger von der Konzernierung abhängigen Steuersystem existiert wiederum ein offenes Intervall (i'), in dem es bei der Besteuerung de lege lata zu einer steuerinduzierten Wahl der Einheitsunternehmung kommt. Wie in Darst. 40 gezeigt, ist dieser Bereich jedoch um das Intervall i* kleiner als beim Vergleich der Besteuerung de lege lata mit einer konzernierungsneutralen Besteuerung. Entsprechend ergibt sich nach der Hypothese der langfristigen Evolution auch bei einem weniger von der Konzernierung abhängigen Steuersystem im Vergleich zur Besteuerung de lege lata ein Vorteil in Höhe der Summe der jeweiligen „Mehrkosten" (in Darst. 39 jeweils

---

[1] Vgl. *Krebühl, H.-H.*, Konzernbesteuerung, 2003, S. 609.

b) über alle nur de lege lata steuerinduzierten Organisationsformwahlen, dies allerdings nur im Intervall i'.[1]

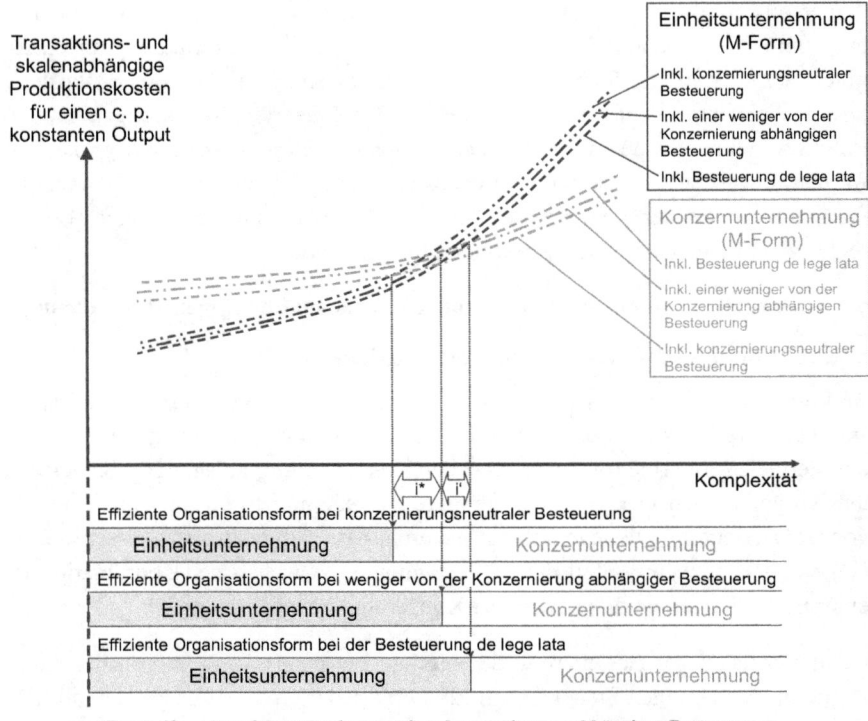

Darst. 40: Auswirkungen einer weniger konzernierungsabhängigen Besteuerung

6.4.3.2 Umsetzbarkeit de lege ferenda

Eine weniger von der Konzernierung der Unternehmung abhängige Besteuerung kann de lege ferenda durch Minderung der Unterschiede zwischen der Besteuerung von rechtlich selbstständigen und in einer Einheitsunternehmung integrierten Produktionsschritten erreicht werden. In Kapitel 5.4.3.2 wurde als Möglichkeit zur Verringerung der Abhängigkeit der Besteuerung von der Integration von Produktionsschritten eine verstärkt indirekte Besteuerung durch die Umsatzsteuer

---

[1] Zur Hypothese der langfristigen Evolution vgl. Kapitel 4.3.1.7, S. 95-98.

6.4 Effizienzwirkungen der steuerinduzierten Organisationsformwahl

sowie eine Erweiterung der Verlustnutzungsmöglichkeiten bei der direkten Besteuerung aufgezeigt.[1] Die Umsetzung dieser Maßnahmen reduziert die Unterschiede zwischen der Markt- und der Unternehmungsbesteuerung und damit regelmäßig zugleich die Abhängigkeit der Besteuerung von der Konzernierung.

Neben einer derartigen Annäherung der Besteuerung aller Markttransaktionen an die Besteuerung einer Einheitsunternehmung besteht de lege ferenda auch die Möglichkeit, die Abhängigkeit der Besteuerung von der Konzernierung zu vermindern, indem nur konzerninterne Transaktionen an die Besteuerung einer Einheitsunternehmung angenähert werden. Bei der Diskussion einer konzernierungsneutralen Besteuerung wurde eine Erweiterung der ertragsteuerlichen Organschaft um eine Zwischengewinneliminierung, eine Erweiterung des Anwendungsbereichs der Organschaft durch Verzicht auf den Ergebnisabführungsvertrag sowie eine grunderwerbsteuerliche Organschaft als für eine konzernierungsneutrale Besteuerung kumulativ notwendige Änderungen aufgezeigt.[2] Soweit dieser Vorschlag nicht in allen drei Aspekten umgesetzt wird, würde auch eine teilweise Umsetzung einzelner Aspekte bereits zu einer zumindest weniger von der Konzernierung abhängigen Besteuerung und damit zu einer Steigerung der Summe der realisierten Kooperationsgewinne führen.

Wird bei der ertragsteuerlichen Organschaft nicht – wie in Kapitel 6.4.2.2 vorgeschlagen – auf die Voraussetzung des Ergebnisabführungsvertrags verzichtet und wird die Verlustverrechnung nicht – wie in Kapitel 5.4.3.2 vorgeschlagen – auch außerhalb des Konzerns ermöglicht, könnten zumindest eine konzerninterne Verrechnung der Gewinne und Verluste aus den einzelnen Konzerngesellschaften zugelassen werden und so zumindest die Unterschiede bei der Verlustnutzung zwischen Konzern- und Einheitsunternehmung beseitigt werden.

Soweit an der Voraussetzung eines Ergebnisabführungsvertrags für die Organschaft festgehalten wird, könnte zudem zumindest die Mehrfachbelastung von konzerninternen Gewinnausschüttungen beseitigt werden, indem die derzeitige

---

[1] Vgl. Kapitel 5.4.3.2, S. 174 f.
[2] Vgl. Kapitel 6.4.2.2, S. 226 f.

Fiktion von pauschal nicht abzugsfähigen Betriebsausgaben durch die Abschaffung von § 8b Abs. 3 KStG und § 8b Abs. 5 KStG aufgegeben wird.[1]

6.4.4 Hypothese zur Effizienz des Steuerrechts

Der Vergleich des Steuerrechts de lege lata mit einem von der Konzernierung unabhängigen Steuerrecht sowie mit einem weniger von der Konzernierung abhängigen Steuerrecht zeigt, dass die Besteuerung de lege lata als ineffizient bezeichnet werden kann. Aus dieser Ursache-Wirkungs-Hypothese lässt sich folgende quasi-normative Ziel-Mittel-Relation ableiten:[2] Zur Erhöhung der Summe der Kooperationsgewinne sollte das Steuerrecht vom Grad der Konzernierung einer Unternehmung unabhängig oder zumindest weniger abhängig gestaltet werden. Damit konnte gemäß dem dritten Teil der Zielsetzung dieser Untersuchung auch hinsichtlich der Auswirkungen auf den Grad der Konzernierung von Unternehmungen eine Hypothese über die Effizienz der Besteuerung de lege lata erstellt werden.

Darüber hinaus zeigt dieses Ergebnis, dass eine weitere Vergrößerung der Unterschiede zwischen der Besteuerung der Einheitsunternehmung und der Konzernunternehmung, beispielsweise durch die in der politischen Diskussion zum Teil vorgeschlagene Abschaffung oder Einschränkung des Veräußerungsprivilegs des § 8b Abs. 2 KStG,[3] zu einer weiteren Erhöhung der rein steuerinduzierten Organisationsformwahl und damit zum Verlust von weiteren Teilen der erzielbaren Nettokooperationsgewinne führen würde.

---

[1] Zu den Auswirkungen von § 8b Abs. 3 KStG und § 8b Abs. 5 KStG vgl. Kapitel 2.3.2.3, S. 29-31.
[2] Vgl. Kapitel 4.3.2.4, S. 110 f.
[3] Vgl. z. B. *Kirchhof, P.,* Reform, 2003, S. 11.

Kapitel 7 Zusammenfassung in Thesen

In der Untersuchung wurde eine transaktionskostenökonomische Analyse des Einflusses der Besteuerung auf die Integration von Produktionsschritten und auf die Konzernierung von Unternehmungen durchgeführt. Nach der Zielsetzung dieser Untersuchung sollte dabei *erstens* dargestellt werden, inwieweit der Grad der Integration ebenso wie der Grad der Konzernierung de lege lata zu unterschiedlichen Steuerbelastungen führt. *Zweitens* sollte analysiert werden, welche Auswirkungen sich aufgrund dieses Steuereffekts auf die in der Realität beobachtbaren Organisationsformen ergeben und *drittens* die Effizienz der Besteuerung de lege lata durch einen Vergleich mit einer alternativen Besteuerung beurteilt werden. Die Ergebnisse der Analyse lassen sich wie folgt thesenförmig zusammenfassen:

(1) Die Organisationsform der Einheitsunternehmung führt regelmäßig zu einer zeitlich späteren und zum Teil auch absolut geringeren Steuerbelastung. Dies gilt sowohl im Vergleich zum Markt als auch im Vergleich zur Konzernunternehmung.

(2) Die modelltheoretische Analyse der Auswirkungen dieses Steuereffekts kann nicht ohne Auswahl einer geeigneten ökonomischen Theorie erfolgen. Die Eignung einer Theorie für eine bestimmte Fragestellung ist von ihren Annahmen abhängig. Zur Untersuchung der vorliegenden Fragestellung ist die Theorie des Transaktionskostenansatzes geeignet, während die Theorien der Neoklassik und der Hybridmodelle ungeeignet sind.

(3) Im Transaktionskostenansatz kann nicht von der automatischen und zeitgleichen Umsetzung pareto-optimaler Organisationsformen ausgegangen werden. Die Aussagen über die in der Realität beobachtbare Organisationsformwahl basieren in dieser Theorie stattdessen zentral auf der Hypothese der langfristigen Evolution.

(4) Die Besteuerung kann unter den Annahmen des Transaktionskostenansatzes nicht in der Tradition *Pigous* durch den Vergleich mit einem Konkurrenzgleichgewicht beurteilt werden. Damit können auch die Forderung nach Allokationseffizienz sowie die aus ihr abgeleiteten Postulate der Investitions-, Finanzierungs- und Rechtsformneutralität nicht aufrechterhalten werden. Vielmehr kann die Besteuerung nur durch eine komparative Gegenüberstellung mit einem in der Realität praktisch sowie politisch umsetzbaren, alternativen Steuerrecht beurteilt werden.

(5) Unter den Annahmen des Transaktionskostenansatzes „übertrumpft" die Ökonomik die reale Politik nicht mehr mit einem hypothetischen Ideal, vielmehr steht sie in Abhängigkeit und im analytischen Dienst der realen Politik. Normative Aussagen sind nur insoweit möglich, als positive Hypothesen über Ursache-Wirkungs-Zusammenhänge in Ziel-Mittel-Relationen transformiert werden können. Die Ökonomik kann nur Wege zur Erreichung einer effizienten Besteuerung aufzeigen und diese allen Individuen, die das Ziel der Effizienz verfolgen, zur Verfügung stellen.

(6) Der in der Realität beobachtbare Grad der vertikalen Integration ist insbesondere von der Spezifität der zu koordinierenden Transaktionen sowie von der Besteuerung de lege lata abhängig. Der in der Realität beobachtbare Grad der horizontalen Integration hängt vom Vorliegen von Transaktionen, bei denen proprietäre Informationen, Know-how oder unteilbare spezifische Investitionsgüter gegeben sind, sowie von der Besteuerung de lege lata ab. Die unterschiedliche Besteuerung von Markt und Unternehmung de lege lata führt langfristig im Vergleich zu einer von der Besteuerung abstrahierenden Betrachtung zu einem höheren Grad der Integration von Produktionsschritten.

(7) Im Vergleich mit einer von der Integration von Produktionsschritten unabhängigen Besteuerung ergeben sich durch diese Steuerwirkung auf den Grad der Integration in Summe niedrigere Kooperationsgewinne bei der Besteuerung de lege lata. Eine vollständig von der Integration unabhängige Besteuerung ist jedoch praktisch und politisch nicht umsetzbar, sodass die Besteuerung de lege lata anhand eines Vergleichs mit einer integrationsneutralen Besteuerung nicht beurteilt werden kann.

7 Zusammenfassung in Thesen

(8) Auch bei Vergleich der Besteuerung de lege lata mit einer nur weniger von der Integration von Produktionsschritten abhängigen Besteuerung fallen bei der Besteuerung de lege lata in Summe niedrigere Kooperationsgewinne an. Eine weniger von der Integration von Produktionsschritten abhängige Besteuerung ist z. B. durch die Substitution eines Teils der Ertragsbesteuerung mit einer höheren Umsatzsteuer oder durch eine Erweiterung der Verlustverrechnungsmöglichkeiten sowohl praktisch als auch politisch umsetzbar. Durch ihren Einfluss auf den Grad der Integration von Produktionsschritten kann die Besteuerung de lege lata daher im Sinne des Transaktionskostenansatzes als ineffizient bezeichnet werden.

(9) Die Analyse der Steuerwirkungen auf die Konzernierung von Unternehmungen kann typisiert durch einen Vergleich von Einheitsunternehmung und Management-Holding erfolgen. Der Vergleich zeigt, dass der in der Realität beobachtbare Grad der Konzernierung insbesondere von der Komplexität der zu koordinierenden Transaktionen sowie von der Besteuerung de lege lata abhängig ist. Die Besteuerung de lege lata führt im Vergleich zu einer von der Besteuerung abstrahierenden Betrachtung langfristig zu einer Verminderung des Grades der Konzernierung von Unternehmungen.

(10) Im Vergleich mit einer von der Konzernierung von Unternehmungen unabhängigen Besteuerung führt die Besteuerung de lege lata zu in Summe niedrigeren Kooperationsgewinnen. Eine konzernierungsneutrale Besteuerung ist z. B. durch eine Erweiterung der ertragsteuerlichen Organschaft um eine Zwischengewinneliminierung in Verbindung mit einer erheblichen Erweiterung ihres Anwendungsbereichs sowie die Einführung einer grunderwerbsteuerlichen Organschaft sowohl praktisch als auch politisch umsetzbar. Die Besteuerung de lege lata kann daher im Sinne des Transaktionskostenansatzes auch aufgrund ihrer Auswirkungen auf den Grad der Konzernierung als ineffizient bezeichnet werden.

(11) Auch bei Vergleich der Besteuerung de lege lata mit einer nur weniger von der Konzernierung von Unternehmungen abhängigen Besteuerung fallen bei der Besteuerung de lege lata in Summe niedrigere Kooperationsgewinne an, sodass sich z. B. bereits durch die Einführung von erweiterten konzerninternen Verlustverrechnungsmöglichkeiten im Vergleich zur Besteuerung de lege lata höhere Kooperationsgewinne ergeben.

Literaturverzeichnis

Adam, Dietrich [Investitionscontrolling, 2000]: Investitionscontrolling, 3. Aufl., München/Wien: Oldenbourg, 2000

Akerlof, George A. [Lemons, 1970]: The Market for „Lemons": Quality Uncertainty and the Market Mechanism, in: QJE 84 (1970), S. 488-500

Albach, Horst (Hrsg.) [Konzernmanagement, 2001]: Konzernmanagement, Corporate Governance und Kapitalmarkt – Wissenschaftliche Jahrestagung des Verbands der Hochschullehrer für Betriebswirtschaftslehre e. V. 2000 in Berlin, Wiesbaden: Gabler, 2001

Albach, Horst/Klein, Günter (Hrsg.) [Harmonisierung, 1990]: Harmonisierung der Konzernrechnungslegung in Europa, Wiesbaden: Gabler, 1990

Albers, Willi u. a. (Hrsg.) [Handwörterbuch, 1982]: Handwörterbuch der Wirtschaftswissenschaften – Neunter Band, Stuttgart u. a.: Gustav Fischer/J. C. B. Mohr (Paul Siebeck)/Vandenhoeck & Ruprecht, 1982

Alchian, Armen A. [Evolution, 1950]: Uncertainty, Evolution, and Economic Theory, in: JPoE 58 (1950), S. 211-221

Alchian, Armen A. [Management, 1965]: The Basis of Some Recent Advantages in the Theory of Management of the Firm, in: JIE 14 (1965), S. 30-41

Alchian, Armen A./Demsetz, Harold [Organization, 1972]: Production, Information Costs, and Economic Organization, in: AER 62 (1972), S. 777-795

Alchian, Armen A./Woodward, Susan [Firm, 1988]: The Firm is Dead; Long Live the Firm – A Review of Oliver E. Williamson's The Economic Institutions of Capitalism, in: JEL 26 (1988), S. 65-79

Alessi, Louis de [Welfare, 1990]: Form, Substance, and Welfare Comparisons in the Analysis of Institutions, in: JITE 146 (1990), S. 5-23

Altmeppen, Holger [Geschäftsführung, 2003]: § 37 – Geschäftsführung und Vertretung. Beschränkungen, in: *Roth, G. H./Altmeppen, H.* (Hrsg.), GmbHG, 2003, S. 543-557

Altmeppen, Holger [Haftung, 2003]: § 43 – Haftung der Geschäftsführer, in: *Roth, G. H./Altmeppen, H.* (Hrsg.), GmbHG, 2003, S. 608-639

Altmeppen, Holger [Konzernrecht, 2003]: Anhang § 13 – Konzernrecht der GmbH, in: *Roth, G. H./Altmeppen, H.* (Hrsg.), GmbHG, 2003, S. 224-276

Aoki, Masahiko [Firm, 1980]: A Model of the Firm as a Stockholder-Employee Cooperative Game, in: AER 70 (1980), S. 600-610

Aoki, Masahiko [Model, 1990]: Towards an Economic Model of the Japanese Firm, in: JEL 28 (1990), S. 1-27

Arrow, J. Kenneth [Essays, 1971]: Essays in the Theory of Risk-Bearing, Amsterdam/London: North-Holland Publishing, 1971

Arrow, J. Kenneth [Limits, 1974]: The Limits of Organization, New York: Norton & Company, 1974

Arrow, J. Kenneth [Organization, 1977]: The Organization of Economic Activity: Issues Pertinent to the Choice of Market Versus Nonmarket Allocation, in: *Haveman, R. H./Margolis J.* (Hrsg.), Expenditure, 1977, S. 67-81

Arrow, J. Kenneth [Agency, 1991]: The Economics of Agency, in: *Pratt, J. W./ Zeckhauser, R. J.* (Hrsg.), Principals, 1991, S. 37-51

Arrow, J. Kenneth [Foreword, 1999] Foreword, in: *Carroll, G. R./Teece, D. J.* (Hrsg.), Firms, 1999, S. vii-viii

Baetge, Jörg/Beermann, Thomas [Konzernbesteuerung, 1998]: Die Eignung der körperschaftsteuerlichen Organschaft für die Konzernbesteuerung, in: *Meffert, H./Krawitz, N.* (Hrsg.), Unternehmensrechnung, 1998, S. 265-288

Bain, Joe S. [Organization, 1968]: Industrial Organization, 2. Aufl., New York/ London/Sydney: John Wilkey & Sons, 1968

Ballwieser, Wolfgang [Vorteilhaftigkeit, 1986]: Zur Vorteilhaftigkeit von Prüfungen in agententheoretischen Modellen, Universität Hannover: Fachbereich Wirtschaftswissenschaften, Diskussionspapier Nr. 86, 1986

Ballwieser, Wolfgang [Theorie, 1991]: Das Rechnungswesen im Lichte ökonomischer Theorie, in: *Ordelheide, D./Rudolph, B./Büsselmann, E.* (Hrsg.), Theorie, 1991, S. 97-124

Ballwieser, Wolfgang [Unternehmensbewertung, 2004]: Unternehmensbewertung – Prozeß, Methoden und Probleme, Stuttgart: Schäffer-Poeschel, 2004

Ballwieser, Wolfgang/Berger, Karl-Heinz (Hrsg.) [Wirtschaftlichkeit, 1985]: Information und Wirtschaftlichkeit – Wissenschaftliche Tagung des Verbands der Hochschullehrer für Betriebswirtschaftslehre e. V. an der Universität Hannover 1985, Wiesbaden: Gabler, 1985

Ballwieser, Wolfgang/Schmidt, Reinhard H. [Unternehmensverfassung, 1981]: Unternehmensverfassung, Unternehmensziele und Finanztheorie, in: Bohr, K. u. a. (Hrsg.), Unternehmensverfassung, 1981, S. 645-682

Barnard, Chester I. [Executive, 1938]: The Functions of the Executive, 14., unveränderter Nachdruck der Aufl. 1938., Cambridge (Massachusetts): Harvard University Press, 1960

Barzel, Yoram [State, 2002]: A Theory of the State – Economic Rights, Legal Rights and the Scope of the State, Cambridge: Cambridge University Press, 2002

Bauer, Klaus [Besteuerung, 1987]: Die Besteuerung deutscher Konzerne – Wirtschaftliche Einheit und Konzernsteuerrecht, Regensburg: Roederer Verlag, 1987 (zugl. Diss. Univ. Saarbrücken, 1985)

Baumhoff, Hubertus [Verrechnungspreise, 1986]: Verrechnungspreise für Dienstleistungen – die steuerliche Einkunftsabgrenzung bei international verbundenen Unternehmen auf Grundlage des Fremdvergleichs, München: Heymann, 1986 (zugl. Diss. Bundeswehr Univ. Hamburg, 1985)

Bea, Franz Xaver/Friedl, Birgit/Schweitzer, Marcell (Hrsg.) [Grundfragen, 2004]: Allgemeine Betriebswirtschaftslehre: Grundfragen, 9. Aufl., Stuttgart: Lucius & Lucius, 2004

Beckmann, Klaus/Lackner, Elisabeth [Produktionseffizienztheorem, 1999]: Das Diamond-Mirless-Produktionseffizienztheorem, in: WiSt 28 (1999), S. 363-366

Beisse, Heinrich [Auslegung, 1981]: Die wirtschaftliche Betrachtungsweise bei der Auslegung der Steuergesetze in der neuen deutschen Rechtsprechung, in: StuW 58/11 (1981), S. 1-14

Bender, Dieter u. a. (Hrsg.) [Wirtschaftstheorie, 2003]: Vahlens Kompendium der Wirtschaftstheorie und Wirtschaftspolitik, Band 1, 8. Aufl., München: Franz Vahlen, 2003

Benn, S. I./Mortimore, G. W. (Hrsg.) [Sciences, 1976]: Rationality and the Social Sciences, London/Henley/Boston: Routledge & Kegan Paul, 1976

Berger, Michael [Bestgestaltung, 1986]: Quantifizierung, Bewertung und Bestgestaltung von Rechtsformen, Krefeld: Marchal und Matzenbacher Wissenschaftsverlag, 1986 (zugl. Diss. Freie Univ. Berlin, 1986)

Bernhardt, Wolfgang/Witt, Peter [Holding, 1995]: Holding-Modelle und Holding-Moden, in: ZfB 65 (1995), S. 1341-1364

Betge, Peter/Theisen, Manuel René (Hrsg.) [Finanzierung, 1991]: Finanzierung und Besteuerung der Unternehmung und des Konzerns, Stuttgart: C. E. Poeschel, 1991

Biedenkopf, Kurt H./Coing, Helmut/Mestmäcker, Ernst-Joachim (Hrsg.) [Unternehmen, 1967]: Das Unternehmen in der Rechtsordnung – Festgabe für Heinrich Kronstein aus Anlass seines 70. Geburtstages, Karlsruhe: C. F. Müller, 1967

Binder, Christof U. [Konzernunternehmung, 1994]: Beteiligungsführung in der Konzernunternehmung – Betriebswirtschaftliche Elemente und Gestaltungsmöglichkeiten von Mutter-Tochterbeziehungen, Köln: Otto Schmidt, 1994 (zugl. Diss. Univ. Oldenburg, 1993)

Binnewies, Burkhard [Beteiligung, 2003]: § 8b – Beteiligung an anderen Körperschaften und Personenvereinigungen, in: *Streck, M.* (Hrsg.), Körperschaftsteuergesetz, 2003, S. 318-339

Bitz, Michael [Investition, 2005]: Investition, in: *Bitz, M.* u. a. (Hrsg.), Kompendium/1, 2005, S. 105-171

Bitz, Michael u. a. (Hrsg.) [Kompendium/1, 2005]: Vahlens Kompendium der Betriebswirtschaftslehre, Band 1, 5. Aufl., München: Franz Vahlen, 2005

Bitz, Michael u. a. (Hrsg.) [Kompendium/2, 2005]: Vahlens Kompendium der Betriebswirtschaftslehre, Band 2, 5. Aufl., München: Franz Vahlen, 2005

Blankart, Charles B. [Finanzen, 2003]: Öffentliche Finanzen in der Demokratie, 5. Aufl., München: Franz Vahlen, 2003

Blaschka, Bruno [Form, 1982]: Profit centers in gesellschaftsrechtlicher Form (dargestellt am Beispiel der PWA Papierwerke Waldhof-Aschaffenburg AG), in: ZfB 52 (1982), S. 397-403

Bleicher, Knut [Restrukturierung, 1982]: Restrukturierung in der Rezession, in: ZFO 51 (1982), S. 313-119

Bleicher, Knut [Konzipierung, 1988]: Forderungen strategischer und struktureller Unternehmensentwicklung an die rechtliche Konzipierung des Konzerns, in: *Druey, J. N.* (Hrsg.), Konzernrechtsgespräch, 1988, S. 55-67

Blomeyer, Wolfgang [Haftung, 2000]: Haftung des Arbeitnehmers, in: *Richardi, R./Wlotzke, O.* (Hrsg.), Arbeitsrecht, 2000, S. 1146-1181

BMF [Monatsbericht, 2005]: Monatsbericht des BMF 2005 – Januar, Berlin: J. P. Bachem, 2005

Boadway, Robin W./Bruce, Neil [Deductions, 1979]: Depreciation and Interest Deductions and the Effect of the Corporation Income Tax on Investment, in: JPuE 11 (1979), S. 93-105

Bochenski, I. M. [Denkmethoden, 1969]: Die zeitgenössischen Denkmethoden, 4. Aufl., Bern: Francke, 1969

Boerner, Christopher S./Macher, Jeffrey T. [Assessment, 2002]: Transaction Cost Economics: An Assessment of Empirical Research in the Social Sciences, Working Paper Georgetown University, 2002, http://www.msb.edu/faculty/jtm4/Papers/JLEO.pdf (07.07.2005)

Boettcher, Erik/Herder-Dorneich, Philipp/Schenk, Karl-Ernst (Hrsg.) [Ökonomie, 1984]: Jahrbuch für Neue Politische Ökonomie, 3. Band, Tübingen: J. C. B. Mohr (Paul Siebeck), 1984

Böhmer, Martin [Gesellschaft, 1994]: Die Vereinbarung eines gemeinsamen Zwecks bei der Gesellschaft bürgerlichen Rechts, in: JZ 49 (1994), S. 982-990

Bohr, Kurt u. a. (Hrsg.) [Unternehmensverfassung, 1981]: Unternehmensverfassung als Problem der Betriebswirtschaftslehre – Wissenschaftliche Tagung des Verbands der Hochschullehrer für Betriebswirtschaft Regensburg 1981, Berlin: Erich Schmidt, 1981

Borggräfe, Joachim [Konzernbesteuerung, 1995]: Chancen und Risiken einer Konzernbesteuerung, in: WPg 48 (1995), S. 129-140

Boruttau, E. P. u. a. (Begr./Hrsg.) [Grunderwerbsteuergesetz, 2002]: Grunderwerbsteuergesetz – Kommentar, 15. Aufl., München: C. H. Beck, 2002

Bössmann, Eva [Unternehmungen, 1983]: Unternehmungen, Märkte, Transaktionskosten: Die Koordination ökonomischer Aktivitäten, in: WiSt 12 (1983), S. 105-111

Böventer, Edwin von u. a. [Mikroökonomik, 1997]: Einführung in die Mikroökonomik, 9. Aufl., München/Wien: Oldenbourg, 1997

Boyd, Robert/Richerson, Peter J. [Process, 1985]: Culture and the Evolutionary Process, Chicago/London: University of Chicago Press, 1985

Bradford, David F. [Income, 1999] Untangling the Income Tax, Republished, New York u. a.: toExcel/iUniverse, 1999

Braun, Edmund/Rademacher, Hans (Hrsg.) [Lexikon, 1978]: Wissenschaftstheoretisches Lexikon, Graz/Wien/Köln: Styria, 1978

Bredow, Hans Rau [Institutionenökonomie, 1992]: Zur theoretischen Fundierung der Institutionenökonomie, München: V. Florentz, 1992 (zugl. Diss. Univ. München, 1992)

Brennan, Geoffrey/Buchanan, James M., [Rules, 1985]: Die Begründung von Regeln: konstitutionelle politische Ökonomie (The Reasons of Rules – Constitutional Political Economy, engl.) übers. von *Monika Vanberg,* Tübingen: Mohr, 1993

Bretzke, Wolf-Rüdiger [Terminologie, 1972]: Zur Terminologie einer Theorie der Prüfung, in: BFuP 24 (1972), S. 253-265

Bretzke, Wolf-Rüdiger [Problembezug, 1980]: Problembezug von Entscheidungsmodellen, Tübingen: J. C. B. Mohr (Paul Siebeck), 1980

Breuer, Wolfgang [Kapitalwertkriterium, 1999]: Fisher-Separation und Kapitalwertkriterium bei Steuern, in: WiSt 28 (1999), S. 270-274

Breyer, Friedrich/Kolmar, Martin [Wirtschaftspolitik, 2001]: Grundlagen der Wirtschaftspolitik, Tübingen: Mohr Siebeck, 2001

Brown, Cary [Taxation, 1948]: Business-Income Taxation and Investment Incentives, in: *Metzler, L. A.* u. a. (Hrsg.), Income, 1948, S. 300-316

Brümmerhoff, Dieter [Finanzwissenschaft, 2000]: Finanzwissenschaft, 8. Aufl., München/Wien: Oldenbourg, 2000

Brunner, Karl/Meckling, William H. [Conception, 1977]: The Preception of Man and the Conception of Government, in: JMCB 9 (1977), S. 70-106

Buchanan, James M. [Economics, 1959]: Positive Economics, Welfare Economics, and Political Economics, in: JLE 2 (1959), S. 124-138

Buchanan, James M. [Constitutional, 1987]: Constitutional Economics, in: *Eatwell, J./Milgate, M./Newman, P.* (Hrsg.), Palgrave 1, 1987, S. 585-588

Budäus, Dietrich/Gerum, Elmar/Zimmermann, Gebhard (Hrsg.) [Verfügungsrechte, 1988]: Betriebswirtschaftslehre und Theorie der Verfügungsrechte, Wiesbaden: Gabler, 1988

Bühler, Ottmar [Konzerne, 1951]: Steuerrecht der Gesellschaften und Konzerne, Berlin/Frankfurt am Main: Verlag für Rechtswissenschaft, 1951

Bühner, Rolf [Führung, 1986]: Strategische Führung im Bereich der Holdingtechnologie durch rechtliche Verselbständigung von Unternehmensteilbereichen, in: DB 39 (1986), S. 2341-2346

Bühner, Rolf [Management-Holding, 1987]: Management-Holding, in: DBW 47 (1987), S. 40-49

Bühner, Rolf [Aspekte, 1990]: Gestaltungsmöglichkeiten und rechtliche Aspekte einer Managementholding, in: ZfO 59 (1990), S. 299-308

Bühner, Rolf [Erfahrungsbericht, 1991]: Management-Holding – ein Erfahrungsbericht, in: DBW 51 (1991), S. 141-151

Bühner, Rolf [Management-Holding, 1992]: Management-Holding – Unternehmensstruktur der Zukunft, 2. Aufl., Landsberg am Lech: Moderne Industrie, 1992

Bühner, Rolf [Management-Holding, 1993]: Management-Holding, in: WiSt 22 (1993), S. 158-162

Bühner, Rolf [Praxis, 1993]: Management-Holding in der Praxis – Eine empirische Untersuchung deutscher Unternehmen, in: DB 46 (1993), S. 285-290

Bühner, Rolf [Aktienmarkt, 1996]: Reaktionen des Aktienmarktes auf die Einführung von Management-Holdings, in: ZfB 66 (1996), S. 5-27

Bunjes, Johann/Geist, Reinhold (Begr./Hrsg.) [Umsatzsteuergesetz, 2003]: Umsatzsteuergesetz – Kommentar, 7. Aufl., München: C. H. Beck, 2003

Burghard, Horst [Motivation, 1973]: Materielle und immaterielle Bedingungen der Motivation von Führungskräften, in: ZfB 43 (1973), S. 405-420

Burmester, Gabriele/Endres, Dieter (Hrsg.) [Aussensteuerrecht, 1997]: Aussensteuerrecht, Doppelbesteuerungsabkommen und EU-Recht im Spannungsverhältnis – Festschrift für Helmut Debatin zum 70. Geburtstag, München: C. H. Beck, 1997

Busse von Colbe, Walther u. a. (Hrsg.) [Führungskräfte, 2002]: Betriebswirtschaft für Führungskräfte, 2. Aufl., Stuttgart: Schäffer-Poeschel, 2002

Cansier, Dieter [Steuerlehre, 2004]: Finanzwissenschaftliche Steuerlehre, Stuttgart: Lucius & Lucius, 2004

Carroll, Glenn R./Teece, David J. (Hrsg.) [Firms, 1999]: Firms, Markets and Hierarchies, New York u. a.: Oxford University Press, 1999

Cezanne, Wolfgang/Franke, Jürgen [Volkswirtschaftslehre, 1997]: Volkswirtschaftslehre-Einführung, 7. Aufl., München/Wien: Oldenbourg, 1997

Chandler, Alfred D. [Structure, 1962]: Strategy and Structure: Chapters in the History of the American Enterprise, unveränderter Nachdruck der Aufl. 1962, Washington: Beard Books, 2003

Chandler, Alfred D. [Hand, 1978]: The Visible Hand – The Managerial Revolution in American Business, 2. Aufl., Cambridge (Massachusetts)/England: Belknap Press of Harvard University Press, 1978

Chmielewicz, Klaus [Forschungskonzeptionen, 1994]: Forschungskonzeptionen der Wirtschaftswissenschaften, 3. Aufl., Stuttgart: Schäffer-Poeschel, 1994

Coase, Ronald H. [Firm, 1937]: The Nature of the Firm, in: EC 4 (1937), S. 386-405

Coase, Ronald H. [Commission, 1959]: The Federal Communication Commission, in: JLE 2 (1959) S. 1-40

Coase, Ronald H. [Problem, 1960]: The Problem of Social Costs, in: JLE 3 (1960), S. 1-44

Coase, Ronald H. [Discussion, 1964]: Discussion at the Seventy-sixth Annual Meeting of the American Economic Association on the topic: The Regulated Industries, in: AER 54 – Papers and Proceedings of the Seventy-sixth Annual Meeting of the American Economic Association (1964), S. 194-197

Coase, Ronald H. [Organization, 1972]: Industrial Organization: A Proposal for Research, in: *Fuchs, V. R.* (Hrsg.), Issues, 1972, S. 59-73

Coase, Ronald H. [Economics, 1984]: The New Institutional Economics, in: ZgS 140 (1984), S. 229-231

Coase, Ronald H. [Firm, 1988]: The Firm, The Market and the Law, Chicago/London: University of Chicago Press, 1988

Coase, Ronald H. [Structure, 1992]: The Institutional Structure of Production, in: AER 82 (1992), S. 713-719

Coenenberg, Adolf G. [Jahresabschluss, 2003]: Jahresabschluss und Jahresabschlussanalyse, 19. Aufl., Stuttgart: Schäffer-Poeschel, 2003

Commons, John R. [Economics, 1931]: Institutional Economics, in: AER 21 (1931) S. 648-657

Commons, John R. [Correlating, 1932]: The Problem of Correlating Law, Economics and Ethics, in: WLR 8 (1932), S. 3-26

Cowling, Keith (Hrsg.) [Structure, 1972]: Market Structure and Corporate Behaviour, London: Gray Mills Publishing, 1972

Crezelius, Georg [Grundstrukturen, 2001]: Dogmatische Grundstrukturen der Unternehmenssteuerreform, in: DB 54 (2001), S. 221-229

Literaturverzeichnis

Cyert, Richard M./March, James G. [Antecedents, 1963]: Antecedents of the Behavioral Theory of the Firm, in: *Cyert, R. M./ March, J. G.* (Hrsg.), Theory, 1963, S. 4-25

Cyert, Richard M./March, James G. [Introduction, 1963]: Introduction, in: *Cyert, R. M./ March, J. G.* (Hrsg.), Theory, 1963, S. 1-3

Cyert, Richard M./March, James G. (Hrsg.) [Theory, 1963]: A Behavioral Theory of the Firm, Englewood Cliffs: Prentice-Hall, 1963

Day, Richard H./Groves, Theodore (Hrsg.) [Models, 1975]: Adaptive Economic Models, New York/San Francisco/London: Academic Press, 1975

Debreu, Gérard [Value, 1959]: Theory of Value – an Axiomatic Analysis of Economic Equilibrium, New York: John Wiley & Sons, 1959

Debus, Christian [Konzernrecht, 1990]: Haftungsregelungen im Konzernrecht – eine ökonomische Analyse, Frankfurt am Main u. a.: Peter Lang, 1990 (zugl. Diss. Univ. Frankfurt am Main, 1989)

Demsetz, Harold [Property, 1967]: Towards a Theory of Property Rights, in: AER 57 – Papers and Proceedings of the Seventy-ninth Annual Meeting of the American Economic Association (1967), S. 347-359

Demsetz, Harold [Efficiency, 1969]: Information and Efficiency: Another Viewpoint, in: JLE 12 (1969), S. 1-22

Demsetz, Harold [Structure, 1983]: The Structure of Ownership and the Theory of the Firm, in: JLE 26 (1983), S. 375-390

Demsetz, Harold [Firm, 1988]: The Theory of the Firm Revisited, in: JLEO 4 (1988), S. 141-161

Denzau, Arthur T./North, Douglass C. [Institutions, 1994]: Shared Mental Models: Ideologies and Institutions, in: KYK 47 (1994), S. 3-31

Devereux, Michael P./Pearson, Mark [Efficiency, 1995]: European Tax Harmonisation and Production Efficiency, in: EER 39 (1995), S. 1657-1681

Diamond, Peter A./Mirrlees, James A. [Taxation, 1971]: Optimal Taxation and Public Production, in: AER 61 (1971), S. 8-27 und 261-278

Dietl, Helmut [Institutionen, 1993]: Institutionen und Zeit, Tübingen: J. C. B. Mohr (Paul Siebeck), 1993 (zugl. Diss. Univ. München, 1991)

Dixit, Avinash K. [Policy, 1996]: The Making of Economic Policy: A Transaction-Cost Politics Perspective, Cambridge/London: MIT Press, 1996

Donges, Jürgen B./Freytag, Andreas [Wirtschaftspolitik, 2004]: Allgemeine Wirtschaftspolitik, 2. Aufl., Stuttgart: Lucius & Lucius, 2004

Dötsch, Ewald [Organschaftskonzerne, 2004]: Organschaftskonzerne, in: *Kessler, W./Kröner, M./Köhler, S.* (Hrsg.), Konzernsteuerrecht, 2004, S. 153-224

Dötsch, Ewald/Pung, Alexandra [Neuerungen, 2004]: Die Neuerungen bei der Körperschaftsteuer und bei der Gewerbesteuer durch das Steuergesetzgebungspaket vom Dezember 2003, in: DB 57 (2004), S. 151-156

Dow, Gregory K. [Authority, 1987]: The Function of Authority in Transaction Cost Economics, in: JEBO 8 (1987), S. 13-38

Druey, Jean Nicolas (Hrsg.) [Konzernrechtsgespräch, 1988]: Das St. Galler Konzernrechtsgespräch – Konzernrecht aus der Konzernwirklichkeit, Bern/Stuttgart: Paul Haupt, 1988

Drukarczyk, Jochen [Investitionstheorie, 1970]: Investitionstheorie und Konsumpräferenz, Berlin: Duncker & Humblot, 1970 (zugl. Diss. Univ. Frankfurt am Main, 1969)

Drumm, Hans Jürgen [Geschäftsbereiche, 1982]: Rechtlich selbständige Geschäftsbereiche – ein allgemeines Modell? Anmerkungen zur Reorganisation der PWA AG, in: ZfB 52 (1982), S. 404-407

Eatwell, John/Milgate, Murray/Newman, Peter (Hrsg.) [Palgrave 1, 1987]: The New Palgrave – A Dictionary of Economics, Volume 1, London u. a.: Macmillan Press/Stockton Press/Maruzen Company, 1987

Eatwell, John/Milgate, Murray/Newman, Peter (Hrsg.) [Palgrave 4, 1987]: The New Palgrave – A Dictionary of Economics, Volume 4, London u. a.: Macmillan Press/Stockton Press/Maruzen Company, 1987

Ebers, Mark/Gotsch Wilfried [Theorie, 2002]: Institutionenökonomische Theorie der Organisation, in: *Kieser, A.* (Hrsg.), Organisationstheorie, 2002, S. 199-251

Eggertsson, Thráinn [Institutions, 1990]: Economic Behavior and Institutions, New York u. a.: Cambridge University Press, 1990

Eichinger, Michaela [Rechnungslegung, 1993]: Ökonomische Analyse der Verknüpfungen von handels- und steuerrechtlicher Rechnungslegung, Weiden: Schuch, 1993 (zugl. Diss. Univ. Tübingen, 1992)

Elschen, Rainer [Steuerlehre, 1984]: Betriebswirtschaftliche Steuerlehre, Ökonomische Analyse des Steuerrechts und Theorie der optimalen Besteuerung, in: *Schanz, G.* (Hrsg.), Betriebswirtschaftslehre, 1984, S. 267-289

Elschen, Rainer [Besteuerung, 1994]: Institutionale oder personale Besteuerung von Unternehmensgewinnen, 2. Aufl., Hamburg: Steuer und Wirtschaftsverlag, 1994 (in erster Aufl. zugl. Habil. Univ. Bochum, 1986)

Elschen, Rainer/Hüchtebrock, Michael [Steuerneutralität, 1983]: Steuerneutralität in Finanzwissenschaft und Betriebswirtschaftslehre – Diskrepanzen und Konsequenzen, in: FA 41 (1983), S. 253-280

Elschen, Rainer/Siegel, Theodor/Wagner, Franz W. (Hrsg.) [Unternehmenstheorie, 1995]: Unternehmenstheorie und Besteuerung, Festschrift zum 60. Geburtstag von Dieter Schneider, Wiesbaden: Gabler, 1995

Emmerich, Volker [Leitungsmacht, 2005]: § 308 – Leitungsmacht, in: *Emmerich, V./Habersack, M.* (Hrsg.), Konzernrecht, 2005, S. 436-458

Emmerich, Volker/Habersack, Mathias (Hrsg.) [Konzernrecht, 2005]: Aktien- und GmbH-Konzernrecht, 4. Aufl., C. H. Beck: München, 2005

Emmerich, Volker/Habersack, Mathias (Hrsg.) [Recht, 2005]: Konzernrecht – Das Recht der verbundenen Unternehmen bei Aktiengesellschaft, GmbH, Personengesellschaft, Genossenschaft, Verein und Stiftung, 8. Aufl., München: C. H. Beck, 2005

Endres, Dieter u. a. (Hrsg.) [Wandel, 2005]: Die internationale Unternehmensbesteuerung im Wandel – Symposium für Otto H. Jacobs zum 65. Geburtstag, München: C. H. Beck, 2005

Engerman, Stanley L./Gallman, Robert E. (Hrsg.) [Growth, 1986]: Long-Term Factors in American Economic Growth, Chicago/London: University of Chicago Press, 1986

Erlei, Mathias [Organisation, 2000]: Die neo-institutionalistische Theorie der Organisation, in: *Pies, I./Leschke, M.* (Hrsg.), Transaktionskostenansatz, 2000, S. 58-65

Erlei, Mathias/Jost, Peter-J. [Grundlagen, 2001]: Theoretische Grundlagen des Transaktionskostenansatzes, in: : *Jost, P.-J.* (Hrsg.), Transaktionskostenansatz, 2001, S. 35-75

Erlei, Mathias/Leschke, Martin/Sauerland, Dirk [Institutionenökonomik, 1999]: Neue Institutionenökonomik, Stuttgart: Schäffer-Poeschel, 1999

Euler, Roland [Gewinnrealisierung, 1989]: Grundsätze ordnungsmäßiger Gewinnrealisierung, Düsseldorf: IDW, 1989 (zugl. Diss. Univ. Frankfurt am Main, 1988)

Everling, Wolfgang [Betriebsabteilung, 1977]: Betriebsabteilung oder Beteiligungsgesellschaft, in: BFuP 29 (1977), S. 281-287

Everling, Wolfgang [Beteiligungen, 1980]: Eine Profit-Center-Konzeption für die Beteiligungen der Unternehmung, in: DB 33 (1980), S. 121-124

Everling, Wolfgang [Holdinggesellschaft, 1981]: Konzernführung durch eine Holdinggesellschaft, in: DB 34 (1981), S. 2549-2554

Fama, Eugene F. [Agency, 1980]: Agency Problems and the Theory of the Firm, in: JPoE 88 (1980), S. 288-307

Fama, Eugene F./Jensen, Michael C. [Agency, 1983]: Agency Problems and Residual Claims, in: JLE 26 (1983), S. 327-349

Fama, Eugene F./Jensen, Michael C. [Ownership, 1983]: Separation of Ownership and Control, in: JLE 26 (1983), S. 301-325

Farkas, George/England, Paula (Hrsg.) [Industries, 1994]: Industries, Firms, and Jobs – Sociological and Economic Approaches, Expanded Edition, New York: Aldine de Gruyter, 1994

Fauli-Oller, Ramon/Giralt, Magdalena [Multidivisional, 1995]: Competition and Cooperation within a Multidivisional Firm, in: JIE 43 (1995), S. 77-98

Feldman, Allan M. [Welfare, 1987]: Welfare Economics, in: *Eatwell, J./Milgate, M./Newman, P.* (Hrsg.), Palgrave 4, 1987, S. 889-894

Fischer, Lutz (Hrsg.) [Unternehmung, 1983]: Unternehmung und Steuer, Festschrift zur Vollendung des 80. Lebensjahres von Peter Scherpf, Wiesbaden: Gabler, 1983

Fischer, Marc [Integration, 1992]: Der Transaktionskostenansatz und vertikale Integration, Arbeitspapier Nr. 4 aus dem Forschungsprojekt Marketing und ökonomische Theorie der Universität Frankfurt, Frankfurt am Main, 1992

Fischer, Peter [Erwerbsvorgänge, 2002]: § 1 – Erwerbsvorgänge, in: *Boruttau, E. P.* u. a. (Begr./Hrsg.) Grunderwerbsteuergesetz, 2002, S. 87-420

FitzRoy, Felix R./Kraft, Kornelius (Hrsg.) [Mitbestimmung, 1987]: Mitarbeiter-Beteiligung und Mitbestimmung im Unternehmen, Berlin/New York: de Gruyter, 1987

Fleischer, Heinrich [Grunderwerbsteuer, 2004]: Grunderwerbsteuer und Umsatzsteuer im Konzern, in: *Kessler, W./Kröner, M./Köhler, S.* (Hrsg.), Konzernsteuerrecht, 2004, S. 467-528

Fohr, Iris [Holdinggesellschaften, 2001]: Besteuerungskonzept für Holdinggesellschaften, Frankfurt am Main u. a.: Peter Lang, 2001 (zugl. Diss. Univ. Mannheim, 2000)

Franke, Günther/Hax, Herbert [Finanzwirtschaft, 2004]: Finanzwirtschaft des Unternehmens und Kapitalmarkt, 5. Aufl., Berlin u. a.: Springer, 2004

Frese, Erich (Hrsg.) [Organisation, 1992]: Handwörterbuch der Organisation, 3. Aufl., Stuttgart: Poeschel, 1992

Friedman, Milton [Essays, 1959]: Essays in Positive Economics, 2. Aufl., Chicago: University of Chicago Press, 1959

Fuchs, Victor R. (Hrsg.) [Issues, 1972]: Policy Issues and Research Opportunities in Industrial Organization – Fiftieth Anniversary Colloquium III, New York: National Bureau of Economic Research, 1972

Furubotn, Eirik G. [Development, 1994]: Future Development of the New Institutional Economics: Extension of the Neoclassical Model or New Construct?, Lectiones Jenenses, Heft 1, Jena: Max-Planck-Institut, 1994

Furubotn, Eirik G./Pejovich, Svetozar [Theory, 1972]: Property Rights and Economic Theory: A Survey of Recent Literature, in: JEL 10 (1972), S. 1137-1162

Furubotn, Eirik G./Pejovich, Svetozar [Introduction, 1974]: Introduction, in: *Furubotn, E. G./Pejovich, S.* (Hrsg.), Economics, 1974, S. 1-10

Furubotn, Eirik G./Pejovich, Svetozar (Hrsg.) [Economics, 1974]: The Economics of Property Rights, Cambridge: Ballinger Publishing, 1974

Fußbroich, Pinkas [Konzernunternehmung, 2001]: Verlustverrechnung und Verlustverwertung in der Konzernunternehmung, Lohmar/Köln: Josef Eul, 2001 (zugl. Diss. Univ. München, 2001)

Fußbroich, Pinkas [Verlustverrechnung, 2002]: Verlustverrechnung und Verlustverwertung im nationalen Kapitalgesellschaftskonzern, in: DStR 40 (2002), S. 697-705

Galanter, Marc [Law, 1981]: Justice in Many Rooms: Courts, Private Ordering, and Indigenous Law, in: JLP 19 (1981), S. 1-47

Gerke, Wolfgang/Steiner, Manfred (Hrsg.) [Finanzwesen, 2001]: Handwörterbuch des Bank- und Finanzwesens, 3. Aufl., Stuttgart: Schäffer-Poeschel, 2001

Gerum, Elmar [Unternehmensverfassung, 1988]: Unternehmensverfassung und Theorie der Verfügungsrechte, in: *Budäus, D./Gerum, E./Zimmermann, G.* (Hrsg.), Verfügungsrechte, 1988, S. 21-43

Gerum, Elmar [Unternehmensverfassung, 1992]: Unternehmensverfassung, in: *Frese, E.* (Hrsg.), Organisation, 1992, Sp. 2480-2502

Gilson, Ronald J. [Firm, 1996]: The Fading Boundaries of the Firm: The Role of Information and Communication Technology – Comment, in: JITE 152 (1996), S. 80-84

Girnth, Klaus [Ertragsbesteuerung, 1963]: Ertragsbesteuerung von Konzernen, Diss. Univ. Köln, vervielf. 1963

Göbel, Elisabeth [Institutionenökonomik, 2002]: Neue Institutionenökonomik – Konzeption und Betriebswirtschaftliche Anwendungen, Stuttgart: Lucius & Lucius, 2002

Goldberg, Victor P. [Contract, 1976]: Toward an Expanded Economic Theory of Contract, in: JEI 10 (1976), S. 45-61

Gordon, R. A. [Theory, 1948]: Short-Period Price Determination in Theory and Practice, in: AER 38 (1948), S. 265-288

Gosch, Dietmar [Beteiligung, 2005]: § 8b – Beteiligung an anderen Körperschaften und Personenvereinigungen, in: *Gosch, D.* (Hrsg.), Körperschaftsteuergesetz, 2005, S. 775-899

Gosch, Dietmar (Hrsg.) [Körperschaftsteuergesetz, 2005]: Körperschaftsteuergesetz – Kommentar, München: C. H. Beck, 2005

Granovetter, Mark [Structure, 1985]: Economic Action and Social Structure: The Problem of Embeddedness, in: AJS 91 (1985), S. 481-510

Gratz, Kurt [Steuerplanung, 1982]: Grundprobleme individueller und kollektiver Steuerplanung, Berlin: Erich Schmidt, 1982 (zugl. Diss. Univ. Hohenheim, 1982)

Greif, Avner [Society, 1994]: Cultural Beliefs and the Organization of Society: A Historical and Theoretical Reflection on Collectivist and Individualist Societies, in: JPoE 102 (1994), S. 912-950

Grochla, Erwin [Betriebsverbindungen, 1969]: Betriebsverbindungen, Berlin: Walter de Gruyter, 1969

Grochla, Erwin/Wittmann, Waldemar. (Hrsg.) [Betriebswirtschaft, 1975]: Handwörterbuch der Betriebswirtschaft – Band Gl - Rech, 4. Aufl., Stuttgart: Poeschel, 1975

Grochla, Erwin/Wittmann, Waldemar. (Hrsg.) [Betriebswirtschaft, 1976]: Handwörterbuch der Betriebswirtschaft – Band Ree - Z, 4. Aufl., Stuttgart: Poeschel, 1976

Groenewegen, John (Hrsg.) [Economics, 1996]: Transaction Cost Economics and Beyond, Boston/Dordrecht/London: Kluwer Academic Publishers, 1996

Grossman, Sandford J./Hart, Oliver D. [Ownership, 1986]: The Costs and Benefits of Ownership: A Theory of Vertical and Lateral Integration, in: JPoE 94 (1986), S. 691-719

Grotherr, Siegfried [Organschaft, 1993]: Zur gegenwärtigen Bedeutung der Organschaft in der Konzernsteuerplanung, in: BB 48 (1993), S. 1986-2001

Grotherr, Siegfried [Abschluss, 1995]: Der Abschluss eines Gewinnabführungsvertrags als (un-)verzichtbares Tatbestandsmerkmal der körperschaftsteuerlichen Organschaft, in: FR 77 (1995), S. 1-40

Grotherr, Siegfried [Konzernsteuerrecht, 1995]: Übertragung von Konzernrechnungslegungsgrundsätzen ins Konzernsteuerrecht?, in: WPg 48 (1995), S. 81-97

Grotherr, Siegfried [Organschaft, 1995]: Kritische Bestandsaufnahme der steuersystematischen und betriebswirtschaftlichen Unzulänglichkeiten des gegenwärtigen Organschaftskonzepts, in: StuW 72/25 (1995), S. 124-150

Grotherr, Siegfried [Konzernbesteuerungssysteme, 1996]: Die unterschiedlichen Konzernbesteuerungssysteme in den Mitgliedstaaten der Europäischen Union, in: StuW 73/26 (1996), S. 356-378

Habersack, Mathias [Abhängigkeit, 2005]: Abhängigkeit und einfacher Konzern, in: *Emmerich, V./Habersack, M.* (Hrsg.), Recht, 2005, S. 417-424

Habersack, Mathias [Einführung, 2005]: Einführung, in: *Emmerich, V./Habersack, M.* (Hrsg.), Recht, 2005, S. 413-417

Hahn, Dietger [Grundkonzept, 1999]: Strategische Unternehmungsführung – Grundkonzept, in: *Hahn, D./Taylor, B.* (Hrsg.), Unternehmungsplanung, 1999, S. 28-50

Hahn, Dietger [Planung, 1999]: Stand und Entwicklungstendenzen der strategischen Planung, in: *Hahn, D./Taylor, B.* (Hrsg.), Unternehmungsplanung, 1999, S. 1-27

Hahn, Dietger/Taylor, Bernard (Hrsg.) [Unternehmungsplanung, 1999]: Strategische Unternehmungsplanung – strategische Unternehmungsführung, 8. Aufl., Heidelberg: Physica, 1999

Hamburger, Jürgen [Konzernaufbau, 1976]: Der internationale Konzernaufbau und die Besteuerung, Diss. Univ. Hamburg, vervielf. 1976

Hart, Oliver D. [Contracts, 1995]: Firms, Contracts, and Financial Structure, Oxford: Calrendon Press, 1995

Hart, Oliver D./Moore, John [Firm, 1990]: Property-Rights and the Nature of the Firm, in: JPoE 98 (1990), S. 1119-1158

Haveman Robert H./Margolis, Julius (Hrsg.) [Expenditure, 1977]: Public Expenditure and Policy Analysis, 2. Aufl., Chicago: Rand McNally, 1977

Hax, Herbert [Rules, 1995]: Hare and Hedgehog Revisited: A Story About Making and Breaking Rules, in: JITE 151 (1995), S. 182-185

Hax, Herbert/Kern, Werner/Schröder, Hans-Horst (Hrsg.) [Zeitaspekte, 1989]: Zeitaspekte in Betriebswirtschaftlicher Theorie und Praxis, Stuttgart: Poeschel, 1989

Hayek, Friedrich A. von [Knowledge, 1945]: The Use of Knowledge in Society, in: AER 35 (1945) S. 519-530

Hedlund, Stefan (Hrsg.) [Incentives, 1987]: Incentives and Economic Systems, New York: New York University Press, 1987

Heertje, Arnold/Wenzel Heinz-Dieter [Grundlagen, 2002]: Grundlagen der Volkswirtschaftslehre, 6. Aufl., Berlin u. a.: Springer, 2002

Hefermehl, Wolfgang/Semler, Johannes [Leitung, 2004]: § 76 – Leitung der Aktiengesellschaft, in: *Kropff, B./Semler, J.* (Hrsg.), Aktiengesetz, 2004, S. 58-175

Heidner, Hans-Hermann [Unternehmer, 2003]: § 2 – Unternehmer, Unternehmen, in: *Bunjes, J./Geist, R.* (Begr./Hrsg.), Umsatzsteuergesetz, 2003, S. 93-142

Heigl, Anton [Planung, 1970]: Zur Betriebswirtschaftlichen Planung der Besitzsteuerbelastung, in: FR 25 (1970), S. 53-60

Literaturverzeichnis

Heinen, Edmund [Ansatz, 1971]: Der entscheidungsorientierte Ansatz in der Betriebswirtschaftslehre, in: *Kortzfleisch, G. v.* (Hrsg.), Wissenschaftsprogramm, 1971, S. 21-37

Heinen, Edmund [Betriebswirtschaftslehre, 1985]: Einführung in die Betriebswirtschaftslehre, 9. Aufl., Wiesbaden: Gabler, 1985

Heinen, Edmund/Dietel, Bernhard [Wertfreiheit, 1976]: Zur „Wertfreiheit" in der Betriebswirtschaftslehre, in: ZfB 46 (1976), S. 1-26, 101-122

Heiner, Ronald A. [Behavior, 1983]: The Origin of Predictable Behavior, in: AER 73 (1983), S. 560-595

Heinhold, Michael [Rechtsform, 1996]: Unternehmensbesteuerung – Band 1: Rechtsform, Stuttgart: Schäffer-Poeschel, 1996

Henselmann, Klaus [Steuerbelastung, 1994]: Erfolgsmessung und Steuerbelastung, Heidelberg: Physica, 1994 (zugl. Diss. Univ. Bayreuth, 1992)

Herzig, Norbert [Rechnungslegung, 2000]: Internationalisierung der Rechnungslegung und steuerliche Gewinnermittlung, in: WPg 53 (2000), S. 104-119

Herzig, Norbert [Einführung, 2003]: Einführung, in: *Herzig, N.* (Hrsg.), Organschaft, 2003, S. 1-35

Herzig, Norbert (Hrsg.) [Organschaft, 2003]: Organschaft, Stuttgart: Schäffer-Poeschel, 2003

Herzig, Norbert/Bär, Michaela [Gewinnermittlung, 2003]: Die Zukunft der steuerlichen Gewinnermittlung im Licht des europäischen Bilanzrechts, in: DB 56 (2003), S. 1-8

Herzig, Norbert/Gellrich, Kai M./Jensen-Nissen, Lars [Gewinnermittlung, 2004]: IAS/IFRS und steuerliche Gewinnermittlung, in: BFuP 56 (2004), S. 550-577

Herzig, Norbert/Wartin, Christoph [Unternehmenssteuerreform, 2000]: Betriebswirtschaftliche Anforderungen an eine Unternehmenssteuerreform, in: StuW 77/30 (2000), S. 378-388

Hetfleisch Günter [Besteuerung, 1970]: Besteuerung und Unternehmungsorganisation, Frankfurt am Main/Zürich: Harri Deutsch, 1970 (zugl. Diss Univ. Frankfurt, 1970)

Hirschman, Albert O. [Abwanderung, 1974]: Abwanderung und Widerspruch, Tübingen: J. C. B. Mohr (Paul Siebeck), 1974

Hodgson, Geoffrey M. [Institutions, 1988]: Economics and Institutions – A Manifest for a Modern Institutional Economics, Cambridge/Oxford: Polity Press/Basil Blackwell, 1988

Hoffmann, Friedrich [Anmerkungen, 1987]: Anmerkungen zum Beitrag von R. Bühner: „Management-Holding", in: DBW 47 (1987), S. 232-234

Hofmann, Ruth/Hofmann, Gerda [Grunderwerbsteuergesetz, 2004]: Grunderwerbsteuergesetz – Kommentar, 8. Aufl., Herne/Berlin: Neue Wirtschaftsbriefe, 2004

Holt, Britta [Besteuerung, 2001]: Besteuerung und unternehmerische Entscheidungsprozesse – Integration, Organisation und situative Faktoren, Wiesbaden: Deutscher Universitäts-Verlag, 2001 (zugl. Diss. Univ. Halle-Wittenberg, 1994)

Holtmann, Michael [Überlegungen, 1990]: Betriebswirtschaftliche Überlegungen zum Konzern vor dem Hintergrund des EG-Binnenmarktes 1992, in: *Albach, H./Klein, G.* (Hrsg.), Harmonisierung, 1990, S. 11-24

Holtmann, Michael [Konzern, 1998]: Der Konzern als Holding-Organisation, in: DStR 36 (1998), S. 1278-1280

Homann, Karl/Suchanek, Andreas [Ökonomik, 2005]: Ökonomik – Eine Einführung, 2. Aufl., Tübingen: Mohr Siebeck, 2005

Homburg, Stefan [Steuerlehre, 2005]: Allgemeine Steuerlehre, 4. Aufl., München: Franz Vahlen, 2005

Homburg, Stefan [Wohnsitzprinzip, 2005]: Wohnsitzprinzip, in: *Endres, D.* u. a. (Hrsg.), Wandel, 2005, S. 14-27

Hommelhoff, Peter [Konzernleitungspflicht, 1982]: Die Konzernleitungspflicht – Zentrale Aspekte eines Konzernverfassungsrechts, Köln u. a.: Carl Heymanns, 1982 (zugl. Habil. Univ. Bochum, 1981)

Hommelhoff, Peter/Kleindiek, Detlef [Haftung, 2004]: § 43 – Haftung der Geschäftsführer, in: *Lutter, M./Hommelhoff, P.* (Hrsg.), GmbH, 2004, S. 810-850

Hörschgen, Hans [Grundbegriffe, 1987]: Grundbegriffe der Betriebswirtschaftslehre, 2. Aufl., Stuttgart: Poeschel: 1987

Huber, Bernd [Neutralität, 1992]: Besteuerung, intertemporale Neutralität und zeitliche Inkonsistenz, in: FA 49 (1991/1992), S. 423-456

Hüffer, Uwe [Aktiengesetz, 2004]: Aktiengesetz – Kommentar, 6. Aufl., München: C. H. Beck, 2004

Hüllmann, Ulrich [Management-Holding, 2003]: Wertorientiertes Controlling für eine Management-Holding, München: Franz Vahlen, 2003 (zugl. Diss. Univ. Dortmund, 2003)

Hungenberg, Harald [Zentralisation, 1995]: Zentralisation und Dezentralisation – Strategische Entscheidungsverteilung im Konzern, Wiesbaden: Gabler, 1995 (zugl. Habil. Univ. Giessen, 1995)

Jacobs, Otto H. [Verstoß, 1972]: Stellen die aktienrechtlichen Gewinnermittlungsvorschriften einen Verstoß gegen das Realisationsprinzip dar?, in: WPg 25 (1972), S. 173-177

Jacobs, Otto H. [Harmonisierung, 1997]: Ist die zinskorrigierte Besteuerung ein Ansatz zur Harmonisierung der Unternehmensbesteuerung in Europa?, in: *Burmester, G./Endres, D.* (Hrsg.), Aussensteuerrecht, 1997, S. 207-233

Jacobs, Otto H. [Unternehmensbesteuerung, 2002]: Unternehmensbesteuerung und Rechtsform, 3. Aufl., München: C. H. Beck, 2002

Jacobs, Otto H. [Steuerlehre, 2004]: Stand und Entwicklungstendenzen der Betriebswirtschaftlichen Steuerlehre, in: StuW 81/34 (2004), S. 251-259

Jacobs, Otto H./Scheffler, Wolfram [Rechtsform, 1995]: Steueroptimale Rechtsform – eine Belastungsanalyse für mittelständige Unternehmen, 2. Aufl., München: Franz Vahlen, 1995

Jensen, Michael C. [Theory, 1983]: Organization Theory und Methodology, in: AR 58 (1983), S. 319-339

Jensen, Michael C./Meckling, William H. [Agency, 1976]: Theory of the Firm: Managerial Behavior, Agency Costs and Ownership Structure, in: JFE 3 (1976), S. 305-360

Jensen, Michael C./Meckling, William H. [Codetermination, 1979]: Rights and Production Functions: An Application to Labor-managed Firms and Codetermination, in: JB 52 (1979), S. 469-506

Jochum, Heike [Organschaft, 2005]: Organschaft versus Gruppenbesteuerung: Ist der Ergebnisabführungsvertrag als Organschaftsvoraussetzung bei der Körperschaftsteuer verzichtbar?, in: FR 87 (2005), S. 577-585

Johansson, Sven-Erik [Taxes, 1969]: Income Taxes and Investment Decisions, in: SJE 71 (1969), S. 104-110

Jonas, Bernd [Organschaft, 1998]: Aktuelle Streitfragen zur Organschaft, in: *Schaumburg, H.* (Hrsg.), Konzern, 1998, S. 271-291

Joseph, Silvia/Vollrath, Hans-Joachim [Doppelbesteuerungsabkommen, 1991]: Anwendbarkeit der Doppelbesteuerungsabkommen mit Blick auf die Behandlung des Sparens, in: *Joseph, S./Vollrath, H.-J.* (Hrsg.), Ausgabensteuer, 1991, S. 76-87

Joseph, Silvia/Vollrath, Hans-Joachim (Hrsg.) [Ausgabensteuer, 1991]: Anwendbarkeit des Internationalen Steuerrechts bei Einführung einer Ausgabensteuer, München: VVF, 1991

Jost, Peter-J. [Unternehmenskontext, 2001]: Der Transaktionskostenansatz im Unternehmenskontext, in: *Jost, P.-J.* (Hrsg.), Transaktionskostenansatz, 2001, S. 9-34

Jost, Peter-J. (Hrsg.) [Transaktionskostenansatz, 2001]: Der Transaktionskostenansatz in der Betriebswirtschaftslehre, Stuttgart: Schäffer-Poeschel, 2001

Kallfass, Hermann H. [Konzernbildung, 1991]: Ökonomische Analyse der Konzernbildung, in: *Mestmäcker, E.-J./Behrens, P.* (Hrsg.), Gesellschaftsrecht, 1991, S. 19-48

Kaplan, A. D. H./Dirlam, Joel B./Lanzillotti, Robert F. [Pricing, 1958]: Pricing in Big Business – a Case Approach, Washington D. C.: Brookings Institution, 1958

Kappler, Ekkehard [Autonomie, 1992]: Autonomie, in: *Frese, E.* (Hrsg.), Organisation, 1992, Sp. 272-280

Kaysen, Carl (Hrsg.) [American, 1996]: The American Corporation Today, New York/Oxford: Oxford University Press, 1996

Keller, Thomas [Unternehmenssteuerung, 1992]: Effizienz- und Effektivitätskriterien einer Unternehmenssteuerung mit dezentralen Holdingstrukturen, in: BFuP 44 (1992), S. 14-27

Keller, Thomas [Unternehmungsführung, 1993]: Unternehmungsführung mit Holdingkonzepten, 2. Aufl., Köln: Bachem 1993 (zugl. Diss. Univ. Köln, 1990)

Keller, Thomas [Führung, 2004]: Die Führung der Holding, in: *Lutter, M.* (Hrsg.), Holding, 2004, S. 121-174

Kessler, Wolfgang [Konzernbesteuerung, 2004]: Rahmenbedingungen der Konzernbesteuerung in Deutschland, in: *Kessler, W./Kröner, M./Köhler, S.* (Hrsg.), Konzernsteuerrecht, 2004, S. 1-28

Kessler, Wolfgang/Kröner, Michael/Köhler, Stefan (Hrsg.) [Konzernsteuerrecht, 2004]: Konzernsteuerrecht: Organisation – Recht – Steuern, München: C. H. Beck, 2004

Ketterer, Thilo [Konzern, 1997]: Die Gestaltung der Besteuerung im Konzern bei Divisionalisierung und Internationalisierung – Quantifizierung der Besteuerungseffekte unter besonderer Berücksichtigung der Organschaft, Diss. Univ. Bochum, vervielf. 1997

Kieser, Alfred (Hrsg.) [Organisationstheorien, 2002]: Organisationstheorien, 5. Aufl., Stuttgart: W. Kohlhammer, 2002

Kieser, Alfred/Walgenbach, Peter [Organisation, 2003]: Organisation, 4. Aufl., Stuttgart: Schäffer-Poeschel, 2003

Kiesewetter, Dirk [Reform, 1997]: Theoretische Leitbilder einer Reform der Unternehmensbesteuerung – Eine vergleichende Analyse der Reformmodelle Kroatiens, Österreichs und Skandinaviens, in: StuW 74/22 (1997), S. 24-34

Kiesewetter, Dirk [Einkommensteuer, 1999]: Zinsbereinigte Einkommen- und Körperschaftsteuer: Die Implementierung im deutschen Steuersystem, Bielefeld: Erich Schmidt, 1999 (zugl. Diss. Univ. Tübingen, 1998)

Kirchhof, Paul [Reform, 2003]: Das EStGB – ein Vorschlag zur Reform des Ertragsteuerrechts, in: DStR 41 (2003), Beihefter 5, S. 1-16

Kirchner, Christian [Analyse, 1984]: Ansätze zu einer ökonomischen Analyse des Konzernrechts, in: *Boettcher, E./Herder-Dorneich, P./Schenk, K.-E.* (Hrsg.), Ökonomie, 1984, S. 223-251

Kirchner, Christian [Konzernrecht, 1985]: Ökonomische Überlegungen zum Konzernrecht, in: ZGR 14 (1985), S. 214-234

Kirsch, Werner/Picot, Arnold (Hrsg.) [Spannungsfeld, 1989]: Die Betriebswirtschaftslehre im Spannungsfeld zwischen Generalisierung und Spezialisierung: Edmund Heinen zum 70. Geburtstag, Wiesbaden: Gabler, 1989

Kirzner, Israel M. [Competition, 1971]: Competition and Entrepreneurships, Chicago/London: University of Chicago Press, 1971

Kiser, Beat [Gründung, 1987]: Die Gründung von Tochtergesellschaften – Überlegungen zu unternehmungsstrategischen Entscheidungen, in: ZFO 56 (1987), S. 39-42

Klages, Hans-Joachim [Konzern, 1982]: Interaktionen im Konzern, Diss. Univ. Göttingen, vervielf. 1982

Klein, Benjamin [Arrangements, 1980]: Transaction Cost Determinants of „Unfair" Contractual Arrangements, in: AER 70 (1980), S. 356-362

Klein, Benjamin/Crawford, Robert G./Alchian, Armen A. [Integration, 1978]: Vertical Integration, Appropriable Rents, and the Competitive Contracting Process, in: JLE 21 (1978), S. 297-326

Klein, Benjamin/Leffler, Keith B. [Forces, 1981]: The Role of Market Forces in Assuring Contractual Performance, in: JPoE 89 (1981), S. 615-641

Kleineidam, Hans-Jochen [Steuerlehre, 1968]: Die internationale Betriebswirtschaftliche Steuerlehre, Diss. Univ. München, vervielf. 1968

Knobbe-Keuk, Brigitte [Bilanzsteuerrecht, 1993]: Bilanz- und Unternehmenssteuerrecht, 9. Aufl., Köln: Otto Schmidt, 1993

Knoblau, Jochen [Leitungsmacht, 1968]: Leitungsmacht und Verantwortlichkeit bei Bestehen eines Beherrschungsvertrags nach der Regelung des neuen Aktiengesetzes vom 6.9.1965 (BGBl. I S. 1089), Diss. Univ. Würzburg, vervielf. 1968

Knoll, Leonhard [Unternehmensgewinnbesteuerung, 2001]: Unternehmensgewinnbesteuerung in Kroatien, Italien und Österreich, in: DBW 61 (2001), S. 335-348

Knudsen, Christian [Theory, 1993]: Modelling Rationality, Institutions and Processes in Economic Theory, in: *Mäki, U./Gustafsson, B./Knudsen, C.* (Hrsg.), Rationality, 1993, S. 265-299

Köhler, Hans-Georg [Konzern, 1970]: Die Besteuerung von Konzern und Kartell als typische Formen von Betriebszusammenschlüssen aus betriebswirtschaftlicher Sicht, Diss. Univ. Saarbrücken, vervielf. 1970

Köhler, Stefan [Steuerpolitik, 1994]: Die Steuerpolitik der deutschen internationalen Unternehmung im Einflussbereich der Hinzurechnungsbesteuerung, Frankfurt am Main u. a.: Peter Lang, 1994 (zugl. Diss. Univ. Siegen, 1993)

Komarek, Heribert [Konzern, 1998]: Verlustberücksichtigung im nationalen und internationalen Konzern, Frankfurt am Main u. a.: Lang, 1998 (zugl. Diss. Univ. Darmstadt, 1997)

König, Rolf [Besteuerung, 1997]: Ungelöste Probleme einer investitionsneutralen Besteuerung – Gemeinsame Wurzel unterschiedlicher neutraler Steuersysteme und die Berücksichtigung unsicherer Erwartungen, in: ZfbF 49 (1997), S. 42-63

König, Rolf [Steuerplanungslehre, 2004]: Theoriegestützte betriebswirtschaftliche Steuerwirkungs- und Steuerplanungslehre, in: StuW 81/34 (2004), S. 260-266

König, Rolf/Sureth, Caren [Rechtsformwahl, 2002]: Besteuerung und Rechtsformwahl, 3. Aufl., Herne/Berlin: Verlag neue Wirtschaftsbriefe, 2002

König, Rolf/Wosnitza, Michaela [Steuerwirkungslehre, 2004]: Betriebswirtschaftliche Steuerplanungs- und Steuerwirkungslehre, Heidelberg: Physica, 2004

Koopmans, Tjalling C. [Science, 1957]: Three Essays on the State of Economic Science, New York/Toronto/London: McGraw-Hill, 1957

Koppensteiner, Hans-Georg [Leitungsmacht, 2004]: § 308 – Leitungsmacht, in: *Zöllner, W.* (Hrsg.), Aktiengesetz, 2004, S. 890-927

Koppensteiner, Hans-Georg [Vorbemerkung, 2004]: Vorbemerkungen zu § 291, in: *Zöllner, W.* (Hrsg.), Aktiengesetz, 2004, S. 275-371

Kortzfleisch, Gerd von (Hrsg.) [Wissenschaftsprogramm, 1971]: Wissenschaftsprogramm und Ausbildungsziele der Betriebswirtschaftslehre, Berlin: Duncker & Humblot, 1971

Kosiol, Erich [Modellanalyse, 1961]: Modellanalyse als Grundlage unternehmerischer Entscheidungen, in: ZfhF 13 (1961), S. 318-334

Kraft, Victor [Erkenntnislehre, 1960]: Erkenntnislehre, Wien: Springer, 1960

Krebühl, Hans-Herbert [Organschaft, 1995]: Reform der körperschaftsteuerlichen und gewerbesteuerlichen Organschaft, in: DB 48 (1995) S. 743-748

Krebühl, Hans-Herbert [Konzernbesteuerung, 2003]: Konzernbesteuerung de lege ferenda, in: *Herzig, N.* (Hrsg.), Organschaft, 2003, S. 595-611

Kreps, David M. [Theory, 1990]: A Course in Microeconomic Theory, New York u. a.: Harvester Wheatsheaf, 1990

Kreps, David M. [Hierarchies, 1999] Markets and Hierarchies and (Mathematical) Economic Theory, in: *Carroll, G. R./Teece, D. J.* (Hrsg.), Firms, 1999, S. 121-155

Kreps, David M./Wilson, Robert [Reputation, 1982]: Reputation and Imperfect Information, in: JET 27 (1982), S. 253-279

Kromphardt, Jürgen [Methoden, 1982]: Wirtschaftswissenschaft II: Methoden und Theoriebildung in der Volkswirtschaftslehre, in: *Albers, W* u. a. (Hrsg.), Handwörterbuch, 1982, S. 904-936

Kröner, Ilse [Beteiligungskonzerne, 2004]: Beteiligungskonzerne, in: *Kessler, W./ Kröner, M./Köhler, S.* (Hrsg.), Konzernsteuerrecht, 2004, S. 113-152

Kropff, Bruno/Semler, Johannes (Hrsg.) [Aktiengesetz, 2004]: Münchner Kommentar zum Aktiengesetz – Band 3, 2. Aufl., München: C. H. Beck/Franz Vahlen, 2004

Krueger, Anne O. [Economy, 1990]: The Political Economy of Controls: American Sugar, in: *Scott, M./Lal, D.* (Hrsg.), Policy, 1990, S. 170-216

Krüger, Wilfried [Hierarchie, 1985]: Bedeutung und Formen der Hierarchie, in: DBW 45 (1985), S. 292-307

Kruschwitz, Lutz [Investitionsrechnung, 2005]: Investitionsrechnung, 10. Aufl., München/Wien: Oldenbourg, 2005

Kruschwitz, Lutz [Finanzierung, 2004]: Finanzierung und Investition, 4. Aufl., München/Wien: Oldenbourg, 2004

Kuhn, Klaus [Führungsstrukturen, 1987]: Führungsstrukturen von Großunternehmen, in: ZfB 57 (1987), S. 457-464

Kulenkampff, Arend [Institution, 1978]: Institution, in: *Braun, E./Radermacher, H.* (Hrsg.), Lexikon, 1978, Sp. 275-276

Küpper, Hans-Ulrich/Wagenhofer, Alfred (Hrsg.) [Unternehmensrechnung, 2002]: Handwörterbuch Unternehmensrechnung und Controlling, 4. Aufl., Stuttgart: Schäffer-Poeschel, 2002

Kußmaul, Heinz [Konzern, 1994]: Konzern und Konzernorganisation, in: StB 45 (1994), S. 99-102, 143-149, 187-191

Küting, Karlheinz [Einheitsbesteuerung, 1990]: Ein erneutes Plädoyer für eine Einheitsbesteuerung, in: DB 43 (1990), S. 489-497

Küting, Karlheinz/Weber, Claus-Peter (Hrsg.) [Konzernrechnungslegung, 1998]: Handbuch der Konzernrechnungslegung – Kommentar zur Bilanzierung und Prüfung, Band II, 2. Aufl., Stuttgart: Schäffer-Poeschel, 1998

Lambrecht, Claus [Besteuerung, 2005]: § 7 – Grundlagen der Besteuerung, in: *Gosch, D.* (Hrsg.), Körperschaftsteuergesetz, 2005, S. 275-291

Lang, Joachim [Reform, 2000]: Die Unternehmenssteuerreform – eine Reform pro GmbH, in: GmbHR 91 (2000), S. 453-462

Lang, Joachim [Ordnung, 2005]: § 4 – Rechtsstaatliche Ordnung des Steuerrechts, in: *Tipke, K./Lang, J.* (Hrsg.), Steuerrecht, 2005, S. 64-130

Laske, Stephan/Weiskopf, Richard [Hierarchie, 1992]: Hierarchie, in: *Frese, E.* (Hrsg.), Organisation, 1992, Sp. 791-807

Latsis, Spiro J. (Hrsg.) [Economics, 1976]: Method and Appraisal in Economics, Cambridge u. a.: Cambridge University Press, 1976

Laux, Helmut/Liermann, Felix [Organisation, 2003]: Grundlagen der Organisation: die Steuerung von Entscheidungen als Grundproblem der Betriebswirtschaftslehre, 5. Aufl., Berlin u. a.: Springer, 2003

Leffson, Ulrich [Grundsätze, 1987]: Die Grundsätze ordnungsmäßiger Buchführung, 7. Aufl., Düsseldorf: IDW, 1987

Leibenstein, Harvey [Efficiency, 1966]: Allocative Efficiency vs. "X-Efficiency", in: AER 56 (1966), S. 392-415

Leibenstein, Harvey [Aspects, 1975]: Aspects of the X-Efficiency Theory of the Firm, in: BJE 6 (1975), S. 580-606

Lenz, Martin [Außensteuerrecht, 1982]: Außensteuerrecht und Organisationsstruktur, Frankfurt am Main/Bern: Peter Lang, 1982 (zugl. Diss. Univ. Köln, 1982)

Leschke, Martin/Sauerland, Dirk [Pigou, 2000]: „Zwischen" Pigou und Buchanan – Der Beitrag von Roland Coase zu einer institutionenorientierten Theorie der Wirtschaftspolitik, in: *Pies, I./Leschke, M.* (Hrsg.), Transaktionskostenansatz, 2000, S. 181-210

Linck, Rüdiger [Schlechtleistung, 2005]: Schlechtleistung, in: *Schaub, G./ Koch, U./Linck, R.* (Hrsg.), Arbeitsrechtshandbuch, 2005, S. 428-449

Lishaut, Ingo van [Reform, 2000]: Die Reform der Unternehmensbesteuerung aus Gesellschaftersicht, in: StuW 77/30 (2000), S. 182-196

Löffler, Eugen [Konzern, 1989]: Der Konzern als Finanzintermediär, Wiesbaden: Gabler, 1989 (zugl. Diss. Univ. Frankfurt am Main, 1989)

Lück Wolfgang/Trommsdorff, Volker (Hrsg.) [Unternehmung, 1982]: Internationalisierung der Unternehmung, Berlin: Erich Schmidt, 1982

Luckenbach, Helga [Wirtschaftspolitik, 2000]: Theoretische Grundlagen der Wirtschaftspolitik, 2. Aufl., München: Franz Vahlen, 2000

Lüders, Jürgen [Gewinnrealisierung, 1987]: Der Zeitpunkt der Gewinnrealisierung im Handels- und Steuerbilanzrecht, Köln: Otto Schmidt, 1987 (zugl. Diss Univ. Bonn, 1986)

Lutter, Marcus [Begriff, 2004]: Begriff und Erscheinungsform der Holding, in: *Lutter, M.* (Hrsg.), Holding, 2004, S. 1-29

Lutter, Marcus (Hrsg.) [Holding, 2004]: Holding Handbuch: Recht – Management – Steuern, 4. Aufl., Köln: Otto Schmidt, 2004

Lutter, Marcus/Hommelhoff, Peter [Geschäftsführungsbefugnis, 2004]: § 37 – Geschäftsführungsbefugnis, in: *Lutter, M./Hommelhoff, P.* (Hrsg.), GmbH, 2004, S. 652-666

Lutter, Marcus/Hommelhoff, Peter [Unternehmen, 2004]: Anhang § 13 – Die GmbH als verbundenes Unternehmen, in: *Lutter, M./Hommelhoff, P.* (Hrsg.), GmbH, 2004, S. 305-340

Lutter, Marcus/Hommelhoff, Peter (Hrsg.) [GmbH, 2004]: GmbH-Gesetz – Kommentar, 16. Aufl., Köln: Otto Schmidt, 2004

Luzzati, Tommaso [Rationality, 1999]: A Piece of Evidence Regarding the Full Rationality of Economic Agents, in: JITE 155 (1999), S. 567-572

Macaulay, Stewart [Relations, 1963]: Non-Contractual Relations in Business: A Preliminary Study, in: ASR 28 (1963), S. 55-67

Machina, Mark J. [Uncertainty, 1987]: Choice under Uncertainty – Problems Solved and Unsolved, in: JPE 1 (1987), S. 121-154

Machlup, Fritz [Firm, 1967]: Theories of the Firm: Marginalist, Behavioral, Managerial, in: AER 57 (1967), S. 1-33

Machlup, Fritz/Taber, Martha [Monopoly, 1960]: Bilateral Monopoly, Successive Monopoly, and Vertical Integration, in: EC 27 (1960), S. 101-119

Macneil, Ian R. [Futures, 1974]: The Many Futures of Contracts, in: SCLR 47 (1974), S. 691-816

Macneil, Ian R. [Adjustment, 1978]: Contracts: Adjustment of Long-Term Economic Relations under Classical, Neoclassical, and Relational Contract Law, in: NLR 72 (1978), S. 854-905

Macneil, Ian R. [Contract, 1979]: The New Social Contract – An Inquiry into Modern Contractual Relations, New Haven/London: Yale University Press, 1979

Maerz, Hans [Betrachtungsweise, 1976]: Die wirtschaftliche Betrachtungsweise im Steuerrecht, Diss. Univ. München, vervielf. 1976

Mäki, Uskali/Gustafsson, Bo/Knudsen, Christian (Hrsg.) [Rationality, 1993]: Rationality, Institutions and Economic Methodology, London/New York: Routledge, 1993

Margolis, Julius [Rationalism, 1958]: The Analysis of the Firm: Rationalism, Conventionalism, and Behaviorism, in: JB 31 (1958), S. 187-199

Marshall, Alfred [Industry, 1919]: Industry and Trade, London: Macmillan, 1919

Martiensen, Jörn [Institutionenökonomik, 2000]: Institutionenökonomik, München: Franz Vahlen, 2000

Masten, Scott E./Meehan, James, W./Snyder, Edward A. [Organization, 1991]: The Costs of Organization, in: JLEO 7 (1991), S. 1-25

McGuire, C. B./Radner, Roy (Hrsg.) [Decision, 1972]: Decision and Organization – A Volume in Honor of Jacob Marschak, Amsterdam/London: North-Holland Publishing Company, 1972

Meckling, William H. [Model, 1976]: Values and the Choice of the Model of the Individual in the Social Sciences, in: SZVS 112 (1976), S. 545-559

Meffert, Heribert/ Krawitz, Norbert (Hrsg.), Unternehmensrechnung, 1998]: Unternehmensrechnung und -besteuerung, Festschrift für Dietrich Börner zum 65. Geburtstag, Wiesbaden: Gabler, 1998

Meiser, Michael [Konzern, 1984]: Leitungsautonomie im divisionalisierten Konzern, Frankfurt am Main u. a.: Peter Lang, 1984 (zugl. Diss. Univ. Passau, 1984)

Melcher, Günther-Herbert [Zielprämissen, 1973]: Zu den Zielprämissen für eine betriebliche Steuerpolitik, in: StuW 50/3 (1973) S. 344-351

Mellerowicz, Konrad [Unternehmenspolitik, 1978]: Unternehmenspolitik – Band III: Operative Teilpolitiken und Konzernführung, Freiburg: Rudolf Haufe, 1978

Mertens, Hans-Joachim [Leitung, 1996]: § 76 – Leitung der Aktiengesellschaft, in: *Zöllner, W.* (Hrsg.), Aktiengesetz, 1996, S. 15-63

Mestmäcker, Ernst-Joachim/Behrens, Peter (Hrsg.) [Gesellschaftsrecht, 1991]: Das Gesellschaftsrecht der Konzerne im internationalen Vergleich, Baden-Baden: Nomos, 1991

Metzler, Lloyd A. u. a. (Hrsg.) [Income, 1948]: Income, Employment and Public Policy – Essays in Honor of Alvin H. Hansen, New York: W. W. Norton & Company, 1948

Michaelis, Elke [Transaktionskosten, 1985]: Organisation unternehmerischer Aufgaben – Transaktionskosten als Beurteilungskriterium, Frankfurt am Main/Bern/New York: Peter Lang, 1985 (zugl. Diss. Univ. Hannover, 1984)

Michaelis, Elke/Picot Arnold [Analyse, 1987]: Zur ökonomischen Analyse von Mitarbeiterbeteiligungsrechten, in: *FitzRoy, F. R./Kraft, K.* (Hrsg.), Mitbestimmung, 1987, S. 83-127

Michel, Sandra [Besteuerung, 2001]: Besteuerung und Organisation – Eine intra- und intersystematische Analyse, Lohmar/Köln: Josef Eul, 2001 (zugl. Diss. Univ. München, 2001)

Milgrom, Paul/Roberts, John [Economics, 1992]: Economics, Organization and Management, New Jersey: Prentice Hall/Englewood Cliffs, 1992

Moe, Terry M. [Organization, 1984]: The New Economic of Organization, in: AJPS 28 (1984), S. 739-777

Moe, Terry M. [Institutions, 1990]: Political Institutions: The Neglected Side of the Story, in: JLEO 6 (1990), S. 213-253

Moe, Terry M. [Theory, 1990]: The Politics of Structural Choice: Toward a Theory of Public Bureaucracy, in: *Williamson, O. E.* (Hrsg.), Theory, 1990, S. 116-153

Monteverde, Kirk/Teece, David J. [Integration, 1982]: Appropriable Rents and Quasi-Vertical Integration, in: JLE 25 (1982), S. 321-328

Morgenstern, Oskar [Pareto, 1964]: Pareto Optimum and Economic Organization, Working Paper, Economic Research Program, Princeton University, Research Memorandum No. 63

Moxter, Adolf [Präferenzstruktur, 1964]: Präferenzstruktur und Aktivitätsfunktion des Unternehmers, in: ZfbF 16 (1964), S. 6-35

Moxter, Adolf [Grundsätze, 1983]: Grundsätze ordnungsmäßiger Unternehmensbewertung, 2. Aufl., Wiesbaden: Gabler, 1983

Mühlschlegel, Gustav [Konzerne, 1971]: Die steuerliche Gewinnermittlung für Konzerne, Diss. Univ. Mannheim, vervielf. 1971

Mullainathan, Sendhil/Scharfstein, David [Boundaries, 2001]: Do Firm Boundaries Matter, in: AER 91 – Papers and Proceedings of the Hundred Thirteenth Annual Meeting of the American Economic Association (2001), S. 195-199

Naumann, Jörg-Peter [Holding, 1994]: Die Führungsorganisation der strategischen Holding, Aachen: Shaker, 1994 (zugl. Diss. Univ. Augsburg, 1994)

Naust, Hermann [Steuerreform, 1992]: Konsumorientierte Steuerreform – Zum Heidelberger Konsumsteuerkongreß, in: FA 49 (1991/1992), S. 501-533

Nell-Breuning, Oswald von [Unternehmensverfassung, 1967]: Unternehmensverfassung, in: *Biedenkopf, K. H./Coing, H./Mestmäcker, E.-J.* (Hrsg.), Unternehmen, 1967, S. 47-77

Nelson, Richard R. [Doctrine, 1981]: Assessing Private Enterprise: An Exegesis of Tangled Doctrine, in: BJE 12 (1981) S. 93-111

Nelson, Richard R./Winter, Sydney G. [Theory, 1973]: Toward an Evolutionary Theory of Economic Capabilities, in: AER 63 (1973), S. 440-449

Nelson, Richard R./Winter, Sydney G. [Change, 1982]: An Evolutionary Theory of Economic Change, Cambridge (Massachusetts)/London, Harvard University Press, 1982

Neumann, Steffen [Organgesellschaft, 2005]: § 14 – Aktiengesellschaft oder Kommanditgesellschaft auf Aktien als Organgesellschaft, in: *Gosch, D.* (Hrsg.), Körperschaftsteuergesetz, 2005, S. 991-1151

Neus, Werner [Betriebswirtschaftslehre, 2005]: Einführung in die Betriebswirtschaftslehre, 4. Aufl., Tübingen: Mohr, 2005

Niemann, Rainer [Steuersysteme, 2001]: Neutrale Steuersysteme unter Unsicherheit – Besteuerung von Realoptionen, Bielefeld: Erich Schmidt, 2001 (zugl. Diss. Univ. Tübingen, 2000)

North, Douglass C. [Structure, 1978]: Structure and Performance: The Task of Economic History, in: JEL 16 (1978), S. 963-978

North, Douglass C. [Change, 1981]: Structure and Change in Economic History, New York/London: W. W. Norton, 1981

North, Douglass C. [Institutions, 1990]: Institutions, Institutional Change and Economic Performance, Cambridge u. a.: Cambridge University Press, 1990

North, Douglass C. [Politics, 1990]: A Transaction Cost Theory of Politics, in: JTP 2 (1990), S. 355-367

North, Douglass C. [Institutions, 1991]: Institutions, in: JEP 5 (1991) S. 97-112

North, Douglass C. [Organizations, 1996]: Institutions, Organizations and Market Competition, Washington University Working Paper, St. Louis, 1996, http://econwpa.wustl.edu:80/eps/eh/papers/9612/9612005.pdf (09.09.2005)

Obershall, Anthony/Leifer, Eric M. [Efficiency, 1986]: Efficiency and Social Institutions: Uses and Misuses of Economic Reasoning in Sociology, in: ARS 12 (1986), S. 233-253

Ohmer, Michael [Einkommensteuer, 1997]: Die Grundlagen der Einkommensteuer – Gerechtigkeit und Effizienz, Frankfurt am Main u. a.: Peter Lang, 1997 (zugl. Diss. Univ. Mannheim, 1996)

Olson, Mancur/Köhkönen, Satu (Hrsg.) [Science, 2000]: A Not-So-Dismal Science, Oxford u. a.: Oxford University Press, 2000

Opp, Karl-Dieter [Methodologie, 1970]: Methodologie der Sozialwissenschaften, Reinbek: Rowohlt, 1970

Ordelheide, Dieter [Konzern, 1986]: Der Konzern als Gegenstand Betriebswirtschaftlicher Forschung, in: BFuP 38 (1986), S. 293-312

Ordelheide, Dieter [Konzernerfolgskonzeptionen, 1987]: Konzernerfolgskonzeptionen und Risikokoordination – Grundlagen handels- und steuerrechtlicher Erfolgsermittlung für Konzerne, in: ZfbF 39 (1987), S. 975-986

Ordelheide, Dieter [Theorie, 1993]: Institutionelle Theorie und Unternehmung, in: *Wittmann, W.* u. a. (Hrsg.), Betriebswirtschaft, 1993, Sp. 1838-1855

Ordelheide, Dieter/Rudolph, Bernd/Büsselmann, Elke (Hrsg.) [Theorie, 1991]: Betriebswirtschaftslehre und ökonomische Theorie, Stuttgart: Poeschel, 1991

Orth, Manfred [Verlustverwertungsstrategien, 2004]: Verlustverwertungsstrategien, in: *Kessler, W./Kröner, M./Köhler, S.* (Hrsg.), Konzernsteuerrecht, 2004, S. 609-700

Ott, Claus/Schäfer Hans-Bernd (Hrsg.) [Rechtsordnung, 1989]: Allokationseffizienz in der Rechtsordnung, Heidelberg: Springer, 1989

Ott, Jürgen [Holding, 1996]: Theorie zur Entstehung der Institution „Holding" und zur Gestaltung ihrer Ordnungen – Darstellung und Kritik auf der Grundlage der Einzelwirtschaftstheorie der Institutionen nach Dieter Schneider, Berlin: Duncker & Humblot, 1996 (zugl. Diss. Univ. Tübingen, 1994)

Ouchi, William G. [Control, 1978]: The Transmission of Control Through Organizational Hierarchy, in: AM 21 (1978), S. 171-192

Palmer, Donald u. a. [Economics, 1987]: The Economics and Politics of Structure: The Multidivisional Form and the Large U. S. Corporation, in: ASQ 32 (1987), S. 25-48

Pappenheim, Rainer [Institutionen, 2001]: Neue Institutionenökonomik und politische Institutionen, Frankfurt am Main u. a.: Lang, 2001 (zugl. Diss. Univ. Jena, 2000)

Pareto, Vilfredo [Politique, 1909]: Manuel d'économomie Politique (Manuale di economia politica, ital.), übers. von *Alfred Bonnet*, Paris: V. Giard & E. Brière, 1909

Pausenberger Ehrenfried [Konzerne, 1975]: Konzerne, in: *Grochla, E./Wittmann, W.* (Hrsg.), Betriebswirtschaft, 1975, Sp. 2234-2249

Peffekoven, Rolf [Staatsquote, 1977]: Begriff und Aussagefähigkeit der Staatsquote, in: WiSt 6 (1977), S. 208-213

Pelikan, Pavel [Systems, 1987]: The Formation of Incentive Mechanisms in Different Economic Systems, in: *Hedlund, S.* (Hrsg.), Incentives, 1987, S. 27-56

Perridon, Louis/Steiner, Manfred [Finanzwirtschaft, 2004]: Finanzwirtschaft der Unternehmung, 13. Aufl., München: Franz Vahlen, 2004

Peters, Hans-Rudolf [Wirtschaftspolitik, 2000]: Wirtschaftspolitik, 3. Aufl., München/Wien: Oldenbourg, 2000

Picot, Arnold [Verfügungsrechte, 1981]: Der Beitrag der Theorie der Verfügungsrechte zur ökonomischen Analyse der Unternehmensverfassungen, in: *Bohr, K. u. a.* (Hrsg.), Unternehmensverfassung, 1981, S. 153-238

Picot, Arnold [Transaktionskostenansatz, 1982]: Transaktionskostenansatz in der Organisationstheorie: Stand der Diskussion und Aussagewert, in: DBW 42 (1982), S. 265-284

Picot, Arnold [Dezentralisierung, 1985]: Kommunikationstechnik und Dezentralisierung, in: *Ballwieser, W./Berger, K.-H.* (Hrsg.), Wirtschaftlichkeit, 1985, S. 377-402

Picot, Arnold [Ansätze, 1991]: Ökonomische Theorien der Organisation – Ein Überblick über neuere Ansätze und deren betriebswirtschaftliches Anwendungspotential, in: *Ordelheide, D./Rudolph, B./Büsselmann, E.* (Hrsg.), Theorie, 1991, S. 143-170

Picot, Arnold [Organisation, 2005]: Organisation, in: *Bitz, M. u. a.* (Hrsg.), Kompendium/2, 2005, S. 43-121

Picot, Arnold/Dietl, Helmut [Transaktionskostentheorie, 1990]: Transaktionskostentheorie, in: WiSt 19 (1990), S. 178-184

Picot, Arnold/Dietl, Helmut/Franck, Egon [Organisation, 2005]: Organisation: eine ökonomische Perspektive, 4. Aufl., Stuttgart: Schäffer-Poeschel, 2005

Picot, Arnold/Michaelis, Elke [Unternehmensverfassung, 1984]: Verteilung von Verfügungsrechten in Großunternehmungen und Unternehmensverfassung, in: ZfB 54 (1984), S. 252-272

Picot, Arnold/Reichwald, Ralf/Wigand, Rolf T. [Unternehmung, 2003]: Die grenzenlose Unternehmung, 5. Aufl., Wiesbaden: Gabler, 2003

Pies, Ingo [Grundlagen, 2001]: Theoretische Grundlagen demokratischer Wirtschafts- und Gesellschaftspolitik – Der Beitrag Oliver Williamsons, in: *Pies, I./Leschke, M.* (Hrsg.), Organisationsökonomik, 2001, S. 1-27

Pies, Ingo/Leschke, Martin (Hrsg.) [Transaktionskostenansatz, 2000]: Ronald Coase's Transaktionskosten-Ansatz, Tübingen: Mohr Siebeck, 2000

Pies, Ingo/Leschke, Martin (Hrsg.) [Organisationsökonomik, 2001]: Oliver Williamsons Organisationsökonomik, Tübingen: Mohr Siebeck, 2001

Pigou, Arthur Cecil [Welfare, 1929]: The Economic of Welfare, 3. Aufl., London: Macmillan and Co., 1929

Pirsching, Manfred [Rechtslehre, 1979]: Ökonomische Rechtslehre? – Über die Prämissen und Grenzen des „Economic Approach" im Recht, in: *Sutter, B.* (Hrsg.), Reformen, 1979, S. 995-1020

Poensgen, Otto H. [Geschäftsbereichsorganisation, 1973]: Geschäftsbereichsorganisation, Opladen: Westdeutscher Verlag, 1973

Popper, Karl R. [Logik, 1994]: Logik der Forschung, 10. Aufl., Tübingen: Mohr Siebeck, 1994

Potthoff, Erich/Trescher, Karl/Theisen, Manuel René [Aufsichtsratsmitglied, 2003]: Das Aufsichtsratsmitglied – Ein Handbuch der Aufgaben, Rechte und Pflichten, 6. Aufl., Stuttgart: Schäffer-Poeschel, 2003

Prantl, Johannes [Konzernbildung, 1994]: Konzernbildung, Konzernrecht und Minderheitenschutz in Deutschland – Eine ökonomische Analyse, Frankfurt am Main u. a.: Peter Lang, 1994 (zugl. Diss. Univ. Regensburg, 1994)

Pratt, John W./Zeckhauser, Richard J. [Overview, 1991]: Principal and Agents: An Overview, in: *Pratt, J. W./Zeckhauser, R. J.* (Hrsg.), Principals, 1991, S. 1-35

Pratt, John W./Zeckhauser, Richard J. (Hrsg.) [Principals, 1991]: Principals and Agents, Boston: Harvard Business School Press, 1991

Prinz, Ulrich [Organschaft, 2003]: Wirtschaftliche Konsequenzen der Organschaft, in: *Herzig, N.* (Hrsg.), Organschaft, 2003, S. 543-589

Probst, Arno [Konzernunternehmung, 1997]: Die Behandlung der Anteile von Minderheitsgesellschaftern innerhalb der Besteuerung der Konzernunternehmung, Frankfurt am Main u. a.: Peter Lang, 1997 (zugl. Diss. Univ. Mannheim, 1996)

Prüschenk, Fabian [Ertragsbesteuerung, 2004]: Ertragsbesteuerung von Konzernen – Eine ökonomische Analyse alternativer Formen der Konzernbesteuerung, Aachen: Shaker, 2004 (zugl. Diss. Univ. Bayreuth, 2003)

Pullen, Michael [Konzerne, 1994]: Körperschaftsbesteuerung nationaler und internationaler deutscher Konzerne – Eine kritische Analyse aus ökonomischer Sicht, Hamburg: S+W Steuer- und Wirtschaft, 1994 (zugl. Diss Univ. Duisburg, 1994)

Radner, Roy [Equilibrium, 1968]: Competitive Equilibrium under Uncertainty, in: ET 36 (1968), S. 31-58

Radner, Roy [Markets, 1970]: Problems in the Theory of Markets under Uncertainty, in: AER 60 – Papers and Proceedings of the Eighty-second Annual Meeting of the American Economic Association (1970), S. 454-460

Raffée, Hans [Grundprobleme, 1974]: Grundprobleme der Betriebswirtschaftslehre, 8. Aufl., unveränderter Nachdruck der Aufl. 1974, Göttingen: Vandenhoeck und Ruprecht, 1993

Raffée, Hans/Abel, Bodo [Wissenschaftstheorie, 1979]: Aufgaben und aktuelle Tendenzen der Wissenschaftstheorie in den Wirtschaftswissenschaften, in: *Raffée, H./Abel, B.* (Hrsg.), Grundfragen, 1979, S. 1-10

Raffée, Hans/Abel, Bodo (Hrsg.) [Grundfragen, 1979]: Wissenschaftstheoretische Grundfragen der Wirtschaftswissenschaften, München: Franz Vahlen, 1979

Raupach, Arndt [Besteuerung, 1998]: Wechselwirkungen zwischen der Organisationsstruktur und der Besteuerung multinationaler Konzernunternehmungen, in: *Theisen, M. R.* (Hrsg.), Umbruch, 1998, S. 59-167

Reis, Monique [Einheit, 1996]: Die Körperschaftsbesteuerung des Konzerns als wirtschaftliche Einheit – Mögliche Alternative zur Einzelbesteuerung? Frankfurt am Main u. a.: Peter Lang, 1996 (zugl. Diss. Univ. Würzburg, 1995)

Reiß, Wolfram [Umsatzsteuer, 2005]: § 14 – Umsatzsteuer, in: *Tipke, K./Lang, J.* (Hrsg.), Steuerrecht, 2005, S. 501-609

Richardi, Reinhard/Wlotzke, Otfried (Hrsg.) [Arbeitsrecht, 2000]: Münchner Handbuch zum Arbeitsrecht, 2. Aufl., München: C. H. Beck, 2000

Richter, Lutz [Konzernbesteuerung, 2003]: Ansätze einer Konzernbesteuerung in Deutschland, Frankfurt am Main u. a.: Peter Lang, 2003 (zugl. Diss. Univ. Saarbrücken, 2003)

Richter, Rudolf [Theorie, 1991]: Institutionenökonomische Aspekte der Theorie der Unternehmung, in: *Ordelheide, D./Rudolph, B./Büsselmann, E.* (Hrsg.), Theorie, 1991, S. 395-429

Richter, Rudolf [Methodology, 1994]: Methodology from the Viewpoint of the Economic Theorist – Thirty Years On, in: JITE 150 (1994), S. 589-608

Richter, Rudolf [Tragweite, 2001]: Die Tragweite des Transaktionskostenansatzes in der Institutionenökonomie, in: *Jost, P.-J.* (Hrsg.), Transaktionskostenansatz, 2001, S. 449-466

Richter, Rudolf/Furubotn, Eirik G. [Institutionenökonomik, 2003]: Neue Institutionenökonomik (Institutions and Economic Theory, engl.), übers. von *Monika Streissler*, 3. Aufl., Tübingen: Mohr Siebeck, 2003

Riordan, Michael H./Williamson, Oliver E. [Organization, 1985]: Asset Specificity and Economic Organization, in: IJIO 3 (1985), S. 365-378

Rose, Gerd [Steuerlehre, 1976]: Steuerlehre, Betriebswirtschaftliche, in: *Grochla, E./Wittmann, W.*, Betriebswirtschaft, 1976, Sp. 3760-3768

Rose, Gerd [Einkünfteerzielungsabsicht, 1986]: Einkünfteerzielungsabsicht, in: StBJb 37 (1985/86) S. 177-212

Rose, Gerd [Umsatzsteuer, 2002]: Umsatzsteuer – mit Grunderwerbsteuer und kleineren Verkehrsteuern, 15. Aufl., Berlin: Erich Schmidt, 2002

Rose, Gerd [Ertragsteuern, 2004]: Ertragsteuern – Einkommensteuer, Körperschaftsteuer, Gewerbesteuer, 18. Aufl., Berlin: Erich Schmidt, 2004

Rose, Gerd/Glorius-Rose, Cornelia [Unternehmen, 2001]: Unternehmen – Rechtsformen und Verbindungen, 3. Aufl., Köln: Otto Schmidt, 2001

Roser, Frank [Einkommen, 2005]: § 8 – Ermittlung des Einkommens, in: *Gosch, D.* (Hrsg.), Körperschaftsteuergesetz, 2005, S. 297-358

Roth, Günther H./Altmeppen, Holger (Hrsg.) [GmbHG, 2003]: Gesetz betreffend die Gesellschaften mit beschränkter Haftung (GmbHG) – Kommentar, 4. Aufl., München: C. H. Beck, 2003

Rubinstein, Ariel [Rationality, 1998]: Modeling Bounded Rationality, Cambridge/London: MIT Press, 1998

Rückle, Dieter (Hrsg.) [Finanzwirtschaft, 1991]: Aktuelle Fragen der Finanzwirtschaft und der Unternehmensbesteuerung – Festschrift für Erich Loitlsberger zum 70. Geburtstag, Wien: Linde, 1991

Rudolph, Bernd [Finanzierungstheorie, 2002]: Finanzierungstheorie, in: *Küpper, H.-U./Wagenhofer, A.* (Hrsg.), Unternehmensrechnung, 2002, Sp. 549-558

Ruf, Martin [Besteuerung, 2004]: Investitionsneutrale Besteuerung in einem internationalen Kontext, in: ZfB 74 (2004), S. 995-1007

Rühli, Edwin [Konzernführung, 1990]: Zeitgemäße Konzernführung und -gestaltung, in: ZFO 59 (1990), S. 310-314

Rühli, Edwin/Thommen, Jean-Paul (Hrsg.) [Unternehmensführung, 1981]: Unternehmensführung aus finanz- und bankwirtschaftlicher Sicht, Stuttgart: C. E. Poeschel, 1981

Rupp, Reinhard [Ertragsbesteuerung, 1983]: Die Ertragsbesteuerung nationaler Konzerne – Konzernsteuerbilanz oder Weiterentwicklung der körperschaftsteuerlichen Organschaft?, Frankfurt am Main u. a.: Peter Lang, 1983 (zugl. Diss Univ. Mannheim, 1983)

Salzberger, Wolfgang [Konzernunternehmung, 1994]: Die steuerliche Gewinnermittlung einer Konzernunternehmung in der Europäischen Union, Köln: Otto Schmidt, 1994 (zugl. Diss. Univ. Mannheim, 1994)

Samuelson, Paul A. [Depreciation, 1964]: Tax Deductibility of Economic Depreciations to Insure Invariant Valuations, in: JPoE 72 (1964), S. 604-606

Samuelson, Paul A./Nordhaus, William D. [Economics, 1995]: Economics, 15. Aufl., New York u. a.: McGraw-Hill, 1995

Sander, Birgit [Anrechnungsverluste, 1999]: Körperschaftsteuerliche Anrechnungsverluste bei grenzüberschreitenden Kooperationen, Düsseldorf, IDW-Verlag: 1999 (zugl. Diss. Univ. Köln, 1998)

Schäfer, Hans-Bernd [Allokationseffizienz, 1989]: Allokationseffizienz als Grundprinzip des Zivilrechts, in: *Ott, C./Schäfer, H.-B.* (Hrsg.) [Rechtsordnung, 1989], S. 1-24

Schanz, Günther (Hrsg.) [Betriebswirtschaftslehre, 1984]: Betriebswirtschaftslehre und Nationalökonomie, Wiesbaden: Gabler, 1984

Schanz, Günther [Methodologie, 1988]: Methodologie für Betriebswirte, 2. Aufl., Stuttgart: Poeschel, 1988

Schanz, Günther [Wissenschaftsprogramme, 2004]: Wissenschaftsprogramme der Betriebswirtschaftslehre, in: *Bea, F. X./Friedl, B. /Schweitzer, M.* (Hrsg.), Grundfragen, 2004, S. 83-161

Schaub, Günther/Koch, Ulrich/Linck, Rüdiger (Hrsg.), Arbeitsrechtshandbuch, 11. Aufl., München: C. H. Beck, 2005

Schaumburg, Harald [Grundzüge, 1998]: Grundzüge des Konzernsteuerrechts, in: *Schaumburg, H.* (Hrsg.), Konzern, 1998, S. 1-59

Schaumburg, Harald (Hrsg.) [Konzern, 1998]: Steuerrecht und steuerorientierte Gestaltung im Konzern – Kölner Konzernrechtstage, Köln: Otto Schmidt, 1998

Schaumburg, Harald/Jesse, Lenhard [Holding, 2004]: Die nationale Holding aus steuerlicher Sicht, in: *Lutter, M.* (Hrsg.), Holding, 2004, S. 637-846

Schauenberg, Bernd [Gegenstand, 2005]: Gegenstand und Methoden der Betriebswirtschaftslehre, in: *Bitz, M.* u. a. (Hrsg.), Kompendium/1, 2005, S. 1-57

Scheffler, Eberhard [Konzern, 1992]: Die konzernleitende Holding im faktischen Konzern, in: *Schulte, C.* (Hrsg.), Strategien, S. 245-165

Scheffler, Eberhard [Holding, 2004]: Vor- und Nachteile der Holding, in: *Lutter, M.* (Hrsg.), Holding, 2004, S. 30-42

Scheffler, Eberhard [Konzernmanagement, 2004]: Konzernmanagement – Betriebswirtschaftliche und rechtliche Grundlagen der Konzernführungspraxis, 2. Aufl., München: Franz Vahlen, 2004

Scheffler, Eberhard [Konzernorganisation, 2004]: Konzernorganisation, in: *Schreyögg, G./Werder, A.* (Hrsg.), Unternehmensführung, 2004, Sp. 680-688

Scheffler, Wolfram [Konzerne, 1991]: Grundzüge der Besteuerung von inländischen Konzernen, in: DBW 51 (1991), S. 701-717

Scheffler, Wolfram [Besteuerung, 2004]: Besteuerung von Unternehmen I – Ertrags-, Substanz- und Verkehrssteuern, 7. Aufl., Heidelberg: Müller, 2004

Schenk, Gerald [Konzernbildung, 1997]: Konzernbildung, Interessenskonflikte und ökonomische Effizienz, Frankfurt am Main u. a.: Peter Lang, 1997 (zugl. Diss. Univ. Frankfurt, 1996)

Scheuchzer, Marco [Konzernbesteuerung, 1994]: Konzernbesteuerung in der Europäischen Union, Bielefeld: Erich Schmidt, 1994 (zugl. Diss. Univ. Bielefeld, 1993)

Schildbach, Thomas [Grundlagen, 1989]: Überlegungen zu Grundlagen einer Konzernrechnungslegung, in: WPg 42 (1989), S. 157-164 und S. 199-209

Schildbach, Thomas u. a. [Konzernabschluss, 1996]: Der handelsrechtliche Konzernabschluß, München/Wien: Oldenbourg, 1996

Schmalenbach, Eugen [Bilanz, 1962]: Dynamische Bilanz, 13. Aufl., Köln/ Opladen: Westdeutscher Verlag, 1962

Schmalensee, Richard/Willig, Robert D. (Hrsg.) [Organization, 1989]: Handbook of Industrial Organization, Amsterdam u. a.: Elsevier Science Publishers, 1989

Schmidt, Reinhard H. [Finanzierung, 1981]: Grundformen der Finanzierung, in: KK 14 (1981), S. 186-221

Schmidt, Reinhard H. [Finanzierungstheorie, 1981]: Ein neoinstitutionalistischer Ansatz der Finanzierungstheorie, in: *Rühli, E./ Thommen, J.-P.* (Hrsg.), Unternehmensführung, 1981, S. 135-154

Schmidt, Reinhard H. [Organisationstheorie, 1992]: Organisationstheorie, transaktionskostenorientierte, in: *Frese, E.* (Hrsg.), Organisation, 1992, Sp. 1854-1865

Schmidt, Reinhard H./Schor, Gabriel [Erklärung, 1987]: Modell und Erklärung in den Wirtschaftswissenschaften, in: *Schmidt, R. H./Schor, G.* (Hrsg.), Modelle, 1987, S. 9-36

Schmidt, Reinhard H./Schor, Gabriel (Hrsg.) [Modelle, 1987]: Modelle in der Betriebswirtschaftslehre, Wiesbaden: Gabler, 1987

Schmidt, Reinhard H./Terberger, Eva [Finanzierungstheorie, 1997]: Grundzüge der Investitions- und Finanzierungstheorie, 4. Aufl., Wiesbaden: Gabler, 1997

Schmoller, Gustav [Grundriß, 1923]: Grundriß der Allgemeinen Volkswirtschaftslehre – Erster Teil, unveränderter Nachdruck der Aufl. 1923, Berlin: Duncker & Humblot, 1978

Schneider, Dieter [Besteuerung, 1969]: Korrekturen zum Einfluß der Besteuerung auf Investitionen, in: ZfbF 21 (1969), S. 297-325

Schneider, Dieter [Steuerbilanzen, 1978]: Steuerbilanzen, Wiesbaden: Gabler, 1978

Schneider, Dieter [Steuerlehre, 1983]: Betriebswirtschaftliche Steuerlehre als Steuerplanungslehre oder als ökonomische Analyse des Steuerrechts?, in: *Fischer, L.* (Hrsg.), Unternehmung, 1983, S. 21-37

Schneider, Dieter [Markt, 1985]: Die Unhaltbarkeit des Transaktionskostenansatzes für die „Markt oder Unternehmung"-Diskussion, in: ZfB 55 (1985), S. 1237-1254

Schneider, Dieter [Einschränkung, 1988]: Was verlangt eine marktwirtschaftliche Steuerreform: Einschränkung des Verlust-Mantelkaufs oder Ausweitung des Verlustausgleichs durch handelbare Verlustverrechnungsgutscheine?, in: BB 43 (1988), S. 1222-1229

Schneider, Dieter [Institutionen, 1991]: Unternehmerfunktionen oder Transaktionskostenökonomie als Grundlage für die Erklärung von Institutionen, in: ZfB 61 (1991), S. 371-377

Schneider, Dieter [Investition, 1992]: Investition, Finanzierung und Besteuerung, 7. Aufl., Wiesbaden: Gabler, 1992

Schneider, Dieter [Grundlagen, 1995]: Betriebswirtschaftslehre – Band 1: Grundlagen, 2. Aufl., München/Wien: Oldenbourg, 1995

Schneider, Dieter [Rechnungswesen, 1997]: Betriebswirtschaftslehre – Band 2: Rechnungswesen, 2. Aufl., München/Wien: Oldenbourg, 1997

Schneider, Dieter [Unternehmung, 1997]: Betriebswirtschaftslehre – Band 3: Theorie der Unternehmung, München/Wien: Oldenbourg, 1997

Schneider, Dieter [Steuerwirkung, 2002]: Steuerlast und Steuerwirkung, München/Wien: Oldenbourg, 2002

Scholes Myron S./Wolfson, Mark A. [Taxes, 1992]: Taxes and Business Strategy: A Planning Approach, New Jersey: Prentice-Hall, 1992

Schoppe, Siegfried G. [Grundlagen, 1995]: Klassisch-Neoklassische Grundlagen einer Theorie der Unternehmung, in: *Schoppe, S. G.* u. a. (Hrsg.), Theorie, 1995, S. 5-20

Schoppe, Siegfried G., u. a. (Hrsg.) [Theorie, 1995]: Moderne Theorie der Unternehmung, München/Wien: Oldenbourg, 1995

Schreiber, Ulrich [Unternehmensbesteuerung, 1987]: Rechtsformabhängige Unternehmensbesteuerung?, Köln: Peter Deubner, 1987 (zugl. Habil. Univ. Mannheim, 1985)

Schreiber, Ulrich [Forderungen, 1991]: Betriebswirtschaftliche Forderungen an eine systematische Unternehmensbesteuerung, in: *Betge, P./Theisen, M. R.* (Hrsg.), Finanzierung, 1991, S. 59-83

Schreiber, Ulrich [Besteuerung, 2005]: Besteuerung der Unternehmen, Berlin/Heidelberg/New York: Springer, 2005

Schreiber, Ulrich/Stellpflug, Thomas [Steuerbasis, 1990]: Einkommen oder Konsum als Steuerbasis?, in: WiSt 28 (1999), S. 186-192

Schreyögg, Georg/Kliesch, Martina/Lührmann, Thomas [Management-Holding, 2003]: Bestimmungsgründe für die Gestaltung einer Management-Holding, in: WiSt 32 (2003), S. 721-727

Schreyögg, Georg/Werder, Axel von (Hrsg.) [Unternehmensführung, 2004]: Handwörterbuch Unternehmensführung und Organisation, Stuttgart: Schäffer-Poeschel, 2004

Schruff, Wienand [Konzern, 1993]: Konzern, in: *Wittmann, W.* u. a. (Hrsg.), Betriebswirtschaft, 1993, Sp. 2274-2288

Schulte, Christof [Holding, 1992]: Die Holding als Instrument zur strategischen und strukturellen Neuausrichtung von Konzernen, in: *Schulte, C.* (Hrsg.), Strategien, 1992, S. 17-58

Schulte, Christopf (Hrsg.) [Strategien, 1992]: Holding-Strategien – Erfolgspotentiale realisieren durch Beherrschung von Größe und Komplexität, Wiesbaden: Gabler, 1992

Schweitzer, Marcell [Gegenstand, 2004]: Gegenstand und Methoden der Betriebswirtschaftslehre, in: *Bea, F. X./Friedl, B./Schweitzer, M.* (Hrsg.), Grundfragen, 2004, S. 23-82

Schwinger, Reiner [Steuersysteme, 1992]: Einkommens- und konsumorientierte Steuersysteme, Heidelberg: Physica, 1992 (zugl. Diss. Univ. Tübingen, 1991)

Schwinger, Reiner [Steuern, 1994]: Konsum oder Einkommen als Bemessungsgrundlagen direkter Steuern, in: StuW 71/24 (1994), S. 39-50

Scott, Maurice/Lal, Deepak (Hrsg.) [Policy, 1990]: Public Policy and Economic Development – Essays in Honour of Ian Little, Oxford: Clarendon Press, 1990

Seidel, Eberhard [Recht, 1977]: Organisation und Recht – Konsequenzen der zunehmenden Außenbestimmung betrieblicher Organisation für die betriebswirtschaftliche Organisationslehre, in: ZfO 46 (1977), S. 443-448

Seidl, Christian [Besteuerung, 1991]: Investitionsneutrale Besteuerung: Theorie und Praxis, in: *Rückle, D.* (Hrsg.), Finanzwirtschaft, 1991, S. 605-618

Selchert, Friedrich Wilhelm [Steuerpolitik, 1978]: Die Lohnsteuer in der Betriebswirtschaftlichen Steuerpolitik, in: ZfB 48 (1978), S. 1-20

Semler, Johannes [Überwachung, 1996]: Leitung und Überwachung der Aktiengesellschaft, 2. Aufl., Köln u. a.: Carl Heymanns, 1996 (in erster Aufl. zugl. Diss. Univ. Bochum, 1980)

Sened, Itai [Political, 1997]: The Political Institution of Private Property, Cambridge: Cambridge University Press, 1997

Senger, Thomas [Reform, 1997]: Reform der deutschen Konzernertragsbesteuerung – Unter Berücksichtigung grenzüberschreitender Konzernstrukturen im Europäischen Binnenmarkt, Köln/Lohmar: Josef Eul, 1997 (zugl. Diss. Univ. Köln, 1996)

Shelton, John P. [Efficiency, 1967]: Allocative Efficiency vs. "X-Efficiency": Comment, in: AER 57 (1967), S. 1252-1258

Shen, T. Y. [Substitution, 1973]: Technology Diffusion, Substitution, and X-Efficiency, in: ET 41 (1973), S. 263-284

Simon, Herbert A. [Choice, 1955]: A Behavioral Model of Rational Choice, in: QJE 69 (1955), S. 99-118

Simon, Herbert A. [Comparison, 1956]: A Comparison of Game Theory and Learning Theory, in: PSY 21 (1956), wiederabgedruckt in: *Simon, Herbert A.*: Models of Man, New York/London: John Wiley/Chapman & Hall, 1957, S. 274-279

Simon, Herbert A. [Behavior, 1959]: Administrative Behavior, 2. Aufl., New York: Macmillan, 1959

Simon, Herbert A. [Rationality, 1972]: Theories of Bounded Rationality, in: *McGuire C. B./Radner, R.* (Hrsg.), Decision, 1972, S. 161-176

Simon, Herbert A. [Substantive, 1976]: From Substantive to Procedural Rationality, in: *Latsis, S. J.* (Hrsg.), Economics, 1976, S. 129-148

Simon, Herbert A. [Rationality, 1978]: Rationality as a Process and Product of Thought, in: AER 68 – Papers and Proceedings of the Ninetieth Annual Meeting of the American Economic Association (1978), S. 1-16

Simon, Herbert A. [Reason, 1983]: Reason in Human Affairs, Oxford: Basil Blackwell, 1983

Simon, Herbert A. [Economics, 1986]: Rationality in Psychology and Economics, in: JB 59 Part 2: The Behavioral Foundation of Economic Theory (1986), S. 209-224

Sinn, Hans-Werner [Kapitaleinkommensbesteuerung, 1985]: Kapitaleinkommensbesteuerung, Tübingen: J. C. B. Mohr (Paul Siebeck), 1985

Smith, Adam, [Wealth, 1776]: Inquiry into the Nature and Causes of the Wealth of Nations, unveränderter Nachdruck der Aufl. 1776, New York: Prometheus Books, 1991

Sohmen, Egon [Allokationstheorie, 1976]: Allokationstheorie und Wirtschaftspolitik, Tübingen: J. C. B. Mohr (Paul Siebeck), 1976

Solow, Robert M. [Informant, 2001]: A Native Informant Speaks, in: JEM 8 (2001), S. 111-112

Speckbacher, Gerhard [Separation, 1997]: Separation, Kapitalwertkriterium und Prinzip von Lagrange, in: WiSt 26 (1997), S. 481-483

Spengel, Christoph [Analyse, 1998]: Wettbewerbswirkungen der Körperschaftsteuer in Europa – Analyse und Reformvorschläge, in: DBW 58 (1998), S. 348-368

Spengel, Christoph [Unternehmensbesteuerung, 2003]: Internationale Unternehmensbesteuerung in der Europäischen Union, Düsseldorf: IDW-Verlag, 2003 (zugl. Habil. Univ. Mannheim, 2002)

Stein, Heinz-Gerd [Verlustausgleich, 1983]: Steuerlicher Verlustausgleich und Strukturwandel der Unternehmen, in: ZfbF 35 (1983) S. 29-40

Stein, Johann Heinrich von [Gegenstand, 1993]: Betriebswirtschaftslehre, Gegenstand der, in: *Wittmann, W.* u. a. (Hrsg.), Betriebswirtschaft, 1993, S. 470-482

Stigler, George J. [Division, 1951]: The Division of Labor is Limited by the Extend of the Market, in: JPoE 59 (1951), S. 185-193

Stigler, George J. [Industry, 1968]: The Organization of Industry, Homewood/Nobel-ton: Richard D. Irwin/Irwin-Dorsey, 1968

Stigler, George J. [Information, 1961]: The Economics of Information, in: JPoE 69 (1961), S. 213-225

Stigler, George J. [Economics, 1992]: Law or Economics?, in: JLE 35 (1992), S. 455-468

Streck, Michael (Hrsg.) [Körperschaftsteuergesetz, 2003]: Körperschaftsteuergesetz mit Nebengesetzen – Kommentar, 6. Aufl., München: C. H. Beck, 2003

Strohm, Andreas [Theorie, 1988]: Ökonomische Theorie der Unternehmensentstehung, Freiburg: Haufe, 1988 (zugl. Diss. Univ. Freiburg, 1988)

Sureth, Caren [Unsicherheit, 1999]: Der Einfluss von Steuern auf Investitionsentscheidungen bei Unsicherheit, Wiesbaden: Gabler, 1999 (zugl. Diss. Univ. Bielefeld, 1999)

Sureth, Caren [Rechtsformneutralität, 2003]: Die Besteuerung von Beteiligungsveräußerungen und Rechtformneutralität, in: ZfB 73 (2003), S. 793-824

Sutter, Berthold (Hrsg.) [Reformen, 1979]: Reformen des Rechts – Festschrift zur 200-Jahr-Feier der Rechtswissenschaftlichen Fakultät der Universität Graz, Graz: Leykam, 1979

Teece, David J. [Integration, 1976]: Vertical Integration & Vertical Divestiture in the U. S. Oil Industry, Stanford: Stanford University, 1976

Teece, David J. [Scope, 1980]: Economies of Scope and the Scope of the Enterprise, in: JEBO 1 (1980), S. 223-247

Teece, David J. [Multiproduct, 1982]: Towards an Economic Theory of the Multiproduct Firm, in: JEBO 3 (1982), S. 39-63

Thaler, Richard H. [Theory, 1945]: Toward a Positive Theory of Consumer Choice, in: Thaler, R. H. (Hrsg.), Economics, 1945, S. 3-24

Thaler, Richard H. (Hrsg.) [Economics, 1945]: Quasi Rational Economics, New York: Russell Sage Foundation, 1945

Theisen, Manuel René [Konzernorganisation, 1986]: Konzernorganisation – Sammelrezension, in: DBW 46 (1986), S. 746-770

Theisen, Manuel René [Unternehmungsführung, 1987]: Überwachung der Unternehmungsführung – Betriebswirtschaftliche Ansätze zur Entwicklung erster Grundsätze ordnungsmäßiger Überwachung, Stuttgart: Poeschel, 1987 (zugl. Habil. Univ. Regensburg, 1987)

Theisen, Manuel René [Gewinnerzielungsabsicht, 1988]: Die Gewinnerzielungsabsicht als Besteuerungsmerkmal unternehmerischen Handelns, in: StuW 65/18 (1988), S. 39-45

Theisen, Manuel René [Konzernunternehmungslehre, 1988]: Vorüberlegungen zu einer Konzernunternehmungslehre, in: DBW 48 (1988), S. 279-297

Theisen, Manuel René [Management-Holding, 1997]: Management-Holding, in: DBW 57 (1997), S. 429-432

Theisen, Manuel René (Hrsg.) [Umbruch, 1998] : Der Konzern im Umbruch – Organisation, Besteuerung, Finanzierung und Überwachung, Stuttgart: Schäffer-Poeschel, 1998

Theisen, Manuel René [Liebhaberei, 1999]: Die Liebhaberei – Ein Problem des Steuerrechts und der Betriebswirtschaftlichen Steuerlehre, in: StuW 76/29 (1999), S. 255-263

Literaturverzeichnis

Theisen, Manuel René [Konzern, 2000]: Der Konzern – Betriebswirtschaftliche und rechtliche Grundlagen der Konzernunternehmung, 2. Aufl., Stuttgart: Schäffer-Poeschel, 2000

Theisen, Manuel René [Besteuerung, 2001]: Konzern (Finanzierung, Rechnungslegung, Besteuerung), in: *Gerke, W./Steiner, M.* (Hrsg.), Finanzwesen, 2001, Sp. 1350-1363

Theisen, Manuel René [Konzernunternehmungslehre, 2001]: Herausforderung Konzernunternehmungslehre – Konzeption, Konflikte, Konsequenzen, in: *Albach, H.* (Hrsg.), Konzernmanagement, 2001, S. 27-55

Theisen, Manuel René [Grundsätze, 2002]: Grundsätze einer ordnungsmäßigen Information des Aufsichtsrats, 3. Aufl., Stuttgart: Schäffer-Poeschel, 2002

Theisen, Manuel René [Rechtsformen, 2002]: Rechtsformen und Besteuerung von Unternehmen, in: *Busse v. Colbe, W.* u. a. (Hrsg.), Führungskräfte, 2002, S. 533-575

Theisen, Manuel René [Finanzwirtschaft, 2004]: Finanzwirtschaft der Holding, in: *Lutter, M.* (Hrsg.), Holding, 2004, S. 468-522

Theisen, Manuel René/Wenz, Martin [Grundkonzeption, 2005]: Hintergründe, historische Entwicklung und Grundkonzeption, in: *Theisen, M. R./Wenz, M.* (Hrsg.), Aktiengesellschaft, 2005, S. 1-56

Theisen, Manuel René/Wenz, Martin (Hrsg.) [Aktiengesellschaft, 2005]: Die Europäische Aktiengesellschaft, 2. Aufl., Stuttgart: Schäffer-Poeschel, 2005

Thieme, Jörg H. [Wirtschaftssysteme, 2003]: Wirtschaftssysteme, in: *Bender, D.* u. a. (Hrsg.), Wirtschaftstheorie, 2003, S. 1-52

Tietzel, Manfred [Rationalitätsannahme, 1981]: Die Rationalitätsannahme in den Wirtschaftswissenschaften, in: JfS 32 (1981), S. 115-138

Tietzel, Manfred [Ökonomie, 1981]: Die Ökonomie der Property Rights: Ein Überblick, in: ZfW 30 (1981), S. 207-243

Tinner, Hanspeter [Konzernstruktur, 1984]: Konzernstruktur und Steuerplanung, Diss. Hochschule St. Gallen, vervielf. 1984

Tipke, Klaus [Steuerrechtsordnung, 2000]: Die Steuerrechtsordnung – Band I.: Wissenschaftsorganisatorische, systematische und grundrechtlich-rechtsstaatliche Grundlagen, 2. Aufl., Köln: Otto Schmidt, 2000

Tipke, Klaus/Lang. Joachim (Hrsg.) [Steuerrecht, 2005]: Steuerrecht, 18. Aufl., Köln: Otto Schmidt, 2005

Tisdell, C. A. [Rational, 1976]: Rational Behaviour as a Basis for Economic Theories, in: *Benn, S. I./Mortimore, G. W.* (Hrsg.), Sciences, 1976, S. 196-222

Ulmer, Peter [Vorbemerkung, 2004]: Vorbemerkung zu § 705, in: *Ulmer, P.* (Hrsg.), Münchner, 2004, S. 1-58

Ulmer, Peter (Hrsg.) [Münchner, 2004]: Münchner Kommentar zum Bürgerlichen Gesetzbuch – Band 5 – Schuldrecht, Besonderer Teil III §§ 705-853, 4. Aufl., München: C. H. Beck, 2004

Van de Ven, Andrew H./Joyce, William F. (Hrsg.) [Organization, 1981]: Perspectives on Organization Design and Behavior, New York u. a.: John Wiley & Sons, 1981

Voigt, Stefan [Institutionenökonomik, 2002]: Institutionenökonomik, München: Wilhelm Fink, 2002

Volk, Gerrit [Betriebsgröße, 1986]: Der Einfluss der Betriebsgröße auf die Besteuerung, in: DB 39 (1986), S. 2504-2508

Voss, Thomas [Evolution, 1991]: Die Evolution optimaler Organisationsstrukturen und der Transaktionskostenansatz, in: *Wittenberg, R.* (Hrsg.), Institution, 1991, S. 293-314

Wacker, Wilhelm H. [Steuerplanung, 1979]: Steuerplanung im nationalen und transnationalen Unternehmen, Berlin: Erich Schmidt, 1979

Wacker, Wilhelm H. [Subziele, 1982]: Steuerliche Subziele bei international tätigen Unternehmen, in: *Lück, W./Trommsdorf, V.* (Hrsg.), Unternehmung, 1982, S. 523-545

Wader, Dominic [Unternehmensverfassung, 2002]: Unternehmensbesteuerung und Unternehmensverfassung, Aachen: Shaker, 2002 (zugl. Diss. Univ. Tübingen, 2002)

Wagner, Franz W. [Forschungsprogramm, 1974]: Zum gegenwärtigen Forschungsprogramm der Betriebswirtschaftlichen Steuerlehre, in: DB 27 (1974), S. 393-398

Wagner, Franz W. [Steuervermeidungslehre, 1986]: Der gesellschaftliche Nutzen einer betriebswirtschaftlichen Steuervermeidungslehre, in: FA 44 (1986), S. 32-54

Wagner, Franz W. [Leistungsfähigkeit, 1989]: Die zeitliche Erfassung steuerlicher Leistungsfähigkeit, in: *Hax, H./Kern, W./Schröder H.-H.* (Hrsg.), Zeitaspekte, 1989, S. 261-276

Wagner, Franz W. [Normkritik, 1992]: Neutralität und Gleichmäßigkeit als ökonomische und rechtliche Kriterien steuerlicher Normkritik, in: StuW 69/22 (1992), S. 2-13

Wagner, Franz W. [Rechtskritik, 1995]: Leitidee steuerlicher Rechtskritik als Spiegel Betriebswirtschaftlicher Theoriengeschichte, in: *Elschen, R./ Siegel, T./Wagner, F. W.* (Hrsg.), Unternehmenstheorie, 1995, S. 723-746

Wagner, Franz W. [Abgeltungssteuer, 1999]: Die Integration einer Abgeltungssteuer in das Steuersystem – Ökonomische Analyse der Kapitaleinkommensbesteuerung in Deutschland und der EU, in: DB 52 (1999), S. 1520-1528

Wagner, Franz W. [Korrektur, 2000]: Korrektur des Einkünftedualismus durch Tarifdualismus – Zum Konstruktionsprinzip der Dual Income Taxation, in: StuW 77/30 (2000), S. 431-441

Wagner, Franz W. [Steuerlehre, 2001]: Deutschland bei Österreich in der Steuerlehre: Die falsche Lektion gelernt, in: *Wagner, U.* (Hrsg.), Erkenntnisstand, 2001, S. 431-449

Wagner, Franz W. [Methoden, 2004]: Gegenstand und Methoden betriebswirtschaftlicher Steuerforschung, in: StuW 81/34 (2004), S. 237-250

Wagner, Franz W. [Besteuerung, 2005]: Besteuerung, in: *Bitz, M.* u. a. (Hrsg.), Kompendium/2, 2005, S. 407-477

Wagner, Franz W. [Steuervereinfachung, 2005]: Steuervereinfachung und Entscheidungsneutralität – konkurrierende oder komplementäre Leitbilder für Steuerreformen, in: StuW 82/35 (2005), S. 93-108

Wagner, Franz W./Dirrigl, Hans [Steuerplanung, 1980]: Die Steuerplanung der Unternehmung, Stuttgart/New York: Gustav Fischer, 1980

Wagner, Franz W./Wissel, Harald [Leitlinie, 1995]: Entscheidungsneutralität der Besteuerung als Leitlinie einer Reform der Einkommensteuer, in: WiSt 24 (1995), S. 65-70

Wagner, Udo. (Hrsg.) [Erkenntnisstand, 2001]: Zum Erkenntnisstand der Betriebswirtschaftslehre am Beginn des 21. Jahrhundert – Festschrift für Erich Loitlsberger zum 80. Geburtstag, Berlin: Duncker & Humblot, 2001

Wallis, John Joseph/North, Douglass C. [Measuring, 1986]: Measuring the Transaction Sector on the American Economy, 1870-1970, in: *Engerman, S. L./Gallman, R. E.* (Hrsg.), Growth, 1986, S. 95-161

Walras, Léon [Economie, 1926]: Éléments d'économie politique, 4. Aufl., Paris/Lausanne: Pichon et Durand-Auzias/Rouge, 1926

Wartin, Christoph/Sievert, Elke/Strohm, Christiane [Reform, 2004]: Reform der Konzernbesteuerung in Deutschland und Europa, in: FR 86 (2004), S. 1-11

Weber, Alfred [Besteuerung, 1979]: Die konsolidierte Besteuerung von Konzernen in den USA, in: DStZ/A 67 (1979), S. 146-151

Weimann, Joachim [Wettbewerbspolitik, 2004]: Wettbewerbspolitik, 3. Aufl., Berlin u. a.: Springer, 2004

Wenger, Ekkehard [Besteuerung, 1983]: Gleichmäßigkeit der Besteuerung von Arbeits- und Vermögenseinkünften, in: FA 41 (1983), S. 207-252

Wenger, Ekkehard [Einkommensbesteuerung, 1986]: Einkommensteuerliche Periodisierungsregeln, Unternehmenserhaltung und optimale Einkommensbesteuerung – Teil II: Einkommensteuerliche Periodisierungsregeln, neutrale und optimale Besteuerung, in: ZfB 56 (1986), S. 132-151

Wenger, Ekkehard [Theorie, 1989]: Allgemeine Betriebswirtschaftslehre und ökonomische Theorie, in: *Kirsch, W./Picot, A.* (Hrsg.), Spannungsfeld, 1989, S. 155-181

Wenz, Martin [Unternehmensmischformen, 1999]: Besteuerung transnationaler Unternehmensmischformen, Diss. Univ. Mannheim, vervielf. 1999

Werder, Axel von [Konzernstruktur, 1986]: Konzernstruktur und Matrixorganisation, in: ZfbF 38 (1986), S. 586-607

Werder, Axel von [Organisationsstruktur, 1986]: Organisationsstruktur und Rechtsnorm, Wiesbaden: Gabler, 1986 (zugl. Diss. Univ. Aachen, 1985)

Werder, Axel von [Organisation, 1988]: Organisation und Recht – Zum rechtlichen Datenkranz organisatorischer Gestaltungsmaßnahmen, in: ZFO 57 (1988), S. 104-110

Werder, Axel von [Delegation, 1989]: Delegation im Konzern – Rechtlicher Gestaltungsspielraum und organisatorische Konsequenzen im Vergleich zur Einheitsunternehmung, in: BFuP 41 (1989) S. 410-426

Werder, Axel von [Recht, 1992]: Recht und Organisation, in: *Frese, E.* (Hrsg.), Organisation, 1992, Sp. 2168-2183

Werder, Axel von [Konzern, 2001]: Grundsätze ordnungsmäßiger Unternehmensleitung im Konzern – Weiterentwicklung genereller Managementstandards für die Konzernunternehmung, in: *Albach, H.* (Hrsg.), Konzernmanagement, 2001, S. 145-173

Werdich, Hans [Organisation, 1993]: Organisation und Besteuerung im Konzern, Aachen: Shaker, 1993 (zugl. Diss. Univ. Augsburg, 1993)

Whinston, Michael D. [Scope, 2001]: Assessing the Property Rights and Transaction-Cost Theories of Firm Scope, in: AER 91 – Papers and Proceedings of the Hundred Thirteenth Annual Meeting of the American Economic Association (2001), S. 184-188

Wigger, Berthold U. [Finanzwissenschaft, 2004]: Grundzüge der Finanzwissenschaft, Berlin/Heidelberg/New York: Springer, 2004

Williamson, Oliver E. [Behavior, 1965]: The Economics of Discretionary Behavior: Managerial Objectives in a Theory of the Firm, 3. Aufl., Engelwood Cliffs: Prentice-Hall, 1965 (zugl. Diss. Univ. Carnegie, 1963)

Williamson, Oliver E. [Size, 1967]: Hierarchical Control and Optimum Firm Size, in: JPoE 75 (1967), S. 123-138

Williamson, Oliver E. [Control, 1970]: Corporate Control and Business Behavior, Englewood Cliffs: Prentice-Hall, 1970

Williamson, Oliver E. [Integration, 1971]: The Vertical Integration of Production: Market Failure Considerations, in: AER 61 – Papers and Proceedings of the Eighty-third Annual Meeting of the American Economic Association (1971), S. 112-123

Williamson, Oliver E. [Markets, 1975]: Markets and Hierarchies: Analysis and Antitrust Implications, Paperback-Nachdruck der Aufl. 1975, New York: The Free Press, 1983

Williamson, Oliver E. [Relations, 1979]: Transaction-Cost Economics: The Governance of Contractual Relations, in: JLE 22 (1979), S. 233-261

Williamson, Oliver E. [Approach, 1981]: The Economics of Organization: The Transaction Cost Approach, in: AJS 87 (1981), S. 548-577

Williamson, Oliver, E. [Firm, 1981]: On the Nature of the Firm: Some Recent Developments, in: ZgS 137 (1981), S. 675-680

Williamson, Oliver E. [Commitments, 1983]: Credible Commitments: Using Hostages to Support Exchange, in: AER 73 (1983), S. 519-540

Williamson, Oliver E. [Governance, 1984]: The Economic of Governance: Framework and Implications, in: ZgS 140 (1984), S. 195-223

Williamson, Oliver E. [Capitalism, 1985]: The Economic Institutions of Capitalism, New York: Free Press, 1985

Williamson, Oliver E. [Integration, 1987]: Vertical Integration, in: *Eatwell, J./Milgate, M./Newman, P.* (Hrsg.), Palgrave 4, 1987, S. 807-812

Williamson, Oliver E. [Finance, 1988]: Corporate Finance and Corporate Governance, in: JF 43 (1988), S. 567-591

Williamson, Oliver E. [Logic, 1988]: The Logic of Economic Organization, in: JLEO 4 (1988), S. 65-93

Williamson, Oliver E. [Transaction, 1989]: Transaction Cost Economic, in: *Schmalensee, R./Willig, R. D.* (Hrsg.), Organization, 1989, S. 135-182

Williamson, Oliver E. [Barnard, 1990]: Chester Barnard and the Incipient Science of Organization, 1990, wiederabgedruckt in: *Williamson, O. E.* (Hrsg.), Governance, 1996, S. 29-53

Williamson, Oliver E. [Comparison, 1990]: A Comparison of Alternative Approaches to Economic Organization, in: JITE 146 (1990), S. 61-71

Williamson, Oliver E. (Hrsg.) [Theory, 1990]: Organization Theory – From Chester Barnard to the Present and Beyond, New York/Oxford: Oxford University Press, 1990

Williamson, Oliver E. [Economic, 1991]: Comparative Economic Organization – Vergleichende ökonomische Organisationstheorie, übers. von *Torsten Ganske* und *Dieter Pfaff,* in: *Ordelheide, D./Rudolph, B./Büsselmann, E.* (Hrsg.), Theorie, 1991, S. 13-49

Williamson, Oliver E. [Organization, 1991]: Comparative Economic Organization: The Analysis of Discrete Structural Alternatives, in: ASQ 26 (1991), S. 269-296

Williamson, Oliver, E. [Organization, 1994]: The Economics and Sociology of Organization – Promoting a Dialogue, in: *Farkas, G./England, P.*(Hrsg.), Industries, 1994, S. 159-185

Williamson, Oliver E. [Carnegie, 1996]: Transaction Cost Economics and the Carnegie Connection, in: JEBO 31 (1996), S. 149-155

Williamson, Oliver E. [Governance, 1996]: The Mechanism of Governance, New York/Oxford: Oxford University Press, 1996

Williamson, Oliver E. [Power, 1996]: Efficiency, Power, Authority and Economic Organization, in: *Groenewegen, J.* (Hrsg.), Economics, 1996, S. 11-42

Williamson, Oliver E. [Institutions, 1998]: The Institutions of Governance, in: AER 88 – Papers and Proceedings of the Hundred and Tenth Annual Meeting of the American Economic Association (1998), S. 75-79

Williamson, Oliver, E. [Public, 1999]: Public and Private Bureaucracies: A Transaction Cost Economics Perspective, in: JLEO 15 (1999), S. 306-312

Williamson, Oliver E. [Ahead, 2000]: The New Institutional Economics: Taking Stock, Looking Ahead, in: JEL 38 (2000), S. 595-613

Williamson, Oliver E. [Development, 2000]: Economic Institutions and Development: A View from the Bottom, in: *Olson, M./Köhkönen, S.* (Hrsg.), Science, 2000, S. 92-118

Williamson, Oliver E. [Governance, 2002]: The Theory of the Firm as Governance Structure: From Choice to Contract, in: JEP 16 (2002), S. 171-195

Williamson, Oliver E. [Lens, 2002]: The Lens of Contract: Private Ordering, in: AER 92 – Papers and Proceedings of the Hundred Fourteenth Annual Meeting of the American Economic Association (2002), S. 438-443

Williamson, Oliver E. [Contract, 2003]: Examining Economic Organization though the Lens of Contract, in: ICC 12 (2003), S. 917-942

Williamson, Oliver E. [Economics, 2004]: Why Law, Economics and Organization?, in: KLR 38 (2004), S. 59-95

Williamson, Oliver E./Bercovitz, Janet [Corporation, 1996]: The Modern Corporation as an Efficiency Instrument: The Comparative Contracting Perspective, in: *Kaysen, C.* (Hrsg.), American, 1996, S. 327-359

Williamson, Oliver E./Bhargava Narottam [Structure, 1972]: Assessing and Classifying the Internal Structure and Control Apparatus of the Modern Corporation, in: *Cowling, K.* (Hrsg.), Structure, 1972, S. 125-148

Williamson, Oliver E./Ouchi, William G. [Perspectives, 1981]: The Market and Hierarchies and Visible Hand Perspectives, in: *Van de Ven, A. H./Joyce, W. F.* (Hrsg.), Organization, 1981, S. 347-386

Willing, Robert D. [Structure, 1979]: Multiproduct Technology and Market Structure, in: AER 69 – Papers and Proceedings of the Ninety-first Annual Meeting of the American Economic Association (1979), S. 346-351

Winter, Sidney G. [Selection, 1964]: Economic "Natural Selection" and the Theory of the Firm, in: YEE 4 (1964), S. 225-272

Winter, Sidney G. [Firm, 1975]: Optimization and Evolution in the Theory of the Firm, in: *Day, R. H./Groves, T.* (Hrsg.), Models, 1975, S. 73-118

Winter, Sidney G. [Competence, 1988]: On Coase, Competence, and the Corporation, in: JLEO 4 (1988), S. 163-181

Wiseman, Jack [Box, 1991]: The Black Box, in: EJ 101 (1991), S. 149-155

Wissel, Harald [Einkommensbegriff, 1997]: Einkünfteerzielungsabsicht und Einkommensbegriff, Hamburg: S+W Steuer und Wirtschaft, 1997 (zugl. Diss. Univ. Tübingen, 1996)

Witte, Eberhard/Thimm, Alfred L. (Hrsg.) [Entscheidungstheorie, 1977]: Entscheidungstheorie – Texte und Analysen, Wiesbaden: Gabler, 1977

Wittenberg, Reinhard (Hrsg.) [Institution, 1991]: Person – Situation – Institution – Kultur, Günther Büschges zum 65. Geburtstag, Berlin: Duncker & Humblot, 1991

Wittmann, Waldemar u. a. (Hrsg.) [Betriebswirtschaft, 1993]: Handwörterbuch der Betriebswirtschaft, 5. Aufl., Stuttgart: Schäffer-Poeschel, 1993

Woerner, Lothar [Gewinnrealisierung, 1988]: Die Gewinnrealisierung bei schwebenden Geschäften, in: BB 43 (1988), S. 769-777

Wöhe, Günter [Aufgaben, 1983]: Die Aufgaben der Betriebswirtschaftlichen Steuerlehre und das Postulat der Wertfreiheit, in: *Fischer, L.* (Hrsg.), Unternehmung, 1983, S. 5-20

Wöhe, Günter [Unternehmensbesteuerung, 1984]: Betriebswirtschaftslehre und Unternehmensbesteuerung, München: Franz Vahlen, 1984

Wöhe, Günter [Steuerlehre, 1988]: Betriebswirtschaftliche Steuerlehre I/1, 6. Aufl., München: Franz Vahlen, 1988

Wöhe, Günter [Steuerlehre, 1990]: Betriebswirtschaftliche Steuerlehre II/1, 5. Aufl., München: Franz Vahlen, 1990

Wöhe, Günter [Steuerlehre, 1996]: Betriebswirtschaftliche Steuerlehre II/2, 4. Aufl., München: Franz Vahlen, 1996

Wöhe, Günter [Konzernbesteuerung, 1998]: Überblick über die Konzernbesteuerung, in: *Küting, K./ Weber, C.-P.* (Hrsg.), Konzernrechnungslegung, 1998, S. 325-377

Wöhe, Günter [Betriebswirtschaftslehre, 2002]: Einführung in die allgemeine Betriebswirtschaftslehre, 21. Aufl., München: Franz Vahlen, 2002

Wöhe, Günther/Bieg, Hartmut [Steuerlehre, 1995]: Grundzüge der Betriebswirtschaftlichen Steuerlehre, 4. Aufl., München: Franz Vahlen, 1995

Wolff, Brigitta [Organisation, 1994]: Organisation durch Verträge, Diss. Univ. München, vervielf. 1994

Wolff, Brigitta [Theorie, 2000]: Ronald Coase und die ökonomische Theorie der Organisation, in: *Pies, I./Leschke, M.* (Hrsg.), Transaktionskostenansatz, 2000, S. 31-57

Wörn, Hans-Joachim [Konzernorganisation, 1985]: Konzernorganisation – Organisationsprobleme von Unternehmungsverbindungen im Spannungsfeld statuarischer und organisatorischer Gestaltung, Diss. Univ. Gießen, vervielf. 1985

Yingyi Qian/Gérard, Roland/Chenggang, Xu [Coordinating, 2003]: Coordinating Tasks in M-Form and U-Form Organisations, London: Suntory Center, Discussion Paper No. TE/03/458, 2003, http://sticerd.lse.ac.uk/dps/te/te458.pdf (09.09.2005)

Zeller, Florian [Besteuerung, 2005]: Investmentfonds, Portfoliomanagement und Besteuerung, Lohmar/Köln: Eul, 2005 (zugl. Diss. Univ. München, 2005)

Zerbe, Richard O. [Efficiency, 2001]: Economic Efficiency in Law and Economics, Cheltenham/Northampton: Edward Elgar, 2001

Zippelius, Reinhold [Staatslehre, 2003]: Allgemeine Staatslehre, 14. Aufl., München: C. H. Beck, 2003

Zirfas de Morón, Heidrun [Globalisierung, 1996]: Transnationale Besteuerung im Kontext der Globalisierung, Bielefeld: Erich Schmidt, 1996 (zugl. Diss. Univ. Göttingen, 1995)

Zöllner, Wolfgang (Hrsg.) [Aktiengesetz, 1996]: Kölner Kommentar zum Aktiengesetz – Band 2, 2. Aufl., Köln u. a.: Carl Heymanns, 1996

Zöllner, Wolfgang (Hrsg.) [Aktiengesetz, 2004]: Kölner Kommentar zum Aktiengesetz – Band 6, 3. Aufl., Köln u. a.: Carl Heymanns, 2004

Zuber, Barbara [Anknüpfungsmerkmale, 1991]: Anknüpfungsmerkmale und Reichweite der internationalen Besteuerung, Hamburg: S+W Steuer und Wirtschaft, 1991 (zugl. Diss. Univ. Mannheim, 1991)

Quellenverzeichnis

Aktiengesetz (AktG) i. d. F. der Bekanntmachung vom 06.09.1965 (BGBl. I 1965, S. 1089), zuletzt geändert durch Artikel 5 des Gesetzes vom 15.12.2004 (BGBl. I 2004, S. 3408)

Abgabenordnung 1977 (AO) i. d. F. der Bekanntmachung vom 01.10.2002 (BGBl. I 2002, S. 3866, berichtigt BGBl. I 2003, S. 61), zuletzt geändert durch Artikel 2 Abs. 13 des Gesetzes vom 12.08.2005 (BGBl. I 2005, S. 2354)

Bürgerliches Gesetzbuch (BGB) i. d. F. der Bekanntmachung vom 02.01.2002 (BGBl. I 2002, S. 42, berichtigt S. 2909 und BGBl. I 2003, S. 738), zuletzt geändert durch Artikel 3 Abs. 1 des Gesetzes vom 07.07.2005 (BGBl. I 2005, S. 1970)

Einkommensteuergesetz (EStG) i. d. F. der Bekanntmachung vom 19.10.2002 (BGBl. I 2002, S. 4210, berichtigt BGBl. I 2003, S. 179), zuletzt geändert durch Artikel 28 des Gesetzes vom 21.06.2005 (BGBl. I 2005, S. 1818)

Gewerbesteuergesetz (GewStG) i. d. F. der Bekanntmachung vom 15.10.2002 (BGBl. I 2002, S. 4167), zuletzt geändert durch Artikel 4 des Gesetzes vom 15.12.2004 (BGBl. II 2004, S. 1653)

Gesetz betreffend die Gesellschaften mit beschränkter Haftung (GmbHG) i. d. F. der Bekanntmachung vom 20.04.1892 (RGBl. 1892 S. 477), zuletzt geändert durch Art. 12 des Gesetzes vom 22. 3.2005 (BGBl. I 2005, S. 837)

Grunderwerbsteuergesetz (GrEStG) i. d. F. der Bekanntmachung vom 26.02.1997 (BGBl. I 1997, S. 418, berichtigt S. 1804), zuletzt geändert durch Artikel 5 des Gesetzes vom 01.09.2005 (BGBl. I 2005, S. 2676)

Handelsgesetzbuch (HGB) i. d. F. der Bekanntmachung vom 10.05.1897 (RGBl. 1897, S. 219), zuletzt geändert durch Artikel 1 des Gesetzes vom 03.08.2005 (BGBl. I 2005, S. 2267)

Insolvenzordnung (InsO) i. d. F. der Bekanntmachung vom 05.10.1994 (BGBl. I 1994, S. 2866), zuletzt geändert durch Gesetz vom 15.12.2004 (BGBl. I 2004, S. 3396)

Körperschaftsteuergesetz (KStG) i. d. F. der Bekanntmachung vom 15.10.2002 (BGBl. I 2002, S. 4144), zuletzt geändert durch Artikel 4 des Gesetzes vom 15.12.2004 (BGBl. I 2004, S. 3416)

Umwandlungssteuergesetz (UmwStG) i. d. F. der Bekanntmachung vom 15.10.2002 (BGBl. I 2002, S. 4133, berichtigt BGBl. I 2003, S. 738), zuletzt geändert durch Artikel 3 des Gesetzes vom 16.05.2003 (BGBl. I 2003, S. 660)

Umsatzsteuergesetz (UStG) i. d. F. der Bekanntmachung vom 21.02.2005 (BGBl. I 2005, S. 386)

CPSIA information can be obtained
at www.ICGtesting.com
Printed in the USA
LVHW011940100520
655322LV00014B/1755